"十三五"国家重点出版物出版规划项目
交通安全科学与技术学术著作丛书

特殊路段运行风险主动防控技术

付 锐 袁 伟 梁 军 著

科学出版社

北 京

内 容 简 介

本书介绍桥梁、隧道、长下坡、急转弯等特殊路段及道路运输网运行风险主动防控技术。根据四种典型路段的事故和交通行为特征，通过路侧视频、雷达、红外，以及气象等感知装置进行信息检测，提出风险评估方法，针对不同风险等级制定基于声/光/电的风险预警与主动防控方案，并在仿真测试平台进行方案的效果验证。以高风险交通行为作为研究对象，运用车路协同技术实现路侧-车载联合风险防控。针对路网级一体化协同防管控技术，提出人-车-路段-路网协同和自适应主动防管控技术体系。最后探讨集硬件、软件与应用设置一体化的道路运行风险监测与防控系统构建，并详述风险防控集成装备在桥梁、隧道、长下坡、急转弯等特殊路段的应用设置。

本书可作为从事道路交通安全及相关领域的科研、教学、管理和工程技术人员了解道路运行风险主动防控技术和制定防控方案的参考书。

图书在版编目（CIP）数据

特殊路段运行风险主动防控技术 / 付锐，袁伟，梁军著. —北京：科学出版社，2024.3

（交通安全科学与技术学术著作丛书）

"十三五"国家重点出版物出版规划项目

ISBN 978-7-03-077182-7

Ⅰ. ①特⋯ Ⅱ. ①付⋯ ②袁⋯ ③梁⋯ Ⅲ. ①交通运输管理–智能系统–研究 Ⅳ. ①U495

中国国家版本馆 CIP 数据核字（2023）第 238580 号

责任编辑：孙伯元 / 责任校对：崔向琳
责任印制：师艳茹 / 封面设计：无极书装

科学出版社 出版
北京东黄城根北街 16 号
邮政编码：100717
http://www.sciencep.com

北京九州迅驰传媒文化有限公司印刷
科学出版社发行 各地新华书店经销

*

2024 年 3 月第 一 版　开本：720×1000　1/16
2024 年 3 月第一次印刷　印张：17 3/4
字数：352 800

定价：140.00 元
（如有印装质量问题，我社负责调换）

"交通安全科学与技术学术著作丛书"编委会

(按姓名汉语拼音排序)

顾　问：丁荣军　范维澄　李　骏　吴有生
　　　　翟婉明　张　军　郑健龙
主　任：严新平
副主任：方守恩　胡明华　贾利民　金永兴
　　　　李克强　刘　攀　刘正江　裴玉龙
　　　　王长君　王云鹏　吴超仲
秘书长：贺　宜
编　委：陈先锋　初秀民　储江伟　付　锐
　　　　胡甚平　黄合来　黄力坤　霍志勤
　　　　李　斌　李世武　梁习锋　刘　清
　　　　罗　帆　邵哲平　施树明　史聪灵
　　　　舒　平　孙瑞山　王　健　王俊骅
　　　　王开云　吴宝山　袁成清　张学军
　　　　赵晓华

"交通安全科学与技术学术著作丛书"序

交通安全作为交通的永恒主题,已成为世界各国政府和人民普遍关注的重大问题,直接影响经济发展和社会和谐。提升我国交通安全水平,符合新时代人民日益增长的美好生活需要。

"交通安全科学与技术学术著作丛书"的出版体现了我国交通运输领域的科研工作者响应"交通强国"战略,把国家号召落实到交通安全科学研究实践和宣传教育中。丛书由科学出版社发起,我国交通运输领域知名专家学者联合撰写,入选首批"十三五"国家重点出版物出版规划项目。丛书汇聚了水路、道路、铁路及航空等交通安全领域的众多科研成果,从交通安全规划、安全管理、辅助驾驶、搜救装备、交通行为、安全评价等方面,系统论述我国交通安全领域的重大技术发展,将有效促进交通运输工程、船舶与海洋工程、汽车工程、计算机科学技术和安全科学工程等相关学科的融合与发展。

丛书的策划、组织、编写和出版得到了作者和编委会的积极响应,以及各界专家的关怀和支持。特别是,丛书得到了吴有生院士、范维澄院士、翟婉明院士、丁荣军院士、李骏院士和郑健龙院士的指导和鼓励,在此表示由衷的感谢!科学出版社魏英杰编审为此丛书的选题、策划、申报和出版做了许多烦琐而富有成效的工作,特表谢意。

交通安全科学与技术是一个应用性很强的方向,得益于国家对交通安全技术的持续资金投入和政策支持,丛书结合973计划、863计划和国家自然科学基金、国家支撑计划、重点研发任务专项等国家和省部级科研成果,是作者在长期科学研究和实践中通过不断探索撰写而成的,汇聚了我国交通安全领域最新的研究成果和发展动态。

我深信这套丛书的出版,必将推动我国交通安全科学与技术研究工作的深入开展,在技术创新、人才培养、安全教育和工程应用等方面发挥积极的作用。

中国工程院院士 武汉理工大学教授
水路交通控制全国重点实验室主任
智能航运与海事安全国际科技合作基地主任
国家水运安全工程技术研究中心首席科学家

前　言

"长乐"、"永宁"、"安定"、"安远"是西安四个古城门的名字。从古至今，安全是贯穿整个道路交通发展进程的永恒议题。如今信息感知、无线通信、远程存储、人工智能、高精度定位和导航等新技术不断涌现，并广泛应用于道路和交通设施，从监测到控制，从个体行为干预到宏观系统管理，这些新技术将全方位地影响道路交通业态，为提高道路交通安全提供全新的手段和途径。借助这些技术，可将事故防控提早为风险防控，从事件干预细化为行为干预，有望实现交通事故的大幅度减少。

在此背景下，作者所在项目组承担了国家重点研发计划项目"道路运输网运行风险主动防控关键技术及应用"。在开展项目研究的过程中梳理和总结研究成果，形成两本著作，即本书和《风险交通行为智能感知与矫正》。本书的核心内容是针对大桥、隧道、长下坡、急弯等特殊路段的风险，提出覆盖单点、路段、路网的防控技术和解决方案；另一本书的内容是探讨风险防控需解决的风险感知、风险评估和行为干预等关键技术问题，是实现风险防控的技术基础。读者通过本书可了解对特殊路段运行风险的具体防控措施和防控方案，要进一步了解风险防控背后的原理和支撑技术，可阅读《风险交通行为智能感知与矫正》。

本书共 8 章。第 1 章绪论，对本书所述道路运行风险进行界定，并阐述风险主动防控的主要技术需求；第 2 章介绍桥梁运行风险预警与防控方案，并在仿真测试平台进行实验验证；第 3 章以长隧道等级风险预警与防控设施为研究对象，重点介绍长隧道等级风险划分、预警与防控设施配置原则、洞内与洞口主动防控设施和技术；第 4 章重点研究载货汽车轮毂升温预测模型、失效风险等级划分和长下坡路段运行风险防控技术，提出基于声/光/电的载货汽车制动热衰退预警技术；第 5 章针对急弯路段，研究基于称重设备和图像检测的车辆重心高度估计方法，在风险评估的基础上实现车辆侧滑侧翻风险的多级预警和防控；第 6 章以高风险交通行为为研究对象，运用车-路协同防控技术实现风险防控，重点阐述车-路协同感知和风险防控两个部分；第 7 章开展含有多个特殊路段的路网级一体化协同防管控技术研究，构建路段-路网协同和自适应主动防管控技术体系；第 8 章主要介绍集硬件、软件与应用设置一体化的道路运行风险监测与防控系统，并详述风险防控集成装备在桥梁、隧道、长下坡、急弯等特殊路段的应用设置。

本书第 1 章由付锐、袁伟撰写，第 2 章由赵晓华、伍毅平撰写，第 3 章由王亚琼、任锐撰写，第 4 章由徐涛、刘亚辉、季学武撰写，第 5 章由吴付威、王永岗、付锐撰写，第 6 章由任沁源撰写，第 7 章由宋现敏、白乔文、李海涛撰写，第 8 章由辛琪、李海舰、魏文辉、袁伟撰写。此外，众多研究生在本书的撰写过程中付出了辛勤劳动，承担了大量资料收集、文字和图片校对等工作，他们是刘文晓、张会明、戴一搏、肖甫文、宋晓、李勇、李进、郭占兵、孙英博、李婧媛、许清津、李坤宸、陈桃、陈俊先、李德林、李朝阳、郭一品、田婧、张璐雨、马利、吴文静。

感谢长安大学、清华大学、浙江大学、吉林大学、北京工业大学、北京万集科技股份有限公司、北京旷视科技有限公司、公安部道路交通安全研究中心、江苏大学、招商局公路网络科技控股股份有限公司对本书撰写工作的支持；感谢国家重点研发计划项目"道路运输网运行风险主动防控关键技术及应用"（2019YFB1600500）对本书的支持；感谢严新平院士倾力组织"十三五"国家重点出版物规划项目"交通安全科学与技术学术著作丛书"。

历经三年，十个参研单位两百余名研究人员勤勤恳恳，倾情投入，克服种种困难，汇总研究成果形成本书。但终究时间和精力有限，作者对所涉及问题的探讨难免存在疏漏，甚至是方法、观点的偏颇，敬请广大读者批评指正。希望本书能引发读者对相关问题的兴趣，进而深入探讨，使本书起到抛砖引玉的作用。

目 录

"交通安全科学与技术学术著作丛书"序
前言
第1章 绪论 ··· 1
  1.1 道路运行风险的界定 ··· 1
  1.2 道路运行风险主动防控的技术需求 ··· 3
    1.2.1 感知监测技术 ··· 3
    1.2.2 风险交通行为辨识与风险预测 ·· 5
    1.2.3 风险交通行为干预矫正技术 ··· 6
  1.3 本书结构 ··· 9
  参考文献 ·· 11
第2章 桥梁运行风险预警与防控 ··· 12
  2.1 概述 ·· 12
  2.2 桥梁运行风险预警防控技术与管理办法 ································· 14
    2.2.1 传统交通安全设施防控技术 ··· 14
    2.2.2 风险预警技术 ··· 15
    2.2.3 动态限速技术 ··· 20
    2.2.4 风险处置技术 ··· 21
    2.2.5 应急管控技术 ··· 25
  2.3 桥梁运行风险预警与防控方案 ··· 28
    2.3.1 总体思路与框架 ··· 28
    2.3.2 信息感知 ·· 31
    2.3.3 风险预警 ·· 32
    2.3.4 动态限速 ·· 33
    2.3.5 雾天诱导 ·· 34
  2.4 桥梁运行风险预警与防控效果 ··· 35
    2.4.1 测试场景 ·· 35
    2.4.2 实验方案 ·· 37
    2.4.3 测试结果 ·· 39
  2.5 本章小结 ··· 42

参考文献 ·· 42

第3章 长隧道风险预警与防控 ······································ 44
3.1 长隧道等级风险预警与防控设施 ······························ 44
3.1.1 概述 ·· 44
3.1.2 长隧道等级风险划分 ·· 44
3.1.3 长隧道等级风险预警设施配置原则 ······················· 45
3.1.4 长隧道等级风险防控设施配置原则 ······················· 46
3.1.5 长隧道预警设施 ·· 47
3.1.6 长隧道洞口主动防控设施 ··································· 48
3.1.7 长隧道洞内主动防控设施 ··································· 49
3.2 长隧道等级风险防控技术 ·· 50
3.2.1 长隧道洞口主动防控技术 ··································· 50
3.2.2 长隧道洞内主动防控技术 ··································· 51
3.3 长隧道人车安全疏散效果测试 ································· 52
3.3.1 长隧道路段交通事故主动防控实验数据分析 ········· 52
3.3.2 长隧道车辆行车轨迹矫正实验数据分析 ··············· 62
3.4 本章小结 ·· 71
参考文献 ·· 71

第4章 长下坡路段运行风险评估与防控 ·························· 73
4.1 长下坡路段特征及运行风险评估与防控概述 ··············· 73
4.1.1 长下坡路段及交通事故特征 ································ 73
4.1.2 长下坡路段运行风险评估技术概述 ······················ 77
4.1.3 长下坡路段运行风险防控技术概述 ······················ 80
4.2 长下坡路段运行风险评估技术研究 ··························· 81
4.2.1 载货汽车轮毂升温预测模型 ································ 82
4.2.2 基于轮毂升温的失效风险等级划分 ······················ 85
4.3 长下坡路段运行风险防控技术研究 ··························· 90
4.3.1 载货汽车制动热衰退预警技术 ····························· 91
4.3.2 载货汽车制动热失效防控技术 ····························· 94
4.3.3 长下坡路段运行风险防控技术设备设施 ··············· 100
4.4 长下坡路段运行风险防控实例 ································ 104
4.5 本章小结 ·· 106
参考文献 ·· 107

第5章 急弯路段运行风险评估与防控 ···························· 108
5.1 概述 ·· 108

		5.1.1 急弯路段行车风险分析	108
		5.1.2 急弯路段风险预警与防控技术现状	110
	5.2	急弯路段运行风险评估	113
		5.2.1 急弯路段侧滑侧翻风险评估技术	113
		5.2.2 急弯路段车速预测模型与安全车速计算	118
	5.3	急弯路段运行风险防控	122
		5.3.1 车辆重心高度估计方法	122
		5.3.2 侧滑侧翻风险预警防控技术	132
	5.4	本章小结	146
	参考文献		146
第6章	**高风险交通行为车-路协同防控技术**		150
	6.1	概述	150
	6.2	基于可穿戴设备的交通风险车-路协同防控技术	153
		6.2.1 系统总体设计	153
		6.2.2 车载可穿戴设备设计与功能实现	155
		6.2.3 基于路侧信息的高风险交通行为识别	157
		6.2.4 车-路信息融合与高风险交通行为协同防控技术	159
		6.2.5 半实物仿真与实验验证	160
	6.3	驾驶人差异性交通风险车-路协同防控技术	162
		6.3.1 基于驾驶人差异性的安全防控模型	162
		6.3.2 基于机器学习的驾驶人差异性辨识	166
		6.3.3 基于强化学习的驾驶人差异性交通风险车-路协同防控方法	167
		6.3.4 半实物仿真与实验验证	174
	6.4	本章小结	177
	参考文献		179
第7章	**路段-路网交通风险协同防管控技术**		183
	7.1	概述	183
	7.2	协同防管控技术框架	185
		7.2.1 模块构成	185
		7.2.2 一体化评价指标	186
	7.3	路网层级管控技术	187
		7.3.1 路网车流诱导分流技术	187
		7.3.2 路网车流输入控制技术	193
	7.4	常规路段防管控技术	198
		7.4.1 车道控制技术	198

  7.4.2 车速控制技术 201
7.5 本章小结 224
参考文献 225

第8章 道路运行风险监测与防控一体化集成技术 227
8.1 概述 227
  8.1.1 交通监控与风险防控系统发展现状 227
  8.1.2 道路运行风险监测与防控一体化集成技术研究 230
8.2 风险监测与防控一体化集成装备硬件系统 231
  8.2.1 单点位风险监测与防控一体化集成装备结构设计 232
  8.2.2 面向四级协同的道路运行风险防控集成装备架构设计 233
  8.2.3 道路运行风险监测和防控集成装备技术要求 238
8.3 风险监测与防控一体化集成装备软件系统 247
  8.3.1 系统设计目标 247
  8.3.2 系统界面可视化设计理念 250
  8.3.3 系统功能设计 252
8.4 风险防控集成装备在典型路段的应用设置 257
  8.4.1 典型路段风险防控装备设置流程 257
  8.4.2 典型路段风险防控装备设置原则与条件 258
  8.4.3 典型路段风险防控装备设置方法与要求 260
  8.4.4 典型路段风险防控效果评估与优化 268
8.5 本章小结 269
参考文献 269

第 1 章　绪　　论

1.1　道路运行风险的界定

系统提升道路交通安全水平是保障我国公路建设和道路客货运输持续健康发展的重要议题。在安全系统工程中，传统安全理念注重事后整改，安全措施成本高、代价大且缺乏对事故的预判，无法实现事前防范；而现代安全理念是对隐患风险进行管控，强调风险的客观性和安全的相对性，即安全是可以接受的风险。道路运行风险与事故的发生密切相关。高风险意味着事故发生的概率增加。驾驶人的不良行为，以及道路、环境的异常状况均是造成交通事故的关键风险因素，因此对道路运行风险的智能感知与主动防控，可达到有效预防事故和降低事故严重程度的目的。

道路运行风险可分为静态风险、动态风险和风险交通行为三类，如图 1.1 所示。

静态风险主要是指道路特征风险，包括特殊路段、地形、路表情况、路面状况、防护设施类型等。在不同公路等级与特殊路段，上述各类道路特征存在不同形式的运行风险，例如，在防护等级低的山区急弯路段易发生车辆侧滑、侧翻事故。

动态风险主要包括能见度低、障碍物、横风、轮毂升温及火灾等。在不同公路等级和所处特殊道路条件下，各类动态风险特征存在不同形式的运行风险。例如，隧道内障碍物易引发连环追尾碰撞甚至火灾事故。

风险交通行为包括超速、闯红灯等违法行为，也包括跟车距离过近、频繁换道，以及疲劳驾驶、分心等不良驾驶行为导致的风险交通行为。风险交通行为已成为影响道路交通安全的重要因素，是研究交通事故产生机理的关键。在影响和制约道路交通安全的关键因素中，风险交通行为引发的交通事故占到 95%以上。

在一些特殊路段，如桥梁、长隧道、长下坡和急弯，因其自身结构特点和线形特征，道路的运行风险表现尤为突出。例如，受大雾、雨雪等天气的影响，桥梁路段易发生追尾、失稳事故；在长下坡路段，载货汽车需要考虑制动失效的风险；车辆在急弯路段行驶受视距、曲率、横向力等因素的影响，易造成急刹车、侧滑和侧翻等意外状况。当与驾驶人分心、疲劳驾驶等不良驾驶行为，以及交通环境复杂、能见度低等动态风险相互叠加时，桥梁、长隧道、长下坡和急弯等特殊路段发生事故的风险会急剧增加。

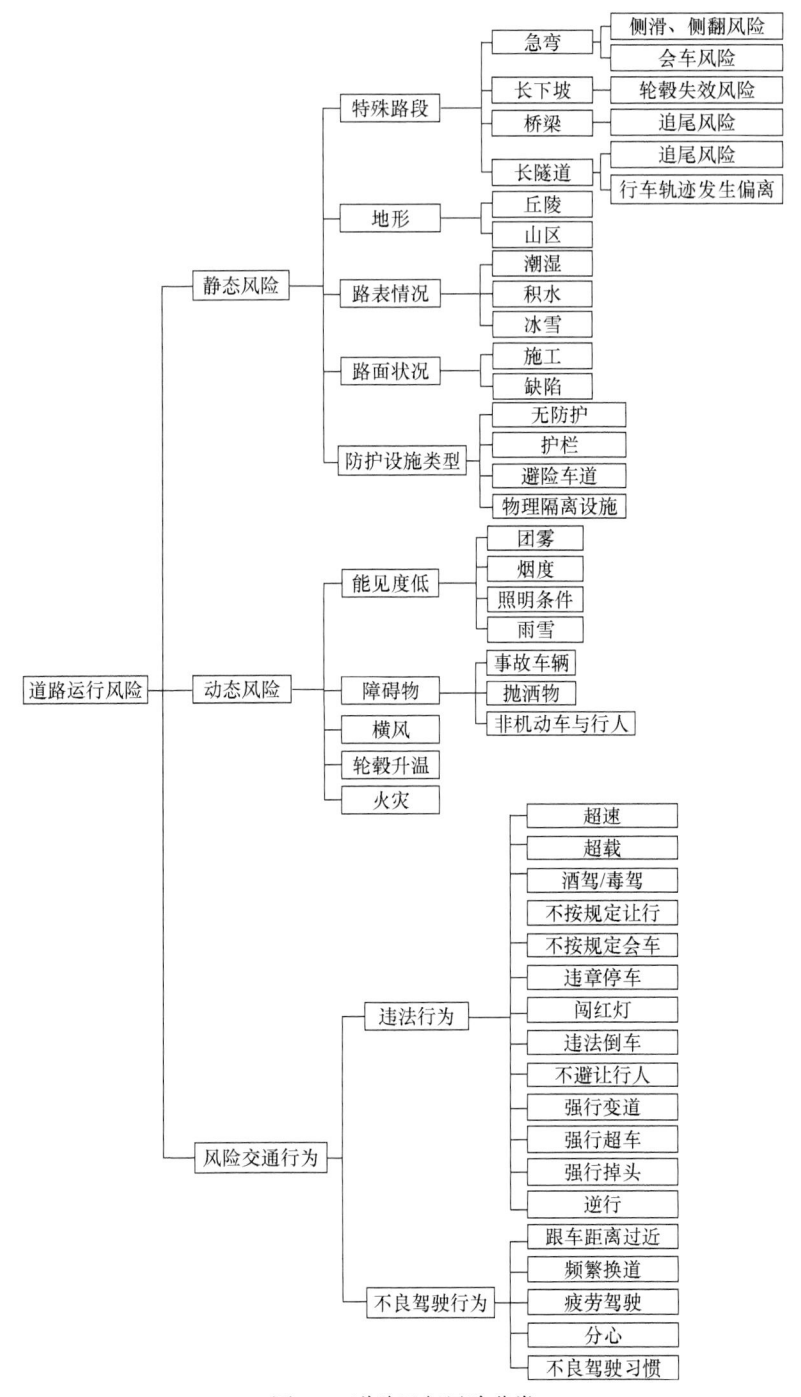

```
道路运行风险
├── 静态风险
│   ├── 特殊路段
│   │   ├── 急弯 ── 侧滑、侧翻风险
│   │   │         会车风险
│   │   ├── 长下坡 ── 轮毂失效风险
│   │   ├── 桥梁 ── 追尾风险
│   │   └── 长隧道 ── 追尾风险
│   │               行车轨迹发生偏离
│   ├── 地形
│   │   ├── 丘陵
│   │   └── 山区
│   ├── 路表情况
│   │   ├── 潮湿
│   │   ├── 积水
│   │   └── 冰雪
│   ├── 路面状况
│   │   ├── 施工
│   │   └── 缺陷
│   └── 防护设施类型
│       ├── 无防护
│       ├── 护栏
│       ├── 避险车道
│       └── 物理隔离设施
├── 动态风险
│   ├── 能见度低
│   │   ├── 团雾
│   │   ├── 烟度
│   │   ├── 照明条件
│   │   └── 雨雪
│   ├── 障碍物
│   │   ├── 事故车辆
│   │   ├── 抛洒物
│   │   └── 非机动车与行人
│   ├── 横风
│   ├── 轮毂升温
│   └── 火灾
└── 风险交通行为
    ├── 违法行为
    │   ├── 超速
    │   ├── 超载
    │   ├── 酒驾/毒驾
    │   ├── 不按规定让行
    │   ├── 不按规定会车
    │   ├── 违章停车
    │   ├── 闯红灯
    │   ├── 违法倒车
    │   ├── 不避让行人
    │   ├── 强行变道
    │   ├── 强行超车
    │   ├── 强行掉头
    │   └── 逆行
    └── 不良驾驶行为
        ├── 跟车距离过近
        ├── 频繁换道
        ├── 疲劳驾驶
        ├── 分心
        └── 不良驾驶习惯
```

图 1.1 道路运行风险分类

1.2 道路运行风险主动防控的技术需求

道路运行风险主动防控作为实现智慧公路必不可少的一环，自始至终是实现交通强国目标的重中之重。我国道路运输网规模巨大，经济发展带来的庞大运输需求导致道路运输负荷快速上升，运输网运行风险问题日益凸显。由于交通场景复杂、交通风险具有多源异构等特征，现阶段需解决交通行为全天候精确识别、运行风险智能研判与快速预警、考虑人因的风险交通行为有效干预矫正等技术难题，以实现点-线-面一体化的道路运行风险主动防控。因此，本节从感知监测技术、风险交通行为辨识与风险预测和风险交通行为干预矫正技术三个方面简要论述道路运行风险主动防控的技术需求。

1.2.1 感知监测技术

道路运行风险感知监测技术主要包括基于视频的运动目标实时检测技术、基于雷达的多目标动态连续跟踪技术、视频与雷达一体化融合感知技术三部分。其主要传感设备为摄像头和雷达，可进行交通事件和道路环境分析，如流量分析和交通拥堵检测、交通事故检测、违法行为检测、团雾检测、抛洒物检测等。实时、精准、全天候、全面感知道路交通流动及交通行为是感知系统追求的目标。

1. 基于视频的运动目标实时检测技术

视频监测技术应用最广，基于视频的运动目标实时检测与跟踪涉及计算机图像处理、视频图像处理、模式识别以及人工智能等诸多领域。目标检测技术是指快速、准确地将视频图像中的运动目标从背景中分离出来，运动目标实时检测技术是视频图像处理领域的重要研究内容。在交通场景中，运动目标通常包括机动车、非机动车、行人和其他物体等。目标跟踪是指对同一目标进行全局唯一信息认证并给出其在不同帧的位置，能在单摄像头甚至多摄像头设备下完成跟踪识别。

基于视频的运动目标实时检测技术包括双阶段目标检测技术和单阶段目标检测技术。双阶段目标检测技术是指将检测过程分为产生检测框候选区域和对候选区域的内容进行分类两个阶段，典型算法有空间金字塔池(spatial pyramid pooling，SPP)网络(He et al.，2015)和区域卷积神经网络(region-convolutional neural network，R-CNN)(Girshick et al.，2014)，此技术模拟了人类思维方式，即先找到物体的位置，然后观察物体的特征。为了克服双阶段目标检测技术的弊端，单阶段目标检测技术对原图进行区域划分，不再进行候选区域提取，直接在每个区域回归对应目标的位置及类别,代表算法有"你只看一次"(you only look once,YOLO)系列(Redmon et al.,2016)。基于深度学习的目标检测技术虽然较传统技术在检测精度上有很大提高,但是存在解释性差、信息利用不充分、小目标检测效果差等问题。在未来的研究工作中,目标检测领域主要呈现以下发展趋势:①轻量型目标检测;②与自动化机器学习(automated machine learning,AutoML)结合的目标检测;③领域自适应的目标检测;④弱监督目标检测;⑤小目标检测;⑥视频检测;⑦信息融合目标检测。

目标跟踪是利用传感器对感兴趣目标的运动状态进行估计的过程,可分为单目标跟踪、多目标跟踪、目标重识别、多目标多摄像头跟踪、姿态跟踪等。在运动过程中,目标可能发生姿态或形状的变化、背景遮挡或光线亮度的变化等,目标跟踪算法主要围绕这些变化展开。现阶段主要有基于人工规则的经典目标跟踪算法和基于深度学习的目标跟踪算法,如全卷积网络跟踪器(fully convolutional network based tracker,FCNT)(Wang et al.,2015)和孪生候选区域生成网络(Siamese region proposal network,Siamese-RPN)(Li et al.,2018)。

2. 基于雷达的多目标动态连续跟踪技术

雷达检测技术不受光照、能见度等自然条件的约束,检测精度高、抗干扰能力强、全天候工作和安装维护方便快捷,应用较广(靳标,2015)。雷达主要分为毫米波雷达和激光雷达。传统雷达目标识别任务简单,难以满足交通复杂场景下的监测任务要求。未来,智能化是雷达目标识别发展的主要方向。

毫米波雷达的波长介于厘米波雷达和光波雷达之间,导引头穿透雾、烟、灰尘的能力强,能精确检测运动目标的运动方向、距离、速度和角度等。对比其他传感器,在多目标动态连续跟踪中有明显的优势,其主要特性有:①可用频带宽;②多普勒频移宽;③毫米波雷达发射天线波束宽度窄。在交通环境中,树木、路牌、建筑物等多目标跟踪具有较大的干扰,所以需要滤除道路边缘标识线之外的目标。此外,毫米波雷达可融合驾驶人信息、道路环境、交通法规等用于监测个体、车群、区域等不同层面的交通流和目标行为特征,进而判别异常交通行为,如压线、超速、逆行等。常用的机器学习算法,如支持向量机、神经网络算法等均可用于异常交通行为判别。

激光雷达的结构比较简单,检测范围广,具有一定的实时性,其扫描介质是红外波段和可见光波段的激光。基于激光雷达的目标跟踪适用于多目标跟踪(multi-target tracking,MTT),利用传感器所采集的信息对多个目标的状态进行持续、精确的估计与预测,其主要流程包括目标信息确认、数据关联和跟踪滤波。车辆的检测、跟踪和分类可利用激光雷达的原始点云数据,并通过合并车辆的外形和轮廓特征完成。基于激光雷达的车辆运行场景感知通过仿射变动及局部运动预计等方法实现。

3. 视频与雷达一体化融合感知技术

基于视频和雷达的传感设备具有各自不可替代的优点，也具有不容忽视的缺点，二者的数据融合算法可用于提升目标检测、跟踪和定位等精度。如何将两种感知技术结合，实现优势互补，丰富道路信息采集的种类，提高目标检测的精度和范围是研究的难点。

视频与雷达一体化车辆检测跟踪系统，属于多传感器的信息融合系统，首先，需要进行时间标定和空间标定，在获得雷达信息和视频信息后，根据合适的算法进行融合，如贝叶斯理论和深度学习。最后，对融合得到的轨迹进行评价。

单个雷视一体机的监控区域有限，无法满足长时间大范围跟踪运动目标的要求，因此可利用多个雷视一体机协同感知目标信息，以获取更广范围和更高层次的监控场景感知能力。但交通目标在跨监控设备运行过程中还存在目标交接、多源数据融合等方面的问题。因此，《风险交通行为智能感知与矫正》一书提出基于点迹、轨迹关联和外观特征的多目标跟踪算法。

1.2.2 风险交通行为辨识与风险预测

现有研究对桥梁、长隧道、长下坡、急弯等特殊路段交通风险的实时辨识与预测评估相对薄弱，是目前交通管理中存在的一个技术瓶颈。研究主要存在交通环境多变、目标特征量多、目标辨识、轨迹预测困难、交通行为预测方法复杂、预测效率不高、风险评估模型不准确、评估准确率低等问题。道路运行风险辨识和预测系统利用智能算法主要解决交通行为在线识别实时性差、运行风险智能研判能力不足的问题。

1. 行为辨识

交通行为分析的目的在于通过对驾驶人、车辆、道路、环境系统行为的内在机制与外部表现进行识别，从不同层面确定影响交通系统的因素。在行为分析的基础上，传感器检测目标对象信息可转换为可定性分析的交通行为数据，进而形成交通行为快速精准辨识体系。

交通行为辨识的主要研究方法有时空法和计算法。时空法，即通过视频等方式记录交通参与者的行为轨迹；计算法，即通过计算机模拟真实场景来解决问题。基于轨迹分析的风险交通行为辨识的方法有很多，如神经网络方法(Hu et al., 2004)、聚类方法等(Yan et al., 2018)。目前，无监督学习方法成为异常检测研究的热点，该方法不需要轨迹标签，可以对轨迹进行自动学习来建立正常的轨迹模型，应用广泛。

2. 风险预测

风险交通行为只有严重到一定程度才需要预警及干预，为避免非必要的预警，需要对运行风险状态进行准确预测。本书主要针对制动毂升温、车速和车辆轨迹做深入探讨，分别建立制动毂升温模型和车速预测模型，最后针对行为预测做重点分析。轨迹预测包括目标轨迹关联及交通行为快速预测。目标轨迹关联是利用目标在时空域中状态变化的连续性进行目标检测和噪声滤除的有效手段；交通行为快速预测根据输入目标车辆和周围车辆的历史状态信息，输出目标车辆的预测轨迹。

对比风险交通行为数据库识别出风险交通行为，针对长隧道、长下坡等典型路段设计风险在线评估系统，考虑桥梁、长隧道的环境特征与长下坡、急弯的线形特征，实现风险交通行为的在线评估，准确描述风险的种类与等级。

1.2.3 风险交通行为干预矫正技术

实现道路运行风险主动防控，不仅需要从风险行为的感知与辨识方面进行风险预测，更要在此基础上进行风险交通行为的干预矫正。风险的感知、辨识、矫正是道路运行风险主动防控技术的基础和必要条件。由于驾驶人个体差异、运行风险多元多级、风险在点-线-面存在耦合传导等因素，风险交通行为如何实现有效的干预矫正、确保驾驶安全是需要解决的重要问题。分析驾驶人信息处理机制、基于人-机-环的匹配原则与驾驶人多通道刺激响应机理，采取以人因为导向、以行为为触发、以风险等级为驱动的高风险交通行为多模态预警、差异化矫正是实现风险防控、提高道路运行安全的有效手段。

1. 驾驶人的信息处理机制

在人-车-路系统中，从事故致因的角度出发，基于描述性和功能性等驾驶人行为模型，介绍驾驶人的认知、处理和操控行为过程。信息加工模型(information processing model，IPM)主要用于分析驾驶人在驾驶过程中的信息加工过程和步骤，可以描述和解释驾驶人与系统交互的心理操作过程，如图1.2所示。首先，感觉子系统获取外界环境信息并存储于短期感觉存储器(short term sensory store, STSS)中；其次，知觉子系统基于长期记忆(long term memory，LTM)中存储的驾驶经验，对感知的信号或事件进行判断；最后，信息加工经过两个通道或两者之一，即依据众多知觉信息迅速做出加速或制动的决策，或使用工作记忆系统暂时储存信息，同时扫视道路获取更多信息，然后做出反应。如果驾驶人在这一过程中的任何一个子任务出现错误，都有可能导致驾驶行为失误，引起交通冲突，甚至导致交通事故的发生(克里斯托弗 D.威肯斯等，2014)。

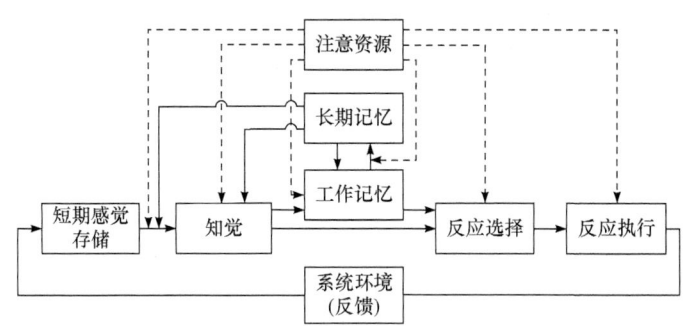

图 1.2　信息加工模型

信息加工模型强调驾驶人信息处理的有限性,因此在进行驾驶人行为干预时,需要考虑驾驶人的各感知通道,合理设计干预方法,避免由驾驶人的超负荷状态引起注意力分散等风险行为。四维多重资源模型解释了任务干扰与驾驶人大脑协作之间的关系,如图 1.3 所示。该模型对驾驶任务进行了规划和资源分配,包括阶段、编码、模态和视觉处理四个维度。阶段维度表明,感知和认知任务调用的资源与潜意识推动的动作选择和执行调用的资源不同。编码维度表明,空间活动与言语或语言活动调用的资源在感知、工作记忆和动作阶段是截然不同的。模态维度嵌套在感知阶段,而不表现在认知阶段或反应阶段,该维度表明听觉感知与视觉感知调用的是不同资源。其中,视觉处理维度嵌套在视觉资源上,主要负责对象识别(如阅读和识别标志),以及感知车辆行驶方向和驾驶任务(如车道保持)(Wickens, 2008)。

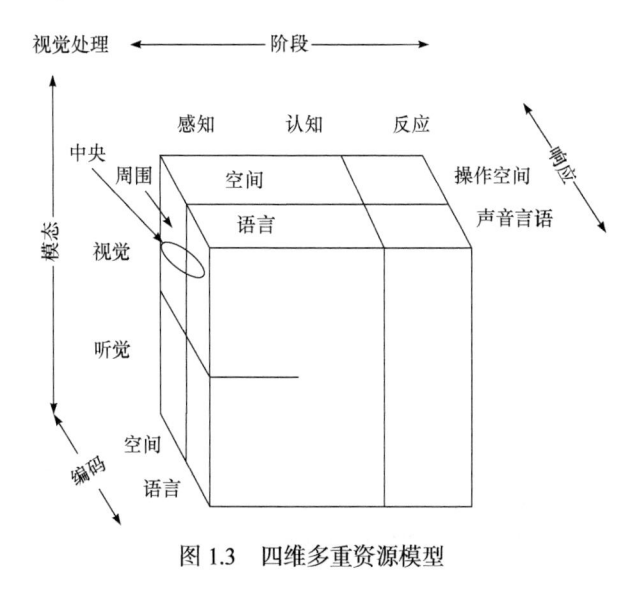

图 1.3　四维多重资源模型

驾驶人的信息加工模型和四维多重资源模型可以为驾驶人的行为干预提供所遵循的原则和指引，即在对风险驾驶行为进行干预矫正时，应充分考虑驾驶人的信息资源接受程度，避免由于信息量大、种类多而引起高认知负荷或忽略信息带来的附加风险。需要注意的是，在上述模型中驾驶人扮演被动信息接收器的角色，很难主动管理和控制交通状态。但面对高风险交通行为，驾驶人不只是被动接受，也可以采取主动措施实现自助矫正，这是一种更为积极有效的风险防控手段。

2. 风险交通行为的干预矫正

风险交通行为与交通事故的发生紧密相连。为实施有效的风险主动防控，风险交通行为的有效矫正一直是道路安全研究的主要关注领域。对风险交通行为的干预矫正技术随着感知技术和人工智能算法的发展不断创新并逐渐完善。传统的干预矫正技术主要包括教育、警察执法和设立交通标志等(Eensoo et al., 2018; Wang, 2019; Ma et al., 2021)。随着高级辅助驾驶和智能网联技术的发展，风险交通行为检测告警系统成为目前主流的干预矫正措施。告警方式可分为单模态和多模态两类，单模态是指采用视觉、听觉、触觉、嗅觉等单一通道进行告警；多模态是同时给予驾驶人两种及以上通道的告警方式(Narote et al., 2018)。不同模态及其组合之间的告警方式在传递信息量、有效性、注意吸引程度、厌烦程度和紧急程度方面各有优劣，以何种方式向驾驶人呈现告警信息是解决告警系统有效性的重要问题。根据不同人群(驾驶经验、认知特性、人格特质等)、路段(桥梁、长隧道、急弯、长下坡等)、风险等级(低、中、高等)等场景在多模态告警方法中整合各模态告警的优势，且体现出不同模态告警信号之间的集成性，有针对性地给出告警、及时干预风险交通行为是一项挑战。需要指出的是，风险交通行为的干预矫正不应仅关注外界危险本身，还要考虑驾驶人的认知心理特性。告警等以往的干预手段在很大程度上属于被动矫正且矫正效果仅具有实时性，理想的矫正效果应既可以长期保持驾驶人的安全驾驶技能，又有助于驾驶人及时、自愿地减少不适当的驾驶行为。因此，需深入探讨如何实现驾驶人的自助矫正和内省认知，使安全驾驶成为驾驶人的一种交通习惯。

行为矫正学发现,行为主义强化理论或许可成为驾驶人自助矫正的实现依据。该观点认为，人的行为既是人的有机体对刺激做出的反应，又是人通过一连串的动作实现其预定目标的过程。人的行为是其所获刺激的函数，如果这种刺激对他有利，那么这种行为就会重复出现，若对他无利，则这种行为就会减弱直至消逝。强化，指的是对一种行为的肯定或否定的后果(奖励或惩罚)，它会决定这种行为在今后是否会重复发生。

设计基于人因理论的高风险交通行为多模态告警、差异化正强化/负惩罚矫正技术方案，根据风险等级同时实施被动告警与自助矫正是道路运行风险主动防控的重要基础，扮演人-车-路-环风险安全主动防控系统中"人"的重要角色。首先，采用代币矫正技术，针对自源性(如超速)与外源性(如前方障碍物)风险行为，采用2(积分系统：有、无)×3(积分规则：高奖惩、低奖惩、风险-积分匹配)的混合设计，证明基于强化理论的代币矫正风险-积分匹配系统能有效应用于高风险交通行为的自助矫正中。其次，建立自助矫正系统原型，基于STM32单片机开发告警集成设备(包括视觉、听觉、触觉)，并通过问卷调研制定差异化积分矫正规则，使用Python语言的Pygame模块设计差异化积分系统人机交互界面，搭建完整的自助矫正系统。经实验验证可穿戴告警设备进行车内多通道信号集成化的可行性。多通道告警和差异化矫正相融合的自助矫正系统能够使驾驶人在变道时刻、变道距离、前方道路注视、主观评价等多方面表现出明显的优势。初步研究表明，将被动告警与代币矫正技术相结合的高风险交通行为的自助矫正系统，在风险行为干预中具有明显的优势，是实现道路运行风险主动防控的有效途径。

1.3 本书结构

本书围绕特殊路段及道路运输网运行风险主动防控，基于人因理论，针对各类风险的特点，设计相对应的主动防控措施和防控方案，从微观、中观和宏观层面实现对风险的防管控。在微观层面，对驾驶人的高风险交通行为进行矫正，降低当前的风险等级；在中观层面，针对的是路段风险防控，面向常规路段和特殊风险路段(桥梁、长隧道、长下坡和急弯)，根据各路段的道路风险运行特性和风险演化特征，采用相应的防控方案，例如，长下坡路段进行车辆轮毂温度检测和车速控制；在宏观层面，针对的是区域路网，提出路网-路段协同一体化防管控策略。此外，应用车-路协同技术将路侧端与车载端主动防控设备相结合，对交通风险行为进行自助矫正，最终以道路运行风险显著下降为防控目标，建立覆盖单点、路段和路网的道路运行风险监测与主动防控系统。

本书共8章。第1章绪论，重点介绍道路运行风险的界定和阐述道路运行风险主动防控的技术需求。

第2章针对大型桥梁，在总结传统交通安全设施防控、风险预警、动态限速、风险处置以及应急管控等现有桥梁运行风险预警防控技术与管理措施办法的基础上，提出桥梁运行风险预警与防控方案。该方案以雾天环境为例，包括风险预警、动态限速与雾天诱导等具体措施，并且随着风险等级的提高，防控水平逐级增强。为验证桥梁运行风险预警与防控方案的有效性，基于虚拟仿真测试平台，开展驾驶模拟实验测试方案实施效果。

第3章以长隧道等级风险预警与防控设施为研究对象，重点分析长隧道等级风险划分、预警与防控设施配置原则和洞内、洞口主动防控设施。长隧道洞口主动防控设施以激光水幕为主，与可变信息板配合使用，分三个区段对驶向长隧道的洞外车辆进行诱导。此外，雷视一体机监测驾驶人在长隧道内的行车轨迹，级联使用频闪警示灯、语音对偏离正常行车轨迹的驾驶人进行分级预警提示，诱导异常行驶的车辆回归正常行车车道。该章采用仿真模拟实验测试矫正方法对交通行为的影响，形成最优矫正方法，并以此构建长隧道等级风险预警防控智能检测平台，进行工程应用示范。

第4章分析长下坡路段及交通事故特征，讨论长下坡路段交通事故的成因、交通行为特征、交通风险因子及交通行为可控要素。以载货汽车为例，研究载货汽车轮毂升温预测模型、基于轮毂升温的失效风险等级划分和长下坡路段运行风险评估技术。在总结现有长下坡路段预警与管控措施实例的基础上，提出针对群体行为的预警及防控技术，如基于声/光/电的载货汽车制动热衰退预警技术。

第5章在梳理急弯路段行车风险分析，分析急弯路段风险预警与防控技术现状的基础上，建立车辆侧滑侧翻模型、车速预测模型和安全车速模型，提出基于称重设备和图像检测的车辆重心高度估计方法，以此对急弯路段运行风险进行评估。根据不同的风险等级，路侧端设备相应实现车辆侧滑侧翻风险的多级预警和防控。该章基于六自由度驾驶模拟器，进行急弯路段风险预警与防控装备的效果验证。

第6章以风险交通行为为研究对象，从驾驶人入手，使用车-路协同防控技术实现风险防控。该章重点介绍基于车-路协同防控技术的安全防控方式与考虑驾驶人个体差异的车-路协同风险防控技术。车-路协同感知融合路侧端与车载端的感知内容，深入挖掘路侧端、车载端信息中隐藏的驾驶人行为方式。车-路协同风险防控技术通过融合多传感器检测驾驶人与车辆的状态，对风险等级进行评估，并开发可穿戴式设备，对驾驶人的风险交通行为进行矫正。考虑驾驶人的个体差异，该章提出基于强化学习的交通风险车-路协同防控技术方案，完成风险防控系统感知端-评估端-预警端的搭建，实现车-路协同风险防控，进而实现风险交通行为的自助矫正。

第7章建立包含多个风险路段和隐患路段的路网级一体化协同防管控技术，结合道路运行全息监测信息，完成数据输入模块-协同管控模块-管控信息发布模块的技术集成，实现路段-路网协同和自适应主动防管控技术体系。

第8章构建集硬件、软件与应用设置为一体的道路运行风险监测与防控系统。硬件系统以路侧感知模块、决策模块和执行模块为现场层，以风险行为数据库为数据层，以路段-路网协同防控、防控中心可视化平台为应用层，实现不同路段运行风险监测与自助矫正的协同工作。软件系统实现风险感知、评估、智能匹配与反馈矫正的一体化响应。最后，详述风险防控集成装备在桥梁、长隧道、长下坡、急弯等典型路段的应用设置。

参 考 文 献

靳标. 2015. 认知雷达目标跟踪方法研究[D]. 西安: 西安电子科技大学.

克里斯托弗 D. 威肯斯, 贾斯廷 G. 霍兰兹, 西蒙·班伯里, 等. 2014. 工程心理学与人的作业[M]. 张侃, 孙向红译. 北京: 机械工业出版社.

Eensoo D, Paaver M, Vaht M, et al. 2018. Risky driving and the persistent effect of a randomized intervention focusing on impulsivity: The role of the serotonin transporter promoter polymorphism[J]. Accident Analysis & Prevention, 113: 19-24.

Girshick R, Donahue J, Darrell T, et al. 2014. Rich feature hierarchies for accurate object detection and semantic segmentation [C]. IEEE Conference on Computer Vision and Pattern Recognition, Columbus: 580-587.

He K, Zhang X, Ren S, et al. 2015. Spatial pyramid pooling in deep convolutional networks for visual recognition[J]. IEEE Transactions on Pattern Analysis and Machine Intelligence, 37(9): 1904-1916.

Hu W, Xie D, Tan T, et al. 2004. Learning activity patterns using fuzzy self-organizing neural network[J]. IEEE Transactions on Systems Man and Cybernetics Part B (Cybernetics), 34(3): 1618.

Li B, Yan J, Wu W, et al. 2018. High performance visual tracking with Siamese region proposal network [C]. IEEE Conference on Computer Vision and Pattern Recognition, Salt Lake City: 8971-8980.

Ma S, Yan X. 2021. Examining the efficacy of improved traffic signs and markings at flashing-light-controlled grade crossings based on driving simulation and eye tracking systems[J]. Transportation Research Part F: Traffic Psychology and Behaviors, 81: 173-189.

Narote S P, Bhujbal P N, Narote A S, et al. 2018. A review of recent advances in lane detection and departure warning system[J]. Pattern Recognition, 73: 216-234.

Redmon J, Divvala S, Girshick R, et al. 2016. You only look once: Unified, real-time object detection [C]. IEEE Conference on Computer Vision and Pattern Recognition, Las Vegas: 779-788.

Wang J. 2019. Development of a Society on Wheels: Understanding the Rise of Automobile-Dependency in China[M]. Singapore: Springer.

Wang L, Ouyang W, Wang X, et al. 2015. Visual tracking with fully convolutional networks [C]. IEEE International Conference on Computer Vision, Santiago: 3119-3127.

Wickens C D. 2008. Multiple resources and mental workload[J]. Human Factors, 50(3):449-455.

Yan X, Xi O, Yu C, et al. 2018. Dual-mode vehicle motion pattern learning for high performance road traffic anomaly detection [C]. IEEE Conference on Computer Vision and Pattern Recognition, Salt Lake City: 145-152.

第 2 章　桥梁运行风险预警与防控

2.1　概　　述

目前，从桥梁运行风险预警的方式来看，可以将风险预警划分为两大类别，分别是路侧预警与车端预警。路侧预警往往是通过可变信息板(variable message signboard, VMS)向所有道路参与者发布无差别预警信息；车端预警通常包括人机界面(human machine interface, HMI)、抬头显示(head up display, HUD)、增强现实(augmented reality, AR)信息以及手机应用程序发布的移动终端信息，一般是针对驾驶人个体发布的个性化预警信息。从桥梁运行风险预警的信息接收对象来看，仍可以将风险预警划分为两大类别，分别是向主管部门发布信息与向道路参与者发布信息。向主管部门发布信息旨在使管理人员了解桥梁结构的健康状况及桥上交通的运行情况，有助于管理人员在存在险情时第一时间做出决策，实施应急管控与救援；向道路参与者发布信息旨在提前告知驾驶人在桥梁上行驶可能会遇到的风险，提醒驾驶人提高警惕、谨慎驾驶，尽量避免交通事故的发生。此外，对于桥梁路段的交通运行风险，通常还需要考虑通过布设路侧主动防控设备以进一步满足防控需求，如服务于不良天气或交通拥堵情况下速度控制的动态限速系统、针对低能见度天气布设的雾天诱导终端、辅助车辆避免严重横向偏移的智慧道钉，以及冰雪天气防止路面附着系数较低的冰雪消融喷洒终端等智能防控设备。

桥梁路段属于高风险路段，因此在现阶段的道路风险预警防控应用方面，需要重点考虑基于桥梁的风险预警防控技术。

1. 国外桥梁运行风险预警防控现状

对于信息接收对象为桥梁道路参与者的风险预警方式，因桥梁交通事故后果严重、影响范围广泛、紧急救援难度高，故往往需要考虑桥梁所在区域的交通环境状况，如气象条件及交通流条件等因素。如今，国外许多国家已经针对道路风险预警开展了相关研究与应用，如美国的道路气象信息系统(road weather information system, RWIS)可将监测设备实时采集的气象信息反馈至道路参与者，对可能造成交通安全隐患的灾害天气进行及时预报和预警。日本建立了基于互联网的全国范围的道路交通信息服务系统，可向道路参与者提供实时的交通信息和气象信息。澳大利亚在高速公路沿线安装了可变信息板，可预测未来天气情况，提醒高速公路驾驶人依据天气及道路条件调整驾驶策略等。意大利针对低能见度天气对交通安全的影响，研发了抗雾智能公路系统，在低能见度环境下利用高压钠灯来提高能见度，避免驾驶人的视线受到影响。

2. 国内桥梁运行风险预警防控现状

近年来，我国道路监控管理系统、通信系统等发展较快，覆盖范围逐步扩大。特别是桥梁、长隧道、长下坡等高风险路段，一般设立有雷视一体机和气象监测站，可实时监测天气及交通情况，以便及时开展风险预警工作。同时，国内学者也针对桥梁运行风险预警防控策略进行了大量的学术研究。例如，吕惠卿等(2011)针对重要公路桥梁设施运营中的风险，根据桥梁的重要程度、规模、桥型和灾害情况的不同，将重要桥梁的监控与预警系统划分为三个等级，对不同桥梁采用不同等级的结构安全运营动态监控与预警系统，以便于对桥梁的关键参数进行监测。冯涛等(2012)考虑了道路条件(干燥、湿润、积雪和结冰)、能见度和路面附着系数对车辆速度的影响，计算出不同道路条件下，能见度和路面附着系数发生变化时对应的安全车速值。同时，计算出各类型道路条件不同车速下的安全间距，可用于桥梁路段的动态限速控制。赵利萍(2013)通过分析降雨和大风对交通安全的影响，提出了风雨耦合作用下高速公路的安全管控措施，包括交通设施视认性改良措施、工程策略及交通管制措施等，并对各类型安全管控措施及组合措施的有效性进行了评估，可用于桥梁路侧设施及智能防控设备的配置优化。周葵(2015)通过驾驶模拟平台实验对雾天高速公路预警措施的有效性进行了评估，其中，预警措施主要考虑 VMS 和设置雾天诱导灯，研究结果表明，预警措施的实施可提高大多数车辆的平稳运行速度，具有一定的管理效果。肖殿良等(2017)建立了由风险信息采集、数据管理与分析、风险预警、决策支持、信息发布等子系统组成的桥隧群运行风险预警系统，从人、车、路、环境、管理等多个方位和事件前、事件中、事件后多个角度加强了桥隧群路段风险预警与安全管理。

3. 桥梁运行风险预警与防控现状问题

目前，桥梁运行风险预警与防控技术相比于以往的静态化人工管控技术已经有所创新，主要体现在路侧基础设施布设、预警处置和应急响应等方面，但总体来说，主动预警与防控的水平仍然较低。虽然目前已有以物联网、5G 和人工智能技术为支撑的新型桥梁运行风险防控装备以及建筑信息模型(building information modeling, BIM)技术的融合，但是其研究和应用更多地集中于桥梁工程的规划设计和施工的前期阶段，对于后期桥梁工程运营阶段的风险预警与防控的应用尚不成熟。例如，针对基于能见度检测的高速公路雾天智能诱导系统，虽然有少数研究探究了其有效性以及不同能见度下的布设间距、亮度等配置参数，但并未在低能见度环境下的桥梁路段进行研究，特别是对于一些特大跨江桥梁，驾驶人横向风险感知能力较弱，容易导致操纵稳定性下降，使得车辆严重驶离车道中心线甚至侧向冲出桥梁，造成严重损失。因此，在该情况下，其雾天智能诱导系统的合理使用显得尤为重要，但目前并没有相关研究进行验证与评价。

4. 桥梁运行风险预警与防控发展趋势

针对桥梁运行风险的预警与防控技术，目前主要聚焦于桥梁结构风险的诊断与防控，往往忽视了桥面上由不良天气、异常交通流等因素引起的交通运行风险。未来，针对桥梁这一类典型高风险路段，会进行更多运行层面的风险防控，特别是在不良天气环境下，针对特定桥梁构建多维可视化模型，提取气象环境参数，并通过驾驶模拟等仿真实验与行车安全性分析，建立降雪强度、降雨强度、冰层厚度、水膜厚度和能见度等与行车安全性的关系，构建不良天气与交通安全的模型，进而合理应用高速公路风险预警与防控技术，根据雨、雪、冰、雾等不良天气与交通安全的关系，提出更具有针对性的预警防控措施，构建智能化、多时段、全周期桥梁交通运行管控系统。

2.2 桥梁运行风险预警防控技术与管理办法

2.2.1 传统交通安全设施防控技术

传统交通安全设施是指为保障车辆和行人的安全，充分发挥道路的作用，在道路沿线所设置的人行地道、人行天桥、照明设备、护栏、标柱、标志、标线等设施的总称。传统交通安全设施并未考虑当前热门的物联网、云计算、5G 通信等新兴技术，是交通风险防控的基础需求。通常来说，传统交通安全设施主要包括交通标志、标线、护栏、隔离栅、轮廓标、诱导标、防眩设施等。

目前，针对桥梁路段的特有传统交通安全设施的研究内容较少，但从风险机理与防控需求来看，桥梁路段的交通运行风险主要存在于桥梁与普通路段的衔接处，即伸缩缝所在位置以及桥中区段，车辆在上桥行驶一段时间后，如果没有防控设施，容易超速行驶，进而可能造成严重的交通事故，因此桥中区段也应该是重点管控的区域。根据风险防控需求，通常需要布设桥头跳车标志、限速标志、注意不利气象条件标志、禁止超车标志、车距确认标志等设施。

1. 桥头跳车标志

桥头跳车标志用以提醒车辆驾驶人减速慢行。该标志通常分为警告标志和文字提醒标志两种表现形式，可作为临时标志使用，用以提醒车辆驾驶人减速慢行，通常可设在路面颠簸路段或桥头跳车较严重地点以前的适当位置。

2. 限速标志

限速标志是一种禁令标志，表示该标志至前方解除限速标志或另一块不同限速值的限速标志的路段内，机动车的行驶速度不允许超过标志所示数值。限速标志设在需要限制车辆运行速度的路段的起点，其限速值不宜低于 20km/h。

3. 注意不利气象条件标志

注意不利气象条件标志是一种警告标志，用以警告车辆驾驶人注意路面结冰、雨(雪)天、雾天、不利气象条件等，可用于 VMS 上。对于桥梁路段，不利天气的影响可能会增大交通事故的严重程度，特别是地处南方的特大跨海、跨江、跨河桥，桥上容易出现团雾等恶劣天气，需要注意针对不利气象条件的预警与防控。

4. 禁止超车标志

禁止超车标志是一种禁令标志，表示该标志至前方解除禁止超车标志的路段内，不允许机动车超车，设在禁止超车路段的起点，已设有道路中心实线和车道实线的可不设此标志。针对桥梁路段，由于桥头路段风险较高，需要在桥头伸缩缝前布设禁止超车标志或施画白实线，禁止驾驶人在桥头路段换道超车。

5. 车距确认标志

车距确认标志是一种指路标志，用以帮助驾驶人确认与前车的距离。当高速公路或城市快速路两相邻立交间距大于 10km 时，在其间无其他指路标志的平直路段上可设置车距确认标志。特别是针对特大桥路段，车距确认标志可以有效防止追尾事故的发生，并应与车距确认标线配合使用。

2.2.2 风险预警技术

1. 桥梁运行风险预警等级阈值确定

1) 预警等级划分

由于在运营中桥梁预警体系部分指标的阈值确定难以用定量的方式体现，而且各预警指标的判断方式不同，所以其定量分析难以合理确定标准值。为了解决预警阈值难以确定的困扰，采用定性与定量相结合的方法判断桥梁事件风险。

等级是通过定性分析与定量分析两种方法相结合人为划分预警强度的报警区间，从而传达警情的严重程度，针对不同的预警对象设置不同的评级数。将其分为 4 个等级：1 级(风险很大，不可接受)、2 级(风险较大，须采取一定的控制措施才能接受)、3级(风险中等，必须引起重视)、4级(风险较小，仍在可接受范围内)，预警等级中分别以红色、黄色、蓝色、绿色表示相应的风险等级。综上所述，桥梁运营安全风险预警等级划分如表2.1所示。

表2.1 桥梁运营安全风险预警等级划分

预警等级	1级	2级	3级	4级
预警信号	红色警报	黄色警报	蓝色警报	绿色警报
说明	风险很大，不可接受	风险较大，需采取一定的控制措施才能接受	风险中等，必须引起重视	风险较小，仍在可接受范围内

2) 定量指标阈值

根据桥梁运营安全事件类型划分得出风险预警定量风险指标及阈值判别依据，如表2.2所示。

表2.2 定量风险指标及阈值判别依据

事件名称	风险源类别	判别指标	判别依据							
交通事故	交通运行	事故风险评估模型(基于交通流的流量、速度计算事故发生的概率 P)	1级：≥0.8							
			2级：0.6～0.8							
			3级：≤0.6							
		不同能见度下的限速/(km/h)	能见度/m	25	50	75	100	125	150	175	200
			限速值/(km/h)	20	40	50	70	80	90	100	110
		不同降雨强度下的限速/(km/h)	降雨强度/(mm/min)	0.1～0.8	0.8～1.1	1.1～1.6	1.6～2.0	2.0～2.6	2.6～3.6	3.6～4.0
			限速值/(km/h)	90	90	70	60	50	40	30
		不同降雪强度下的限速/(km/h)	降雪强度/(mm/天)	≤5.0		5.0～10.0		≥10.0		
			路面情况	光滑结冰路面	积雪、轻度压实雪路面	压实雪路面	光滑结冰路面	积雪、轻度压实雪路面	压实雪路面	光滑结冰路面
			限速值/(km/h)	90	60	45	35	35	封闭道路或25	封闭道路
		货车比例/%	1级：≥36.63							
			2级：23.43～36.63							
			3级：10.22～23.43							
			4级：<10.22							

续表

事件名称	风险源类别	判别指标	判别依据
交通事故	人	驾驶时长/min	连续驾驶机动车超过4h未停车休息或者停车休息时间少于20min
		血液酒精含量/(mg/100mL)	驾驶人血液酒精含量大于或者等于20mg/100mL，小于80mg/100mL为饮酒驾驶
			驾驶人血液酒精含量大于或者等于80mg/100mL为醉酒驾驶
	车	加(减)速度/(m/s^2)	1min内加速度超过1.7m/s^{2}或减速度超过2.2m/s^{2}的次数超过3次
		变道次数/次	1min内变道次数超过3次
		压线行驶时长/s	压线行驶的持续时长超过10s
		与车道线间距/m	持续10s距左侧或右侧车道线距离小于0.5m
		车辆追尾冲突判定指标/s	车辆追尾冲突判定指标小于等于6s
		车辆换道冲突判定指标/s	车辆换道冲突判定指标小于等于5s
	道路设施	国际平整度指数/(m/km)	1级：≥5.0
			2级：4.3~5.0
			3级：3.5~4.3
			4级：0~3.5
		护栏完备率/%	1级：<60
			2级：60~70
			3级：70~80
			4级：≥80
		过短护栏/处	1级：>7
			2级：5~6
			3级：3~4
			4级：≤2
		过短护栏率/%	1级：<40
			2级：40~60
			3级：60~75
			4级：>75
		护栏间断/处	1级：>7
			2级：5~6
			3级：3~4
			4级：≤2

续表

事件名称	风险源类别	判别指标	判别依据
交通事故	道路设施	交通标志种类完备率/%	1级：<40
			2级：40~60
			3级：60~75
			4级：>75
		解体消能标志使用率/%	1级：<40
			2级：40~60
			3级：60~75
			4级：>75
		防眩设施高度/m	1级：0~1.5
			2级：1.5~2.0
			3级：2.0~2.2
			4级：2.2~2.5
		隔离设施高度/m	1级：0~1.0
			2级：1.0~1.8
			3级：1.8~2.0
			4级：2.0~2.5
恶劣天气	雾	能见度/m	1级：≤50
			2级：50~100
			3级：100~200
			4级：200~500
	雨	降雨强度/mm	1级：降雨强度>50.0mm/h，或降雨强度>3.0mm/min且能见度降到<100m
			2级：降雨强度30.0~50.0mm/h，或降雨强度2.0~3.0mm/min且能见度降到100~150m左右
			3级：降雨强度15.0~30.0mm/h，或降雨强度1.3~2.0mm/min且能见度降到200m左右
			4级：降雨强度10.0~15.0mm/h，或降雨强度0.8~1.3mm/min且能见度降到500m左右
	风	平均风力、阵风风速/(m/s)	1级：平均风≥9级(≥20.8m/s)或阵风≥11级(≥28.5m/s)
			2级：平均风8级(17.2~20.8m/s)或阵风9级~10级(20.8~28.5m/s)

续表

事件名称	风险源类别	判别指标	判别依据
恶劣天气	风	平均风力、阵风风速/(m/s)	3级：平均风7级(13.9~17.1m/s)或阵风8级(17.1~20.7m/s)
			4级：平均风5级~6级(8.0~13.9m/s)或阵风7级(13.9~17.1m/s)
	横风	横风风速/(m/s)	1级：≥24.5
			2级：17.1~24.5
			3级：10.8~17.1
			4级：<10.8
	雪	积雪厚度/cm	1级：≥5.0
			2级：3.0~4.9
			3级：1.0~3.0
			4级：<1.0
桥梁结构异常事件	—	伸缩缝/mm	黄色预警阈值：−640~640
			红色预警阈值：−800~800
		钢应变/MPa	黄色预警阈值：−400~400
			红色预警阈值：−500~500
		跨中挠度/mm	黄色预警阈值：−403~968
			红色预警阈值：−475~1139
		桥面温度/℃	黄色预警阈值：70~80 或−3~0
			红色预警阈值：>80 或<−3
		钢箱梁内温度/℃	黄色预警阈值：60~75 或−10~−8
			红色预警阈值：>75 或<−10
		跨中位置钢箱梁内温度/℃	黄色预警阈值：99~100 或0~1
			红色预警阈值：>100 或<0
		塔内温度/℃	黄色预警阈值：60~75 或−10~−8
			红色预警阈值：>75 或<−10
		塔身中部温度/℃	黄色预警阈值：99~100 或0~1
			红色预警阈值：>100 或<0

2. 桥梁运行风险预警实际应用

1) 交通事故类

在交通运行方面，通过高速公路交通事故风险阈值及预警信息的研究，可以将高速公路交通安全处理问题向主动预警转变，提前判断道路交通拥挤或事故状态。根据预警等级，采取相应水平下的交通组织方案组织各交通部门开展应急管理工作，以保障高速公路的行车安全，降低交通事故率，实现安全、畅通和高效的管理目标。

在人方面，根据检测驾驶人与安全驾驶有关的各项指标，并与阈值进行比较，提前分析驾驶行为是否存在风险，以便及时提醒驾驶人采取避险措施，或强制驾驶人停止驾驶。

在车方面，根据阈值判断车辆当前行驶状态，预测可能发生的危险事件，提醒驾驶人对速度、行车间距、行驶位置等进行调整，及时采取安全控制措施，以保证车辆在交通环境下的安全行驶，避免引发事故。

在道路设施方面，考虑道路所在地区，对道路使用质量和交通安全设施系统的服务能力进行等级划分与风险预警并找出问题，及时检查、调整、修复和保养，预防高速公路发生突发事件，在一定程度上解决了交通效率、交通安全等方面的问题。

2) 恶劣天气类

在恶劣天气方面，一是根据天气状况阈值评定风险等级，为驾驶人和高速公路管理部门提供准确的预警信息，明确告知驾驶人交通行驶风险，加强宣传引导，做好交通疏导和指挥，确保不因恶劣天气条件和突发情况发生重特大道路交通事故，不出现长距离、大范围的道路交通拥堵。二是为高速公路管理部门与地方政府、交通、交警、消防、安监、医疗等部门的沟通协调提供准确的风险等级信息，方便快速采取相应措施实施救援，进一步加强协调、配合和联动。

3) 桥梁结构类

在桥梁结构方面，设定两级预警阈值，方便监测人员对桥梁进行实时长期监测，并及时预警。指标值一旦达到低级预警级别，监测人员可立即发现并分析异常原因，评估桥梁的安全状态，及时采取预防措施，防止警情向高级预警级别转化，对桥梁事故进行预警，并为养护工作提供参考依据。

2.2.3 动态限速技术

1. 概述

动态限速管理又称为可变限速管理，其控制系统主要包括信息采集系统、信息传输系统、中心控制系统、动态信息发布系统四个部分。动态限速被认为是主动交通管理(active traffic management, ATM)的一个组成部分，可以通过动态调整和协调获得最大的适当车速，特别是在不良天气条件下，静态限速所限制的速度可能对驾驶人仍是不安全的，动态限速能够将速度限制到安全值。

2. 应用情况

现阶段可变限速控制方法及模型多考虑道路、天气、交通流等因素建立控制方法及模型，在保证安全的前提下尽可能地提高高速公路的通行能力，但是对路段之间交通流状况的差异性缺乏考虑，在高速公路上不同路段的交通流状况差异性较大，造成了潜在交通事故隐患和交通拥堵的可能性。

现阶段可变限速系统的应用方面多是根据天气的变化采取相应的限速值，如美国犹他州、田纳西州、北卡罗来纳州的能见度预警系统，华盛顿州的可变限速控制系统。此时，仅考虑了单个或多个天气变化因素，限速值是为了满足该天气条件下的行车安全采取的最大限速值。

2.2.4 风险处置技术

1. 雾天诱导

1) 应用背景

国内外的统计数据显示，在不良天气条件下，交通事故发生率显著增加。雾天驾驶人无法准确感知道路交通条件的变化，导致驾驶人对其他车辆和周边交通环境的误判，容易造成车辆追尾，增加了车辆在雾天行驶的危险性，在遇到紧急状况时，无法及时采取制动，易造成严重后果，甚至可能发生二次追尾事故。

2) 系统概述

急弯道、长下坡、长隧道进出口等危险路段在雾、雨、雪等恶劣天气情况下极易发生严重的交通事故。研究表明，无论什么气候与路段条件，最核心的事故原因在于驾驶人不能提前了解路段信息、意识疏忽、驾驶行为不当。以往危险路段的交通事故防范主要依靠反光型路标、诱导标志和警示牌等静态设施，所能起到的效果有限，同时难以应对雾、雨、雪等低能见度天气对车辆通行造成的影响。

高速公路雾天行车安全诱导系统是一种智能型、全天候、无人值守系统，该系统整合了气象监测、智能灯标、声光报警、交通信息显示屏等设备，常应用于危险路段，能有效解决危险道路交通安全问题。诱导装置的主体应包括：外部壳体、发光显示组件、通信模块、同步闪烁模块、车辆检测模块、数据接口与控制模块和电源模块等主要部件。外部壳体用于容纳诱导装置的其他部件；发光显示组件由黄色和红色发光二极管(light-emitting diode, LED)阵列组成，用于诱导车辆安全行驶；通信模块用于诱导装置间相互通信以及接收和传递上位控制指令；同步闪烁模块用于支持实现发光显示组件的同步闪烁；车辆检测模块用于检测车辆通过情况，辅助实现防止追尾警示工作；数据接口与控制模块用于将各器件连接集成并负责实现各种工作模式以及处理各种指令；电源模块用于实现稳定供电以及蓄电池充放电管理等功能。

3) 系统简介

根据《雾天公路行车安全诱导装置》(JT/T 1028—2016)相关规定和内容，通过安装在道路两侧的智能灯标,利用灯标发出的红、黄光语信号帮助驾驶人判断前方道路状况和前方车辆状况,警示诱导车辆安全行驶,从而有效避免危险路段车辆追尾事故、二次事故,特别是雾区连环撞车等恶劣事故的发生。雾区智能诱导系统的主要功能有道路轮廓强化、行车主动诱导、防追尾警示,系统根据现场的能见度情况,依据预先设置的阈值自动切换工作模式,以便在不同能见度天气下诱导车辆安全行驶。

高速公路行车安全诱导系统的响应分为四级。其中,第一级为待机状态,在能见度大于 500m 时,关闭诱导灯,设备处于低功耗模式;第二级为道路轮廓强化模式,在能见度为 200~500m 时,系统进入道路轮廓强化模式;第三级为行车主动诱导模式,在能见度为 100~200m 时,系统进入行车主动诱导模式;第四级为防止追尾警示模式,在能见度为 50~100m 时,系统进入防止追尾警示模式,通过使用不同颜色的灯光警示后车前方有车辆行驶,从而保持车距、小心驾驶;当能见度小于 50m 时,应采取封桥分流等桥梁应急管控措施。

2. 雨天防滑

1) 应用背景

降雨天气是对高速公路交通运行安全影响最严重的不良天气状况,远高于其他不良天气的影响。降雨对高速公路交通安全的影响主要体现在能见度和车辆滑水两个方面。雨水在降落至地面的过程中形成雨帘,加上前车车速高,造成路表积水飞溅的情况,对驾驶人的行车视线造成干扰,能见度降低。雨水滴落至路表,未及时排除至路基外,滞留在路表,形成积水,导致路面抗滑性和抗摩擦性降低,车辆轮胎与路表间的附着能力随之降低,易产生侧滑等交通事故。面对降雨天气带来的能见度下降和路面摩擦系数降低等潜在风险,雨天防滑系统能够有效地对道路车辆提出预警,并通过防控措施降低车辆在道路行驶过程中存在的安全隐患。

2) 系统概述

根据降雨天气条件下高速公路行车安全的需求,雨天防滑系统的主要作用是实时监测道路沿线的降雨量、能见度、水膜厚度、车速、车头间距等参数,并将参数传输至数据处理中心,通过交通运行参数检测智能警示驾驶人对行驶速度进行调整,从而保障在途车辆的行车安全。研究设计的系统,要求能够实时测量周边的降雨量、能见度、车速等信息,并将数据传送给主控板,再经主控板进行数据分析处理,利用无线通信技术将数据传送给一定距离外的可变电路板,最终发布相应的安全信息和防控措施。

3) 系统简介

雨天防滑系统的工作流程总体可分为三个部分,包括数据采集与处理、智能预警以及信息发布和防滑诱导。

(1) 信息搜集模块。

信息搜集模块主要包括智能气象站、雷视一体机及其相应的外围电路等。其主要目的是采集计算防控方案所需的降雨量、能见度、水膜厚度、车速及车头间距等参数。智能气象站作为信息搜集模块的重要组成部分，是预警信息发布的重要检测手段，其主要用于检测高速公路的降雨量和能见度；雷视一体机是全新一代专门针对车-路协同所设计的智能传感器，是集摄像头、毫米波雷达和高性能处理器于一体的交通传感器，能够准确检测出静止目标和运动目标的位置、速度以及目标物的尺寸等信息。

(2) 策略生成模块。

根据横风预警的不同级别，综合考虑不同级别下预警信息发布的需求和方法，制定降雨防滑系统警示策略，根据输入参数确定不同预警等级下的参数阈值，并制定不同预警等级下的防控策略。通过不同级别的警示，保障不同降雨条件下高速公路的行车安全。

3. 横风防偏

1) 应用背景

近年来，我国极端恶劣天气频发，高速公路的交通安全越来越受到恶劣天气的影响。其中，横风以其突发性、隐蔽性的特点，威胁着高速公路的行车安全。当车辆在高速公路上行驶，受到垂直于行驶方向较大等级风力的作用时，将显著影响车辆的行驶稳定性，当风力超过一定等级时，正常行驶的车辆将会面临侧滑和侧翻的风险。在我国西北地区，强横风天气较多，特别是在平原地区的高速公路、高填方和桥梁路段，会放大横风的作用。强横风天气对行车安全的影响极大，而大客车、大货车等大型车辆由于本身体积大、载重大、侧面迎风面积大，所以其运行安全问题尤为突出。横风预警防偏系统实现了从实时监测到智能预警和安全防控的一系列流程，切实保障了高速公路的行车安全。

2) 系统组成

根据强横风天气条件下高速公路行车安全的需求，横风预警防偏系统的主要作用是实时监测道路沿线横风的风速、风向、车辆偏移程度以及行驶速度等参数，并将参数传输至数据处理中心，通过交通运行参数检测智能警示驾驶人对行驶速度进行调整，从而保障在途车辆的行车安全。研究设计的系统，要求能够实时测量周边的风速与风向，并将数据传送给主控板，再经主控板进行数据分析处理，利用无线电通信技术将数据传送给一定距离外的可变电路板，最终发布相应的安全信息和防控措施。

3) 系统功能

从需求来看，高速公路桥梁横风预警防偏系统主要包括信息搜集模块、行车安全防控策略模块。高速公路桥梁横风预警防偏系统的总体工作流程分为三个部分，包括数据采集与处理、智能预警与信息发布以及数据共享与控制。首先，在前端数据采集与处理模块中，利用外场风速风向传感器实时检测高速公路沿线的风速风向信息，并进行初步数据处理；然后，在中端判别其对高速公路行车安全的影响程度，启动相应的预警级别，从而发布对应的警示信息；最后，在后端与高速公路监控中心形成数据共享和交互机制。

(1) 信息搜集模块。

信息搜集模块主要包括智能气象站、雷视一体机及其相应的外围电路等。其主要目的是采集计算防控方案所需的风速、风向、车辆横向偏移、车速等参数。根据高速公路沿线强横风区域(包括空旷地带、高路基以及桥梁路段等)布设风传感检测设施，确保强横风区域的实时监测。

(2) 行车安全防控策略模块。

根据不同的横风预警级别，综合考虑不同横风预警级别下预警信息发布需求和方法，制定横风预警系统警示策略，通过不同级别的警示保障不同横风条件下高速公路桥梁行车的安全。

4. 冰雪消融

1) 应用背景

目前，我国针对道路积雪、结冰的处置方案还停留在机械铲雪、人工撒盐、车辆佩戴防滑链等传统方式上。这些方式并不能完全规避积雪、结冰带来的安全隐患。其中，机械铲雪无法去除残留在路面的暗冰，隐患依然存在；人工撒盐成本高、效率低、效果不佳，消耗大量的人力、物力，且存在风险，过量使用路盐会对路面、桥梁造成腐蚀，带来安全隐患；车辆佩戴防滑链缺乏实时探测路面状态信息的手段，不能实时采集路面状态信息，无法统一调度和及时处理。冰雪消融系统的提出，能够有效解决传统融雪方式存在不足的问题，能够解决冰雪路面存在的安全隐患，同时可有效降低了人力、物力成本，缓解对路面信息实时监测不足而导致的管理调度的滞后问题。

2) 系统概述

冰雪消融系统是安装在高速公路、城市立交桥、机场出行闸道上的一种高效、节能、低成本的新一代全自动融雪剂自动喷洒系统，由路域环境信息采集系统、道路结冰处置系统两大系统组成，为管理者的决策提供可靠的信息来源并及时有效地解决道路结冰问题，提高了道路的行车安全。

3) 系统简介

针对长大纵坡、背阴路段、桥梁等易结冰路段建设结冰预警和自动处置系统，通过埋置于路面内的智能感应终端、气象站等路侧设备实时采集路面信息，利用数字通信、自动控制等物联网技术对采集来的交通气象信息及路面结冰信息进行实时分析，当发现有结冰预警时，自动发出指令，控制喷洒系统，对路面智能喷洒液体融雪剂，最大限度地降低冰雪灾害对道路交通安全的影响，避免重大交通事故的发生，有效保障道路的安全畅通。当路面结冰预警解除后自动停止喷洒液体融雪剂，实现节约融雪剂、环保的目标。

2.2.5 应急管控技术

高速公路应急管控通常指的是事故发生后，现场人员第一时间向监控中心报告情况，监控中心依此判断应急响应级别并启动相应的应急响应预案。应急组织机构立即采取行动，各应急工作组依据各自的职能调整风险防控处置措施，并上桥开展救援，直至应急响应结束。

通常来说，应急管控需要传达的内容主要包括以下5个方面：

(1) 发生事故(或异常情况)的单位、事件及具体位置。

(2) 事故(或异常情况)的简要经过、现场是否有伤亡情况。

(3) 事故(或异常情况)现场应急抢救处理的情况和已经采取的措施。

(4) 事故(或异常情况)的报告单位、报告时间、报告人和联系电话。

(5) 上级单位和政府部门需要了解的其他情况。

1. 恶劣天气应急管控

以雨天为例介绍桥梁恶劣天气应急管控技术。对于高速公路桥梁路段，在暴雨多发季节，桥梁养护部门应加强对桥梁、路面的巡查，及时在危险路段设置警告标志，发现险情应立即采取有效措施，尽量避免和减少暴雨灾害对交通的危害，并保证桥面安全畅通。若出现强降雨天气，按照事件发展及不同响应级别，桥梁雨天的主要应急管控措施如下：

(1) 气象台发布暴雨信息后，安全管理部门应在暴雨来临前24h向各部门及收费站通报气象台发布的暴雨信息，要求各部门及收费站立即采取预防措施，做好防暴雨的准备工作。例如，取消员工休假外出；办公、住宿、生活等区域关紧门窗，检查排水设施，加固棚架等临时建筑物，妥善安置室外物品；检查备用发电机组等设备设施；通知户外作业人员停止作业，撤离危险地带；切断危险的室外电源；停止露天集体活动，立即疏散人员；检查桥梁及道路状况，做好低洼易受淹地区及路段的排水防涝工作；通知有关单位和救援力量随时投入应急救灾行动。

(2) 开始降雨后，监控中心根据雨量和现场情况启动相应的应急响应(Ⅲ级响应及Ⅳ级响应)。

(3) 当雨水如线，雨滴不易辨别(中雨到大雨)时，监控中心启动Ⅳ级响应，通过可变信息板发布警示信息："雨天路滑，请谨慎驾驶！"通知抢险保畅组、通信联络组及后勤保障组做好应急救援准备工作。

(4) 当雨水倾盆，模糊成片(大雨到特大暴雨)时，监控中心启动Ⅲ级响应，通过可变信息板发布警示信息："雨天路滑，请减速慢行！"提醒驾驶人注意行车安全或紧急停车避险，抢险保畅组定时进行全线路面巡查，及时发现并排除沿线隐患。通信联络组及后勤保障组进行应急救援准备工作，必要时在桥梁/高速收费入口向过往司乘人员发出提醒，告知驾驶人注意行车安全，避免事故发生。

2. 交通事故应急管控

对于高速公路特大桥，特别是跨江、跨河、跨海及跨谷桥，其发生交通事故时，相较于高速公路其他路段，通常难以救援、疏散。因此，在该类型路段下的交通事故应急管控措施更应该予以重视。下面将以道路交通事故及危化品事故为例分别展开讨论。

1) 道路交通事故应急管控

若桥梁上发生道路交通事故，则按照事件发展及不同的响应级别，桥梁道路交通事故处置措施主要为：

(1) 监控中心接到人员或设备报警后，通知相关部门及人员，并根据事故严重程度和现场情况启动相应的应急响应(Ⅰ级响应、Ⅱ级响应、Ⅲ级响应、Ⅳ级响应)。

(2) 监控中心根据险情对交通安全的影响情况，立即通知交警和路政部门，并在可变信息板发布警示信息："前方事故，请减速慢行！"

(3) 监控中心通知抢险保畅组后，抢险保畅组立刻带领相关工程技术人员到达事故现场，初步查明事故情况、评估事故造成的危害、判断事故等级，并根据险情，对影响交通安全的立即与通信联络组沟通，通知交警和路政部门对事故路段进行临时封闭。

(4) 如果抢险工程量大，时间较长，对行车安全影响较大，抢险保畅组应与交警、路政部门共同制定交通分流措施，将分流措施上报主管单位，并通知后勤保障组做好协助抢险准备，后勤保障组协助交警处理交通事故，疏解和指挥交通。抢险保畅组根据事故危害程度和工程抢修需要，拟订交通管制方案，经协调指挥组研究确定后组织实施。

(5) 若有人员伤亡，通信联络组通知救护车，在救护车到来前，医疗救护组进行先期急救工作，待救护车到来后现场协助专业医疗救护人员抢救伤员。

2) 危化品事故应急管控

若桥梁上发生危化品事故，按照事件发展及不同响应级别，桥梁危化品交通事故处置措施主要为：

(1) 接警后，监控中心紧急通知相关部门及人员进行先期处置。抢险保畅组的相关人员立即赶至现场，使用安全锥桶先行设置临时安全隔离区域；现场应急指挥部调集应急救援物资、设备和力量赶赴事故现场，实施应急处置和救援工作，并提醒危化品运输车辆打开双闪灯，开启车上危险信号灯，夜间还必须同时开启示宽灯和尾灯，引导人员迅速转移到安全地带。

(2) 发生事故后，监控中心根据事故严重程度和现场情况启动相应的应急响应(Ⅰ级响应、Ⅱ级响应)。

(3) 当监控中心发现或接报危化品轻微泄漏或造成人员受伤，需临时中断事故现场交通时，应首先了解危化品的种类和性质，报告值班领导，同时通知交警、救护车、消防、应急指挥中心、现场应急指挥部及应急工作组进行救援，将危化品的种类和性质的相关信息及时报告消防等相关部门，并在相应的可变信息板发布警示信息："前方事故，道路封闭，请绕道行驶！"

3. 特殊事件应急管控

本节以异常停车事件为例介绍桥梁特殊事件应急管控技术。若桥梁上出现异常停车现象，按照事件发展及不同响应级别，桥梁异常停车事件处置措施主要为：

(1) 监控中心接到人员或设备报警后，通知相关部门及人员，并根据事件严重程度启动相应的应急响应(Ⅳ级响应)。

(2) 监控中心立即通知交警和路政部门，封闭道路，并在可变信息板发布警示信息："前方事故，请减速慢行，并注意提前变道！"

(3) 监控中心通知抢险保畅组后，抢险保畅组人员到达事故现场后在事故上游位置进行道路封闭，初步查明事故情况、评估事故造成的危害等，与异常停车驾驶人沟通，让其驶离当前异常停车车道。通信联络组与交警部门沟通，在驾驶人不予配合的情况下，可通过交警将异常停车车辆拖至应急车道做进一步处理。后勤保障组协助抢险保畅组进行工作，必要时协助进行交通管制及后期交通恢复。

(4) 若异常停车车辆导致追尾等事故发生，进而导致人员伤亡，通信联络组应通知救护车，在救护车到来前，医疗救护组进行先期急救工作，待救护车到来后现场协助专业医疗救护人员抢救伤员。

4. 桥梁结构异常应急管控

对于桥梁路段，还需要特别考虑结构异常所带来的安全风险，若发现桥梁出现跨中挠度异常的情况，按照事件发展及不同响应级别，桥梁跨中挠度异常事件的处置措施主要为：

(1) 当监控中心发现桥梁健康管理系统显示桥梁跨中挠度异常时，立即通知相关部门及人员，并根据事件严重程度启动相应的应急响应(Ⅱ级响应)。

(2) 监控中心立即通知交警和路政部门，进行桥梁及上游路段封闭，并在可变信息板发布警示信息："前方事故，请绕行！"

(3) 监控中心立即通知单位桥梁技术人员进行初步的原因诊断，通信联络组协同信息传递，并及时向桥梁主管部门汇报，必要时经主管部门同意邀请国内外桥梁专家进行在线诊断，并判断此次跨中挠度异常产生的危害及后续处置措施。

(4) 监控中心通知抢险保畅组，抢险保畅组人员到达桥梁事故现场后在保证自身安全的前提下进行路段封闭，与交警、路政部门共同制定交通分流措施，后勤保障组进行救援物资筹备，必要时协助交警、路政部门进行交通管制。

2.3 桥梁运行风险预警与防控方案

2.3.1 总体思路与框架

本节根据不良天气等级和车辆运行状态划分桥梁运行风险等级，基于不同风险等级逐级融入新型桥梁运行风险防控装备，以分区段(桥前、桥中、桥后)、分层级(强制型、改善型、增强型、旗舰型)布设为原则，以静态告知(以传统交通工程标志与标线为核心传递交通信息)向动态引导(风险预警、动态限速控制与天气风险处置相结合的实时主动防控)过渡为思路，创新性地形成强制型、改善型、增强型、旗舰型等不同等级且面向人因的多层级差异化桥梁运行风险预警与防控方案。

具体地，以雾天能见度降低为研究对象，以鄂东长江大桥为例。典型桥梁运行风险预警由防控信息采集、信息处理、信息发布三部分组成。信息采集主要包括信息感知、信息传输、信息存储三部分。其中，信息感知即需要感知外部环境信息，可以通过雷视一体机和能见度检测仪等设备动态采集气象条件、交通流、车辆运行数据，如能见度、车速、车头间距、车道偏移距离等数据信息。信息传输即采用系统和数据采集设备固有的接口及其通信方式进行信息传送。信息存储即将数据以数据库的形式汇聚存储，包括原始数据和特征数据，原始数据是指系统前端所采集的数据，又包括实时数据(如速度、流量、密度、能见度)及历史数据(如道路纵坡、驾驶人反应时间)；特征数据是指经过系统处理模块在一定算法下处理后的数据(如限速值)。信息处理是基于实时数据和历史数据，按照提前设置的算法模型，生成防控策略。信息发布可将风险防控信息及时传递给驾驶人，包括 VMS、动态限速标志和雾天诱导灯。信息发布即通过路端设备将风险防控信息及时传递给驾驶人，包括可变信息板、动态限速标志和雾天诱导灯。该雾天预警防控方案的整体框架如图 2.1 所示。

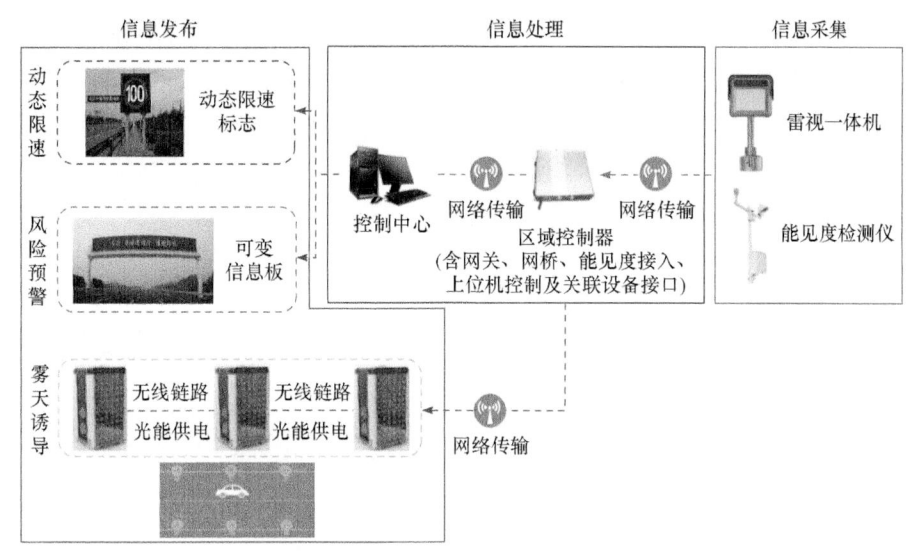

图 2.1　雾天预警防控方案的整体框架

该预警防控方案的整体逻辑框架如图 2.2 所示。

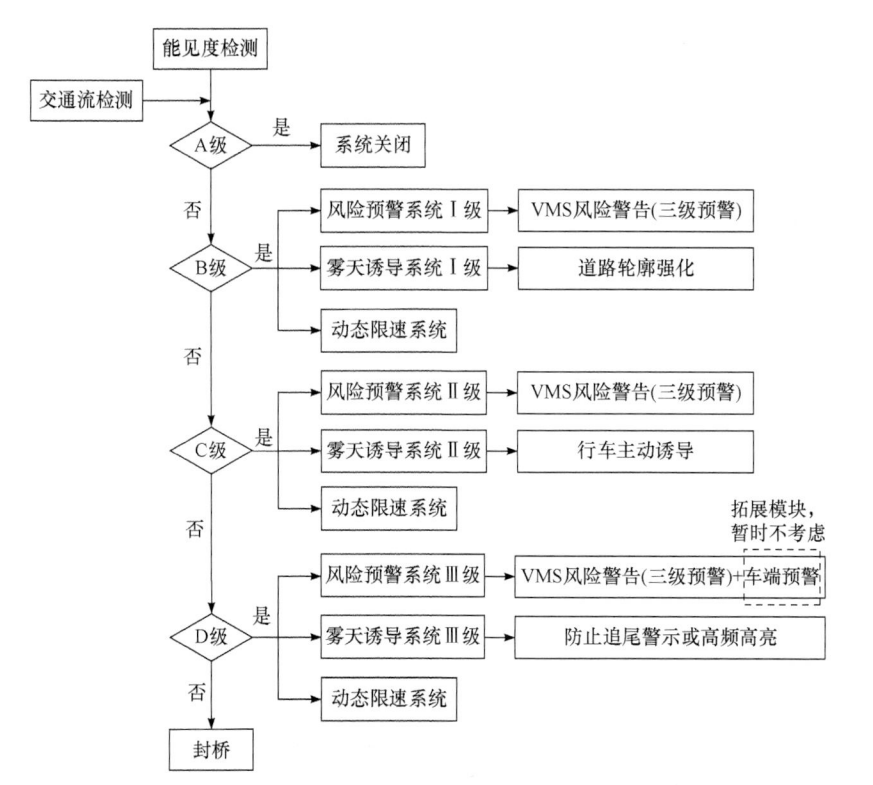

图 2.2　预警防控方案的整体逻辑框架

该预警防控方案根据能见度水平和运行服务水平划分交通运行风险等级，其中，所述交通运行风险等级为 A 级、B 级、C 级或 D 级。

(1) 当交通运行风险等级为 A 级(能见度 V_i>500m 且服务水平为一级至四级中的任意一级)时，雾天预警防控系统处于关闭状态。

(2) 当交通运行风险等级为 B 级(能见度 200m<V_i≤500m 且服务水平为一级至四级中的任意一级)时，启动雾天预警防控系统，对应风险预警系统 I 级、动态限速系统、雾天诱导系统 I 级。

(3) 当交通运行风险等级为 C 级(能见度 100m<V_i≤200m 且服务水平为一级至四级中的任意一级)时，对应风险预警系统 II 级、动态限速系统、雾天诱导系统 II 级。

(4) 当交通运行风险等级为 D 级(能见度 50m<V_i≤100m，且服务水平为一级至四级中的任意一级)时，对应风险预警系统 III 级、动态限速系统、雾天诱导系统 III 级。

桥梁雾天预警防控总体防控策略如表 2.3 及表 2.4 所示。

表 2.3 桥梁雾天预警防控总体防控策略(风险预警及雾天诱导)

能见度/m	服务水平等级	可变信息板显示内容			雾天诱导设备		
		一级	二级	三级	雾天诱导灯模式	闪烁频率	雾天诱导灯亮度
>500	任一级	无	无	无	无	无	无
(200,500]	任一级	前方1km出现团雾	前方500m出现团雾，请减速慢行	前方能见度200m，请谨慎驾驶	道路轮廓强化	0.5Hz	500cd/m²
(100,200]	任一级	前方1km出现团雾	前方500m出现团雾，请减速慢行	前方能见度100m，请谨慎驾驶	行车主动诱导	0.5Hz	3500cd/m²
(50,100]	任一级	前方1km出现团雾	前方500m出现团雾，请减速慢行	前方能见度50m，请谨慎驾驶	高频高亮	1Hz	7000cd/m²
					防止追尾警示	红色警示带	

表 2.4 桥梁雾天预警防控总体防控策略(动态限速)

能见度/m	不同服务水平下跨江桥段速度建议值/(km/h)			
	A 级	B 级	C 级	D 级
>500	无	无	无	无
(200,500]	无	无	50	40
(100,200]	70	60	50	40
(50,100]	40	40	40	40

2.3.2 信息感知

交通信息采集是利用安装在道路上和车辆上的交通信息收集系统(传感器、摄像头等)进行交通流量、车速、管制信息、道路状况、停车场、天气等的动态信息感知、信息传输和信息存储，成为交通系统中预警防控的一个重要组成部分。

信息感知通过感知设备来感知外部环境信息，通常可通过雷视一体机及能见度检测仪来感知外部环境，采集气象条件、交通流、车辆运行数据，如能见度、车速、车头间距、车道偏移距离，其中雷视一体机由太阳能供电，网桥通信，无需布线，可适应低照度、小雨雪、大雾等异常环境，支持远距离、高精度定位，以及速度、相对距离、目标全程跟踪检测的能力，可检测交通流及车辆运行数据，能见度检测仪可检测路段当前的能见度。由于系统数据库中的数据来源不同，整合单位和索引项存在较大差异，故需要将各数据集进行统一匹配。以时间戳(5min间隔)为索引，将道路条件、交通流条件、外部环境、交通事故、特殊事件和特征数据等融合到雾天诱导系统数据库中。其中，不同类型的数据解析如下，括号内为数据库或采集后的变量名。

(1) 道路条件：包括道路纵坡(Gradient)、路面附着系数(RoadFriction)。道路纵坡即为监测道路的实际纵坡；路面附着系数为雾天情况下的常用值，二者均为常量，且需根据实际情况进行调整。

(2) 交通流条件：包括采样间隔内(5min)的平均速度(AverSpeed)、交通流量(Volume)、交通密度(Density)、车头间距(SpaceHeadway)、车头时距(TimeHeadway)。交通流条件中的数据均为雷视一体机采集数据后，通过求 5min 内的平均值计算得到当前时间戳下的数据。

(3) 外部环境：包括采样间隔内(5min)的能见度(Visibility)、温度(Temp)。外部环境中的数据均为天气传感器采集数据后，通过求 5min 内的平均值计算得到当前时间戳下的数据。

(4) 交通事故：包括交通事故的发生时间(AccTime)、发生地点(AccLoca)、事故类型(AccType)、事故等级(AccLevel)、事故影响范围(AccSphere)。交通事故中的数据可采用雷视一体机自动识别或人工登记的方式记录。

(5) 特殊事件：包括特殊事件的发生时间(IncTime)、发生地点(IncLoca)、事故类型(IncType)、事故影响范围(IncSphere)。特殊事件中的数据可采用雷视一体机自动识别或人工登记的方式记录。

(6) 特征数据：包括动态限速值(SpeedLimit)、雾天诱导系统工作状态(FogSys)、风险预警系统工作状态(RiskWarn)，均为分类变量，通过数据库内的数据和特定算法计算得到相应的值。

其数据分类及存储形式分别如图 2.3 和图 2.4 所示。

1：道路条件	2：交通流条件	3：外部环境	4：交通事故	5：特殊事件	6：特征数据
1.1: Gradient	2.1: AverSpeed	3.1: Visibility	4.1: AccTime	5.1: IncTime	6.1: SpeedLimit
1.2: RoadFriction	2.2: Volume	3.2: Temp	4.2: AccLoca	5.2: IncLoca	6.2: FogSys
	2.3: Density		4.3: AccType	5.3: IncType	6.3: RiskWarn
	2.4: SpaceHeadway		4.4: AccLevel	5.4: IncSphere	
	2.5: TimeHeadway		4.5: AccSphere		

图 2.3 数据分类

时间索引	原始数据													特征数据		
	1.1	1.2	2.1	2.2	2.3	2.4	2.5	3.1	3.2	4.1	4.2	4.3	4.4	4.5	5.1	5.2	5.3	5.4	6.1	6.2	6.3
2021/5/1 0:00																					
2021/5/1 0:05																					
2021/5/1 0:10																					
2021/5/1 0:15																					

图 2.4 数据存储形式

2.3.3 风险预警

1. 信息处理

风险预警系统基于检测到的气象条件、交通流、车辆运行数据，实时改变相对应的防控层级，随着桥梁运行风险等级的提高，由路侧 VMS 风险信息警告逐步过渡到车-路协同预警，最终可以通过语音播报和图像显示的车端预警形式逐级传递给驾驶人，信息发布位置分别位于跨江桥前 50m、500m 及 1km，可为驾驶人提供更加个性化的告知和预警，为出行者带来更加安全、便捷、舒适的出行服务体验。该系统数据处理模块算法流程如图 2.5 所示。

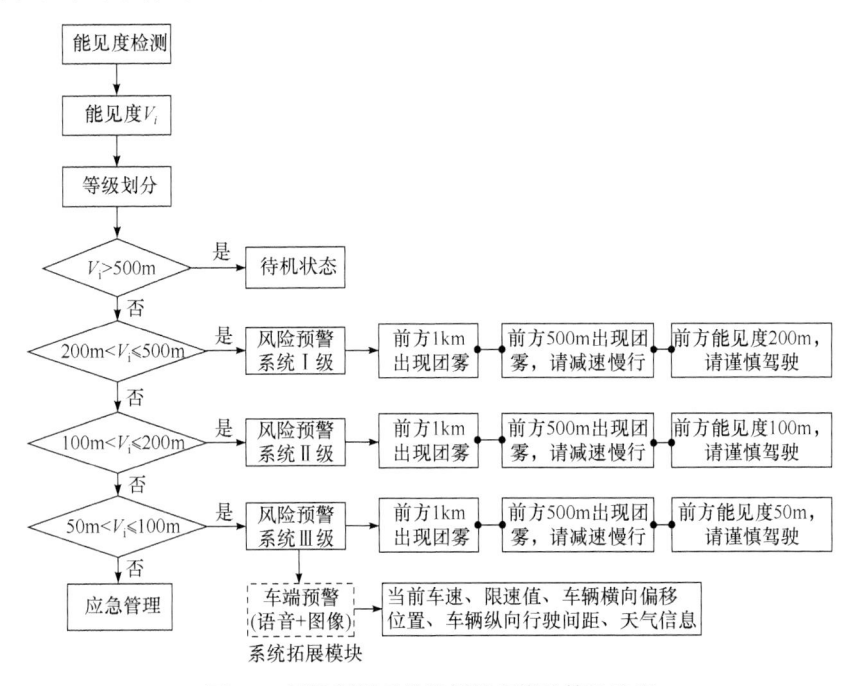

图 2.5 风险预警系统数据处理模块算法流程

2. 信息发布

风险预警系统可通过路侧 VMS 发布信息,具体内容如下:

(1) 风险预警系统 I 级为路侧设施发布 VMS 风险警告信息,在跨江桥前 1km 处显示"前方 1km 出现团雾",在前 500m 处显示"前方 500m 出现团雾,请减速慢行",在前 50m 处显示"前方能见度 200m,请谨慎驾驶"。

(2) 风险预警系统 II 级为路侧设施发布 VMS 风险警告信息,在跨江桥前 1km 处显示"前方 1km 出现团雾",在前 500m 处显示"前方 500m 出现团雾,请减速慢行",在前 50m 处显示"前方能见度 100m,请谨慎驾驶"。

(3) 风险预警系统 III 级为路侧设施发布 VMS 风险警告信息,在跨江桥前 1km 处显示"前方 1km 出现团雾",在前 500m 处显示"前方 500m 出现团雾,请减速慢行",在前 50m 处显示"前方能见度 50m,请谨慎驾驶"。

此外,可以通过语音播报和图像显示的车端预警形式将天气和防控信息传递给驾驶人,内容包括当前车速、限速值、车辆横向偏移位置、车辆纵向行驶间距和天气信息。

2.3.4 动态限速

1. 信息处理

动态限速根据能见度在已有等级的基础上进一步划分,根据天气状况(能见度)和交通流运行情况(交通服务水平,表 2.5),基于天气数据、道路基础数据、车辆运行数据、交通状态数据,参考《中华人民共和国道路交通安全法实施条例》及 VISSIM 交通仿真结果,获得不良天气影响下的最大安全车速。该系统最终可生成不同能见度及不同交通服务水平耦合作用下的限速值选择矩阵,见表 2.6。

表 2.5 交通服务水平分级

服务水平	密度/((小客车/km)/车道)	速度/(km/h)	最大服务交通量/((小客车/h)/车道)
A 级	≤7	≥100	700
B 级	≤11	≥100	1100
C 级	≤16	≥100	1600
D 级	≤22	≥93.8	2065

注:参考《道路通行能力手册(HCM2000)》。

表 2.6 限速值选择矩阵(具体数值后续可能会调整) (单位：km/h)

能见度/m	服务水平			
	A 级	B 级	C 级	D 级
>500	无	无	无	无
(200,500]	无	无	50	40
(100,200]	70	60	50	40
(50,100]	40	40	40	40

2. 信息发布

动态限速可通过路侧动态限速标志牌发布限速信息，具体内容如表 2.7 所示。

表 2.7 限速信息 (单位：km/h)

能见度/m	服务水平			
	A 级	B 级	C 级	D 级
(300,400]	无	无	无	无
(200,300]	无	无	⑤⓪	④⓪
(100,200]	⑦⓪	⑥⓪	⑤⓪	④⓪
(50,100]	④⓪	④⓪	④⓪	④⓪

2.3.5 雾天诱导

1. 信息处理

雾天诱导系统数据处理模块由路段能见度水平触发，具体数据处理模块算法流程如图 2.6 所示。

2. 信息发布

雾天诱导系统可通过路侧雾天诱导终端发布信息，具体内容如下：

(1) 当 V_i>500m 时，雾天诱导系统无须工作，处于待机状态。

(2) 当 200m<V_i≤500m 时，启动道路轮廓强化模式，黄色灯光开始闪烁，亮度、频率及点亮间隔分别暂定为 500cd/m^2、30 次/min 及 20m。

(3) 当 100m<V_i≤200m 时，启动行车主动诱导模式，重点考虑"人因"中视觉方面对驾驶行为的影响，通常情况下，明显闪烁的黄色灯光更加引人注目，警示作用更强，因此在该模式下提高闪烁亮度，亮度、频率及点亮间隔分别暂定为 3500cd/m^2、30 次/min 及 20m。

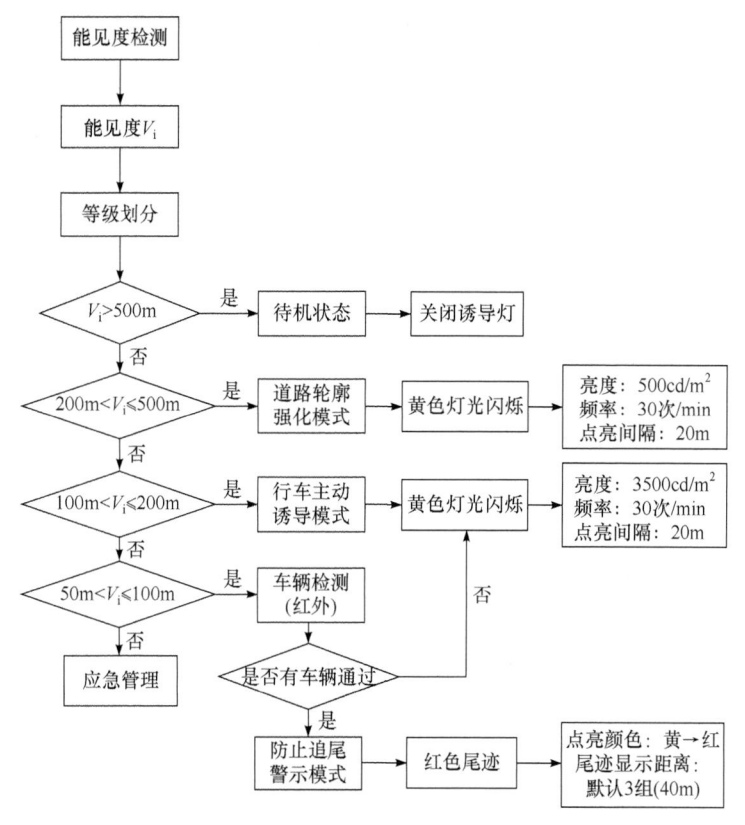

图 2.6 雾天诱导系统数据处理模块算法流程

(4) 当 $50\mathrm{m}<V_i\leqslant100\mathrm{m}$ 时,启动防止追尾警示模式或继续提高闪烁频率及亮度,亮度、频率及点亮间隔分别暂定为 $7000\mathrm{cd/m}^2$、60 次/min 及 20m。防止追尾警示模式需要雷视一体机,可检测有无车辆通过当前断面,若无车辆通过,则继续保持行车主动诱导模式(黄色灯光闪烁),若有车辆通过,则启动防止追尾警示模式,可触发上游一定数量的诱导终端红色警示灯点亮,形成红色尾迹提示后车前方有车辆行驶并保持安全车距,此时其他诱导终端的黄色诱导灯可以同步闪烁,当车辆向前行驶经过下一组诱导终端时,红色尾迹会与车辆动态同步前移。

2.4 桥梁运行风险预警与防控效果

2.4.1 测试场景

1. 实景介绍

选取鄂东长江大桥作为测试场景,其原因主要包括以下三点:①该桥梁长度大于 1km，属于典型特大桥；②该桥梁地处湖北省境内，且跨越长江流域，桥上容易产生团雾；③该桥梁上下游为高速公路基本路段，有充足的防控过渡范围，可以使车辆平稳顺畅地通过。

鄂东长江大桥是中国湖北省境内连接黄石市和黄冈市的过江通道，位于长江水道之上，西起花湖互通立交，上跨长江水道，北至散花互通立交，线路全长约 15km，桥梁总长约 6km。桥面设计为双向六车道高速公路，横断面路基宽 33m，其中行车道宽 3.75m，中间带宽 2.5m，路肩宽 4m，道路纵坡为 2%，横坡为 2%(双向)，设计速度及跨江桥路段限速均为 100km/h。鄂东长江大桥由主桥、引桥、两座桥塔、斜拉索及各立交匝道组成。大桥实景如图 2.7 所示。

图 2.7 鄂东长江大桥实景

2. 三维虚拟仿真测试场景

依据鄂东长江大桥设计参数，利用纬地三维道路设计及 3DS MAX 等场景开发软件，构建三维虚拟仿真测试场景，用于驾驶模拟实验测试。其中，纬地三维道路设计适用于高速公路、一级公路、二级公路、三级公路、四级公路主线及互通立交、城市道路、平交口的几何设计，利用该软件可以对桥梁进行主线平面设计、纵断面设计、横断面设计等操作，最终输出路线三维数模。

3DS MAX 是基于个人计算机系统的三维动画渲染和制作软件，广泛应用于广告、影视、工业设计、建筑设计、三维动画、多媒体制作、游戏以及工程可视化等领域。在场景开发方面，可以利用 3DS MAX 对纬地导出的桥梁路线三维数模进行贴图美化，例如，对路面进行沥青材质的贴图，并制作路侧标志牌、绿化带、树木、桥塔等景观，进而搭建出接近真实驾驶环境的三维虚拟仿真测试场景，并导出至驾驶模拟系统，进行进一步的效果优化与测试，便于最终进行驾驶模拟实验测试。3DS MAX 导出场景效果如图 2.8 所示。

图 2.8 3DS MAX 导出场景效果

2.4.2 实验方案

基于前面提出的典型桥梁运行风险预警与防控方案，以雾天环境下的鄂东长江大桥为例，形成驾驶模拟实验测试方案，主要目的是验证防控方案总体思路的有效性。驾驶模拟实验测试方案包括传统交通安全设施防控技术、风险预警技术、动态限速技术与风险处置技术中的雾天诱导技术。

1. 总体设计方案

本测试在雾天环境下的鄂东长江大桥上进行，因此驾驶模拟实验测试方案需要基于鄂东长江大桥所在地区实际能见度的情况来确定，并对应所需的防控层级，进而决定所包括的防控技术的具体内容与配置参数。由鄂东长江大桥所处地区近两年半的气象数据可知，最低能见度为 100m，为尽量满足所有低能见度天气下的防控需求，选取 100m 为实验方案的能见度环境。除此之外，本实验测试方案未考虑交通流状况的变化对桥梁运行风险预警与防控效果的影响，因此选取自由流状态为场景中的交通流水平。在该外部环境下，根据桥梁运行风险预警与防控方案总体思路，对应的增强型防控技术包括风险预警技术、动态限速技术与Ⅱ级雾天诱导技术。

其中，风险预警技术主要利用 VMS 发布预警信息，为了让驾驶人在风险点上游提前知晓前方险情，并有充足的心理准备和操作反应距离，从桥头断面前 1km 处开始逐级预警，具体位置参考相关资料中 VMS 与车端预警的相关内容。

在该实验测试方案中，动态限速技术通过动态限速控制使车辆在驶入雾天环境下的桥梁路段前将速度逐渐降低至安全值，最终限速值参考《中华人民共和国道路交通安全法实施条例》中对低能见度气象条件的限速值规定，限速值发布位置参照《道路交通标志和标线》(GB 5768.5—2022)以及《公路限速标志设计规范》(JTG/T 3381-02—2020)中的相关规定，并满足最小安全制动距离。

雾天诱导技术分为Ⅰ级雾天诱导技术、Ⅱ级雾天诱导技术与Ⅲ级雾天诱导技术，功能依次为道路轮廓强化、行车主动诱导与防止追尾警示。针对 100m 的能见度，应选择Ⅱ级雾天诱导技术，即启动行车主动诱导功能，但其闪烁频率与亮度无法确定。因此，在进行实验测试前发放主观问卷，选择能够基本满足驾驶人视觉与心理需求的闪烁频率和亮度,在此基础之上,开展驾驶模拟实验测试。最终,共有 3 种实验测试方案,分别为对照组、实验组-A 与实验组-B。场景线形及风险预警与防控技术实施位置如图 2.9 所示。

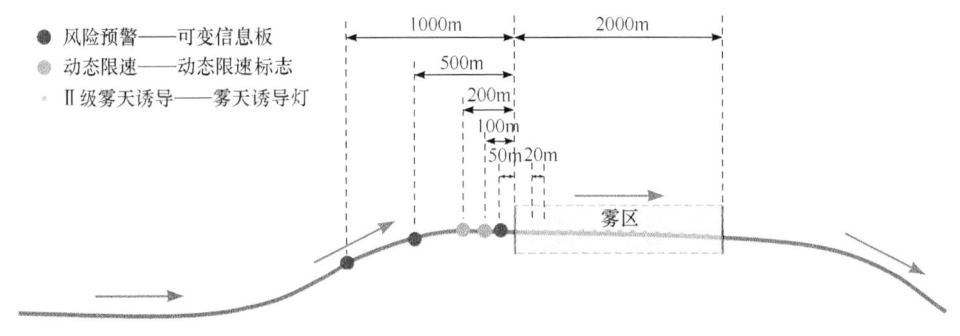

图 2.9 场景线形及风险预警与防控技术实施位置

2. 被试选取

样本的数量是实验结果是否可信的关键。根据相关资料,被试人员的数量可以在 20~43,本次测试有 31 名被试人员。被试人员必须持有驾驶证、身心健康且具有高速公路驾驶经验,其中被试男性约占 66%,女性约占 34%,基本符合 2020 年中国驾驶人统计特征。

3. 实验设备

实验设备采用北京工业大学 AutoSim 驾驶模拟器,如图 2.10(a)和(b)所示。汽车驾驶模拟器是根据驾驶人对方向盘、踏板和功能按键的操作输入给模拟仿真软件平台,模拟仿真计算的结果通过运动、视觉和声音反馈给驾驶人,为驾驶人提供最大限度的真实驾驶体验的模拟仿真设备。在智能驾驶研究领域,驾驶模拟器作为人在环设备可以和模型在环仿真(model-in-loop simulation, MILS)、软件在环仿真(software-in-loop simulation, SILS)或硬件在环仿真(hardware-in-loop simulation, HILS)

(a) 驾驶模拟器 (b) 驾驶模拟系统界面

图 2.10 实验设备

系统集成,形成一个综合性的仿真实验平台。内置软件为 SCANeR2.1 系统,结合场景开发软件,可以实现驾驶模拟场景的设计与开发。实验开始前,以 20Hz 的频率记录车辆运行及驾驶人操纵数据。

4. 测试流程

实验由预实验和正式实验组成,预实验选用非正式实验场景测试被试人员是否适应驾驶模拟环境。在正式实验时,被试人员按照随机顺序完成 3 种不同防控方案下的桥梁场景,每个桥梁场景驾驶时长约 15min,具体流程如下:

(1) 预实验。安排 2 名驾驶人进行预测试,发现并解决一些实验存在的问题。

(2) 实验前准备。首先驾驶人报告自身驾驶状态,并填写基本信息(包括性别、年龄、驾龄等)和知情同意书。

(3) 试驾。被试人员需要进行 3~5min 的试驾,以适应驾驶模拟环境。

(4) 正式实验。驾驶人随机完成 3 种不同的桥梁运行风险预警与防控方案下的道路环境测试,为了防止疲劳,每两个场景之间必须至少休息 5min。

(5) 填写测试后主观问卷。被试人员均完成一项主观问卷调查,以获取他们驾驶后的感觉,主要包括驾驶模拟器的模拟程度、防控策略的有效性和驾驶后的疲劳程度等。

5. 数据采集与预处理

根据测试目的,需要采集驾驶人的主观感受数据与驾驶行为数据。主观感受数据通过驾驶模拟测试后的主观问卷获得,主要包括驾驶人对桥梁雾天环境下使用雾天诱导技术的接受程度;驾驶行为数据可以通过驾驶模拟测试输出,主要分为驾驶人所操纵车辆的运动学数据与其自身的操纵行为数据,包括速度、加速度、横向偏移、方向盘转角、踏板深度等。

采集到数据之后,将持续超速与发生碰撞后无法继续正常实验的无效数据剔除,最终筛选出 29 名被试人员、3 个场景,共 87 个有效数据。根据本测试需求,选取研究路段,并利用 MATLAB 进行数据截取,可以每 5m 截取一个点,能更加精细地反映驾驶人驾驶行为的变化。

2.4.3 测试结果

测试结果从驾驶人主观感受与实验中驾驶人驾驶行为两个方面进行分析,其中,主观感受由实验后主观问卷获得,从中探究驾驶人在配置雾天诱导灯的驾驶过程中的心理主观感受。驾驶行为从驾驶模拟测试输出的基础指标中选取速度、加速度及车辆横向偏移量进行分析,探究驾驶人在不同实验方案的驾驶过程中驾驶行为的差异。

1. 主观问卷分析

主观问卷统计分析结果如图 2.11 所示。从图中可以看出，大多数驾驶人认为雾天诱导灯对于提高雾天环境下桥梁路段的行车安全是有用的，除了提高行车安全性之外，从通行效率角度来看，有 55.2%的驾驶人认为雾天诱导灯可以提高行车效率，并且有将近 50%的驾驶人认为雾天诱导灯并未带来负面作用，即并未从心理上使得驾驶人在行车过程中分心。总体来说，从驾驶人主观感受来看，雾天诱导灯在雾天环境桥梁路段的应用是有效果的，相比无雾天诱导灯的场景，有 72%的驾驶人更愿意在有雾天诱导灯的雾区桥梁路段行驶。

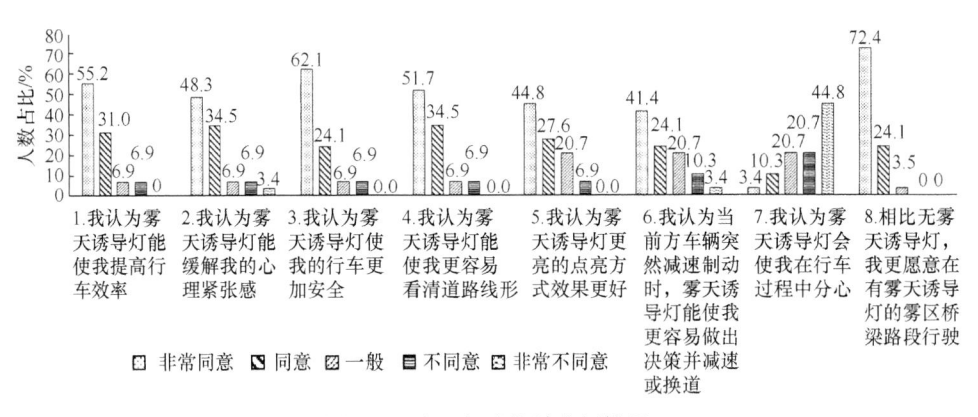

图 2.11 主观问卷统计分析结果

2. 驾驶行为分析

1) 速度

速度变化趋势如图 2.12 所示。从图中可以看出，对照组的速度明显高于两个实验组，说明当桥梁路段的能见度低至 100m 时，若仅采取传统交通安全设施防

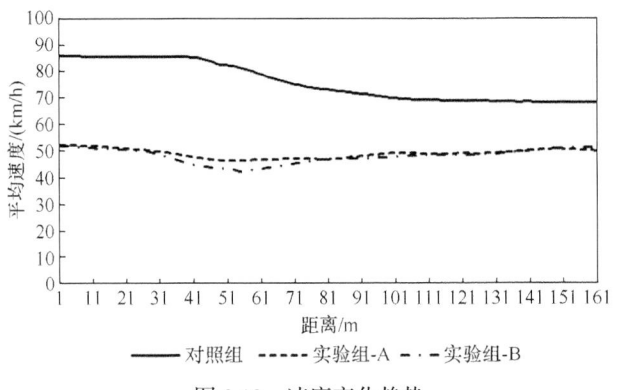

图 2.12 速度变化趋势

控技术，无主动风险预警与防控，车辆难以降低至安全速度，且整体变化幅度较大，安全性较低。若实施桥梁运行风险预警与防控方案，车速可以得到很好的控制，虽然不同的雾天诱导灯亮度下速度差异不大，但总体来看，桥梁运行风险预警与防控方案对提高车辆运行的安全性是有效果的。

2) 加速度

加速度可以表征物体运动速度变化的快慢，并且可以通过其波动情况(如标准差)判断驾驶人在驾驶过程中的平稳性与舒适性。本测试加速度变化趋势如图 2.13 所示。从图中可以看出，两个实验组的加速度绝对值明显小于对照组，表明加速度在配有风险预警与防控方案的雾天桥梁路段效果较好，驾驶人心理状态较好。此外，从加速度的波动情况来看，两个实验组的变化幅度明显小于对照组，说明在配有风险预警与防控方案的雾天桥梁路段，驾驶人行车更加平稳，驾驶体验更舒适。

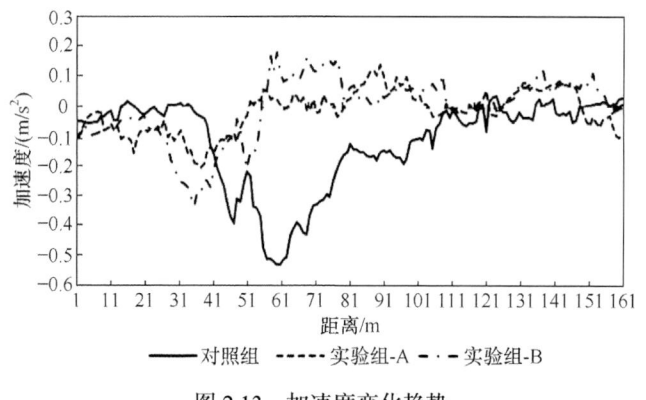

图 2.13 加速度变化趋势

3) 横向偏移

横向偏移是指车辆中心相对于所在车道中心线的位置偏移量，反映了驾驶人对车辆横向位置的感知水平和对车辆的操纵水平。一般来说，在桥梁路段，横向偏移绝对值越小，说明驾驶人对桥梁轮廓的识别度越高，车辆横向运行稳定性也越高。本测试横向偏移变化趋势如图 2.14 所示。从图中可以看出，相比于对照组，两个实验组的横向偏移绝对值往往较小，说明在配有主动风险预警与防控方案的情况下，车辆横向运行稳定性较高。但从波动状况来看，实验组-B 即雾天诱导灯亮度较高的情况下车辆横向偏移变化幅度较大，说明此时驾驶人操纵更有信心，这也从另一个角度反映了风险预警与防控方案的有效性。

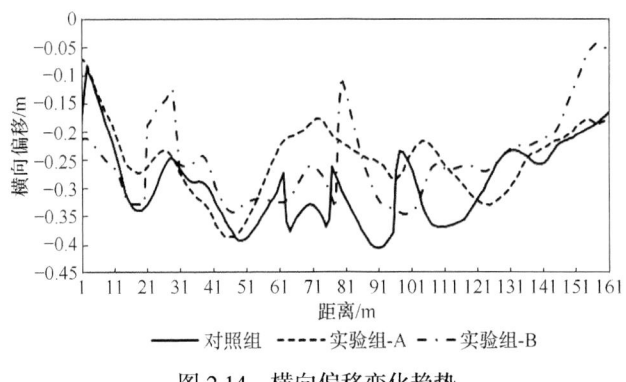

图 2.14 横向偏移变化趋势

2.5 本章小结

本章针对桥梁这一典型高风险路段，整理概述了桥梁运行风险预警防控现状及其问题与发展趋势，总结了现有典型桥梁运行风险预警防控技术与管理办法，其中包括传统交通安全设施防控技术、风险预警技术、动态限速技术、风险处置技术与应急管控技术。以此为基础，引出本章所提出的典型桥梁运行风险预警与防控方案。该方案以雾天环境下的桥梁路段为例，主要包括风险预警、动态限速与雾天诱导，随着风险等级的不同，该方案会逐级融入桥梁运行风险预警与主动防控技术，创新性地将不同装备配置方案分为强制型、改善型、增强型、旗舰型四个等级。其防控水平逐级增强，旨在满足不同恶劣天气风险等级下的桥梁运行安全防控需求。为进一步促使该方案具有一定的应用价值，本章通过构建三维虚拟仿真测试平台，通过驾驶模拟实验测试探究桥梁运行风险预警与防控方案的效果。结果表明，从面向"人因"的主观感受与驾驶行为的角度来看，相比于仅配有传统交通安全设施的雾区桥梁段，配置风险预警与防控方案的雾区桥梁段的车辆运行安全有所改善，表明本章提出的基于雾天环境的典型桥梁运行风险预警与防控方案具有一定的安全效益。

参 考 文 献

冯涛, 李迅, 丁德平, 等. 2012. 不同道面状况下高速公路安全行车研究[J]. 公路交通科技(应用技术版), 8(4): 295-298.

吕惠卿, 张湘伟, 姜海波, 等. 2011. 重要公路桥梁安全运营的动态监控及预警研究[J]. 广东工业大学学报, 28(1): 16-19.

阮欣, 陈艾荣, 欧阳效勇. 2008. 超大跨径斜拉桥施工期间风险评估与风险管理[J]. 桥梁建设, (2): 74-77.

宋建. 2012. 城市桥梁运营期风险评估与对策研究[D]. 天津: 天津大学.

肖殿良, 郭忠印, 周子楚, 等. 2017. 山区高速公路桥隧群运行风险预警系统[J]. 公路, 62(11): 168-173.
薛天兵. 2013. 大型桥梁灾害性天气应急资源存储方式选择和应急调配研究[D]. 上海: 上海交通大学.
张杰. 2007. 大跨度桥梁施工期风险分析方法研究[D]. 上海: 同济大学.
张庆春. 2018. 桥梁整体风险理论与运营风险控制[J]. 科学技术创新, 26: 96-97.
张群, 陈策. 2007. 大跨径桥梁恶劣天气下的交通控制方案研究[J]. 公路, (8): 163-167.
张少锦. 2015. 桥梁运营安全管理技术体系[C]. 第十七届中国科协年会, 广州: 55-61.
赵利苹. 2013. 风雨耦合作用下高速公路交通安全与控制策略研究[D]. 西安: 长安大学.
赵少杰, 唐细彪, 任伟新. 2017. 桥梁事故的统计特征分析及安全风险防控原则[J]. 铁道工程学报, (5): 61-66.
周葵. 2015. 雾天高速公路预警措施有效性评估[D]. 长沙: 长沙理工大学.
Chen N, Li Y, Wang B. 2015. Effects of wind barrier on the safety of vehicles driven on bridges[J]. Journal of Wind Engineering & Industrial Aerodynamics, 143: 113-127.
Hai D T. 2008. Computerized database for maintenance and management of highway bridges in Vietnam[J]. Journal of Bridge Engineering, 13(3): 245-257.
Trouillet P. 2001. Fire consequence on motorway bridges, safety, risk[J]. Reliability-Trends in Engineering, 38(5): 489-494.

第3章 长隧道风险预警与防控

3.1 长隧道等级风险预警与防控设施

3.1.1 概述

随着我国经济社会发展水平的不断提高,交通设施建设规模呈现持续快速增长的趋势。公路隧道作为交通运输工程体系的重要一环,具有克服高程障碍、改善道路线形以及缩短里程等其他工程无法比拟的优势,因此在规模上也呈现出明显的增大,表现为隧道总里程和数量、特长隧道和隧道群数量的增多等。公路隧道建设规模的不断扩大,也给隧道的运营管理水平提出了更高要求。构建安全的现代化综合交通体系,保证隧道安全、高效、舒适的运营环境,成为我国交通运输建设的一个新目标。

在公路隧道路段内,驾驶人会因为隧道内的驾驶环境与外界存在很大差异,产生心理和生理上的变化,做出一系列的高风险驾驶行为,为公路隧道的安全运行埋下了诸多风险隐患。隧道内一旦发生火灾、碰撞等交通安全事故,由隧道自身结构特点导致的救援工作要远远比外部常规路段困难,所以需要在事故发生后第一时间结合隧道自身环境特点,采取合理有效的疏散和救援措施,并对隧道内及路网车辆进行合理管控,规避二次事故的发生。

为避免公路隧道内因驾驶人高风险交通行为诱发的交通安全事故,以及交通安全事故发生之后的二次事故,运用多模态刺激相融合的驾驶行为矫正方法以及风险主动防控措施,对隧道内驾驶人异常交通行为进行风险预警和主动防控,对隧道路段、路网交通流进行调控和疏散。该方法对降低隧道内驾驶人交通行为风险、预防隧道二次事故的发生至关重要。长隧道风险路段风险预警与主动防控,包括隧道内车辆运行风险预警(主要通过检测车速、车距、行车轨迹等进行预警)和隧道交通事故已发生背景下的交通安全控制。

3.1.2 长隧道等级风险划分

长隧道路段不同风险等级下的风险类型主要包括交通事故、违法停车与长隧道火灾事故等(夏永旭等,2006)。

交通事故的风险特点为占用车道、诱发二次事故(王辉等,2009)。容易引发此类风险的车型为大客车、大货车,事故表现形式为两车碰撞、单车撞壁,分析诱因主要包括超速、紧急制动、车道偏离等不良驾驶行为,对此提出防控要点为事故发生前进行行车轨迹纠偏、事故发生后封闭隧道、尽快疏散滞留车辆与人员(王少飞等,2013);影响因素有交通量、交通分布以及交通环境(朱长安等,2021);隧道交通事故空间分布不均匀,大多数地区隧道监控系统的结构和技术水平相对落后。技术人员主要以分布形式控制隧道内的监控设备,控制的总体效率较低,需要耗费大量的精力进行日常管理,并且缺乏可靠性。隧道监控系统本身是一个包含大量硬件和软件技术的复杂系统,具有不稳定性。

违法停车的风险特点同样为占用车道、诱发二次事故。在行驶中违法停车导致交通事故的增多,特别是长隧道中狭窄的路段,如果机动车突然违法停车,可能会直接阻塞交通,如果后方车辆刹车不及时,就可能直接导致车祸发生,经过长隧道内的所有车辆均有可能发生此类风险,事故表现形式为占用车道,容易引发追尾事故,对此类风险提出的防控要点为及时发现违法停车车辆并开展引导,使其尽快驶离长隧道。

长隧道火灾事故存在危害极大且发展速度极快、火灾不确定性强、长隧道火灾爆发的位置和时间不确定、规模和形态也各有差异、火灾温度高、长隧道火源附近热量主要以热辐射的方式传递到周围衬砌和围岩、火源附近温度高达1000℃以上、成灾时间短、失火爆发成灾的时间一般为5~10min、产生有毒气体浓度高和救援难度大的特点(林志等,2010)。容易引发此类风险的车型包括危化品运输车辆、大货车,诱发此类事故的主要原因包括车辆自燃、交通事故、单车撞壁等(Caliendo et al., 2013)。如果长隧道发生火灾事故,则需要封闭隧道,并尽快疏散滞留车辆与人员。交通事故引发火灾的因素很多,有人为因素,也有非人为因素,此外存在长隧道运营养护管理方面的因素,主要包括驾驶人自身因素、车辆故障因素、长隧道环境因素和运营管理因素(王亚琼,2009)。

3.1.3 长隧道等级风险预警设施配置原则

广播控制器宜设置在中央控制室,与中央控制室的计算机相连接,扬声器应设置在长隧道入口、长隧道出口及人行横通道、车行横通道,可在长隧道内每隔50m进行设置。

长隧道入口前间隔200m应布设3~5个VMS,具备与长隧道内感知设备联动控制的功能,实时动态显示长隧道内交通事件发生类型、占用车道、事件发生位置、防控策略(减速缓行、绕行或停车等待)等详细信息。

长隧道内宜均匀布设VMS,间距为200m,能够与感知设备联动控制,实时展示具有异常行为的车辆的车牌号、车速、已超速(减速)等信息,以及事故发生时提醒驾驶人减速、改变行车道等。

长隧道内VMS板面亮度不应小于3500cd/m²,隧道外VMS板面亮度不应小于 8000cd/m²。板面亮度应能根据环境照度进行自动调节,应无眩光现象。

VMS 应在长隧道入口前(洞外设有车辆联络道的在联络道前)和由整体式路基变为分离式路基分歧点前设置。

线型感温火灾探测器应具有灵敏度调整功能和差温、定温报警功能,火灾探测器响应时间不应长于 60s。

每个线型感温火灾探测器火灾探测保护车道的数量不宜超过 2 条,探测器宜从长隧道洞口顶部以内 10m 处开始沿长隧道连续设置,并且应设置在车道顶部,距长隧道顶棚的距离宜为 0.15~0.20m。

CO 浓度检测器自动测定长隧道内的 CO 浓度,宜在射流风机纵向通风的长隧道弯道处及距出口 100~150m 处设置;长于 1500m 的长隧道可适当增设。有竖/斜井通风的长隧道在排风口前和送风口 30m 外设置。

能见度检测器测定长隧道内灯光照明下的合成能见度,宜在射流风机纵向通风的长隧道弯道处及距出口 100~150m 处设置;长于 1500m 的长隧道可适当增设。有竖/斜井通风的长隧道在排风口前和送风口 30m 外设置。

3.1.4 长隧道等级风险防控设施配置原则

长隧道入口处宜设置激光水幕设备,能够与感知设备联动控制,必要时自动开启,禁止车辆驶入隧道内。

宜在长隧道检修道外缘的垂直面上均匀布设频闪警示灯光带,间距 10m,能够与感知设备联动控制,可以根据行车轨迹偏离严重等级做出不同频率和颜色的爆闪。

雷视一体机在具备超速、跟车过近、障碍物过近、坠落、车道偏离、入口内拥挤等风险类型的基础上,还应具备监测车辆位置和车速、车型、车牌、交通事故等功能,获得的感知信息能够完全支持长隧道路段风险的预测预警、自主评估以及智能矫正策略的生成。

雷视一体机宜进行连续布设,间隔不大于雷视一体机的工作范围,镜头朝向车辆行驶方向,确保能够实现长隧道内的全程监控。

长隧道内的雷视一体机直线段设置间隔不应大于 150m,曲线段设置间隔可根据实际情况适当减小,应能全程连续监视长隧道内的车辆运行情况和报警救援设施使用状况。

长隧道外的雷视一体机应设在距长隧道入口 100~400m 处,应能清楚地监视洞口区域的全貌和交通状况。

雷视一体机探测距离可达 250~400m,可视视角可达 90°以上,适用于人车混行、车流密集、易拥堵路段,能够同时识别并检测行人、非机动车、机动车等目标,覆盖范围广,检测要素全,可显著减少部署成本。

雷视一体机的分辨率达 2688×1520,速度分辨率为 0.1m/s,可精准检测与区分行人和车辆,并进行全息化还原,实现全局目标的实时矢量化。

3.1.5 长隧道预警设施

驾驶人在行车途中,有 80%以上的道路环境信息是通过视觉获取的,并将收集到的这些外界信息传输到中枢神经系统,中枢神经系统对这些外界信息做出进一步的分析、判断和处理,操控车辆完成相关指令。VMS 识别反应过程如图 3.1 所示,这一过程分为三个阶段:知觉感知阶段、判断决策阶段、操作控制阶段。VMS 把交通信息传递给驾驶人的过程也经历了感知-辨识-响应三个阶段(刘伟等,2020)。当长隧道发生紧急事故时,VMS 根据周围环境感知,抓住关键信息提前处理分析,发布相关的预警信号。当驾驶人通过视觉获取 VMS 上的交通信息时,一般会有 0.5~1.0s 的延迟,形成短期记忆(郭沛等,2014),在短时间对驾驶行为做出相应的调整改变,然后才能采取相应的措施来调节驾驶操作,改变车辆运行状态,提前判断选择行驶路线,使其绕行事故隧道,避免交通堵塞,从而达到预警的目的。因此,道路环境对于驾驶人即时认知、预留充足的反应时间是相当重要的。摄取信息是驾驶行为中最重要的心理过程,在驾驶过程中,驾驶人需要对周围环境中的诸多因素进行合理筛选,在最短的时间内整理出最直接的信息,再据此做出下一步的反应,摄取信息不足或漏掉必要信息,都可能导致事故的发生。

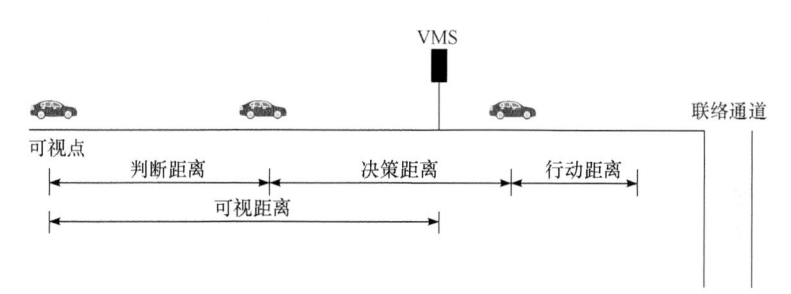

图 3.1 VMS 识别反应过程

交通标志信息属于短期刺激,驾驶人容易快速遗忘。交通标志提供的信息量既要满足驾驶人的信息需求,又要避免信息过载给驾驶人带来负担。根据已有研究,交通标志信息容量不宜超过 7 条(文字、图片),在这一阈值范围内驾驶人认知时间增加趋势相对均匀(邱卓涛,2019)。VMS 字模形式不宜低于表 3.1 中的数值。

表 3.1 VMS 字模形式

类别	字模规格/cm	字模点阵	字模数/个
文字	高度 32(设计车速小于 60km/h)	16×16	单行不大于 8
	高度 48(设计车速不小于 60km/h)	24×24	
光带单元	宽度 13~15	宽度不小于 6	长隧道路段形态

3.1.6 长隧道洞口主动防控设施

驾驶人在行车过程中,对道路情况的合理认知取决于道路交通环境的复杂性,同时也取决于这种复杂性能否以信息的形式客观地显示出来,并为驾驶人所感受。激光水幕尺寸大,可以投影到洞口,并且不会影响交通的正常运行,白天采用光学涂层和物理结构来实现抗光,增加幕布对入射角光线的利用率,吸收干扰光源,将投影的光源反射到驾驶人眼中,提高光线亮度的比值。其中,洞口激光水幕中的信息与周围环境有明显的颜色对比与亮度对比,对驾驶人强烈的视觉刺激,提高了驾驶人对洞口视觉信息的捕捉能力,加快了驾驶人对洞口视觉信息的响应速度,减少了对长隧道内事故信息的观察、反应时间。

运动状态下的视力随着被测试者运动速度的提升而降低。通常情况下,动态下的视力相较于静态下的视力低 10%~20%(杜建玮,2020)。因而,驾驶人在车辆高速行驶过程中,动态情况下视力下降,进而视距缩短,从而影响对前方路况信息的视觉感知。当驾驶人观察激光水幕的视角大小 α 为 3°时,具有正常视觉的人在此视角下的色彩感知正确率最高,为保证驾驶人行驶过程中在距离洞口 D 处可以看清激光水幕,长隧道洞口激光水幕尺寸布置如图 3.2 所示,激光水幕的尺寸可按下列公式确定:

$$A = D\beta\tan\alpha = (L_1 + S_t)\beta\tan\alpha \tag{3-1}$$

其中,A 为激光水幕面积;D 为驾驶人行车与洞口的距离;α 为驾驶人视角大小;L_1 为联络通道与洞口的距离;S_t 为停车视距。

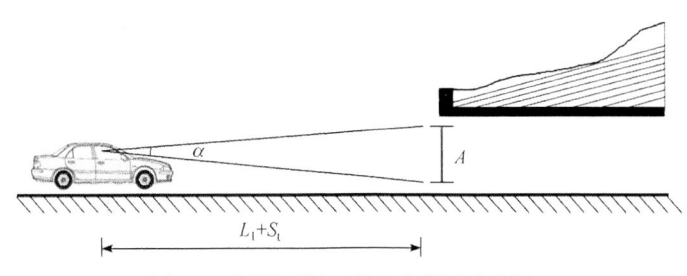

图 3.2 长隧道洞口激光水幕尺寸布置

正常天气下,驾驶人视觉认知的任务相对简单,周围清晰的环境会给驾驶人提供良好的驾驶环境,即使遇到突发状况,也会及时做出反应。但是在恶劣天气下,如大雨、大风等,驾驶人便很难观察清楚路面的状况,视觉认知受到严重阻碍,增加了许多不确定因素,这种情况下极易发生交通事故。为保证激光水幕能清晰地展示在驾驶人眼前,应确保激光水幕的倾角不能超过驾驶人的可视范围。激光水幕颗粒轨迹图如图 3.3 所示,激光水幕装置通过喷嘴给予压力,把水喷射出来在长隧道洞口处形成水幕,包括喷射机的作用力、水颗粒的重力两部分。喷射机的作用力：在高压喷射过程中，通过喷嘴使喷出压力转化为流体的速度，机械能转化为动能，其中喷嘴对水颗粒形成的冲击力的关系式为 $P = \rho Q v_s$，水颗粒的重力符合下列关系式 $\gamma = mg$（γ 为水颗粒的重力，m 为水颗粒的质量），长隧道洞口纵向风作用在激光水幕上的压力 $P_a = \rho v_s^2/2$，对该点的水颗粒进行受力分析，得到激光水幕中水颗粒的移动方向 φ 为

$$\varphi = \arctan \frac{\rho v_s^2}{2(pQv_s + mg)} \tag{3-2}$$

其中，v_s 为水颗粒提供初始竖向速度；g 为水颗粒的重力加速度；ρ 为水颗粒的密度；p 为喷嘴对水颗粒形成的冲击力。

为保证在长隧道洞口处纵向风作用下，激光水幕倾角在驾驶人视野（β >45°）可视范围内，需保证 φ > β_x =45°。

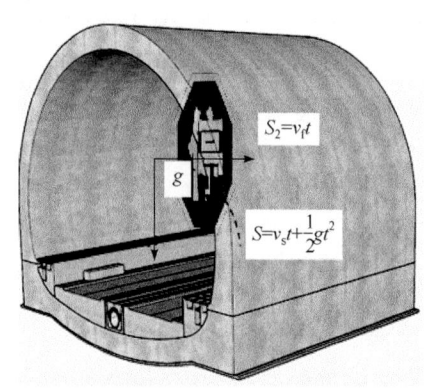

图 3.3　激光水幕颗粒轨迹图
v_f 为隧道洞口纵向风速

3.1.7　长隧道洞内主动防控设施

每一条行车轨迹对应两个临界行车方向角（φ_{max} 和 β_{xmax}）。这里，临界行车方向角（φ_{xmax} 和 β_{xmax}）是指车辆在某一沿道路走向的瞬时速度 v 下，驾驶人突然改变行车方向角（即行车方向与道路走向夹角由零角变为非零角 φ 或 β），使得车辆向检修道或车道分割线偏离，按照停车视距计算方法得到车辆此时的停车视距 S_t，再结合该车辆距离检修道外缘的距离 w（或 $2W'-w$），计算得到车辆最大允许行车向角 φ_{max}。因此，可以建立车辆距离检修道外缘的距离 w（或 $2W'-w$）、行车方向角 φ（或 β）、瞬时速度 v 以及停车视距 S_t 四个主要参数（还包括道路的基本参数、驾驶人反应时间等）之间的函数模型，当某车辆的瞬时速度 v、车辆距离检修道外缘的距离 w（或 $2W'-w$）被检测设备采集后，可以通过该模型计算得到在该瞬时允许驾驶人做出的最大行车方向角 φ_{max}（或 β_{xmax}），如果雷视一体机监测得到的实际行车方向角超过该最大值，即使驾驶人立即采取紧急制动，也不能避免与检修道外缘

相撞或冲入相邻行车道。在长隧道内某一行车环境下，驾驶人以行车速度 v 行驶，w(或 $2W'-w$)越小，φ_{max} 越小，发生交通事故的可能性越大，因此可以通过实时监测参数 w，对异常行驶车辆进行分级预警控制(Hakimzadeh et al., 2019)，如图 3.4 所示。

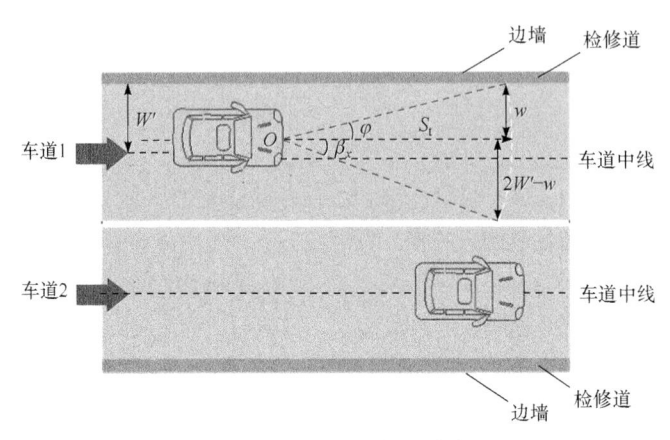

图 3.4　长隧道车辆行车轨迹偏离示意图

为避免隧道内驾驶人因行车轨迹的偏离而造成碰撞事故，需要对 w 进行实时监测，从行车轨迹线偏离车道中线一定范围开始对异常驾驶的车辆进行分级预警，如果驾驶人尚未恢复正常轨迹而向检修道或车道分割线方向产生行车方向角，则此时紧急警告驾驶人。分级预警方法主要是运用预先在自助矫正与风险评估系统中建立的行车轨迹偏离预警子系统，把智能检测终端检测得到的 w 与存储器内存储的轨迹偏离区间进行匹配(Alvear et al., 2013)。存储的轨迹偏离区间，是从零开始到 W' 的长度按照设定的区间数 n 划分得到的，分别记为偏离区间 I_1、偏离区间 I_2、偏离区间 I_3、…、偏离区间 I_n。首先，自助矫正与风险评估系统对雷达采集的车辆偏离距离 w_i 进行判断，判断偏离距离是否属于 I_1，若不属于，则判断偏离距离是否属于 I_2，以此类推，直到确定车辆偏离距离所属的偏离区间 I_i。然后进入车道偏离分析模块，判断车辆此时的行车方向角 β_x 是否小于 I_i 所对应的阈值 β_{xi}，如果大于等于该阈值，则对车辆采取紧急警告，如果小于该阈值但大于 0，则进行相应等级的普通预警，如果行车方向角 β_x 等于 0，则再判断 w_i 是否小于设定的安全临界值 w_{min}(根据隧道事故统计和分析得到)，若小于该安全临界值，则进行预警，否则不预警(Gamal et al., 2019)。

3.2　长隧道等级风险防控技术

3.2.1　长隧道洞口主动防控技术

当长隧道内部分车道发生交通事故，造成交通阻塞时，需要对驶向长隧道的洞外车辆进行必要的诱导,可将长隧道洞外分为三个预警段。

(1) 第一个预警段为两个 VMS 之间的距离,这一区段的距离为驾驶人的可视距离,为 350~460m。驾驶人通过视觉获取第一个 VMS 发布的减速信息和速度上限提醒后,使车辆的减速过程呈现一个阶梯过渡的变化,在这个预警段中将速度从 120km/h 减至 40km/h,进而保持 40km/h 经过下一个预警段。消除危险性较高的紧急制动,使得到达长隧道洞口时车辆的速度很低,能够实现有效制动。

(2) 第二个预警段为 VMS 与联络通道之间的距离,这一区段的距离为驾驶人的停车视距,为 210~245m。通过 VMS 发布诱导车辆对洞外联络通道的驶离信息,并向驾驶人提供合理的减速建议,使得车辆到达洞外联络通道的速度达到零的要求。如果车辆在联络通道处无法减速到零,以至于不能驶向联络通道,车辆将进入第三个预警段。

(3) 第三个预警段为联络通道与洞口之间的距离,这一区段的距离为 70~100m,当驾驶人未来得及驶入联络通道时,驾驶人通过视觉观察洞口激光水幕处的停字信号,提醒驾驶人在这一区段速度必须下降到零,严禁驶入长隧道处,引发二次事故。

洞口主动防控技术主要是通过警示车辆在第一个预警段进行阶梯减速,到达第二个预警段时制动距离下降为零,并通过 VMS 和交通标识提醒驾驶人通过联络通道进入相邻道路,并驶离长隧道。同时,要通过安装在长隧道内的 VMS,提前对相邻长隧道内将要驶出的车辆减速,进入第二个预警段时的制动距离降为零。

3.2.2 长隧道洞内主动防控技术

假定某一车辆的瞬时速度为 v,检测到的行车轨迹是沿着道路走向的,但是车辆行车轨迹偏离车道中线,此时有两种情况:①可能距同侧检修道外边缘的距离过近;②距车道分割线过近。如果此时驾驶人突然改变行车轨迹,继续向检修道或车道分割线偏离,车辆极有可能撞向同侧车道的检修道外缘或者相邻车道的车辆。因此,在车辆的行车轨迹和瞬时速度被准确检测到的情况下,可以针对偏离正常行车轨迹行车的驾驶人进行相应的预警提示,引导异常行驶车辆回归正常行车轨迹范围内。频闪 LED 警示灯光带用作一般预警。当雷视一体机检测到车辆进入系统设定的行车轨迹偏离预警范围时,经自助矫正与风险评估系统计算分析,得到该车辆偏离正常行车轨迹所属的距离区间,并向智能路侧终端发出相应的指令,与该车辆同侧的前方部分频闪 LED 警示灯光带进行相应频率和颜色(红、黄)的频闪。如果驾驶人回归正常行车轨迹范围,系统经过反馈会调整频闪 LED 警示灯光带恢复关闭状态。如果驾驶人没有回归正常行车轨迹范围而继续偏离,并且超出了距离区间 d_{min},则需要采用激光灯光带和语音进行警示。激光灯光带主要由沿长隧道按照一定间距纵向排列的激光器构成,能够接收自助矫正与风险评估系统发出的开关指令(Kim et al., 2020)。

3.3 长隧道人车安全疏散效果测试

3.3.1 长隧道路段交通事故主动防控实验数据分析

激光水幕受时间限制,且受季节、气候的影响很大,为了解决这个问题,采用数值模拟方法对长隧道洞外的亮度、均匀度等进行分析,确定激光水幕的合理参数和实用性研究选用某隧道作为实验隧道,使用 DIALux 软件按 1∶1 对隧道进行三维建模,采用长隧道照明仿真模拟验证隧道不同时间点洞外的亮度变化。由于某长隧道左右线隧道环境相同,所以本次研究只对单向隧道进行仿真。以某长隧道右线为例,按照隧道设计细则要求,对长隧道各照明段长度进行设计,长隧道入口段、过渡段、中间段及出口段均设置为两段。三维隧道模型中各照明段长度设计明细如表3.2所示。

表 3.2 三维隧道模型中各照明段长度设计明细

区段		规范亮度/(cd/m²)	长度/m
入口段	入口段 TH1	84.0	56.5
	入口段 TH2	42.0	48.0
过渡段	过渡段 TR1	12.6	72.0
	过渡段 TR2	4.2	96.0
中间段	中间段 IN1	2.5	664.0
	中间段 IN2	2.0	9712.0
出口段	出口段 EX1	7.5	32.0
	出口段 EX2	12.5	39.5

某长隧道为东西走向,其中右线隧道入口位于东侧,采用端墙式洞门,经纬度采用太白县经纬度东经 107.32°,北纬 34.07°。在 DIALux 软件中对右线隧道不同季节、不同时间段的洞外亮度进行了计算。

由图 3.5 春季 8:00 洞口亮度仿真图、图 3.6 春季 8:00 洞口亮度伪色图和图 3.7 春季 8:00 洞口路面灰阶等亮度图可知,春季 8:00 洞外亮度超过 2000cd/m²,洞口路面最大亮度为 863cd/m²,阳光照进隧道内 15m 路面处,洞口墙面亮度达到 500cd/m²。

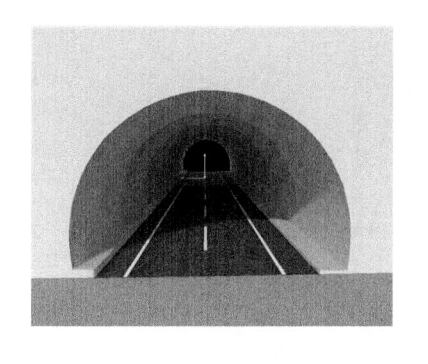

图 3.5　春季 8:00 洞口亮度仿真图 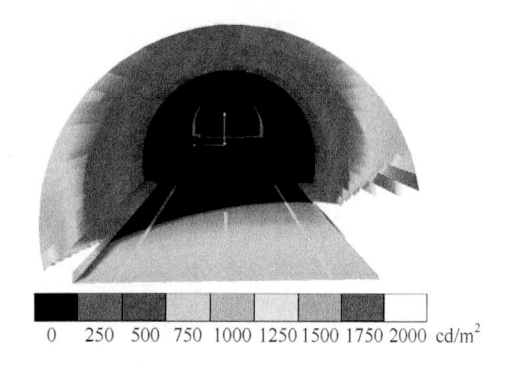　　　　图 3.6　春季 8:00 洞口亮度伪色图

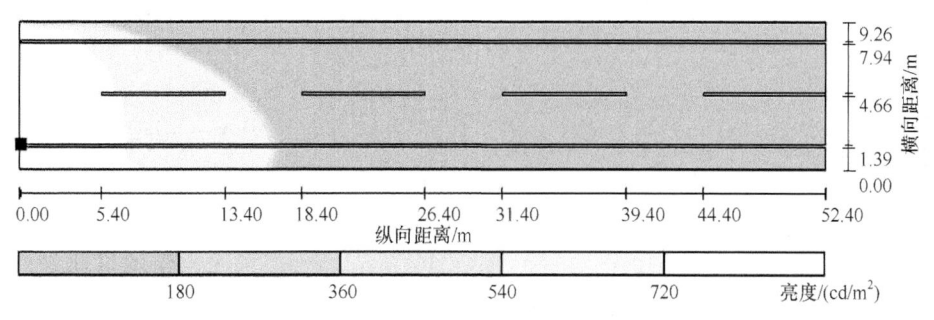

图 3.7　春季 8:00 洞口路面灰阶等亮度图

由图 3.8 不同时段洞口路面最大亮度和图 3.9 阴天情况下各季节洞口路面最大亮度可知，为了使得洞口激光水幕能在任何时间段内都能被驾驶人观察到，洞外墙面亮度可在不同时段进行分级调光，对不同季节、不同时间及阴天、晴天时洞口路面最大亮度进行绘图，如图 3.8 所示，由图可知春秋季、夏季时洞口路面最

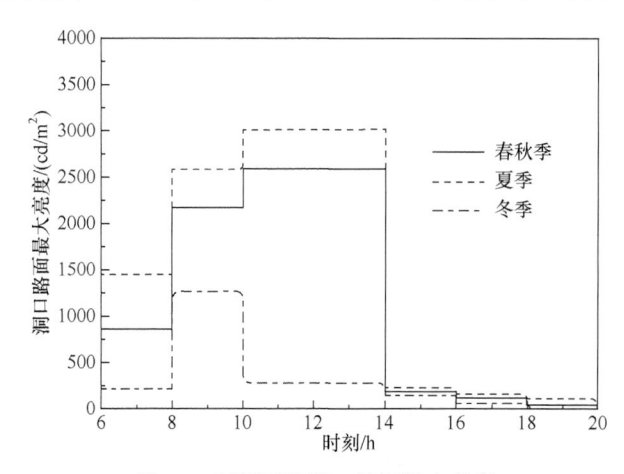

图 3.8　不同时段洞口路面最大亮度

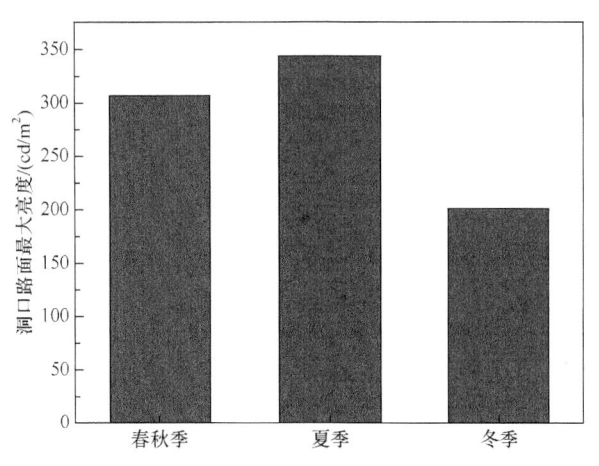

图 3.9 阴天情况下各季节洞口路面最大亮度

大亮度在 12:00 之前逐渐增大，其中在夏季洞口激光水幕亮度最大值达到 2975cd/m²；春季洞口激光水幕亮度最大值达到 2590cd/m²；冬季洞口激光水幕亮度最小值达到 1258cd/m²，由于隧道为东西走向，12:00 之后洞口路面最大亮度迅速降低，14:00 时夏季洞口激光水幕亮度最小值为 200cd/m²、春秋季为 191cd/m²、冬季为 149cd/m²。

在长隧道洞外一定距离的路侧，沿道路走向按照合适的纵向间距架设多个 LED 信息屏，能向驾驶人提供合理的减速建议，对长隧道洞外的车辆进行分段阶梯减速控制，使车辆的减速过程呈现一个阶梯过渡的变化，消除危险性较高的紧急制动，使得到达长隧道洞口时车辆的速度很低，能够有效制动，避免冲入长隧道。

在长隧道洞外的联络通道入口处设置 LED 信息屏，当长隧道内发生的交通事故比较严重需要禁行时，能通过该信息屏向驾驶人提供实时路况信息和有效建议，引导驾驶人经过联络通道进入相邻隧道的出口外端道路，及时撤离。

在长隧道洞口布设紧急停车激光水幕，当长隧道内发生交通事故需要禁止外部车辆进入时，可以实时地在隧道洞口呈现"停"字的激光水幕，第一时间阻止长隧道洞外的车辆进入长隧道，减缓长隧道内的交通疏散压力。

实验变量为：车辆到达第一个 VMS 的速度为 v_1、第二个 VMS 的速度 v_2，到达联络通道的速度为 v_3。模拟以下工况：

(1) v_1 保持 120km/h 尚未减速状态，v_2 为 20km/h，降速到 v_3=10km/h 驶向联络通道。

(2) v_1 保持 120km/h 尚未减速状态，v_2 保持减速的状态且大于 20km/h，v_3>10km/h 无法驶向联络通道，继续前行到洞口"停"字激光水幕前停车。

(3) v_1 速度在 40~120km/h，保持减速的状态，v_2 为 20km/h，降速到 v_3=10km/h 驶向联络通道。

(4) v_1 速度已减速到 40km/h，v_2 为 20km/h，降速到 v_3=10km/h 驶向联络通道。

(5) v_2 保持 20km/h 尚未减速状态，v_3 >10km/h 无法驶向联络通道，看到洞口"停"字激光水幕后减速。

针对长隧道内部已经发生交通事故的情况，采用 VMS 和紧急停车激光水幕，判断是否能对长隧道外的车辆进行安全预警防控，防止二次事故的发生。

指标选取：注视方向、注视次数百分比、注视时间百分比、平均注视时间。

(1) 注视方向。

注视方向源自虚拟眼睛位置的单位向量，描述了视线的方向，计算为源自眼睛的两个凝视向量的平均值。

(2) 注视次数百分比。

注视次数百分比是驾驶人对各感兴趣区域的注视次数和视野内全部注视次数的比值。

(3) 注视时间百分比。

注视时间百分比是驾驶人对各感兴趣区域的注视时间和视野内全部注视时间的比值。

(4) 平均注视时间。

平均注视时间是驾驶人对各感兴趣区域的注视时间和注视次数的比值。

实验数据采用与眼动仪配套的数据分析软件 Smart Eye Pro 进行数据的分析与导出，选取驾驶人驶入该车道到第一个 VMS 处的路段为路段一，长度约为 350m；第一个 VMS 到第二个 VMS 处的路段为路段二，长度约为 350m；第二个 VMS 到联络通道处的路段为路段三，长度约为 210m；联络通道到洞口的路段为路段四，长度约为 80m。

尽管驾驶人的行车环境会时刻发生变化，但是驾驶人注视的视野区域是固定不变的。为了更好地研究驾驶人的眼动数据分布规律和数据处理的方便性和可行性，选择采用视野平面法将驾驶人视野划分为 5 个感兴趣区域(area of interest, AOI)，区域 1(AOI Ⅰ)表示驾驶人视觉范围内前方远处区域；区域 2(AOI Ⅱ)表示驾驶人视觉范围内前方左侧；区域 3(AOI Ⅲ)表示驾驶人视觉范围内前方右侧；区域 4(AOI Ⅳ)表示驾驶人中央主视区；区域 5(AOI Ⅴ)表示驾驶人中央主视区近处路面，如图 3.10 所示。

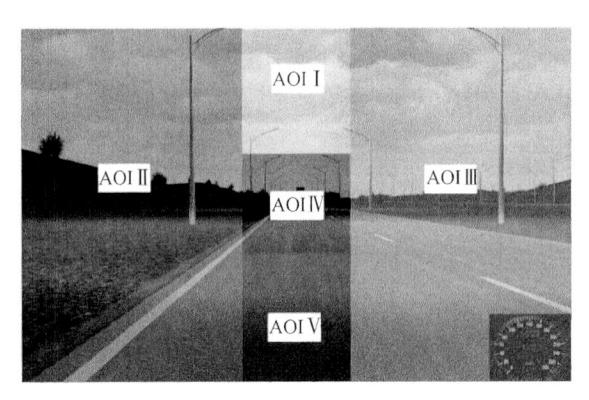

图 3.10 视野分区立面

v_1=120km/h 条件下路段一驾驶人视点总体分布如图 3.11 所示，从图中可以看出，驾驶人在到达第一个 VMS 保持 v_1=120km/h 即工况 1、工况 2 条件下，视点大多数位于中央区域，有少部分视点在右侧，靠近左侧区域基本没有，可见驾驶人在路段一主要关注前方中间区域，视线较为集中。驾驶人的动态视觉范围大小与车速有关，清晰的视角随车速的上升而减小，车速越快，视觉范围越小。因为离行驶车辆越近的物体，其相对运动的角速度就越快，驾驶人视野就越模糊，对周边近距离物体很难清晰地辨认，可以看出当驾驶人速度维持在 120km/h 时，未能及时接收来自右侧第一个 VMS 传输的信息或接收后未能及时做出相应的举措，从而在路段一没有完成减速的动作。

图 3.11 v_1=120km/h 条件下路段一驾驶人视点总体分布

v_1=40～120km/h 条件下路段一驾驶人视点总体分布如图 3.12 所示，从中可以看出，驾驶人在到达第一个 VMS 时 v_1 为 40～120km/h，保持减速状态即工况 3 条件下，视点集中位于中央主视区，部分视点在右侧，有少部分视点在左侧，对比 v_1=120km/h 工况下的驾驶人视点分布可以看出，在工况 3 的条件下对中间右侧的关注明显增多，且视觉范围也逐渐扩散。可见驾驶人在路段一注意到右边的 VMS，接收到 VMS 的信息形成短期记忆，完成减速动作。

图 3.12　v_1=40～120km/h 条件下路段一驾驶人视点总体分布

v_1=40km/h 条件下路段一驾驶人视点总体分布如图 3.13 所示，从图中可以看出，驾驶人在到达第一个 VMS 保持 v_1=40km/h，即工况 4、工况 5 条件下，视点主要分布在中间靠右侧区域，相较前两个工况下的视点分布可以看出，在该工况下驾驶人的目标物为右侧的 VMS。在路段一中，驾驶人观察 VMS 上提供的信息，完成减速动作，减至 40km/h，并且通过观察右侧车道，完成向右侧车道变道的动作。

图 3.13　v_1=40km/h 条件下路段一驾驶人视点总体分布

路段一不同工况下各区域注视时间如图 3.14 所示，驾驶人的注视区域均主要集中在区域 4，区域 4 的注视时间占总注视时间的比例均达到 70%以上，在工况 1、工况 2 中区域 4 甚至可以达到 94%。驾驶人由于 VMS 的影响，在路段一中右侧区域的注视时间占总注视时间的比例为 6%～24%，在区域 3 中工况 4、工况 5 相比其他工况注视时间的比例分布的影响稍大，驾驶人看到 VMS 的指令，将更多注意力集中在右侧来观察 VMS 完成减速变道的动作，左侧区域的注视时间几乎为 0。

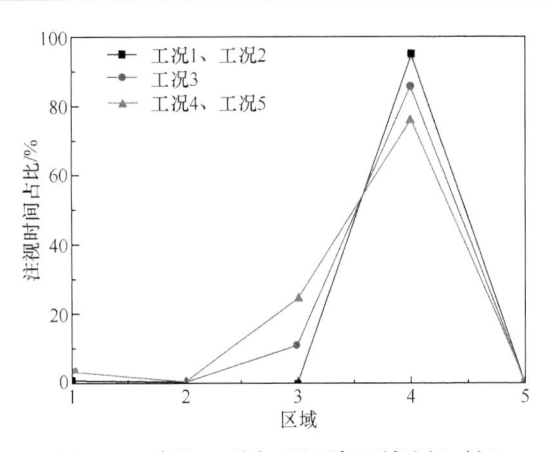

图 3.14　路段一不同工况下各区域注视时间

路段一不同工况下各区域注视次数如图 3.15 所示，在工况 1、工况 2 中由于全程保持 120km/h 的速度在路段一行驶，复杂程度不高，只存在 3 个注视点，主要集中在区域 4 内，驾驶人在该路段的视线相对集中在中间部分。在工况 3 和工况 4、工况 5 中，驾驶人在观察到 VMS 发出的信息后，驾驶行为发生变化，驾驶人需要处理的信息量增多，相应的注视次数也有所增加。可以看出，工况 4、工况 5 中存在 5 个注视点，大部分集中在右侧和中间区域。虽然 VMS 给驾驶人提供了额外的视觉刺激，但驾驶人在其他区域的注视次数均未超过区域 4 的注视次数。

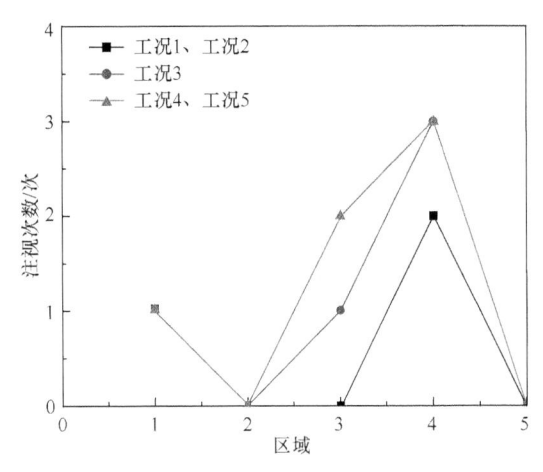

图 3.15　路段一不同工况下各区域注视次数

v_2=20km/h 条件下路段二驾驶人视点总体分布如图 3.16 所示，从图中可以看出，驾驶人在到达第二个 VMS 保持 v_1=20km/h，即工况 1、工况 3、工况 4、工况 5 条件下，视点主要分布在中间靠右侧区域，因为驾驶人在通过第一个 VMS

后，大脑已经对周边环境产生了一定的适应，所以能从外界诸多环境因素中进行合理筛选，在最短时间内观察到右侧的 VMS，及时做出减速操纵，并且为下一次绕行至联络通道做好心理准备。

图 3.16　v_2=20km/h 条件下路段二驾驶人视点总体分布

v_2 > 20km/h 条件下路段二驾驶人视点总体分布如图 3.17 所示，从图中可以看出，驾驶人在到达第二个 VMS 时 v_2 保持减速的状态且大于 20km/h，视点集中位于中间区域，部分视点在右侧，有少部分视点在左侧，对比 v_2=20km/h 工况可以看出，在该工况下驾驶人的目标物为右边的 VMS。驾驶人在视觉认知上存在差异，对信息的筛选也会有所不同，导致给出不一样的行车反应。因此，在路段二中，驾驶人观察 VMS 上提供的信息，完成减速动作，但未能及时在第二个 VMS 处减速到 v_2=20km/h。

图 3.17　v_2 > 20km/h 条件下路段二驾驶人视点总体分布

路段二不同工况下各区域注视时间占比如图 3.18 所示，驾驶人的注视区域均主要集中在区域 4，区域 4 的注视时间占总注视时间的比例均达到 75%以上，在工况 2 中区域 4 甚至可以达到 91%。驾驶人受 VMS 的影响，在路段一中右侧区域的注视时间占总注视时间的比例为 8%～26%，在区域 3 中工况 1、工况 3、工况 4、工况 5 相比工况 2 受注视时间比例分布的影响稍大，由于驾驶人在行驶过路段一后，驾驶人对道路上的环境产生了一定的适应性，所以能够在第一时间注视到右侧的 VMS，左侧区域的注视时间几乎为 0。

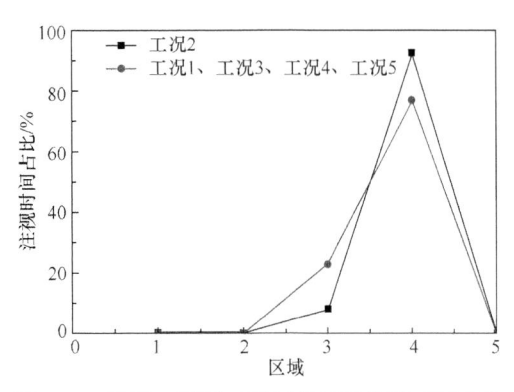

图 3.18 路段二不同工况下各区域注视时间占比

路段二不同工况下各区域注视次数如图 3.19 所示，对比路段一，路段二中各区域注视次数有明显的下降，只存在 4 个注视点，且注视点集中在中间区域，因为驾驶人在路段二行驶过程中，目标物为洞口处的"停"字激光水幕，驾驶环境发生了一定的改变，注视次数也有了一定的增加。工况 1、工况 3、工况 4、工况 5 在区域 1 处存在 1 个注视点，可以看出在该路段驾驶人的视点集中得更远。在区域 3 处，工况 2 相比其他工况注视次数明显增多，因为在该工况下驾驶人未能在短时间内整理出最直接的信息，所以需要对信息进行多次观察确定，再据此做出下一步行动。

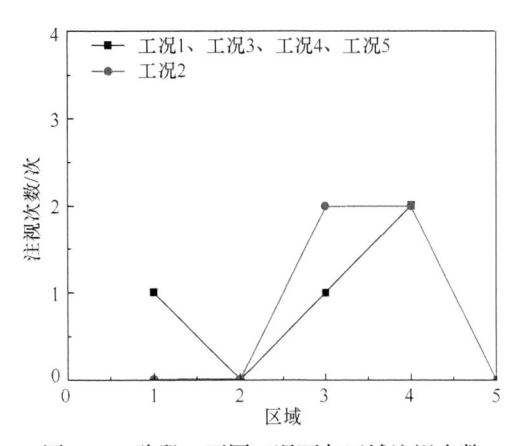

图 3.19 路段二不同工况下各区域注视次数

v_3=10km/h 条件下路段三驾驶人视点总体分布如图 3.20 所示，从图中可以看出，驾驶人在到达联络通道处时，v=10km/h，即工况 1、工况 3、工况 4 条件下，视点分布主要集中在中部的"停"字区域和右下方的道路与联络通道的交界处。驾驶人注视到洞口处激光水幕所展示的"停"字,在该过程中完成减速到 10km/h 的动作。同时,在路段三中驾驶人接收到第二个 VMS 的绕行信息,为右转至联络通道做好准备,在该过程中视点大多分布在右下侧。

图 3.20　v_3=10km/h 条件下路段三驾驶人视点总体分布

$v_3 > $ 10km/h 条件下路段三驾驶人视点总体分布如图 3.21 所示,从图中可以看出,驾驶人在洞口 v=0km/h,即工况 2、工况 5 条件下,视点分布主要集中在中间区域和"停"字区域附近,部分在右侧区间。在路段三中,驾驶人接收到第二个 VMS 的绕行信息后,未能及时做出响应,在经过联络通道时,驾驶人观察右侧的交叉路口发现未能顺利转向进入联络通道,在这个过程中视点分布在右侧。同时,驾驶人只能继续行驶,最终通过激光水幕的信息提示停在洞口前。

图 3.21　$v_3 > $ 10km/h 条件下路段三驾驶人视点总体分布

路段三不同工况下各区域注视时间占比如图 3.22 所示,驾驶人的注视区域均主要集中在区域 4,区域 4 的注视时间占总注视时间的比例均达到 60%以上,在工况 2、工况 5 中区域 4 甚至可以达到 78%。对比路段二的注视时间占比,该路段下区域 4 的注视时间占比有了明显降低,区域 3 的注视时间占比有了明显提高,其原因是驾驶人接收到第二个 VMS 的绕行信息后,将更多注视时间放在右侧联络通道交叉口处。

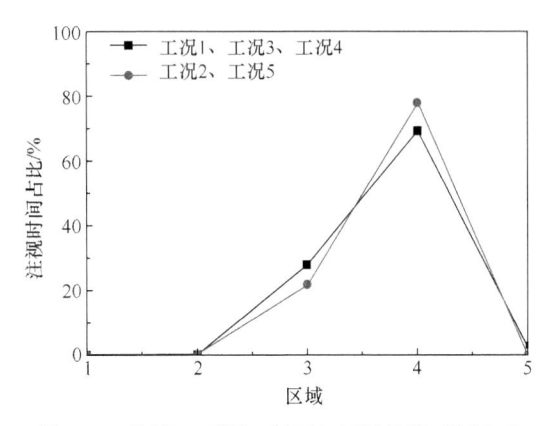

图 3.22　路段三不同工况下各区域注视时间占比

路段三不同工况下各区域注视次数如图 3.23 所示,在该路段中,在 $v=0$km/h 时,即工况 2、工况 5 中驾驶环境单一,驾驶人由于速度原因无法右转至联络通道,视野场景只有洞口的"停"字激光水幕,只存在 3 个注视点,注视点多集中在中间区域。在联络通道交叉口 $v=10$km/h 时,即工况 1、工况 3、工况 4 中,驾驶环境相对复杂,驾驶人需要减速右转进入联络通道,因此右侧和前方的注视次数有所增多,为了确保车辆能够安全地驶入联络通道。

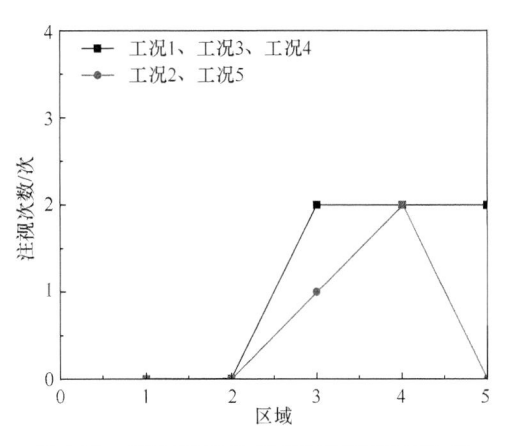

图 3.23　路段三不同工况下各区域注视次数

3.3.2　长隧道车辆行车轨迹矫正实验数据分析

公路隧道灯光带预警设计方法是通过洞内布置的 LED 频闪灯光带的光刺激来提醒偏离正常行车轨迹的车辆回归正常行车范围,采用数值模拟方法对长隧道实际路面的亮度进行分析，确定该照明模式的合理参数和实用性。采用 DIALux 软件按照 1∶1 建立某长隧道 100m 的两车道隧道模型，长隧道左右检修道之间宽为 9.25m，高为 0.35m，如图 3.24 所示。某长隧道左右线中间路段长度分别为 672m 和 712m，长度超过长隧道总长 90%，照明效果对驾驶人安全舒适通过至关重要，因此本次实验模拟某公路长隧道中间路段Ⅱ的照明环境，长隧道左右线的中间路段Ⅱ的设计亮度均为 2.4cd/m²，灯具和布置间距按照设计进行模拟，正常高位灯具采用 70W 长隧道 LED 灯，低位照明灯光带沿行车方向布设于检修道侧壁。

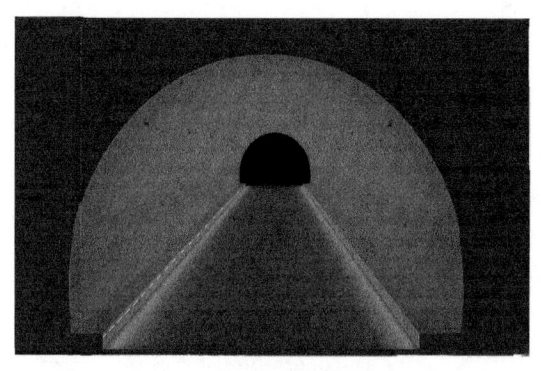

图 3.24 某长隧道模型示意图

照明灯具采用正常高位隧道 LED 灯和低位 LED 灯光带，以低位 LED 灯光带的布设高度为模拟实验变量，研究仅开启灯光带的低位照明，不同布设高度对隧道照明环境产生影响的变化规律，确定 LED 灯光带的布设高度，布设高度和功率见表 3.3。

表 3.3 灯光带设置

项目	量值	单位
LED 灯光带布设高度	0.15、0.25、0.35	m
LED 灯光带功率	4	W/m

图 3.25 为灯光带不同高度下路面亮度变化，可以看出，低位灯光带照明对路面的影响范围局限在隧道路面边缘，对较远处的路面中部亮度影响较小甚至无影响。当灯光带安装在 0.15m 高时，灯光带附近路面亮度较高，为 33cd/m²，但亮度衰减较快，当距路面边缘 0.875m 时，亮度衰减为 0cd/m²。随着灯光带安装高度的增加，灯光带附近的路面亮度逐渐降低，但亮度衰减速度逐渐减缓。当灯光带布设在 0.35m 高时，直到距路面边缘 1.875m 处时，亮度才衰减至 0cd/m²。因

此，为了保证路面横向亮度的均匀性，同时防止路面边缘过亮对行车产生不利影响，宜将灯光带布设在 0.35m 高处。

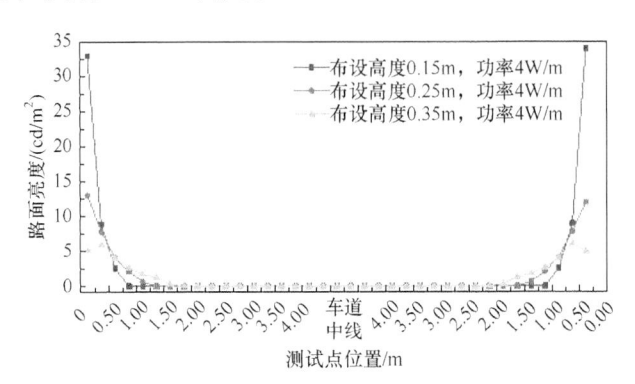

图 3.25 灯光带不同高度下路面亮度变化

照明灯具采用正常高位隧道 LED 灯和低位 LED 灯光带，灯光带布设高度固定为 0.35m，以低位 LED 灯光带的布设高度为模拟实验变量，研究仅开启灯光带的低位照明，灯光带功率对长隧道照明环境产生影响的变化规律。

图 3.26 为不同功率灯光带路面亮度变化，当灯光带布设在 0.35m 高时，灯光带功率的大小值与路面亮度衰减至 $0cd/m^2$ 的位置无关，任一工况下，路面亮度均在距路面边缘 1.875m 处衰减至 $0cd/m^2$；随着灯光带功率的增大，灯光带附近的路面亮度逐渐提升，且亮度衰减速度逐渐加快。灯光带功率由 1W/m 逐渐增加至 6W/m 的过程中，道路两侧的路面亮度逐渐升高，而中部为 $0cd/m^2$，由这种趋势可以看出，当低位照明亮度较高时，路面亮度均匀度较差，仅使用低位照明不能满足《公路隧道照明设计细则》中对长隧道照明的要求。

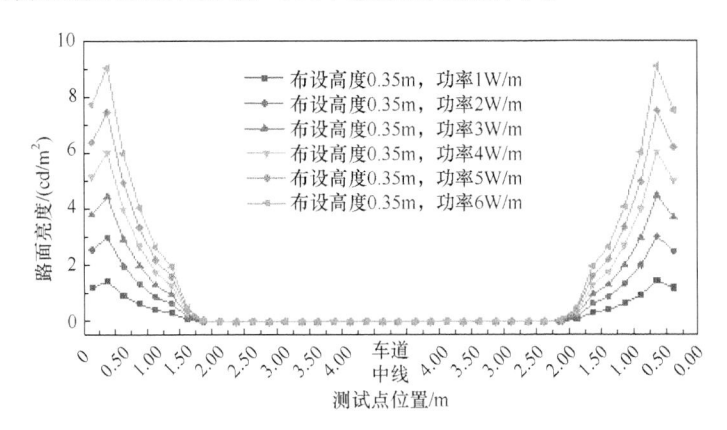

图 3.26 不同功率灯光带路面亮度

模拟照明灯具采用正常高位隧道 LED 灯和低位 LED 灯光带,同时开启进行照明。高位隧道 LED 灯按照某公路长隧道中间路段 Ⅱ 设计灯具和布置间距模拟,即采用 70W 隧道 LED 灯,低位 LED 灯光带布设高度固定为 0.35m,以《公路隧道照明设计细则》为标准,以不开启长隧道低位 LED 灯光带,仅使用额定功率高位隧道 LED 灯的照明效果为对比参照,分别模拟对称布灯、中心布灯和交错布灯三种高位路灯的布置形式,改变高位隧道 LED 灯的功率(实际功率为额定功率的百分比值)和低位 LED 灯光带功率,探究高位隧道 LED 灯和低位 LED 灯光带组合照明的效果。

高位隧道 LED 灯和低位 LED 灯光带组合照明布灯方式的亮度大部分超过仅布置高位隧道 LED 灯时的路面平均亮度,且组合照明时路面亮度会随着低位 LED 灯光带功率和高位隧道 LED 灯照明功率比的增大而增大。三种组合照明布灯方式中只有中心布灯时的路面亮度总均匀度的数值全部大于仅布置高位隧道 LED 灯且正常运营时路面亮度总均匀度,对称布灯和交错布灯时路面亮度总均匀度的数值均小于仅布置高位隧道 LED 灯时的值。三种组合照明布灯方式的纵向均匀度与仅布置高位隧道 LED 灯时正常运营路面亮度纵向均匀度相同。因此,选择高位隧道 LED 灯和低位 LED 灯光带组合中心布灯的照明方式会更好地引起驾驶人的注意,从而引导车辆驶向正常的行车轨迹范围。

在长隧道内布置频闪 LED 灯光带,当车辆出现行驶轨迹偏离的情况时,基于光刺激提醒驾驶人回归正常行车轨迹范围,从而进一步优化长隧道驾驶人交通行为矫正方法。

在长隧道内各个车道上方恰当高度安装 LED 信息屏,当长隧道内部发生交通事故时,用来向已经进入长隧道内且驶向事故点的车辆驾驶人传递警示信息和建议,提醒驾驶人改变行车道或进入附近的隧道横通道撤离长隧道。

实验变量为:车辆距离洞口的纵向距离 L、车辆距离长隧道检修道的水平距离 S、频闪 LED 灯光带的间距 s 和频闪 LED 灯光带的亮度 cd。模拟以下工况:

(1) 保持 S、s、cd 不变,在不同 L 条件下,驾驶人回到车道中线的评价。
(2) 保持 L、s、cd 不变,在不同 S 条件下,驾驶人回到车道中线的评价。
(3) 保持 L、S、cd 不变,在不同 s 条件下,驾驶人回到车道中线的评价。
(4) 保持 L、S、s 不变,在不同 cd 条件下,驾驶人回到车道中线的评价。

针对长隧道内运行车辆行车轨迹发生偏离的情况,采用频闪 LED 灯光带,判断驾驶人是否远离检修道,驶向车道中线。

1) 长隧道视野分区

与长隧道外的公路区段不同,长隧道区段具有封闭、狭窄的结构特征,因此长隧道区段的驾驶人视野区域划分与常规公路区段存在较大的差异,本次实验中,为了更好地研究驾驶人的长隧道洞内眼动数据分布规律，将驾驶人的视野区域分为 5 个感兴趣区域，长隧道视野分区示意图如图 3.27 所示，区域 1(AOI Ⅰ)表示驾驶人视觉范围内长隧道拱顶区域；区域 2(AOI Ⅱ)表示驾驶人视觉范围内长隧道左侧壁；区域 3(AOI Ⅲ)表示驾驶人视觉范围内长隧道右侧壁；区域 4(AOI Ⅳ)表示驾驶人中央主视区近处路面；区域 5(AOI Ⅴ)表示驾驶人中央主视区远方；此外，还有一个视野区域 AOI 0，表示视野落在驾驶模拟器之外的无效视野。

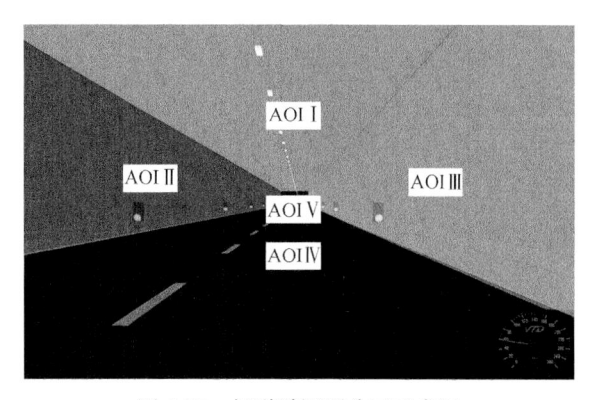

图 3.27 长隧道视野分区示意图

2) 长隧道行车视线总体分布

虽然行车场景相似，但受到行驶行为与行车纠偏指示灯等的影响，驾驶人的行车视线分布仍有一定的差异。

实验长隧道路段一为车辆在无纠偏灯长隧道路段正常行驶，实验长隧道路段一驾驶人视线分布如图 3.28 所示，可以看出，在实验长隧道路段一正常行驶时，驾驶人的注视点主要位于前方隧道路面，呈现集中分布状态，对于长隧道边墙区域的关注较少。

图 3.28 实验长隧道路段一驾驶人视线分布

实验长隧道路段二驾驶人视线分布如图 3.29 所示，为车辆在即将到达长隧道行车纠偏路段前 6s 注视点分布情况，在这一区段，驾驶人可以远远看到长隧道行车纠偏路段的行车纠偏指示灯，驾驶人的注视点分布由集中在前方隧道路面变为部分注视点分布在 AOI Ⅲ 内，驾驶人注视点呈线状分布，较为分散，同时可以发现，实验长隧道路段二的垂直注视点角度向上偏移，驾驶人的视线距离变远，这表明驾驶人的部分注意力集中在前方路段的行车纠偏指示灯上。

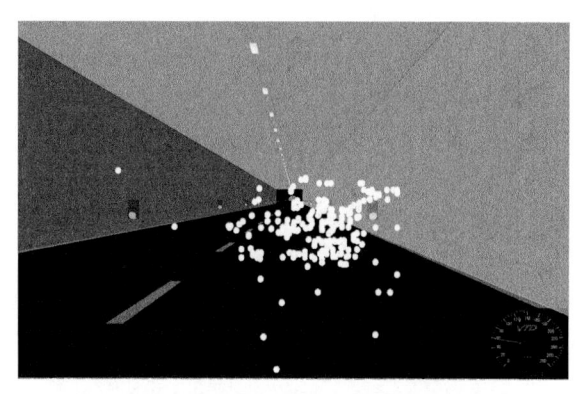

图 3.29　实验长隧道路段二驾驶人视线分布

图 3.30 为实验长隧道路段三驾驶人视线分布情况，即车辆在长隧道行车纠偏路段内正常行驶 6s 时注视点分布情况，在这一区段，驾驶人的注视点主要集中在 AOI Ⅳ，少量注视点分布在 AOI Ⅲ，这表明车辆在长隧道行车纠偏路段内正常行驶时，驾驶人已经知晓前方发光物体为行车纠偏指示灯，仅会对前方的行车纠偏指示灯留有一定的注意，最关注的仍为隧道前方路面情况，因此当行车纠偏指示灯颜色恒定时，并不会对隧道行车安全造成负面影响。

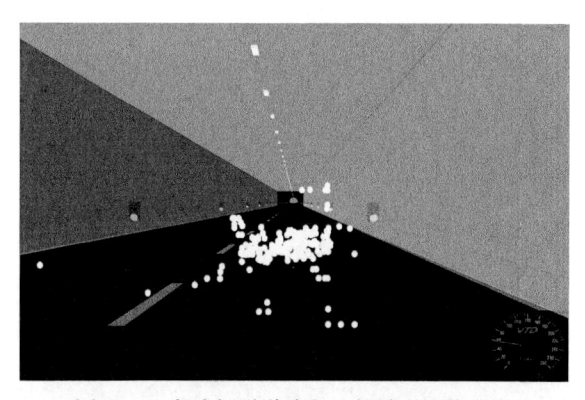

图 3.30　实验长隧道路段三驾驶人视线分布

图 3.31 为实验长隧道路段四驾驶人视线分布情况，即车辆在长隧道行车纠偏路段内行车时纠偏指示灯由绿色变为黄色，提醒驾驶人车辆行车轨迹发生偏离，此时驾驶人应立即减速并控制车辆纠正行车轨迹。从图中可以看出，在此区段，驾驶人的注视点分布明显向右侧偏移，主要分布在 AOI Ⅲ 和 AOI Ⅳ 右侧部分，这表明行车纠偏指示灯变为黄色后，驾驶人对环境的突发变化，如行车纠偏指示灯颜色变化具有较为强烈的视觉反应，此时驾驶人的注意力主要集中在行车纠偏指示灯上。

图 3.31　实验长隧道路段四驾驶人视线分布

图 3.32 为实验长隧道路段五驾驶人视线分布情况，即车辆在长隧道行车纠偏路段内完成减速纠偏任务后，驾驶车辆缓慢行驶时注视点的分布情况。在这个区段内，驾驶人 83%注视点分布在 AOI Ⅲ 区域内，仅有少量注视点分布在前方隧道路面，即 AOI Ⅳ 区域内，这表明，驾驶人在完成减速纠偏任务后，将注视点主要分布在行车纠偏指示灯上，等待行车纠偏指示灯的进一步指令，此时，车辆的行驶速度为 10~20km/h，行车速度较慢，对前方道路情况的视觉需求降低，因此驾驶人在 AOI Ⅳ 区域内的注视点分布较少。

图 3.32　实验长隧道路段五驾驶人视线分布

图 3.33 为实验长隧道路段六驾驶人视线分布情况，即车辆在长隧道行车纠偏路段内加速行驶路段的注视点分布状况，在此区段内，行车纠偏指示灯由黄色变为绿色，指示驾驶人加速继续向前行驶。从图可以看出，驾驶人的注视点分布逐渐集中在 AOI Ⅳ区域，即车辆前方路面，这表明车辆在完成纠偏任务后，加速至设计时速时，随着车速的不断加快，驾驶人对车辆前方路况的需求程度增大，注视点主要分布在隧道路面，从而保证行车的安全。

图 3.33　实验长隧道路段六驾驶人视线分布

3) 各 AOI 注视时间分配比例

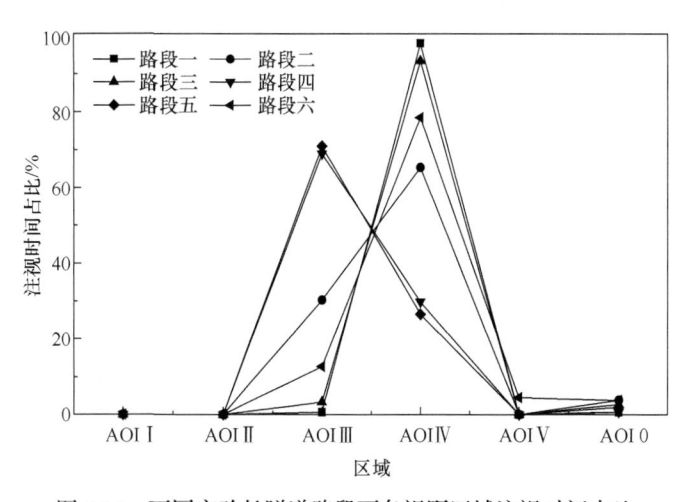

由图 3.34 不同实验长隧道路段下各视野区域注视时间占比可以看出，在上述 6 种实验长隧道路段内，驾驶人的注视区域均主要集中在 AOI Ⅲ和 AOI Ⅳ中，实验长隧道路段一、二、三、六时，AOI Ⅳ的注视时间占总注视时间的比例均达到 60%以上，这表明驾驶人在长隧道内正常行驶时，即使是位于行车纠偏路段，

图 3.34　不同实验长隧道路段下各视野区域注视时间占比

驾驶人为保证行车的安全,其注视点仍为车辆前方路面,虽然在实验长隧道路段二中,驾驶人在隧道右壁的注视时间达到了30%,但是仍小于对路面的注视时间。实验长隧道路段四、五时,AOI Ⅲ的注视时间占总注视时间的比例均达到70%以上,这表明,当行车纠偏指示灯变为黄色时,驾驶人的注视点由路面AOI Ⅳ转换为长隧道右侧 AOI Ⅲ,对长隧道右侧的注视比例显著增大,行车纠偏指示灯颜色突变可以给予驾驶人正确的行车指示。

4) 各AOI注视次数

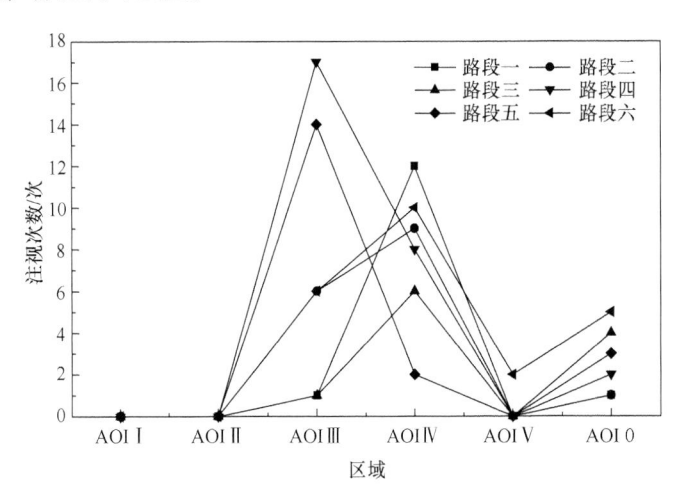

由图3.35不同实验长隧道路段下各视野区域注视次数可知,驾驶人在各视野区域的注视次数分布较为明显,主要集中在 AOI Ⅲ 和 AOI Ⅳ 区域中。实验长隧道路段四、五位于长隧道行车纠偏路段,行车纠偏指示灯颜色变化导致驾驶环境复杂,注视点数目较多,且注视点均位于 AOI Ⅲ 内,主要是为了识别行车纠偏指示灯颜色变化发出的相关指令。对于实验长隧道路段一时无行车纠偏指示灯情况以及实验长隧道路段二、三、四时的行车纠偏指示灯恒为绿色情况,驾驶人的注视点主要分布在 AOI Ⅳ 内,在此区域的注视次数较多,主要是为了识别车辆前方的道路信息,保证行车安全。

图3.35 不同实验长隧道路段下各视野区域注视次数

5) 各AOI平均注视时间

由图3.36不同实验长隧道路段下各视野区域内的平均注视时间可以看出,各路段中驾驶人在 AOI Ⅳ 的平均注视时间最长。对于实验长隧道路段一,AOI Ⅲ 的平均注视时间最短,这表明驾驶人未看见行车纠偏指示灯前,长隧道右侧壁无较为复杂的信息,驾驶人可以较为简单地从长隧道右侧壁提取所需信息,但对于实验长隧道路段二、实验长隧道路段五,在 AOI Ⅱ 的平均注视时间均高于其他实验长隧道路段,达到了0.26s,这表明受到行车纠偏指示灯的影响,驾驶人从长隧道右侧壁提取信息的难度显著提升，尤其是在较远位置处观察行车纠偏指示灯和行车纠偏指示灯颜色突变时。

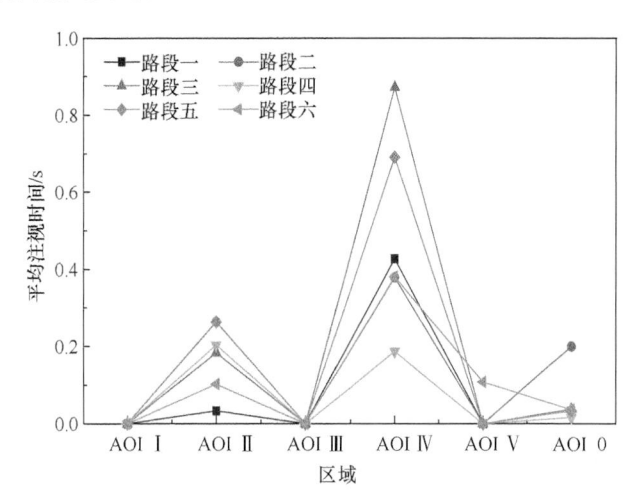

图 3.36　不同实验长隧道路段下各视野区域内的平均注视时间

3.4　本章小结

本章以长隧道等级风险预警与防控设施为研究对象，重点分析了长隧道等级风险划分、预警与防控设施原则和洞内外主动防控设施；以长隧道等级风险防控技术为理论依据，采用仿真模拟实验，测试矫正方法影响下的交通行为特征，形成最优矫正方法；基于最优矫正方法，构建长隧道等级风险预警防控智能检测平台，并进行工程应用示范。

参 考 文 献

杜建玮. 2020. 驾驶人对可变标志的信息认知有效性研究[D]. 重庆：重庆交通大学.
郭沛, 崔海龙, 傅宇浩. 2014. 基于驾驶员短时记忆的可变信息标志布设密度研究[J]. 中国交通信息化, (12)：135-137.
林志, 王少飞. 2010. 基于风险分析的公路隧道防火安全等级划分[J]. 消防科学与技术, 29(5)：394-398.
刘伟, 杜建玮, 陈科全. 2020. 基于视知觉的交通可变标志信息认度评价[J]. 中国公路学报, 33(1)：163-171.
罗勇, 李玉文, 袁家伟, 等. 2016. 高速公路隧道运营安全风险评估研究[J]. 现代隧道技术, 53(6)：25-30.
邱卓涛. 2019. 夜间驾驶条件下LED道路交通标志汉字信息视认性研究[D]. 重庆：重庆大学.
王辉, 刘浩学, 赵炜华, 等. 2009. 公路隧道环境中交通事故特征分析[J]. 公路, (11)：144-147.

王少飞, 王辉, 涂耘, 等. 2013. 公路隧道交通事件分类分级与应急管理[J]. 公路, (7): 190-193.

王亚琼. 2009. 单洞对向交通公路隧道火灾安全对策研究[D]. 西安：长安大学.

夏永旭, 王永东, 邓念兵, 等. 2006. 公路隧道安全等级研究[J]. 安全与环境学报, (3): 44-46.

朱长安, 王明年, 李玉文, 等. 2021. 复杂艰险山区公路隧道运营安全风险归类及特征分析[J]. 公路, 66(1)：212-218.

Alvear D, Abreu O, Cuesta A, et al. 2013. Decision support system for emergency management: Road tunnels[J]. Tunnelling and Underground Space Technology, 34(1)：13-21.

Caliendo C, Ciambelli P, de Guglielmo M L, et al. 2013. Simulation of fire scenarios due to different vehicle types with and without traffic in a bi-directional road tunnel[J]. Tunnelling and Underground Space Technology, 37(1)：22-36.

Gamal I, Badawy A, Al-Habal A M W, et al. 2019. A robust, real-time and calibration-free lane departure warning system[J]. Microprocessors and Microsystems, 7(1)：10-13.

Hakimzadeh B, Talaee M R. 2019. Analysis of a new strategy for emergency ventilation and escape scenario in long railway tunnels in the fire mode[J]. Journal of Rail and Rapid Transit, 233(3): 239-250.

Kim D H, Detection L. 2020. Method with impulse radio ultra-wideband radar and metal lane reflectors[J]. Sensors, 20(1): 324-331.

第4章 长下坡路段运行风险评估与防控

4.1 长下坡路段特征及运行风险评估与防控概述

4.1.1 长下坡路段及交通事故特征

我国地势西高东低，全国总面积的 2/3 是山地、高原及丘陵。受地形与地势条件的限制，高速公路往往存在坡度大、坡道长的长下坡路段。根据我国《公路路线设计规范》(JTGD 20—2017)，以平均纵向坡度和连续长下坡长度两个指标为依据制定高速公路长下坡路段判定标准，如表 4.1 所示。

表 4.1 高速公路长下坡路段判定标准

平均纵向坡度/%	2.5	3.0	3.5	4.0	4.5	5.0	5.5	6.0
连续长下坡长度/km	20.0	14.8	9.3	6.8	5.4	4.4	3.8	3.3

对于长下坡路段，在实际界定过程中，除上述依据外，还应结合路段交通事故统计数据等进行综合判定，廖军洪采取偏向安全的标准，对于事故比例明显高于一般路段但未达到界定标准的长下坡路段，应视情况纳入长下坡路段范畴(廖军洪，2015)。2018 年 11~12 月，全国公安交管部门集中开展了长大下坡危险路段排查整治行动，排查出不符合现行有关规定、平均纵坡较大且连续坡长超过极限值的长大下坡危险路段 1026 处，总里程长 8852km，其中包括高速公路 136 处、普通公路 890 处。自开通以来，上述路段已累计发生道路交通事故 2.4 万余起，造成约 6400 人死亡(公安部，2018)。长下坡路段重特大交通事故发生率高，面临着严峻的交通安全形势。因此，对于长下坡路段进行重点管制、完善交通设施、保障道路通行安全至关重要。

结合 2016~2019 年浙江省某高速公路长下坡路段(桩号 k1821~k1830，长度 8.7km，道路极限坡度为 4.0%，平均坡度为 3.1%，路宽为 11.5m，双向四车道)的交通事故数据，研究长下坡路段的交通行为特征。其中，不同年份中此长下坡路段的交通流量变化如图 4.1 所示。由图 4.1 可以看出，随着我国经济的快速发展及公路网的日渐完善，道路交通运输客货车运输量及机动车保有量逐年增加，由此造成混合交通流量的危险态势更加复杂，道路交通安全问题逐步显现，导致道路交通安全形势十分严峻。四年内，此路段的交通事故总数量分别为 40 起、45 起、66 起、76 起，事故数量逐年递增。为进一步讨论研究当前道路的交通事故特征，在此将整个路段不同桩号处的事故总数量进行统计分析，结果如图 4.2 所示。

图 4.1 浙江省某高速公路长下坡路段交通流量变化图

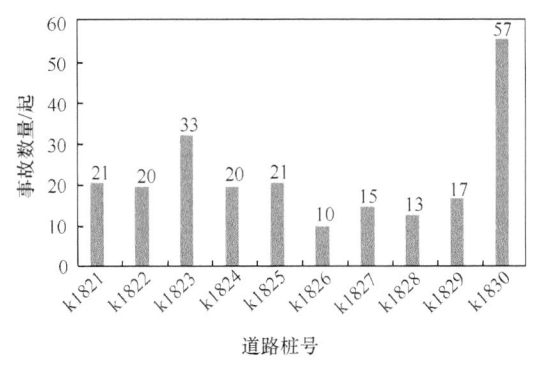

图 4.2 事故地点分布

由图 4.2 可以看出，桩号 k1829~k1830 是事故多发路段，即长下坡的底部容易发生交通事故，四年内共发生 57 起事故，占事故总数量的 20%，事故导致的伤亡总数较大。此外，从事故地点分布图还可看出，长下坡路段的起始路段，即桩号 k1821~k1824，发生事故数量也较多，因此长下坡路段的起始路段也是事故多发路段。

综合分析此长下坡路段中四年内发生事故的车辆类型、事故类型、追尾事故中的车辆类型、事故时间分布，如图 4.3 所示。由图可以看出：①长下坡路段事故车辆中，小客车占比 48%，居首位，大货车占比 30%，位居事故车辆的第二位，但具体分析事故等级及相关人员伤亡与经济损失可以看出，因大货车导致的交通事故等级相对较高，事件较为严重；②长下坡路段中事故类型以追尾、撞护栏为主，而追尾事故中，事故车辆以小客车为主，货车占比也较大，且货车事故中 60%

以上为制动失灵；③长下坡路段事故中白天与晚上发生比例相近，但下午事故发生概率明显较高，这与驾驶人疲劳驾驶关系较大。

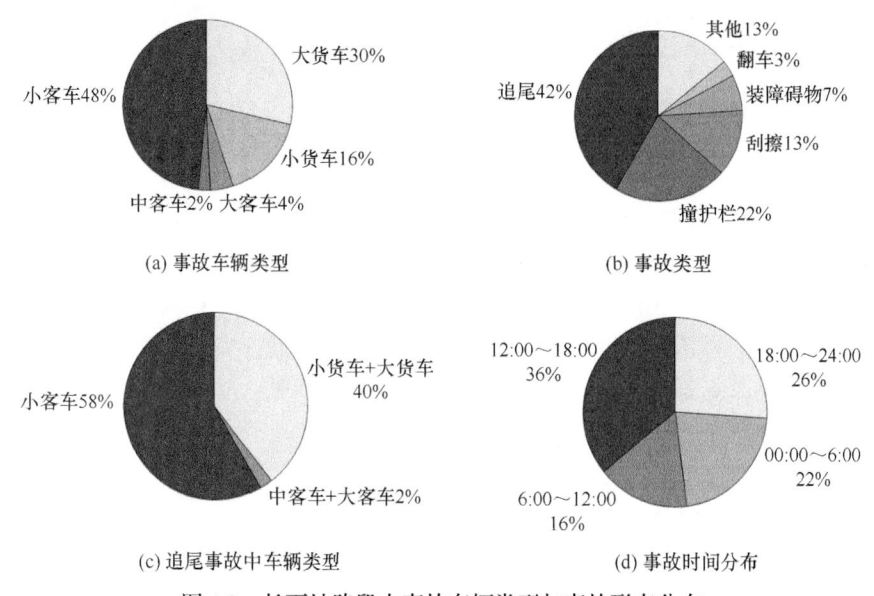

(a) 事故车辆类型：小客车48%、大货车30%、小货车16%、中客车2%、大客车4%

(b) 事故类型：追尾42%、撞护栏22%、刮擦13%、装障碍物7%、翻车3%、其他13%

(c) 追尾事故中车辆类型：小客车58%、小货车+大货车40%、中客车+大货车2%

(d) 事故时间分布：12:00~18:00 36%、18:00~24:00 26%、00:00~6:00 22%、6:00~12:00 16%

图 4.3 长下坡路段中事故车辆类型与事故形态分布

基于以上统计分析可以看出，长下坡路段交通事故主要有以下几个特点。

(1) 从事故位置分析：事故多发段与道路线形有关，且与平纵面组合设计有关，在连续长下坡路段中，坡底通常是事故的多发路段，此外长下坡的起始路段，即坡顶也是事故的易发路段。

(2) 从事故车辆类型分析：长下坡路段中的事故车辆多为小客车，其次是大货车，大货车出现事故的主要原因在于制动系统制动能力不足或制动完全失效，相比较而言，大货车的事故等级往往较高。

(3) 从事故类型分析：长下坡路段中常见的事故类型为追尾与撞护栏，追尾的主要原因在于车辆超速、超载、制动失效等，特别是大货车，在长下坡路段连续制动导致制动器温度较高，进而引发热衰退，造成制动失效，容易造成交通事故。

(4) 从事故时间分布分析：长下坡路段事故多发生在 12:00~18:00，此时间段内，驾驶人困意较大，容易出现疲劳驾驶的情况。

从汽车行驶理论方面分析，大型车辆在长下坡路段应使用低挡位，采用发动机反拖辅助制动来平衡车辆自重带来的下坡力，以减轻其行车制动器的制动强度。但实际调查发现，驾驶人在长下坡路段中行驶，容易出现违规操作(挂高挡位、超速行驶)，这是导致交通事故的最主要因素。在下坡过程中，载货汽车的驾驶人往往抱有侥幸心理，考虑低挡滑行会加剧发动机的磨损，总想多拉快跑，而忽视了行车安全。出于对车辆最小磨损和最短运行时间的考虑，除非驾驶人认为制动失效的可能性很大，否则大部分载货汽车驾驶人都尽可能地使用高挡位，并希望通过淋水制动来降低制动毂的温度。车辆行经连续长下坡路段时，有些驾驶人对地形不熟，对道路条件认识错误，采用持续制动来降低车速以期望安全下坡，为交通事故的发生埋下隐患(吴京梅等，2008)。

根据前述长下坡路段事故成因分析结果，结合国内典型长下坡路段调研、典型交通事故案例分析、部分驾驶人谈话结果，在梳理总结主要风险管理对象、典型风险事件与主要安全风险因子的基础上，建立长下坡路段典型风险交通行为风险因子清单，如表 4.2 所示。由前面长下坡路段事故数据分析可以看出，长下坡路段事故车辆类型主要为小客车和大货车。因此，在此主要以大货车为重点管控对象，以追尾、撞护栏为典型风险事件，重点分析驾驶人状态、车辆状态、交通环境、道路特征与道路规则五个方面。

表 4.2 长下坡路段典型风险交通行为风险因子清单

驾驶人状态	车辆状态	交通环境	道路特征	道路规则
(1) 频繁刹车	(1) 制动热失效	(1) 强降雨	(1) 平均纵坡不合理	(1) 限速方案不合理
(2) 超载	(2) 车速异常	(2) 大风	(2) 坡段组成不合理	(2) 风险告知不到位
(3) 超速	(3) 无辅助制动系统	(3) 强降雪	(3) 下坡长度不合理	(3) 违规监控不力
(4) 疲劳驾驶	(4) 制动器工作不良	(4) 路面结冰	(4) 道路视距不足	(4) 限速监控不力
(5) 不熟悉道路	(5) 车辆系统故障	(5) 极热/极寒	(5) 平面线形不合理	(5) 车辆管控不到位
(6) 频繁换道	(6) 轮胎爆胎	(6) 团雾	(6) 纵断面线形不合理	(6) 信息发布不及时
(7) 高挡位行驶	(7) 轮胎磨损严重	(7) 交通流量大	(7) 避险车道设置不合理	(7) 路面养护不到位
(8) 空挡位滑行	(8) 灯光失效	(8) 大货车较多	(8) 缺少服务区、停车区	(8) 道路实时监控不到位
(9) 较小车距	(9) 超年限	(9) 冰雹	(9) 道路指标信息不全	

影响长下坡路段交通安全的风险因子较多，如表 4.2 所示的各个风险因子还可进一步细分，明确影响各风险因子的主要因素，从而建立风险因子评估指标体系、长下坡路段交通安全的评估方法等，进而指导长下坡路段的预警防控。不同长下坡路段所在区域、道路环境、交通流特征及运营管理规则存在较大差异。而对于特定的长下坡路段，应在深入分析交通事故数据的基础上，结合交通流量、交通组成与安全保障措施现状等资料，明确驾驶人行为(人)、车辆状态(车)、道路条件(路)、交通环境(环境)及运营管理规则(规则)每一类风险因子中对交通安全影响最为显著的风险因子，确定可控要素，进而采取有针对性的风险预警/防控/管控措施，具体内容如图 4.4 所示。

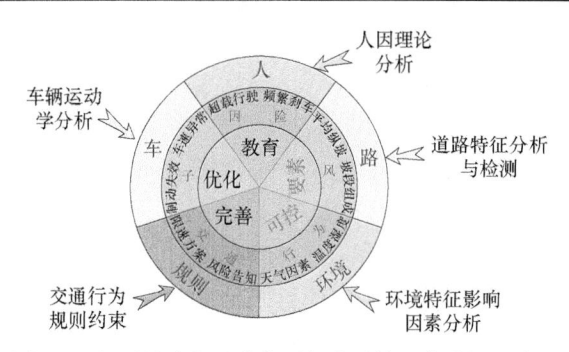

图 4.4 长下坡路段风险交通行为可控要素分析思路图

4.1.2 长下坡路段运行风险评估技术概述

在评估货车长下坡运行风险时，制动器温度是主要关注的因素。早期 Bowman 在坡道严重度分级系统(grade severity rating system, GSRS)中所做的研究(Bowman, 1989)表明：制动器温度在 200℃以内时，车辆可保持原有的制动效能，在制动器温度为 200~300℃时，制动效能开始下降，当制动器温度超过 300℃时，制动效能出现大幅度降低。当制动器温度达到 290℃时，制动效能将会降为正常情况下的 66%，制动器温度为 300℃时，将降为正常情况下的 60%，制动距离增加到 1.67 倍。在国外的相关研究中，美国联邦高速公路管理局(Federal Highway Administration, FHWA)的相关研究将 260℃作为制动器安全温度，法国公路和高速公路研究所则认为制动器温度超过 200℃便会产生风险(王佐等，2008)。

由此可见，对长下坡路段的运行风险评估聚焦于针对车辆制动器温度状态的预测与评价。此外，一些其他因素与失效风险之间也存在着显著关系，包括如下方面。

1. 纵坡坡度

长大下坡以坡长较长、坡度较大为主要特征，在国内外均为交通事故多发区段。国外高速公路交通事故率与纵坡坡度的关系曲线如图 4.5 所示。当纵坡坡度

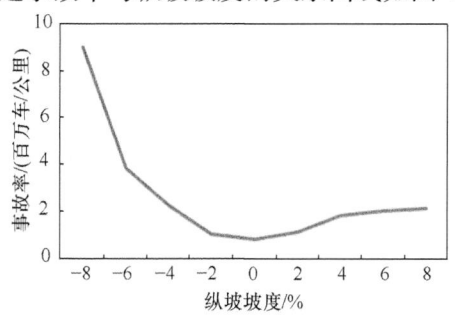

图 4.5 国外高速公路交通事故率与纵坡坡度的关系曲线

绝对值为 0~2%时，上、下坡交通事故率均较小；随纵坡坡度绝对值的逐渐上升，下坡交通事故率上升速率远高于上坡交通事故率，表明对于长大下坡，下坡车辆往往面临着较高的事故风险。

国内相关研究则着眼于不同纵坡坡度对事故率的影响水平，如图 4.6 所示(影响系数为 K，$K=1$ 表示纵坡坡度对事故率没有影响，K 越大则纵坡坡度对事故率的影响越明显)。尽管国内的研究结果与国外有一定的出入，但都表明了纵坡坡度与事故率之间存在一定的关系：一是纵坡坡度越陡，事故率越高；二是在纵坡坡度绝对值相同的情况下，下坡路段比上坡路段更危险，事故率更高。

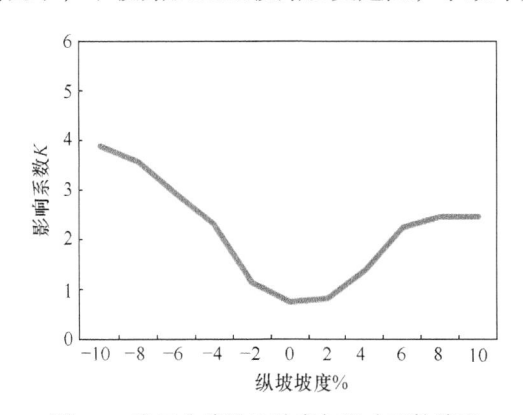

图 4.6　我国公路纵坡坡度与影响系数关系

2. 下坡车速

驾驶人在长下坡路段行驶的过程中，会尽量控制车辆保持在最高挡位下匀速下坡。这是因为在下坡时车辆由于自重会不断加速，为了控制车速必须连续踩踏刹车，否则车速在下坡过程中会不断上升且很难减速，最终导致车速完全失控，引发交通事故；但连续踩踏刹车会使制动器极易因摩擦生热导致温度过高而失效。在此前提下，有研究表明：当大货车匀速下坡且速度较快时，其制动器升温速率反而较慢。这是因为随着车速的增加，制动毂和摩擦片的相对运动速度增加；车速越快，发动机所产生的制动力越大，保持大货车匀速行驶所需的制动器制动越小，后者的影响大于前者，所以最终导致车速越高，制动器升温越慢的结果。

然而，更高的下坡初速度意味着下坡时的制动时间和距离将会增加。即使不考虑制动时间和制动距离增加带来的危险，制动器在更高的初速度下减速，轮毂升温相较于速度较低的货车会更高，制动失效情况更加严重，更易导致交通事故的发生。

3. 恶劣天气

在车辆行驶过程中，雨、雪、雾等恶劣天气会缩短驾驶人视距、延长驾驶人反应时间，从而降低行车安全性。此时，非恶劣天气下的驾驶经验不再适用，驾驶人需要根据实际情况调整车速与跟车距离，因而更容易出现交通事故。除此之外，下雨、下雪等恶劣天气会导致路面湿滑，进而使路面附着系数下降，增大车辆的制动距离，降低行车安全性(Aron et al.，2015；赵亮等，2016)。现有研究表明，随着因降雨等天气而产生的路面水膜厚度增加，路面附着系数呈现先下降后稳定的变化趋势(黄正伟，2017；张智勇等，2020)，如图4.7所示。

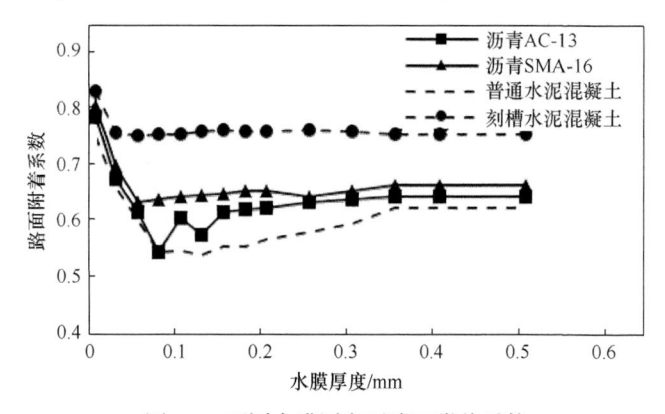

图4.7 不同水膜厚度下路面附着系数

但无论何种路面，当存在水膜时，路面附着系数均有较明显的降低。在雨、雪天气下，路面水膜将会导致车辆制动距离增加，使得货车行驶在长大下坡时面临更大的风险。

综上所述，车辆在长大下坡上行驶的过程中，下坡车辆所面临的事故风险远高于上坡车辆，且除因轮毂升温而导致制动失效这一主要因素以外，坡度、天气等因素也对车辆下坡时的安全水平有较为明显的影响。然而，这些指标对下坡风险的影响仍然体现在紧急情况下高速下坡导致车辆使用制动器次数更多，从而使得升温过高，进而导致制动失效，其核心仍是制动器升温。因此，对车辆在长下坡路段的运行风险评估将聚焦于对制动器温度的预测与评估。

现有的风险分级标准多基于车辆内部变化规律得到，并不适用于路侧评估预警。因此，需要重新制定评估分级标准，基于路侧设备的实时监测数据结果，根据货车在下坡过程中后轮轮毂温度的变化规律设置对应的风险等级，为实时预警与防控提供判断基础。

4.1.3 长下坡路段运行风险防控技术概述

现有的针对长下坡路段交通事故防控的研究主要包括主动安全预警措施(如完善安全标志、优化道路线形设计、增设安全区域(检查站、加水服务区等)、提高管理与教育普及度)及被动安全防控措施(设置避险车道、降温池等)两方面。

1. 主动安全预警措施

(1) 完善安全标志：连续长下坡路段应当根据当前道路特征、避险车道与服务区设置情况、事故多发路段、车辆安全运行车速等设置交通标志，从而给驾驶人一定的指导、警示。此外，长下坡路段的设计应当尽量完善道路交通标线，安装尽可能多的反光灯、雾天诱导灯等标志，以达到防患于未然的目的，从而提高长下坡路段的安全等级。

(2) 优化道路线形设计：从超载方面考虑，在长下坡路段线形设计中，应当考虑超载车辆的普遍性与严重性，在长下坡路段纵坡坡度与坡长的设计中，增大超载安全系数，以降低超载车辆自身事故发生率及对道路中正常行驶车辆的影响，提高道路行驶安全性。此外，在长下坡路段设计中，还应当保持道路信息的连续性，尽量避免急弯线形，达到优化长下坡路段线形特征的效果。

(3) 增设安全区域：在长下坡路段的设计中，应当尽量增设安全区域，如检查区、停车修整区、紧急停车区及加水服务区等。其中，检查区可与停车修整区一起设置在长下坡路段的坡顶位置，强制要求重载货车进入长下坡路段前接受超载及制动器性能检查，同时，提醒驾驶人在相关路段中的服务设施、避险车道位置等；紧急停车区主要是满足部分出现可调整紧急情况的驾驶人行驶中的停车需求，如部分驾驶人不愿意采用低挡行驶，快速行驶一段路程后停车让制动器自然冷却，因此紧急停车区尽量设置在长下坡的后半段位置；通过淋水的方式对制动器进行降温处理是现阶段驾驶人普遍采用的一种方式，因此长下坡路段尽量设置加水服务区，满足驾驶人停车休整的需求。但淋水降温的方式是一种非常规的安全处置措施，在北方较冷的冬天应当慎用。

(4) 提高管理与教育普及度：长下坡路段事故高发的主要原因在于人、车、路三方面，其中车辆状况与道路条件为诱导因素，而人为所有事故的主导因素。因此，对于减少长下坡路段的交通事故，除了改善道路条件、提高车辆性能外，提高驾驶人的管理与教育普及度、加强行车安全管理也具有重要的作用(胡昌斌等，2016)。

2. 被动安全防控措施

被动安全防控措施主要是针对故障车辆采取的一种尽量减少人员伤亡及经济

损失的措施,而在所有的被动安全防控措施中,避险车道是最为有效的工程措施。其可将失控车辆从主干道中分流出来,从而避免对主干道其他正常行驶车辆的影响;同时,可使得失控车辆在安全的减速条件下平稳停车,尽量减少失控车辆的人员伤亡。图 4.8 为搅拌阻尼器式网索避险车道。针对避险车道的研究,20 世纪 50 年代美国修筑第一条避险车道后,于 1979 年提出了避险车道设置指导性标准——《避险车道设计的临时指南》。而我国对避险车道的研究较晚,广西壮族自治区交通厅及河南省质量技术监督局分别颁布了《公路避险车道设计规范》(DB45/T 1957—2019)及《普通公路紧急避险车道建设技术要求》(DB41/T 1712—2018)相关避险车道的设计标准,规定了公路紧急避险车道的总体设计等内容。

此外,通过设置高速降温池,也可达到被动防控载货汽车制动器温度过高的效果,如图 4.9 所示。高速降温池主要通过高速公路上设置的水池对相关车辆的轮毂进行淋水,达到快速降温的目的。

图 4.8　搅拌阻尼器式网索避险车道　　　　图 4.9　高速降温池

总结来说,长下坡路段作为一种隐患路段,其风险因子主要来源于人、车、路、环境、规则五个方面,从风险因子的可防控方面考虑,针对人、车、规则三个风险因子中所涉及的风险因素进行研究,设计有针对性的预警防控手段可在一定程度上提升长下坡路段的道路交通安全性。下面的内容将以载货汽车制动热衰退这一风险因子为例,进行长下坡路段预警防控技术的研究探讨。

4.2　长下坡路段运行风险评估技术研究

针对长下坡路段常见的轮毂温度过高而导致的热衰退失效风险构建评估模型。以车辆经过路侧监测点时的轮毂温度、车速及车型载重等参数为输入,结合道路线形、环境温度等参数,运用轮毂升温模型预测车辆在事故易发点的轮毂温度,并根据其所在的制动效能范围输出对应的长下坡路段车辆轮毂失效的风险等级。通过长下坡实测数据对轮毂失效风险等级划分的合理性和风险评估模型的有效性进行验证。

4.2.1 载货汽车轮毂升温预测模型

1. GSRS 模型

20 世纪 80 年代，FHWA 基于理论分析和实验基础开发了 GSRS 模型。该模型通过分析卡车制动系统和美国道路的坡度特性，初步建立了货车下坡力学平衡模型，随后采用热力学理论，结合 5 轴半挂货车(满载总质量为 36.287t)实验获得的相关参数，建立了制动器温度预测模型；该模型预先确定了车辆制动器温度的最高值为 260℃，认为当制动器温度超过最高值时将处于危险状态，并结合制动器温度阈值来计算车辆在特定质量下的最大安全速度，当车辆以最大安全速度到达长下坡路段采取紧急制动时，制动器的温度不会超过确定的温度最高值 260℃，从而对坡段进行分级。GSRS 模型可以通过车辆总质量和道路线形两个参数提前预测车辆在长下坡路段过程中制动器的温度升高曲线，该模型如式(4-1)和式(4-2)所示。

$$T_1 = T_0 + \left(T_\infty - T_0 + K_2 \mathrm{HP_B}\right)\left(1 - \mathrm{e}^{-K_1 L_\mathrm{p}/\overline{v}}\right) \tag{4-1}$$

$$\mathrm{HP_B} = \left(W \cdot \theta - F_\mathrm{drag}\right)\frac{\overline{v}}{375} - \mathrm{HP_{eng}} \tag{4-2}$$

其中，K_2 为与制动器性质相关的修正参数，由制动器设计参数决定；K_1 为与平均车速相关的修正参数。

GSRS 模型中各参数的含义如表 4.3 所示。

表 4.3 GSRS 模型中各参数的含义

参数	含义	单位
θ	圈数	圈
W	总质量	kg
L_p	下坡距离	mile
$\overline{v}$	车速	mile/h
T_1	坡底温度	F
$\mathrm{HP_B}$	制动功率	hp
T_0	初始温度	F
T_∞	制动器外部环境温度	F
$\mathrm{HP_{eng}}$	发动机功率	hp

注：① 1mile = 1.609344km。
② 1hp = 745.700W。

然而，对该模型进行详细分析后发现，该模型仍存在一些缺陷，导致其难以适用于本次研究，主要缺陷如下：

(1) 模型原理过时。GSRS 模型于 1985 年提出，采用的实验车型与现在常用的车型相比，参数和性能均有很大不同。模型没有考虑近年来常用的辅助制动系统对制动器温度的影响，相关参数也多选择极限值。在我国，下坡的大货车在连续下坡过程中通常使用发动机制动、排气制动和其他辅助制动系统，车辆的性能、驾驶人的驾驶习惯和国外有一定的差异，因此 GSRS 模型不完全适用于我国的情况。

(2) 涉及参数数量少。模型中只包含车辆和道路线形有关的参数，忽略了与环境相关的参数，且模型中包含的车辆参数也严重不足，缺少有关车辆轴数、制动器个数等参数，无法对不同的车型进行替换分析。

(3) 实际情况拟合效果较差。对 GSRS 模型的检验可知，模型预测温度和实测温度差值在 25~50℃，模型不能直接用于计算制动系统的温度值。

(4) 假设条件过于理想化。GSRS 模型假设运行速度不变且发动机保持最大功率，与实际情况不符。

2. 方守恩模型

方守恩模型的主要研究对象为大货车后轮制动毂温度。通过分析车辆动力特性，结合现场实验验证，根据能量守恒定律建立货车制动毂温度预测模型。确定影响制动毂温度的主要因素为：下坡车速、车辆总质量(非满载或超载)、坡度、下坡时间、发动机制动(或排气制动)的挡位及制动器初始温度。方守恩模型如式 (4-3) 和式 (4-4) 所示。

$$T = (T_0 - T_a)\exp\left(-\frac{h_R A_{g2}}{m_g c_g}t\right) + T_a, \ i < i_0 \tag{4-3}$$

$$T = \left(T_0 - \frac{C}{h_R A_{g2}}\right)\exp\left(-\frac{h_R A_{g2}}{m_g c_g}t\right) + \frac{C}{h_R A_{g2}}, \ i > i_0 \tag{4-4}$$

其中，

$$C = P_{bh0} + 80 h_R A_{g2}, \quad h_R = 5.224 + 1.5525 v e^{-0.0027785 V}$$

$$P_{bh0} = \frac{0.95v}{3.6 n R_t} \times \left[(1-\beta) \times \left(\frac{Mgi}{\sqrt{1+i^2}} - 0.03858 A C_d \rho_a V^2\right) \times R_{dh}\right.$$

$$\left. -(0.0076 + 0.000056v) M_h g R_{dh} \times 0.02/i - k N_e \right]$$

$$N_{\mathrm{e}} = \left[k_2 \left(\frac{i_0 i_{\mathrm{k}} v}{7.2\pi R_{\mathrm{t}}} \right)^2 + k_1 \frac{i_0 i_{\mathrm{k}} v}{7.2\pi R_{\mathrm{t}}} + k_0 \right] \times i_0 i_{\mathrm{k}} / \eta$$

T_0 为制动器初始温度;h_R 为制动毂与空气间对流换热系数;P_{bh0} 为制动毂吸热速率;k 为制动扭矩与拖动扭矩的转换比;N_e 为发动机传动到车轮的制动力矩;k_0、k_1、k_2 均为模型拟合参数。

当实验车不供油发动机制动时,k_2=0.0501,k_1=1.0475,k_0=66.34,$k=M/M_0$(M_0 为车辆的满载总重;M 为车辆(当前)总重)。

当实验车排气制动时,k_2=0.1239,k_1=−1.3504,k_0=133.58,k=1。

在假设当坡度大于 8 挡发动机能够克服的最大下坡坡度时制动器开始制动工作的条件下,发动机制动时 i_0=0.000215v+0.011645;在假设当坡度大于 8 挡排气制动能够克服的最大下坡坡度时制动器开始工作的条件下,排气制动时 i_0=0.000265v+0.011512。

方守恩模型各参数含义与取值如表 4.4 所示,方守恩模型各自变量含义如表 4.5 所示。

表 4.4 方守恩模型各参数含义与取值

参数	含义	单位
g	重力加速度	m/s²
ρ_a	空气密度	kg/m³
A	大货车迎风面积	m²
C_d	空气阻力系数	无
i_k	各挡位减速比	无
n	后轮制动器个数	个
η	传动效率	无
M_h	后轮承受质量总和	kg
R_{dh}	后轮动力半径	m
R_t	后轮滚动半径	m
A_{g2}	制动毂外表面积	m²
m_g	制动毂质量	kg
c_g	制动毂比热容	J/(kg·K)
T_a	制动毂周围空气平均温度	℃
i_0	临界坡度	无
M	车辆总重	kg

表 4.5　方守恩模型各自变量含义

自变量	含义	单位
i	坡度	无
v	车速	km/h
t	行驶时间	s
T_0	制动器初始温度	℃

结合研究对象的实际情况，取坡度大于车辆下坡临界坡度的情况，提出如式(4-5)所述的模型对车辆下坡过程中轮毂升温情况进行预测。

$$T = \left(T_0 - \frac{C}{h_R A_{g2}}\right)\exp\left(-\frac{h_R A_{g2}}{m_g c_g}t\right) + \frac{C}{h_R A_{g2}} \tag{4-5}$$

其中，

$$C = P_{bh0} + 80 h_R A_{g2}$$

$$h_R = 5.224 + 1.5525 v e^{-0.0027785 v}$$

$$P_{bh0} = \frac{0.95v}{3.6 n R_t} \times \left[(1-\beta) \times \left(\frac{Mgi}{\sqrt{1+i^2}} - 0.03858 A C_d \rho_a v^2\right) \right.$$

$$\left. \times R_{dh} - (0.0076 + 0.000056v) M_h g R_{dh} \times 0.02 / i - k N_e\right]$$

$$N_e = \left[k_2 \left(\frac{i_0 i_k v}{7.2 \pi R_t}\right)^2 + k_1 \frac{i_0 i_k v}{7.2 \pi R_t} + k_0\right] \times i_0 i_k / \eta$$

各参数与自变量含义同表 4.4 与表 4.5。

4.2.2　基于轮毂升温的失效风险等级划分

采用停车视距描述车辆的制动效能，停车视距是指驾驶人反应时间(通常取1s)内车辆行驶距离和车辆制动距离之和。

(1) 当轮毂温度不超过 200℃时，车辆轮毂的制动力不会发生明显衰减，停车视距可保持在安全停车视距的范围内；当轮毂温度超过 200℃时，轮毂的制动力开始下降，停车视距开始大于安全停车视距；当轮毂温度处于 260~300℃时，车辆轮毂的制动力明显下降，停车视距大幅度上升；当轮毂温度超过 300℃时，车辆的制动效能严重衰减。轮毂温度与停车视距间的关系如图 4.10 所示(以平均坡度 4%，下坡速度 40km/h 为例)。

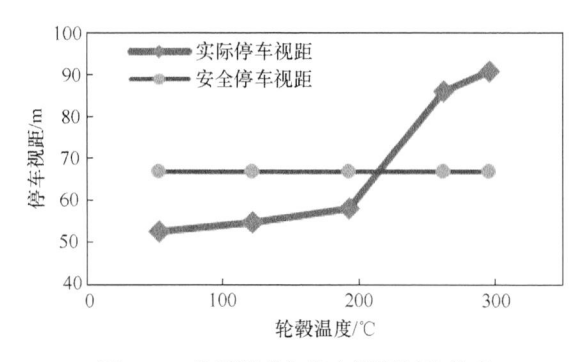

图 4.10 轮毂温度与停车视距间的关系

(2) 在下坡过程中，货车前轮轮毂温度一般低于 200℃，明显低于后轮轮毂温度。这表明，车辆在下坡过程中无论是否采用辅助制动措施，前轮的制动效能基本无衰减情况发生，而后轮轮毂升温较为明显，易出现制动效能衰减的情况，即货车在下坡过程中主要因后轮轮毂升温而出现制动失效的情况，进而引发交通事故。

(3) 根据调查，在无紧急情况或行驶于小半径曲线路段时，驾驶人会将车速控制在一个较小的区间内，通常车速变化最大不超过 5km/h，因此可近似认为大货车在长大下坡路段中车速恒定。当匀速下坡时，速度越高，轮毂升温速率越小，但如果大货车在高速下坡过程中遇到需要减速的情况，所需制动时间与制动距离将会增加，导致轮毂升温增加，相较于低速下坡时出现事故的风险更大。

(4) 除轮毂升温外，恶劣天气等多种因素也会对货车下坡安全有较为显著的影响。根据相关研究成果，恶劣天气带来的驾驶人视野减小、车辆制动性能降低等负面影响，大于低温环境下轮毂升温速率降低的正面影响。因此，在货车下坡过程中，恶劣天气的存在也会导致事故发生概率的上升，在评价下坡风险时，恶劣天气应被视为导致风险等级上升的因素，与轮毂升温情况一起考虑。

上述机理使得根据货车在下坡过程中后轮轮毂温度，同时结合非升温的相关因素，提出不同温度对应的风险等级，为即时预警奠定判断基础成为可能。

已有研究成果显示，在各类风险因素的综合作用下，基于轮毂升温的制动失效研究多以 200℃、260℃与 300℃为制动失效的温度阈值。综合相关研究，初步提出基于轮毂温度的长下坡轮毂失效风险等级，如表 4.6 所示。

表 4.6 基于轮毂温度的长下坡轮毂失效风险等级

轮毂温度	恶劣天气	
	否	是
<200℃	Ⅰ	Ⅱ
>200℃且<260℃	Ⅱ	Ⅲ
>260℃且<300℃	Ⅲ	Ⅲ

然而，现实中由于多使用路侧设备进行测温，受设备原理限制，往往难以直接获取轮毂温度。因此，必须对车辆外轮毂与轮毂温度间的关系进行分析，获取二者间的换算系数，从而制定依靠路侧设备测温的长下坡轮毂失效风险等级。

组织实地实验，选取路段长度为4.4km、平均坡度为2.7%的长下坡路段进行实地测量并绘制轮毂温度散点图，每组数据记录于坡底。实测轮毂温度散点图如图4.11所示，横轴为车辆在坡底时的轮毂温度，纵轴为外轮毂温度，单位均为摄氏度(℃)，实心点标记为右制动轮数据，空心点标记为左制动轮数据。各组数据差距较小，左、右轮数据中心坐标分别为(168.92,45.15)以及(151.22,43.78)，温差分别为123.77℃与107.44℃。

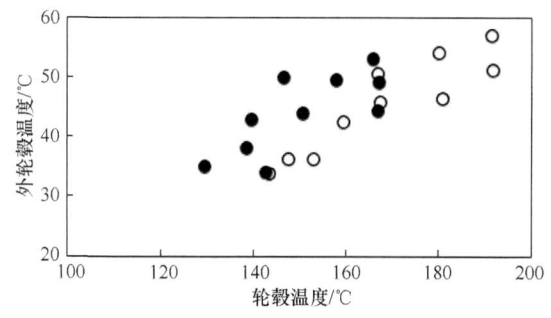

图4.11 实测轮毂温度散点图

综上所述，考虑仪器测温效果与风险前预警的需求，最终确定行驶过程中轮毂与外轮毂间温度差为125℃，并制定了基于路侧设备测温的长下坡轮毂失效风险等级表，如表4.7所示。

表4.7 基于路侧设备测温的长下坡轮毂失效风险等级

轮毂温度	恶劣天气	
	否	是
<75℃	Ⅰ	Ⅱ
>75℃且<135℃	Ⅱ	Ⅲ
>135℃且<175℃	Ⅲ	Ⅲ

为了验证上述模型的有效性，在陕西西安境内某高速公路和陕西商洛境内某国道上通过测速雷达、手持式测温仪等仪器采集车辆相关数据，共收集有效数据781条，包括车辆行驶数据与后轮毂外侧温度数据两部分。

第一部分为车辆行驶数据，采用测速雷达记录前方车辆，结合摄像设备获得采样时间、车辆与雷达方向夹角角度、车辆与雷达距离、车速、车型、车牌和满载情况7项内容，如表4.8所示。

表 4.8 行车数据示例

采样时间	车辆与雷达方向夹角角度/(°)	车辆与雷达距离/m	车速/(m/s)	车型	车牌	满载情况
11:53:42	−1.6	95.9	−15.32	两轴货车	陕 H-18682	空载

第二部分为后轮毂外侧温度数据，选用手持式测温仪通过摄像设备确定行驶过程中车辆后轮毂外侧的温度，如图 4.12 所示。

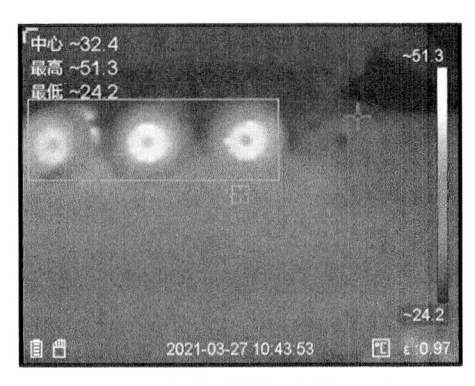

图 4.12 后轮毂外侧测温示意图(单位：℃)

收集大于等于二轴的货车后轮毂外侧温度数据，以供升温模型的验证与调整。

1) 车辆类型

据统计，在经过两处雷达测速仪的 781 辆车之中，共有机动车 697 辆，非机动车(包含摩托车、自行车、电动摩托车等)84 辆。机动车中含小汽车 487 辆、中小型货车(小于等于四轴)88 辆、大型货车(大于四轴)109 辆、其他车辆(包含两轴客运车辆等)13 辆，如图 4.13 所示。

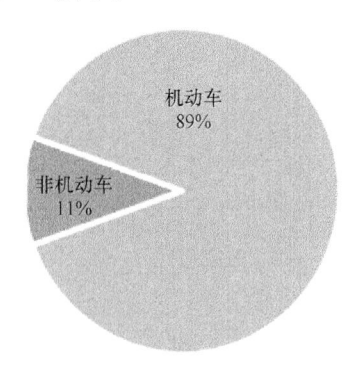

图 4.13 各车型占比示意图

在货车中，有满载货车 102 辆、空载货车 95 辆，分别占货车总数的 51.78% 和 48.22%。

2) 车辆速度

对测量得到的 781 辆各类车辆进行速度统计可知，全部非机动车的平均速度为 52.34km/h，机动车的平均速度为 54.32km/h。在机动车中，小汽车的平均速度最高，为 56.63km/h；其次是中小型货车，为 50.87km/h；最低为大型货车，平均速度仅为 48.89km/h，如图 4.14 所示。

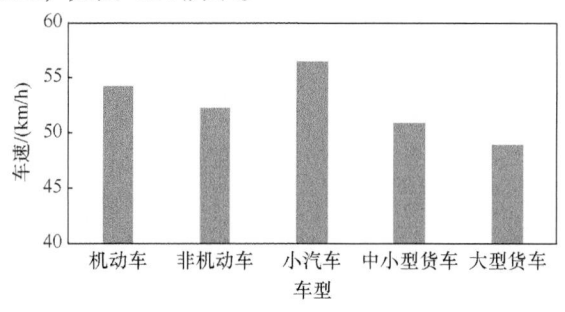

图 4.14 分车型平均速度示意图

在所有货车中，满载货车的平均速度为 48.78km/h，略低于空载货车的平均速度(50.47km/h)，如图 4.15 所示。

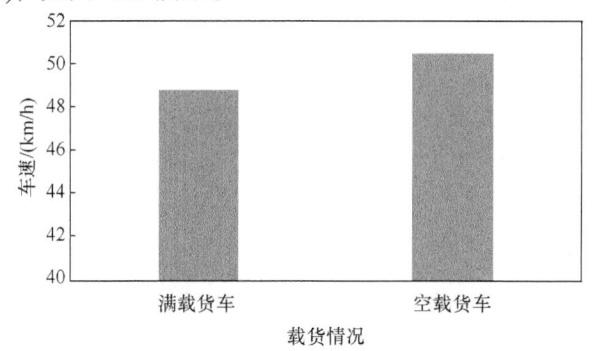

图 4.15 满/空载货车速度示意图

3) 大型货车后轮毂外侧温度

共获取 81 条有效温度数据用于上述分析，各点基本数据统计结果如表 4.9 所示。

表 4.9 下坡货车后轮毂外侧平均温度表

温度类别	测量地点	
	A	B
总体平均温度/℃	53.13	63.90
满载车辆平均温度/℃	56.77	68.05

续表

温度类别	测量地点	
	A	*B*
空载车辆平均温度/℃	50.84	60.48
满载中小型货车平均温度/℃	54.66	79.5
空载中小型货车平均温度/℃	51.59	61.59
满载大型货车平均温度/℃	62.57	55.33
空载大型货车平均温度/℃	42.60	36.00

由表 4.9 可见，除大型货车外 A 点处各类货车后轮毂外侧平均温度均较 B 点处低 10℃左右。尽管两点间坡度较小，但驾驶人在长下坡路段中仍会使用制动装置控制车速，这也导致了制动装置的升温。与此同时，满载车辆的后轮毂外侧温度均高于空载同类车辆，且中小型货车的后轮毂外测温度也略低于大型货车。

结合风险等级表与数据统计结果可知，共有 5 辆货车后轮毂外侧温度超过 75℃，占全部调查车辆的 6.2%，处于二级制动失效风险，存在一定的安全隐患。

4.3　长下坡路段运行风险防控技术研究

前面介绍了长下坡路段运行风险评估技术，本节将在 4.2 节内容的基础上，以载货汽车制动热失效为例对防控技术进行介绍。载货汽车作为长下坡路段中容易发生事故的车辆类型，其主要的风险因子为制动热衰退及制动热失效，而导致制动器温度过高的主要因素为超载运输、频繁制动等，而大部分因素均与驾驶人有关。因此，对于载货汽车制动热衰退的预警及防控技术的研究，还需从驾驶人入手。

针对载货汽车制动热衰退及制动热失效问题而对驾驶人进行的预警/防控/管控属于针对个体行为而采取的措施，而引起载货汽车制动热衰退或制动热失效的问题不仅来自驾驶人，还与长下坡路段中其他通行车辆的运行状态有关。因此，长下坡路段载货汽车的制动热衰退预警技术及制动热失效防控技术的研究还需针对整个交通流中的所有通行车辆，即需进行群体预警/防控/管控技术的研究。本节在总结现有长下坡路段预警与管控措施实例的基础上，提出针对群体行为的预警及防控技术，优化长下坡路段中车辆的运行秩序。在此基础上，提出融合声、光、电技术手段的预警措施，并在后面章节有针对性地对载货汽车制动失效的防控技术进行研究。

4.3.1 载货汽车制动热衰退预警技术

1. 长下坡路段预警/防控/管控实例

为提高长下坡路段的道路交通安全，2019 年四川高速交警六支队与高德地图合力将雅西高速公路(菩萨岗至石棉路段连续 51km 的长大纵坡，最大纵坡坡度达 4.82%，平均纵坡坡度达 2.97%)打造成全国首个"高速公路长下坡路段智慧特管区"试点路段，如图 4.16 所示，通过工程改造、合理规划、智能诱导等多种手段，整体提升路段交通安全水平。主要措施包括：

(1) 优化交通组织方式，特管区路段实行客车与货车分车型、分车道管控方式，减小车道内速度差导致的客货车相撞风险。

图 4.16 雅西高速公路"高速公路长下坡路段智慧特管区"

(2) 提升交通安全设施水平，安装雾天诱导灯系统、完善避险车道系统和交通标志系统。

(3) 强化路面通行管控，做好大型车辆"分道、降速、控距"的安全监管工作。

(4) 满足货车驾驶人的休整需求，规范设置加水服务区、自检区、休息区三大区域。

(5) 通过高德地图进行精准诱导，将"高速公路长下坡路段智慧特管区"的道路环境信息、交通服务信息分类植入到地图中，针对货车用户进行定制化诱导，在导航过程中针对关键信息点进行语音提示及标注，包括途经的"智慧特管区"的起终点信息、分车道行驶控制信息、限速信息、避险车道信息、加水点信息等，起到提升驾驶人视距、规范驾驶人驾驶行为的作用。

据四川高速交警六支队通报，"高速公路长下坡路段智慧特管区"试点三个月内道路交通秩序良好，区内共通行车辆 280139 台次，其中大中型客车通行 9142 台次、重中型货车通行 151156 台次。期间，仅发生 11 起道路交通事故，其中重中型货车 4 起、大中型客车 0 起，货车事故率为客货车辆总通行量的 0.24/10000，均为简易程序事故，无人员伤亡，与 2015 年 12 起、2016 年 17 起(死亡 1 人)、2017 年 18 起(伤 2 人)同期相比分别下降了 8%、35%(死亡人数下降 100%)、38%(受伤人数下降 200%)。

上述研究在现有传统手段的基础上，增加了地图诱导，可针对道路通行状况对部分车辆进行预警提示，起到了个体预警的效果。从试点运行状况来看，采取上述措施后，长下坡路段安全通行效果良好，对于长下坡路段的预警/防控/管控技术的研究具有较好的借鉴意义。在此，结合上述长下坡路段预警/管控措施实例及已有的道路预警/防控/管控设备，总结常用的长下坡路段预警/防控/管控措施，如图 4.17 所示。

图 4.17 长下坡路段预警/防控/管控措施

2. 基于声/光/电的载货汽车制动热衰退预警技术

上述长下坡路段的预警/防控/管控措施针对运行于整个道路中的车辆进行预警/防控/管控，属于群体预警/防控/管控措施。而对于制动系统故障的载货汽车，只能通过避险车道进行被动防控，无法提前根据载货汽车制动系统状态进行评估与主动预警，道路交通安全性有待进一步提高。鉴于此，本节在分析载货汽车由制动系统制动热衰退到制动热失效过程的基础上，基于声/光/电技术手段，提出有针对性的个体预警防控措施。

1) 基于定向高音喇叭的长下坡路段风险预警(声)

声音是一种最直接的信息传播方式，基于定向高音喇叭的长下坡路段风险预警措施，可通过直接喊话的方式告知驾驶人当前车辆存在的主要问题及采取的必要措施，具体实施方式为：在长下坡路段的预警路段中，每间隔 100m 的路侧处安装一套(两个)定向高音喇叭，两个定向高音喇叭背向安装，使得长下坡路段中每间隔 100m 处的两个喇叭形成一个音域。

主要操作方式为：根据长下坡路段中目标车辆制动毂温度与交通行为的监测、预测及评估结果，结合危险车辆运行位置，通过控制相近音域的两个定向高音喇叭播报相关预警及防控信息(如播报车牌号+风险类型+处理方式)，从而将预警信息直接传达给驾驶人；驾驶人根据预警信息及时采取或者不采取相应措施后，道路交通中的监测、预测及评估设备对目标车辆制动毂温度及交通行为进行下一步的监测、分析与评估，进而决定下一步的预警指令。为减小对其他正常车辆的影响，定向高音喇叭的播报内容只在目标车辆所在音域内播放，具体实施如图 4.18 所示。

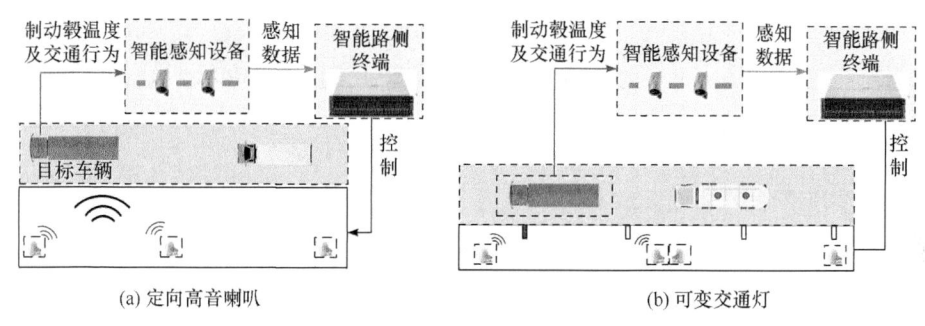

(a) 定向高音喇叭　　　　　　　　　　(b) 可变交通灯

图 4.18　长下坡路段风险预警措施

2) 基于可变交通灯的长下坡路段风险预警措施(光)

考虑到载货汽车在长下坡路段行驶时的噪声影响，基于定向高音喇叭的声音告知方式可能会出现信息干扰，当驾驶人注意力不集中时，会产生信息误判。基于此，引入基于可变交通灯的长下坡路段预警措施，利用路侧设备发出的光刺激，引起目标车辆驾驶人的注意。具体操作方式为：在长下坡路段的预警防控路段中，每间隔 50m 的路侧处安装一个可变交通灯，可变交通灯可通过改变其闪烁颜色及闪烁频率给予驾驶人路侧光的刺激，配合定向高音喇叭，达到传达不同预警信息的效果。

可变交通灯的操作方式与定向高音喇叭相同，主要是根据长下坡路段中目标车辆制动毂温度与交通行为的监测、预测及评估结果，结合危险车辆运行位置，通过控制与目标车辆驾驶室相近的可变交通灯进行闪烁(闪烁颜色与闪烁频率可对应不同的风险等级)，从而将预警防控信息直接传达给驾驶人。驾驶人根据预警信息及时采取或者不采取相应措施后，道路交通中的监测、预测及评估设备对目标车辆制动毂温度及交通行为进行下一步的监测、分析与评估，进而决定下一步预警防控指令，具体实施如图 4.19 所示。

(a) 定向高音喇叭　　　　　　　　　　(b) 可变交通灯

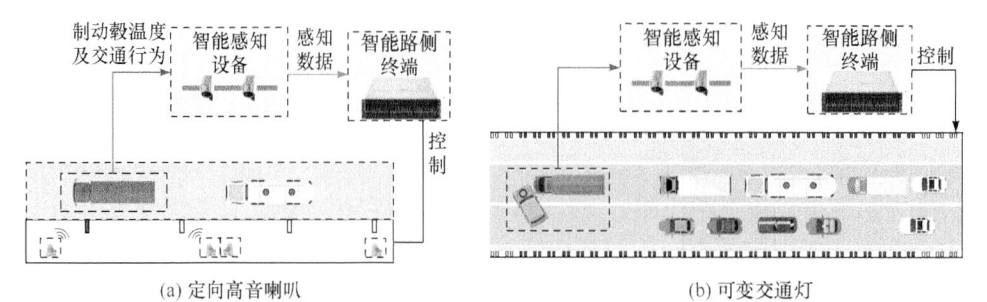

图 4.19　基于定向高音喇叭及可变交通灯的长下坡路段风险预警措施

此外，在一次事故发生后，控制一次事故后方 500~1000m 处的可变交通灯全部亮红色的方式，可使驾驶人及时掌握前方道路交通信息，具体实施方案如图 4.19 所示。

3) 基于 VMS 的长下坡路段风险预警措施(电)

以上所介绍的基于定向高音喇叭及可变交通灯的预警/防控措施可引起目标车辆驾驶人的注意，这里需配合 VMS 实现对目标车辆的精准定位及预警防控信息的可靠发布。主要包括：①针对存在异常的目标车辆：进行异常交通行为预警/防控措施发布；②针对一次事故后的后方车辆进行前方道路信息发布、提醒驾驶人进行车辆限速、保持安全车距等。

具体操作方式为：在长下坡路段的示范路段每间隔 500m 处的路侧端设置一个 VMS，根据长下坡路段中目标车辆制动毂温度与交通行为的监测、预测及评估结果，结合危险车辆运行位置，通过控制与目标车辆驾驶室相近的 VMS(如显示目标车辆车牌号+制动毂温度特征+可采取的措施等)，配合定向高音喇叭及可变交通灯，将预警/防控信息传达给驾驶人，驾驶人根据预警信息及时采取或者不采取相应措施后，道路交通中的监测、预测及评估设备对目标车辆制动毂温度及交通行为进行下一步的监测、分析与评估，进而决定下一步的预警防控指令。

4.3.2　载货汽车制动热失效防控技术

1. 载货汽车制动热失效行为特征分析

载货汽车在长下坡路段进行制动的主要目的是将车速控制在一定范围内，是一种连续且相对稳定的制动过程，此时，发动机一般不再输出功率，车辆靠轮胎与路面之间的摩擦产生制动力，主要用于克服因坡度及车辆惯性而产生的驱动力。载货汽车在紧急制动的过程中受力较为复杂，一般而言，当载货汽车在长下坡路段平稳运行，且行进路线平直、制动器状态相对稳定时，其主要受力分析图如图 4.20 所示。

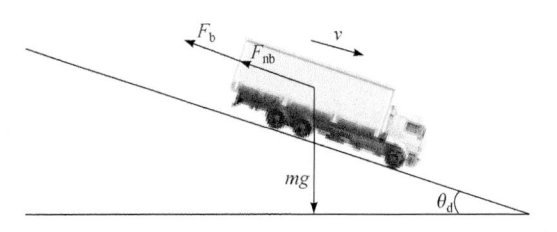

图 4.20 载货汽车长下坡路段制动过程中的受力分析图

载货汽车在长下坡路段中行驶过程中，其受力可概括为 4 类：重力、路面支撑力、制动力及非制动阻力。本书主要讨论载货汽车制动热失效时的车辆行为特征，因此忽略因转向作用而产生的车辆阻力(梁国华等，2015)。载货汽车在长下坡路段中进行制动时的受力平衡方程为

$$ma = mg\sin\theta_d - F_b - F_{nb} \tag{4-6}$$

其中，m 为车辆质量；g 为重力加速度；a 为车辆运动加速度；θ_d 为道路斜率，其与道路坡度的关系可表示为 $\theta_d=\arcsin i$，这里，i 为道路坡度；F_b 为车辆制动力；F_{nb} 为车辆运行过程中的非制动阻力。

车辆在运行过程中的非制动阻力主要包括空气阻力、轮胎滚动阻力、底盘机械机构的摩擦阻力三部分。

1) 空气阻力

载货汽车在长下坡路段进行制动的过程中，受到的空气阻力主要与自身外形及运行速度大小有关，一般情况下，空气阻力可表示为

$$F_w = \frac{C_d A}{21.15} v^2 \tag{4-7}$$

其中，F_w 为空气阻力；C_d 为空气阻力系数；A 为载货汽车迎风面积；v 为载货汽车长下坡路段中的运行速度。

2) 轮胎滚动阻力

轮胎作为一种弹性元件，其在车辆运行过程中会产生纵向变形，进而产生滚动阻力。现有研究表明，车辆运行过程中的轮胎滚动阻力与轮胎载荷及滚动阻力系数有关。因此，载货汽车在长下坡路段制动过程中，整车受到的轮胎滚动阻力可表示为

$$F_f = mgf \tag{4-8}$$

其中，F_f 为载货汽车轮胎滚动阻力；f 为轮胎滚动阻力系数，研究表明，轮胎滚动阻力系数 f 与车速有关，但在良好路面中，一般取值为 0.02。

3) 底盘机械机构的摩擦阻力

底盘机械机构的摩擦阻力主要由载货汽车底盘传动机构运转时的摩擦阻力组成，其大小与发动机转速和车辆载荷密切相关，具体关系需通过实验获取。

载货汽车下坡过程中的非制动阻力大小为

$$F_{nb} = F_w + F_f + F_{cf} \tag{4-9}$$

其中，F_{cf} 为底盘机械机构的摩擦阻力。

因此，载货汽车在长下坡路段制动过程中，整车受力平衡方程可进一步表示为

$$ma = mg\sin\theta - F_b - (F_w - F_f - F_{cf}) \tag{4-10}$$

载货汽车在长下坡路段制动过程中的运动加速度可表示为

$$a = \frac{mg\sin\theta - F_b - (F_w - F_f - F_{cf})}{m} \tag{4-11}$$

行车制动失效是指行车制动系统只有一处失效的情况。这种失效会在一定程度上造成车辆制动系统某一回路的制动效能下降或丧失，但不会导致整个制动系统的制动效能完全消失。造成制动失效的原因主要有三种：一是制动系统零部件断裂或发生故障，即零部件失效；二是管路损坏或储能装置故障等导致存储的能量部分或全部泄漏，即能量失效；三是制动过程中的制动器热失效。在车辆制动失效后，必须确保驾驶人在其座位上至少有一只手握住方向盘的情况下可以实现应急制动。应急制动可以有两种不同的控制方式：一种是脚控制制动；另一种是手控制制动。两种控制方式的操纵力分别规定有不同的限值，其中脚控制制动的最大操纵力不超过 700N，手控制制动的最大操纵力不超过 600N。

在此，以总质量 12t 的载货汽车为例，分析其制动失效时的速度特征，仿真结果如图 4.21 所示。在此仿真实例中，载货汽车制动失效时的车速为 60km/h，制动失效后，以应急制动作为整车的主要制动力，运行坡度从 2.5%到 6.0%。

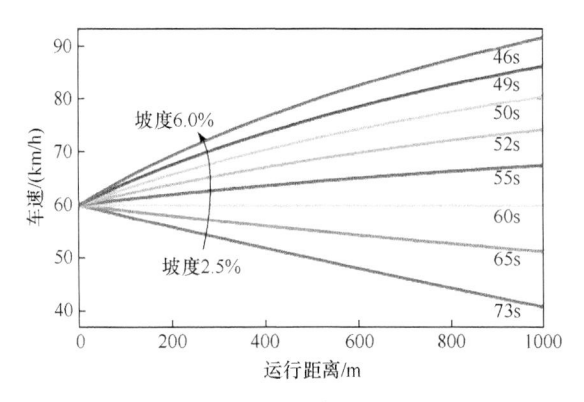

图 4.21 载货汽车制动失效时的速度特征(实例)

上述仿真实例给出了不同坡度条件下载货汽车制动失效时的速度变化特征，以 1km 为界，可以看出，载货汽车制动失效后的车速随着坡度的增大而增大，坡度较小时，车速会在阻力的作用下实现有效抑制，而坡度较大时，整车运动阻力不足以克服重力在坡度方向的分力，车速会一直增加；仿真过程中并未考虑发动机的反拖制动，在坡度较小的条件下，驾驶人可通过发动机反拖制动与应急制动相配合，使得制动失效的载货汽车产生有效的减速度，直至停车；而在坡度较大的条件下，载货汽车制动失效后，整车车速会随着其运动过程在短时间内急剧上升，而单靠发动机制动或者应急制动使得载货汽车停车基本上不可能，需要借助外部辅助设施进行辅助制动。

2. 载货汽车制动热失效被动防控技术

避险车道作为载货汽车制动失效时的最有效防控手段，主要是通过设置在路侧的特殊设施，把目标载货汽车从主道路中分离出来，通过反向改变道路坡度(反向增加重力减速度)、改变道路条件(增加滚动阻力)的方式来消耗其运动能量，进而控制制动失效的载货汽车，达到减速停车的目的(吴京梅，2006)。现实中的长下坡路段避险车道如图 4.22 所示。长下坡路段避险车道具有两个主要作用：①实现制动失效的载货汽车主动分流，减小对交通流中正常行驶车辆、道路及建筑物的影响，提高长下坡路段的通行能力；②实现高速运行载货汽车的紧急降速停车，降低制动失效后载货汽车发生事故的可能性。

根据阻力施加方式的不同，长下坡路段的避险车道主要可分为：重力型、沙堆型和制动床型。重力型避险车道主要通过设置较大的反向坡度，通过载货汽车自身的重力作用，使得其减速停车。但重力型避险车道容易使得车辆反向运动，设置在长下坡路段容易造成新的风险。沙堆型避险车道主要是在长下坡路段设置水平堆放的松散干燥的砂石，主要依靠松散干燥的砂石增大载货汽车的滚动阻力，从而使得车辆减速至停车。但沙堆型避险车道受天气的影响较大，且减速过程中车辆振动较为剧烈，因此仅在空间较小的路段使用。制动床型避险车道根据避险车道的坡度不同可分为下坡型、水平型及上坡型三种。其中，下坡型及水平型制动床型避险车道在增大载货汽车制动作用力的过程中，仅通过增大车辆的滚动阻力来实现车辆的制动减速，并未考虑通过增大车辆自身重力的方式优化其制动效果。因此，上坡型制动床型避险车道是应用最广泛的避险车道类型，其不仅通过设置制动床集料增大车辆的摩擦阻力，还通过设计道路坡度，有效地利用了车辆自身重力作用，增大了车辆减速度。

图 4.22 长下坡路段避险车道

本节将以上坡型制动床型避险车道为例,分析载货汽车制动失效被动防控技术。载货汽车在长下坡路段运行且制动失效后,滑行一定距离驶入避险车道。在避险车道的作用下,载货汽车主要受到辅助制动阻力、坡道阻力、空气阻力及底盘传动系统摩擦阻力的作用。此外,载货汽车在砂石路面行驶的过程中,轮胎会陷入砂石内,从而产生推土阻力,整体受力特征如图 4.23 所示。其中,L_1 为引道长度;L_2 为制动床长度。

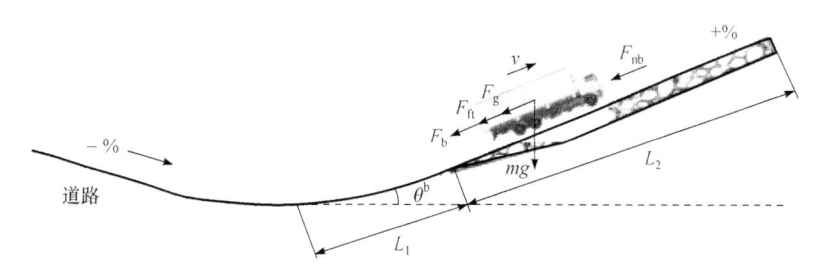

图 4.23 载货汽车在上坡型制动床型避险车道中的受力特征

结合前面有关载货汽车在长下坡路段行驶过程中的受力特征分析结果,可以得出载货汽车在避险车道中的受力平衡方程为

$$ma = -F_g - F_b - F_{nb}^b - F_{ft} \tag{4-12}$$

其中,F_g 为坡道阻力,其大小可由式(4-13)表示;F_{nb}^b 为载货汽车在避险车道中的非制动阻力,主要包括空气阻力 F_w、车辆底盘机械传动阻力 F_{cf};F_{ft} 为推土阻力。其余参数与上述介绍内容相同。

载货汽车在避险车道中的坡道阻力大小为

$$F_{\text{g}} = mg\sin\theta^{\text{b}} \tag{4-13}$$

其中，θ^{b}为避险车道斜率，由道路坡度表示：$\theta^{\text{b}}=\arcsin\alpha^{\text{b}}$，$\alpha^{\text{b}}$为避险车道坡度。

避险车道之所以能够使得制动失效的载货汽车逐渐停车，主要是因为载货汽车的能量被避险车道的砂石所吸收。当载货汽车进入避险车道时，避险车道车床内的部分砂石在车辆的冲击下飞溅出去，而另一部分砂石被车轮碾压至底部或向前移动。此时，载货汽车的动能将很快地转化为砂石的动能，整车速度得到较快的抑制。因此，载货汽车在避险车道的车床上运动存在一个较为复杂的动力学过程，涉及材料学、力学、运动学等多方面知识。为简化分析其受力特征，忽略载货汽车车轮下沉陷及制动床集料的影响，将载货汽车在避险车道中受到的砂石作用力简化为推土阻力作用，其大小可表示为

$$F_{\text{ft}} = mg \cdot D_{\text{f}} \tag{4-14}$$

其中，D_{f}为载货汽车在砂石路面运动时的地面滚动阻力系数。

综合以上分析可以得出，载货汽车在避险车道被动减速的过程中所受到的制动减速度为

$$a^{\text{b}} = \frac{-mg\sin\theta^{\text{b}} - F_{\text{b}} - \dfrac{C_{\text{d}}A}{21.15}v^2 - F_{\text{cf}} - mgD_{\text{f}}}{m} \tag{4-15}$$

其中，a^{b}为载货汽车在避险车道中运动的减速度。

与砂石作用下的滚动阻力及坡度阻力相比，载货汽车的辅助制动力、空气阻力及底盘机械传动机构的摩擦阻力较小，当忽略上述三种阻力作用时，载货汽车在避险车道中运动的减速度大小可进一步表示为

$$a^{\text{b}} = -g\left(\sin\theta^{\text{b}} + D_{\text{f}}\right) \tag{4-16}$$

一般情况下，避险车道设置的坡度较小，其道路坡度α^{b}可近似代替其道路坡度斜率的$\sin(\cdot)$，因此上述载货汽车的制动减速度可简化为

$$a^{\text{b}} = -g\left(\alpha^{\text{b}} + D_{\text{f}}\right) \tag{4-17}$$

前面的研究内容已经分析了载货汽车在长下坡路段中制动失效后的运动速度问题，综合本节有关载货汽车在避险车道中的运动分析结果，可以得出载货汽车在避险车道中运动的长度为

$$s^{\text{b}} = \frac{v_0^2 + 2as}{2a^{\text{b}}} \tag{4-18}$$

其中，s为载货汽车制动失效位置距离避险车道的距离；s^{b}为载货汽车在避险车

道中运动的距离；v_0 为载货汽车制动失效时的速度。

定义避险车道坡度为 10%、砂石作用下的载货汽车滚动阻力 D_f 为 0.25，以前面的仿真研究为基础，分析不同坡度条件下载货汽车制动失效运行 1km 以及进入避险车道进行强制制动的整个过程中的运动速度变化特征，如图 4.24 所示。

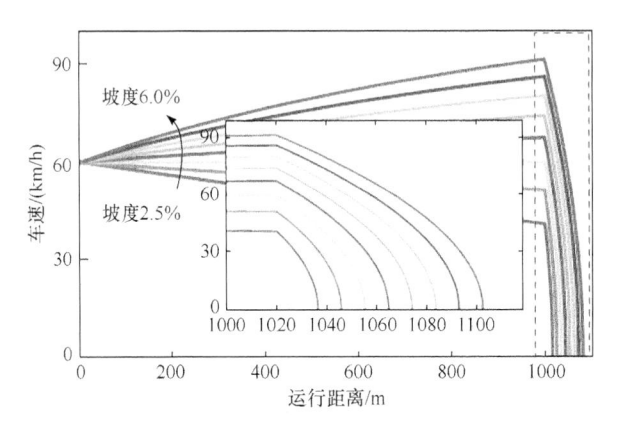

图 4.24 载货汽车制动失效及进入避险车道整个过程的速度变化特征

载货汽车在长下坡路段中制动失效后的速度特征已在前面进行了详细分析，结合图 4.24 可以看出，当载货汽车制动失效运行一定距离进入避险车道时，在避险车道的作用下，车速急剧下降，避险车道会起到较好的辅助制动作用。然而，不同坡度的长下坡路段导致的载货汽车制动失效后的运行速度不同，因而其在避险车道中进行制动时，制动距离不同。总结来看，6.0%以下坡度的长下坡路段载货汽车制动失效运行 1km 进入避险车道后，制动距离在 100m 以内；坡度每降低 0.5%，制动距离就减少 10m。

综上所述，避险车道位置应当选择在长下坡路段事故多发路段 1km 以内，其长度设置应根据实际长下坡路段的坡度特征、交通流特征及载货汽车的载荷特征等进行综合分析，但最少应当大于 100m。

4.3.3 长下坡路段运行风险防控技术设备设施

1. 载货汽车制动热衰退预警技术的设备设施

上述基于声/光/电的道路预警/防控技术的主要设备设施包括定向高音喇叭、可变交通灯及 VMS 三种，在具体的应用过程中，不同的预警设备设施需根据实际道路事故特征、环境及车辆特征进行具体设计，且具有不同的功能及设计要求。

1) 定向高音喇叭

定向高音喇叭主要是通过听觉预警方式向驾驶人直接传达语音信息，其主要功能需包括直接传达交管人员的语音信息(直接喊话)、传达定义的语义信息(可控性地发布预警信息)、直接反馈道路监测信息(自主发布预警信息)三类。因此，路侧端的定向高音喇叭应当与路侧终端的控制器相连，且能在长下坡路段管控平台处直接控制。

定向高音喇叭主要通过音源设备发出信息，而单个音源的有效传播距离一般短于 100m。因此，要想覆盖整个长下坡路段，须在道路中设置多个音源，通过两个音源组成一个音域，进而实现对长下坡路段事故多发路段的音域覆盖。当载货汽车在长下坡路段中产生制动热衰退时，车体存在一定的速度，而且不适当的驾驶行为会使得车速逐渐升高，进而直接导致车辆的位置在短时间内发生多次变化。为减小定向高音喇叭播放预警信息对其他正常行驶车辆的影响，定向高音喇叭的播放音域应当随着车辆运动位置的变化而变化，从而达到追逐预警效果。此外，为减小定向高音喇叭预警信息对周围环境的影响，其安装角度应尽量与道路方向呈 75°~80°，达到声音预警信息只在道路中传播的效果。

2) 可变交通灯

可变交通灯，即颜色和闪烁频率可控、可变的交通灯(最普遍应用的是十字路口的红绿灯)，其可以以多组发光二极管为光源信号，在具体的应用过程中应当有绝缘、防水、防尘等功能。载货汽车在长下坡路段中运行时，制动热衰退问题大多发生在白天，因此可变交通灯各种颜色设计应当满足白天可视化的要求。

对于两个可变交通灯之间的距离，可根据车速、驾驶人的眨眼频率及驾驶人的可分辨色彩频率进行计算。研究表明，驾驶人在高速驾驶环境下一分钟眨眼次数为 12~15 次；人肉眼可分辨的色彩刷新频率在 60Hz 左右，可接受的舒适刷新频率在 10Hz 左右(闫莹，2006)。考虑到长下坡路段中载货汽车制动热衰退这一特殊情况下驾驶人的紧张程度，兼顾不同制动热衰退程度下的预警方式需求，本节定义了三种交通灯闪烁频率：0.5Hz(低风险)、1Hz(中风险)、2Hz(高风险)。基于上述内容分析，两个可变交通灯的安装距离应当满足两点：①在驾驶人的可视范围内，研究表明，驾驶人在正常行驶条件下的视距与车速相关，一般情况下视距范围为 100m 左右，可分辨的视距为 30~60m，因此两个可变交通灯安装的最大距离可设置为 60m；②在驾驶人可视距离范围内最少闪烁 1~2 次，以最低交通灯闪烁频率为参照可以计算出，在驾驶人可视距离范围内，满足交通灯闪烁 2 次的运动时间为 2~4s，若载货汽车在长下坡路段中的运行速度为 60~80km/h，则两个可变交通灯设置距离最短为 33m。因此，对于可变交通灯的建议设计间距为 30~60m。

此外，可变交通灯的设计与定向高音喇叭相同，当载货汽车长下坡路段中出现制动热衰退时,车辆存在一定的速度,受载货汽车运动速度的影响,其位置在短时间内发生多次变化,为减小可变交通灯闪烁过程中发出的预警信息对其他正常行驶车辆的影响,应当控制可变交通灯闪烁的位置随着车辆的运动位置变化而变化,从而达到追逐预警的效果,实现对个体目标车辆驾驶人的预警。同时,为提高可变交通灯的可视化效果,建议安装其正向朝向位置与长下坡路段主线方向呈 70°的夹角。

3) VMS

VMS 可采用现有路侧端的信息牌设备,根据《高速公路网交通标志设置技术》,VMS 的设计应当满足:①VMS 应根据高速公路的服务水平、信息发布需求等进行设置;②VMS 应避免缺失或过度设置;③VMS 应与静态标志设置相协调。对于其板面内容,应当满足:①颜色要求,即 VMS 的颜色根据不同的信息类型要求不同,例如,文字标志的底色为黑色,一般信息为绿色、警告信息为黄色、禁令信息为红色等;②VMS 的文字,即 VMS 显示文字的字体、字高、字间距等应保证 VMS 清晰、易辨,VMS 的文字字体宜采用交通标志专用字体;③尺寸设置,即 VMS 的板面尺寸根据常用信息的文字数量进行确定。

在载货汽车制动热失效的预警技术研究中,VMS 主要作为辅助预警设备,提醒驾驶人车辆存在的主要问题及正确的操作方式,因此在实际应用过程中,应当控制其显示的主要内容与定向高音喇叭的喊话内容相同。

2. 避险车道的结构设计与附属设施

对于避险车道,其应当由避险车道的引道、制动床、服务车道及其他附属设施组成,结构如图 4.25 所示,合理的结构设计是避险车道充分发挥作用的重要保障。

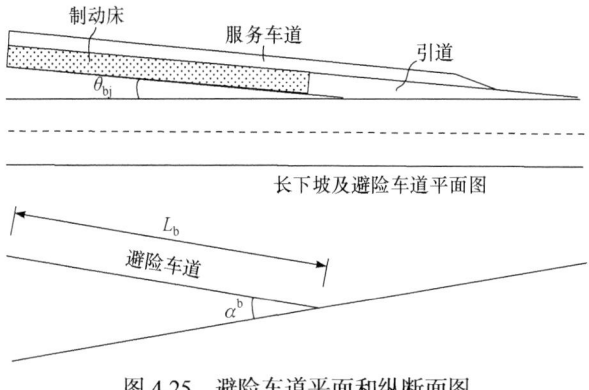

图 4.25 避险车道平面和纵断面图

避险车道的机构设计分为平面设计和纵断面设计两部分,其中,平面设计包括避险车道的引道、与主线的交角 θ_{bj}、平面线形、宽度与长度 L_b 等;纵断面设计主要是避险车道的坡度 α。

1) 避险车道的引道及与主线的交角设计

避险车道的引道，一方面是确保载货汽车能够在较高速度的情况下安全驶入避险车道；另一方面，有足够的视距来保证驾驶人能够清晰地看到避险车道的全部线形，从而使得车辆的前后轮同时驶入避险车道，避免左右车轮受力不均匀。相关研究表明，避险车道的引道越长，能提供给驾驶人越大的空间来操纵失控车辆，使其以直线进入制动床内部，避免与护栏等障碍物相撞而发生事故(Abdelwahab et al., 1997)。根据驾驶人的视觉及心理反应特点，驾驶人从看见引道到做出判断并采取行动的时间大约为 3s，根据这一反应时间可以计算出引道的最小设计长度。美国国家公路与运输官员协会(American Association of State Highway and Transportation Officials，AASHTO)研究指出，连接公路与避险车道制动床的距离要长于 305m。

此外，为了便于制动失效载货汽车平稳驶入避险车道，引道与主线的交角应尽可能小。如果交角过大，尤其是位于小半径曲线处的避险车道，车辆需要偏离主线较大角度，反向转向才能进入避险车道，这就增加了驾驶人在方向操纵上的困难，特别是车辆已经失控且车速较高、驾驶人心理紧张的情况下，非常容易发生危险。国家公路与运输官员协会指出，引道宜设置在平曲线的切线方向，交角宜小于 10°。而经验表明，当交角超过 5°时驾驶人不易保持驾驶方向的稳定，因此避险车道与主线的交角以小于 5°为宜。

2) 避险车道的平面线形设计

载货汽车制动失效后，驾驶人心存恐慌，同时车辆驶入制动失效缓冲车道制动床后没有转向能力，因此制动失效的载货汽车是不可能适应曲线线形的避险车道的。有关研究与指南建议，避险车道的设计轴线应为直线，且与主线道路等的夹角尽可能小，以降低驾驶人控制车辆的难度，使得制动失效载货汽车驶入避险车道制动床后可以平稳地减速停车，避免车辆在制动床集料堆中人为地强制转向而发生侧翻等事故。如果地形允许，与公路行车道主线平行的避险车道还可使道路用地最小化。

3) 避险车道的宽度与长度设计

美国各州公路工作者协会的"绿皮书"指出，避险车道制动床的宽度应至少容纳一辆货车驶入。根据《道路车辆外廓尺寸轴荷及质量限值》(GB 1589—2004)的规定，汽车、挂车及列车的车宽最大值为 2.5m，考虑到载货汽车制动失效后驾驶人比较慌张，避险车道制动床应留有足够的横向净空使驾驶人能顺利地操纵载货汽车驶入避险车道。因此，避险车道的宽度至少需要 4m 才能容纳一辆载货汽车顺利驶入。同时，需要考虑的情况是，将驶入避险车道的制动失效的载货汽车拖出需要一定的时间，而在一个较短的时间内还可能有两辆或更多辆制动失效载货汽车驶入避险车道的需求,所以避险车道制动床的宽度越宽越好。推荐的避险车道制动床宽度最小值为 8m,在地形条件不允许的情况下可适当减小。

制动床一般设计为等宽,也有不等宽的情况,例如,宽度自入口向内逐渐增宽,宽度必须满足均匀过渡的要求,不可出现突变造成行车障碍。不宜设计成入口宽而末端窄的锥形,这是因为制动失效载货汽车在驶入避险车道时,如果距制动床一侧的防撞护栏较近,随着驶入距离的增加,制动的宽度变窄,那么该载货汽车在制动床中减速停车时极易与防撞护栏发生碰撞。

4) 避险车道的坡度设计

为保证避险车道任一部分均在制动失效的载货汽车驾驶人视线之内,避险车道的纵面线形也应是直线。避险车道的纵坡设计首先要参照现行《公路路线设计规范》(JTG D20—2017),再考虑避险车道的特殊性。目前,避险车道制动床的坡度一般取 5°～10°,为了防止车辆倒回主线,最大坡度在 14°以下。同时,坡度设计还应考虑载货汽车在进入避险车道时由坡度急剧变化而产生的瞬间加速度对驾驶人造成的直接伤害,或因货物冲击驾驶室造成的二次伤害(Liu et al.,2010)。

5) 避险车道的附属设施设计

避险车道的附属设施作为交通安全的重要组成部分,也是保证避险车道有效发挥作用的重要因素,主要包括:减速消能设施、排水设施、服务设施、配套交通安全设施等。依据《公路安全保障工程实用手册》(郭克清等,2007)、《道路交通标志和标线》(GB 5768—2009)、《公路工程技术标准》(JTG B01—2014),可对长下坡路段交通工程设施设计及避险车道配套交通安全设施进行综合设计。

4.4 长下坡路段运行风险防控实例

上述内容介绍了长下坡路段的群体预警防控技术与个体预警防控技术,对于群体预警防控技术,现有研究报道较多,且已在实际道路中得到了广泛应用。而个体预警防控技术依赖准确的道路监测及预测技术,暂未见相关报道。本节内容将以长下坡路段中载货汽车的制动热衰退与制动热失效问题为例,介绍长下坡路段运行风险评估与个体预警防控技术的方法与流程。

前面章节介绍了载货汽车在长下坡路段行驶过程中的制动特性,也介绍了载货汽车受载、自身载重及驾驶人不适当驾驶行为的影响容易产生的制动热衰退及制动热失效问题。通过建立载货汽车制动毂升温模型,基于实际道路中目标车辆制动毂温度数据、车辆运动特征及长下坡路段的线形特征等,可预测载货汽车制

第 4 章 长下坡路段运行风险评估与防控

动器的制动效能。通过结合长下坡路段的交通流特征，可对载货汽车的运动状态进行评估，进而确定风险等级。针对不同的风险等级结合不同的预警防控技术提醒驾驶人应当采取的措施，具体预警防控流程如表 4.10 所示。

表 4.10 载货汽车制动热衰退与制动热失效预警防控流程

步骤	对象	风险等级	预警防控	下一步骤	技术项
一	长下坡路段中的所有通行车辆	D(正常)	传统群体预警防控技术	(1) 若载货汽车制动毂温度无异常，则重复步骤一 (2) 其余情况进行步骤二	
二	载货汽车制动毂温度 $T \in [T_1, T_2]$	C(制动系统异常)	(1) 个体预警防控技术：可变交通灯追逐目标车辆闪烁绿色 (2) 个体预警防控技术：VMS 显示目标车辆车牌信息、制动毂温度信息、建议采取的措施(低挡行驶、保持车速等)	(1) 若载货汽车制动毂温度恢复正常，风险等级评估为 D，则返回步骤一 (2) 其余情况进行步骤三	(1) 通过雷视一体机、制动毂温度采集设备实时监测载货汽车运动状态及制动毂温度 (2) 结合实测道路数据进行载货汽车制动效能分析与评估
三	载货汽车制动毂温度 $T \in [T_2, T_3]$	B(制动系统存在风险)	(1) 个体预警防控技术：可变交通灯追逐目标车辆闪烁黄色 (2) 个体预警防控技术：目标车辆前方最近处的 VMS 显示目标车辆车牌信息、制动毂温度信息、建议采取的措施(低挡行驶、停车检查等)	(1) 若载货汽车制动毂温度恢复正常，风险等级评估为 D，则返回步骤一 (2) 其余情况进行步骤四	
			个体预警防控技术：目标车辆进入紧急停车带进行停车休整		
			群体预警防控技术：目标车辆后方信息牌显示前方车辆异常信息		
四	载货汽车制动毂温度 $T \in [T_3, \infty)$	A(制动系统出现故障)	(1) 个体预警防控技术：可变交通灯追逐目标车辆闪烁红色 (2) 个体预警防控技术：VMS 显示目标车辆车牌信息、制动毂温度信息、建议采取的措施(进入避险车道紧急制动) (3) 个体预警防控技术：目标载货汽车所在音域内的定向高音喇叭直接播放目标车辆车牌信息、制动毂温度信息、进入避险车道进行强制制动的防控信息	(1) 通知交管部门监测避险车道情况，并进行紧急救援 (2) 载货汽车进入避险车道后，重复步骤一	
			个体预警防控技术：目标车辆进入避险车道进行紧急避险		
			群体预警防控技术：目标车辆后方信息牌显示前方车辆异常信息		

续表

步骤	对象	风险等级	预警防控	下一步骤	技术项
五	发生事故	A+	(1) 群体预警防控技术：事故后方 1km 可变交通灯全部亮闪红色 (2) 事故后方 1km 相近信息牌显示前方道路信息	(1) 通知交管部门紧急救援 (2) 事故解决后，重复步骤一	—

注：① 事故等级的区分应当根据载货汽车制动毂温度数据、交通流数据、载货汽车运动状态数据等进行综合分析及评估。
② 个体预警防控技术依赖道路监测信息，例如，为减小预警防控信息对正常行驶车辆的影响，需实时定位制动热衰退或制动热失效的载货汽车动态位置信息，从而控制目标车辆周围的预警设备进行响应。
③ 个体预警防控技术需与道路防控技术相结合，单纯的预警技术仅起到提醒驾驶人谨慎驾驶的作用，当载货汽车驾驶人不注意道路预警信息或因自身固执不听从预警指示时，容易导致车辆的风险加剧，当真正出现问题时，还需结合避险车道进行紧急制动避险。
④ 上述个体预警实例仅以载货汽车制动失效为例，说明个体预警防控技术的具体流程，其相关应用还可拓展到车辆超速预警、侧翻预警等道路风险预警需求层面。
⑤ 上述内容的研究还停留在理论层面，对于实际道路应用效果还有待进一步验证。

在长下坡路段中无事故发生，所有车辆正常行驶的条件下，采取步骤一的群体预警防控技术。通过采用改善道路条件、优化交通规则、完善道路交通设施与交通标志标线、增设降温池及休整区等技术手段，尽可能地降低载货汽车出现风险的概率，提高长下坡路段的交通安全性。当载货汽车制动系统出现异常(如温度异常导致制动热衰退)，无论何种原因导致的载货汽车制动器出现异常，均可在道路设备有效监测的条件下，结合载货汽车自身运动特性及长下坡路段交通状况进行综合评估，当评估载货汽车因制动热衰退或制动热失效而存在风险时，即可通过个体预警防控设备及时提醒驾驶人进行合理有效操作(如停车休整、低挡行驶、进入降温池、进入避险车道等)，尽可能地降低因载货汽车制动器性能下降而导致的道路交通风险，提高长下坡路段的交通安全性。当长下坡路段中出现交通事故时(不局限于因载货汽车制动器异常而导致的交通事故)，通过控制事故位置点后方一定距离范围内的个体预警设备，进行长下坡路段的群体预警防控，同时，通过 VMS 及时告知后方车辆驾驶人有关前方道路等信息，尽量避免长下坡路段中因一次事故而导致的二次事故，进一步提高长下坡路段的交通安全性。

4.5 本章小结

本章以长下坡路段交通安全为研究对象，重点分析了长下坡路段线形及事故特征；以实际长下坡路段中的交通事故为例，讨论了长下坡路段交通事故的成因、交通行为特征、交通风险因子及交通行为可控要素；以长下坡路段中载货汽车制动热衰退或制动热失效为例，重点研究了长下坡路段运行风险评估方法、基于声/光/电的载货汽车制动热衰退预警技术、基于避险车道的载货汽车制动热失效防控技术等，可为提高长下坡路段的交通安全性提供技术支持。

参 考 文 献

公安部. 2018. 公安部公布十大事故多发长下坡路段[EB/OL]. https://www.mps.gov.cn/n2254098/n4904352/c6325003/content.html [2018-12-15].
郭克清, 徐希娟, 金宏忠, 等. 2007. 公路安全保障工程实用手册[M]. 北京: 人民交通出版社.
胡昌斌, 赖世桂. 2016. 山区公路长下坡避险车道的设置与设计[M]. 北京: 人民交通出版社.
黄正伟. 2017. 不同潮湿状态下沥青路面附着系数及行车安全影响研究[D]. 重庆: 重庆交通大学.
梁国华, 钱国敏, 李瑞. 2015. 基于安全与效率的交通事件下高速公路长大下坡限速值[J]. 中国公路学报, 28(5): 117-124.
廖军洪. 2015. 高速公路连续长大下坡路段线形优化理论与方法研究[D]. 北京: 北京交通大学.
吴京梅. 2006. 山区公路避险车道的设置[J]. 公路, (7): 105-109.
吴京梅, 何勇. 2008. 公路连续长大下坡安全处置技术[M]. 北京: 人民交通出版社.
王佐, 孙忠宁, 张江洪. 2008. 欧洲高速公路长大纵坡设计技术[J]. 公路, (9): 58-61.
闫莹. 2006. 公路长大下坡路段线形指标对驾驶员心理生理影响的研究[D]. 西安: 长安大学.
赵亮, 刘浩学, 王磊, 等. 2016. 恶劣天气下驾驶人生理反应与行车安全关系[J]. 中国公路学报, 29(11): 147-152.
中华人民共和国行业标准. 2009. 道路交通标志和标线: GB 5768—2009 [S]. 北京: 中国标准出版社.
中华人民共和国行业标准. 2014. 公路工程技术标准: JTG B01—2014 [S]. 北京: 人民交通出版社.
张智勇, 王晓燕, 董子恩. 2020. 冬奥延庆赛区复杂山地公路路面附着系数研究[J]. 公路, 65(7): 1-6.
Abdelwahab W, Morral J F. 1997. Determining need for and location of truck escape ramps[J]. Journal of Transportation Engineering, 123(5): 350-356.
Aron M, Billot R, El Faouzi N E, et al. 2015. Traffic indicators, accidents and rain: Some relationships calibrated on a french urban motorway network[J]. Transportation Research Procedia, 10: 31-40.
Bowman B L. 1989. Grade severity rating system users manual[R]. McLeam: U. S. Department of Transportation, Federal Highway Administration.
Liu H Q, Shen T, Wang F, et. al. 2010. Determining design speed of truck escape ramp based on back analysis method[C]. International Conference on Traffic and Transportation Studies, Kunming: 969-976.

第5章 急弯路段运行风险评估与防控

在造成高速公路交通事故多发的诸多因素中，道路几何线形不佳是最为突出的因素，而急弯路段是高速公路线形不佳的重要表现形式，其线形条件复杂，车辆行驶环境多样化，已成为道路交通安全的重灾区。我国道路交通事故统计年报的四项事故统计数据显示，2019 年急弯路段发生交通事故 38659 起，占事故总数的 15.61%，死亡人数 13319 人，占总交通事故死亡人数的 21.22%，受伤人数 43436 人，占总交通事故受伤人数的 16.96%，导致直接财产损失 2 亿 6741 万元，占总交通事故财产损失的 19.87%。由此可见，公路急弯路段事故多发，且事故造成的后果十分严重。

5.1 概　　述

5.1.1 急弯路段行车风险分析

急弯路段之所以成为事故多发地段，是由于弯道对驾驶人的感知、视认和操控等方面都具有较高的要求。研究发现，相比直线路段，车辆在曲线路段行驶受视距、曲率、横向力等因素的影响程度较大，易导致驾驶人因接收信息不全面、操作反应不及时而发生急刹车、侧滑、侧翻等意外状况，从而降低车辆在急弯路段的稳定性和安全性。

国际研究机构针对车辆弯道安全车速模型进行了前期研究，部分成果已经得到实际应用。Glaser 等(2010)在考虑车辆、道路环境的基础上，引入驾驶人特性，提出了有别于传统方法的弯道安全车速模型。为研究道路中弯道曲率与周边环境特性对经过急弯路段车速的影响，Dell'Acqua(2015)构建了针对乡村公路的弯道安全车速模型，并进行了实验验证。也有研究建立了一种模仿人类决策经过急弯路段的包容式结构车速模型(Bosetti et al., 2015)，并利用驾驶人实验数据对该模型进行了验证，结果显示该模型可以很好地进行弯道速度预警。基于传感器和数字地图技术，Tiengo 等(2016)建立了贝叶斯网络风险评价体系，该体系与高级驾驶辅助系统(advanced driving assistance system，ADAS)结合，可降低车辆经过急弯路段的风险并减少不必要的报警。Qu 等(2019)考虑载荷传递、悬架挠度等车辆相关因素，采用车-路协同技术，建立考虑车-路协同耦合效应的弯道安全车速模型，仿真结果表明，当弯道半径一定时，安全车速与道路附着系数呈正相关关系。汽车的临界速度曲线随着道路附着系数的增加而增加，趋势趋于平缓。Deng 等(2019)在仅考虑车辆和道路相互作用的理论弯道速度模型的基础上，引入了与驾驶人风格相关的驾驶人行为影响因素，采用 28 项驾驶人行为问卷(driver behavior questionnaire, DBQ)量化驾驶人的驾驶风格，通过仿真表明，改进后的弯道安全车速模型不仅可以降低侧翻和侧滑风险，还可以根据驾驶人的驾驶风格提供合适的弯道安全速度。在传统的安全速度模型的基础上，Yang 等(2019)还考虑了驾驶风格因素，通过驾驶人行为问卷分析和车辆运动指数来量化驾驶人的驾驶风格，结果表明，该模型可以有效保证急弯路段的交通安全和乘坐舒适性。

研究表明，路面曲率对驾驶人的驾驶性能有一定的影响(Jeong et al., 2017)，主要表现在平均速度、车道横向位置和车头时距等方面。尤其是在分心状态下，驾驶人不能像完全投入驾驶一样正确识别弯道起点(Vieira et al., 2017)。Kordani 等(2018)使用 Carsim 和 Trucksim 仿真软件评估了 324 个场景以模拟车辆动力学，研究了基于驾驶人行为和道路几何形状的路肩宽度、坡度和面层材料对增强安全性的影响。结果表明，考虑车辆侧倾角、路肩类型(宽度、坡度和面层材料)均会影响弯道行车安全性。

目前，国内关于弯道安全车速的研究主要偏向理论分析，王慧丽等(2013)利用横向载荷转移率研究了车辆侧翻与车辆运动状态之间的关系，给出了车辆在山区道路安全行驶的临界速度以及临界侧向加速度。Dhahir 等(2018)利用自然驾驶数据，从速度、纵向加速度和舒适阈值三个方面来研究水平曲线上的驾驶行为，提出了一种评估驾驶人行为的方法。赵树恩等(2015)运用层次分析法建立了车辆行驶安全综合评价体系，并基于此设计了弯道速度预警系统。徐进等(2015)重点研究了汽车转向行为特征与弯道几何特性之间的关系，通过分析实验数据得到了转向特征点与弯道特征点之间的拓扑关系。

柳本民等(2021)通过驾驶模拟实验采集车辆行驶数据，将数据分离出弱风险、急刹车、急转弯、强风险四种驾驶风险，通过 Fisher 进行建模，该模型的识别精度可达 76.5%。为更加透彻地理解弯道驾驶行为特性，为弯道驾驶辅助系统提供功效评估与优化，胡宏宇等(2020)提出了一种考虑肌电信号的驾驶人弯道行驶过程操纵行为分析方法。邓天民等(2019)通过在山区复杂路段进行实车实验，分析了男性驾驶人的弯道行驶轨迹，通过数据分析得出山区公路路段有 6 种轨迹模式，其中切弯是主要弯道行驶方式。曲桂娴等(2019)建立了半挂车在高速弯道发生侧滑失效、侧翻失效、折叠失效和系统失效的功能函数，进行了大量车辆动力学仿真实验，对不同圆曲线半径、纵坡坡度、路面附着系数、车速和车辆总质量对半挂汽车、列车运行安全的影响进行分析。袁方等(2021)通过模拟实验研究了双车道公路急弯路段回旋线长度对车速及行车轨迹的影响，结果表明，急弯路段回旋线的长短会对车速、轨迹波动和曲率等造成显著影响。针对急弯路段的交通事故，戚晓峰等(2021)利用计算机识别技术提取了高精度的行车轨迹和交通流数据，结合山区双车道公路急弯路段危险驾驶行为特征表征交通冲突，以距离碰撞时间为交通冲突量化指标，提出了山区车道公路急弯路段交通冲突严重程度类型的阈值划分标准。

针对车辆在急弯路段发生的侧翻事故，余贵珍等(2014)推导出车辆急弯路段侧向极限加速度，构建了车辆急弯路段防侧翻预警模型。Chu 等(2017)通过将车辆部分结构参数、驾驶人特性等因素引入传统的急弯路段车速模型中，构建了综合考虑多因素的急弯路段安全车速计算改进模型。许多等(2017)针对山区公路急弯路段，以历史数据为基础，提出了基于 Elman 递归神经网络的弯道预警方法。Anarkooli 等(2017)针对影响车辆侧翻事故严重程度的因素开展了研究，建立了一种随机效应广义有序概率模型。研究结果表明，包括夜间无照明、阴雨天气、轻型车辆(如运动型多功能车、货车)、重型车辆(如公交车、卡车)、不合理超车、车辆年限、交通量和组成、车道数量、限速值、地形起伏、中央分隔带以及不安全的路侧条件在内的诸多因素与严重的车辆事故呈正相关关系。

Azimi 等(2020)通过应用随机参数有序逻辑模型，探讨了驾驶人、车辆、道路和碰撞属性作为潜在的预测因素，结果显示光照条件和驾驶速度的影响在不同的观测值之间存在显著差异，这种差异可能是由驾驶人在碰撞时的行为和驾驶条件及驾驶人的视觉障碍造成的。Zhou 等(2012)开展了双车道急弯路段安全驾驶行为的系统仿真研究，建立了双车道道路线形安全评价模型、驾驶人安全评价生理反应模型和驾驶安全综合评价模型，结果表明，装有发光二极管的可变限速标志能提高实验段的安全水平。Zhao 等(2015a)对水平急弯路段中警告标志位置对驾驶行为的影响进行了分析，结果表明，只有在急弯路段前 100m、200m 放置警告标志，才能对驾驶行为产生积极影响。

然而，目前的风险交通行为识别预警及矫正还存在预警智慧化程度低、矫正手段单一、防控效果差等问题。因此，集成度高的多模态、差异化的急弯路段运行风险评估与防控装备是未来的研究趋势且具有重大需求。

5.1.2 急弯路段风险预警与防控技术现状

目前，各国应用的急弯路段警示主要还是通过路侧标志与标线的方式，美国的《交通工程设施手册》(manual on uniform traffic control devices，MUTCD)和中国的《道路交通标志和标线》中详细描述了急弯路段警示设备和方式，像急弯路标志、限速标志、线形诱导标志/V 形诱导标志、横向/纵向减速标线、突起路标等，常见急弯路段警告标志与标线如表 5.1 所示。对于标志与标线在降低急弯路段风险上有很多人做了相关研究。不同的标志与标线之间对于急弯路段警告会有不同的效果，标志位置、颜色等也会对驾驶人的行为产生不同的影响。

研究表明，速度标志和急弯路段警告标志能降低车辆的过弯速度(Zwahlen，1987)，但是相比于单独的建议速度标志，急弯路段警告标志在降低弯道行驶速度方面更有效，主要原因是急弯路段警告标志的颜色会给驾驶人带来更强烈的刺激，并且数据分析显示急弯路段警告标志与建议速度标志结合使用会降低急弯路段事故率。

Zhao 等(2015a)通过模拟器实验研究了急弯路标志位置对驾驶行为的影响，发现急弯路标志能提高急弯路段的安全性，同时警告标志的位置对驾驶行为也有很大的影响，当标志前置距离过短时，车辆在直线路段的平均速度较大，急弯路段处的平均加速度绝对值较大，说明驾驶人主要在急弯路段处减速，过急弯路段的安全性较低；当标志前置距离较长时，直线路段平均速度明显较低，由于警告标志前置距离过远，标志信息对驾驶人在进入急弯路段前直线路段的警示、降速作用发挥较早，从而使驾驶人采取制动的位置明显提前，低速行驶范围过大，虽然安全性较高，但此安全性以牺牲驾驶效率为代价。所以，在设置标志的前置距离时，既要考虑过急弯路段的安全性，即速度的变化调整主要在进入急弯路段前直线路段完成，同时要考虑驾驶效率。

线形诱导标志或 V 形诱导标志是安装在道路边缘附近的反光诱导装置，在国内外得到广泛应用。V 形诱导标志主要有两个作用：第一个是在接近急弯路段时为驾驶人提供更好的视觉效应以及提供急弯路段诱导作用；第二个是能有效诱导驾驶人降低车速。有研究表明，V 形诱导标志能显著降低车辆过弯速度，同时能使车辆保持在更稳定的车道位置(Zhao et al.,2015b)。此外，V 形诱导标志对驾驶人的眼动、压力也有一定的影响(Wu et al.,2013)，当 V 形诱导标志出现时，驾驶人倾向于将注意力集中在标志上，心率也会更低和更稳定，所以 V 形诱导标志会使驾驶人在急弯路段驾驶过程中更放松。

也有研究人员研究了标志与标线之间的不同组合对驾驶行为的影响(Charlton，2007)，标志与标线包括：急弯路段预警标志(急弯路段预警标志+建议速度标志)、V 形诱导标志、线形诱导标志、双黄实线、人字斜纹标线和突起路标。对多种组合开展模拟器实验，实验数据表明，相比单独的提前急弯路段预警标志，在降低速度方面提前急弯路段预警标志与 V 形诱导标志或线形诱导标志结合使用更有效；在道路标线措施中，只有突起路标会显著降低过弯速度，人字斜纹标线能显著改善驾驶人的横向车道位置；将人字斜纹标线与 V 形诱导标志以及线形诱导标志结合使用既能降低过弯速度，又能改善车道位置。因此，具有感知线索的方案是调节驾驶人过弯速度的最有效手段。

表 5.1 常见急弯路段警告标志与标线

标志与标线	说明	示例图片
急弯路预警标志	提前告知驾驶人前方有急弯路以及弯道方向	
限速标志/建议速度标志	弯道行驶的最高速度	
线形诱导标志/V形诱导标志	用于引导行车方向,提示道路使用者前方线形变化,注意谨慎驾驶	
横向减速标线/人字斜纹标线	车道横向减速标线为一组平行的白色虚线,用于提醒驾驶人注意减速	
纵向减速标线	车行道纵向减速标线为一组平行于车行道分界线的菱形块虚线。纵向减速标线相比横向减速标线,能通过车道视觉上变窄造成压迫感,使驾驶人在需要减速的急弯路段、坡道等位置自动减速	
突起路标	行驶在突起路标上会使车辆产生振动,从而对驾驶人进行警示:已偏离道路中心	

在传统标志与标线的基础上,有很多研究提出了先进的急弯路段预警系统。目前,对于车载预警方案的研究比较多,北达科他州立大学开发了一套基于车联网的动态急弯路段速度预警系统(Bradley et al., 2019),对于不同的速度风险,会有不同的提示,该系统利用智能手机应用程序在线数据库中的位置提供基于速度的动态方向警告来模拟车联网环境,通过实验验证了该预警系统能降低速度,从而提高了急弯路段驾驶的安全性。

在传统 V 形诱导标志的基础上,美国联邦公路管理局对连续动态急弯路段预警系统(successive dynamic curve warning system,SDCWS)进行了评估,该系统由雷达感知设备和预警设备组成,预警设备是使用多个 V 形诱导标志设置在急弯路段两侧,并在每个标志上安装 LED 灯,通过灯光展示 V 形轮廓;雷达安装在标志之前 300ft[①]的位置，当车速超过建议速度值时，V 形诱导标志上的 LED 灯开始闪烁，用于警示驾驶人减速慢行。Monsere 等(2005)将该系统安装在多个实验路段，数据表明该系统能有效地降低车辆的急弯路段行驶速度，并且统计结果显示，实验路段的急弯路段事故率明显更低。研究表明，动态速度反馈标志能有效降低急弯路段行驶速度和急弯路段事故率。

Shauna 等(2015)对动态速度反馈标志的有效性进行了研究，该标志通过实时显示车速对驾驶人进行预警，在两个实验路段分别安装急弯路段警告标志和动态速度反馈标志，一段时间后对数据进行比较分析显示，相对急弯路段警告标志，安装动态速度反馈标志的路段双向碰撞数和单向碰撞数要低 5%~7%，说明该系统能有效降低急弯路段事故率。

5.2 急弯路段运行风险评估

道路运行风险评估的目的是及时识别出风险行为，并根据风险行为种类和严重程度采取针对性的预警。随着道路监控领域传感技术的发展，已经具备实时分析道路运行风险并对风险进行响应处理的条件。相比于普通路段，急弯等典型路段具有风险行为发生率高、后果严重等特点，而且极易引发更为严重的二次事故。因此，本节针对急弯路段的运行风险进行评估，从路侧管控角度出发，研究急弯路段运行风险在线评估技术。

5.2.1 急弯路段侧滑侧翻风险评估技术

本节针对急弯路段侧滑侧翻风险建立临界车速预测模型，综合考虑车型、车速、弯道半径、坡度、环境因素等参数，计算各类车型急弯路段行驶动力学临界侧滑或侧翻车速，描述不同类型车辆的临界侧向加速度与车速的对应关系，用二者较小值(临界车速)作为主要变量来描述临界状态并进行分析，并根据当前车速与临界车速的比值确定车辆在急弯路段发生侧滑侧翻事故的风险等级；通过可测得的当前车速，由车辆临界车速判断侧滑侧翻风险等级及类型；通过急弯路段实测数据，对急弯路段车辆侧滑侧翻临界车速预测模型的有效性和车辆侧滑侧翻风险等级划分的合理性进行验证，并对模型进行优化。

1. 急弯路段风险识别参数需求

为了准确描述车辆在急弯路段所处的风险状态，首先需要确定风险状态可以通过哪些可测参数来进行表示。针对急弯路段侧滑侧翻风险，确定进行风险等级

---

① 1ft = 3.048×10^{-1}m。

辨识所需要的参数,急弯路段风险识别参数需求表如表 5.2 所示。

表 5.2 急弯路段风险识别参数需求表

信息需求		包含参数	单位	备注
车辆	车速	—	km/h	宜为车辆自进入急弯路段前 1km 处到驶出急弯路段的全过程车速记录
	车型	车辆发动机制动工况最小减速度	m/s²	不采取制动措施下减挡的车辆减速度
		迎风面积	m²	车辆正投影面积
		车辆轮距	m	—
		后轮半径	m	—
		车辆自重	kg	—
	车牌	—	—	用作匹配车辆信息
	车重	—	kg	—
道路	路面类型	路面摩擦系数	—	水泥、沥青
	急弯半径	—	m	根据实际弯道测量
	路面横坡角	—	rad 或(°)	根据实际弯道测量
环境	气压、海拔	空气密度	kg/m³	—
		空气阻力系数	—	—
	风速	侧风速	m/s	—
	风向	风向角	(°)	—
	天气情况	路面摩擦系数	—	—
设备	设备位置坐标	经纬度坐标	—	—

2. 急弯路段车辆侧滑侧翻力学模型

车辆在急弯路段不发生侧滑侧翻的前提是:当车辆在此类路段行驶时,其自身受力处在相对平衡的状态。然而,高速运动的车辆,往往会受到来自空气或极端天气下其他因素的影响而打破平衡状态,导致车辆侧滑侧翻,造成严重事故(雷星蕾,2012)。因此,需要对这些状态下的车辆受力状态进行分析,进而推导出车速在打破这一平衡状态中所发挥的作用,计算出引起侧滑侧翻事故的临界速度(徐中明等,2013),从而为划分急弯路段侧滑侧翻风险等级提供理论支持。

1) 车辆力学平衡

在理想状态下,车辆进入急弯路段行驶时,因其重力作用于坡面产生的摩擦力分量与其离心倾向(离心力)相平衡,使其得以做圆周运动。需要注意的是,车辆并不是被统一地视作刚体,因此不同车型的轮距、重心高度和车辆密度在实际情况下会有不同的作用效果。

然而,在急弯路段上,车辆除了自身重量外,还会受到各种复杂因素的影响,导致行车风险。其中,对行车影响较为明显的是特殊气候条件下路面积水造成的地面湿滑,从而导致摩擦力下降,以及车辆高速运行时作用于车辆侧面的侧向风力作用。前者导致车辆产生的摩擦力分量不足以平衡离心倾向,可等效为摩擦系数的降低;后者则作为单独的外力来源对车辆产生作用,其中气动侧向力将车辆沿横向平推,气动升力使车辆抬离地面。当风吹向货车急弯轨迹外侧时,车辆更易发生侧滑侧翻;当风吹向货车急弯轨迹内侧时,侧风力可作为货车转弯的向心力(高轲轲等,2019)。

车辆侧滑侧翻临界状态下的车辆力矩分别如图 5.1 所示。假设载重 m 的货车以速度 u 即将进入半径为 r、超高为 i_s 的急弯路段,则行驶中的车辆受到的侧向力有转弯过程中产生的离心力 F_n,其可分解为垂直于路面的压力 $F_{n\perp} = mv^2 \sin i_s / r$ 和平行于路面的侧向力 $F_{n//} = mv^2 \cos i_s / r$。同时,由于货车尺寸较大,风力的影响不容忽视,侧向力还包括侧风对车辆产生的气动侧向力 F_{wf}。在竖直方向上,车辆主要受到自重产生的重力 G 和侧风作用产生的气动升力 F_{wr} 的影响。由重力影响车辆作用于路面的正压力 $G_\perp$ 会对车辆产生摩擦力,也是唯一与侧向气动力和离心力水平分量相反的横向力。货车急弯过程中由于离心力的存在,当车辆横向三力平衡的局面被打破时,车辆就有可能发生侧滑失稳。

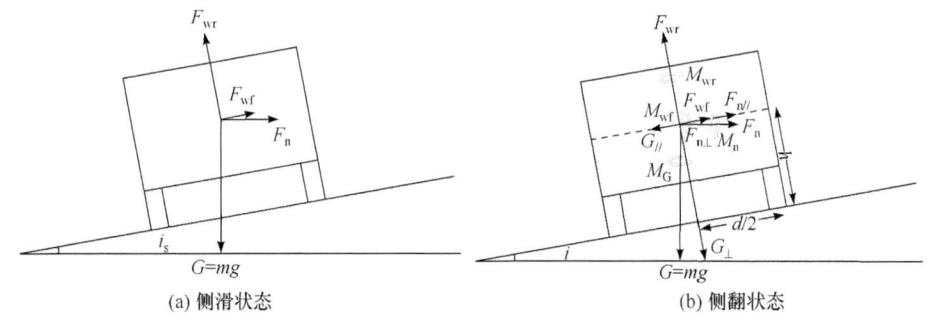

(a) 侧滑状态　　(b) 侧翻状态

图 5.1　车辆侧滑侧翻临界状态下的车辆力矩

同理如图 5.1 所示,运动中的车辆,重心、气动力中心位置与背风方向的车轮位置不重合,受侧风作用,在背风侧车轮位置产生侧向翻滚力矩。M_{wf} 表示气动侧向力引起的翻滚力矩,M_{wr} 表示气动升力引起的翻滚力矩,M_n 表示离心力引起的翻滚力矩。在平衡状态下，重力在背风侧车轮位置产生的力矩 M_G 会平衡风力和离心力产生的侧向翻滚力矩。当力矩平衡状态被破坏时，车辆就有可能发生侧翻。

由于车辆高速行驶时风力与车辆的运动状态高度相关，所以通过分析车速对受力状态的影响，进而列出车辆平衡状态下的受力模型，可以为急弯路段车辆风险状态的评价提供理论依据。

2) 车辆的临界侧滑侧翻速度

车辆的临界侧滑侧翻速度，可以根据如式(5-1)及式(5-2)所述的受力模型作为隐式方程进行求解，临界侧滑速度 u_1 可表示为

$$mg\sin i_s + \mu mg\cos i_s - 0.5\mu c_r \rho_a s_v (u_1^2 + v_s^2) = m\frac{u_1^2}{r}\cos i_s + \Delta(0.5 c_s \rho_a s_v (u_1^2 + v_s^2)) \quad (5\text{-}1)$$

临界侧翻速度 u_2 可表示为

$$hmg\sin i_s + 0.5d_w mg\cos i_s + 0.5d_w m\frac{u_2^2}{r}\sin i_s$$
$$= hm\frac{u_2^2}{r}\cos i_s + 0.25 d_w c_r \rho_a s_v (u_2^2 + v_s^2) + h\Delta(0.5 c_s \rho_a s_v (u_2^2 + v_s^2)) \quad (5\text{-}2)$$

其中，m 为车辆载重；g 为重力加速度；μ 为路面附着系数；r 为急弯路段的半径；i_s 为急弯路段的路面横坡角；c_r 与 c_s 分别为空气升力系数和侧向空气动力系数；ρ_a 为大气密度；s_v 为车辆面积；v_s 为侧风速；d_w 为轮距；h 为重心高度；Δ 取值为：考虑到侧风方向的影响，当风向吹向货车转弯轨迹外侧时，更易发生侧滑侧翻，此时 Δ 取为+1，同理当风向吹向货车转弯轨迹内侧时，侧风力可作为货车转向的向心力，此时 Δ 取值为-1。

侧向空气动力系数 c_s 与空气升力系数 c_r 分别通过式(5-3)和式(5-4)进行计算(郭威，2013)。

$$c_s = 1 + 0.13\beta_w \quad (5\text{-}3)$$

$$c_r = \begin{cases} 0.09\beta_w - 0.75, & \beta_w < 30° \\ 3.3 - 0.04\beta_w, & \beta_w > 30° \end{cases} \quad (5\text{-}4)$$

其中，β_w 为货车风向角，$\beta_w = \arctan\frac{v_s}{u_i}$，$i = 1, 2$。

对于相同参数条件下计算出的两种状态的临界速度值，取其较小值作为车辆的临界安全速度：

$$v_c = \min\{v_1, v_2\} \quad (5\text{-}5)$$

基于以上两组关于侧滑侧翻失稳的判断模型，通过采集相应的参数，可计算

出货车的临界速度,从而评估急弯路段货车的侧滑侧翻风险等级。

3. 急弯侧滑侧翻风险等级划分

急弯路段弧长较短,快速行驶的车辆往往会在进入急弯路段后很快到达圆弧的中点,因此若是在进入急弯路段的同时进行评估,驾驶人几乎不可能迅速做出反应来规避风险。在对风险等级进行划分时,必须考虑在距离急弯路段入口一段距离处评估车辆维持当前状态不变的情况下在急弯路段中将要经受的风险,并根据车辆处在风险状态时采取减速措施的紧急程度来判断风险状态的严重等级。

设评估位置距离急弯路段入口的距离为 s_e,车辆采取非刹车措施制动(如发动机制动)的统计减速度为 a_e(取绝对值)。车辆在进入急弯路段时,若处在风险状态,收到指示后,以该减速度保持不变,则到达急弯路段入口时应减小到对应的安全车速。设该车速为 v,按照假设的匀变速运动状态,v 应满足式(5-6)所示的关系:

$$v^2 = 2s_e a_e + v_c^2 \tag{5-6}$$

其中,a_e 取其绝对值(减速度为负数)。

由式(5-6)变形并分析增减关系,令风险系数 $\mu_0 = \sqrt{1 + \dfrac{2s_e a_e}{u_c^2}}$,可知若 $v/v_c > \mu_0$,则车辆几乎必须通过踩制动踏板才可以在进入急弯路段时减速至安全车速。因此,μ_0 可界定车辆的避险行为是否紧急,可作为车辆中高风险的划分阈值。若 $v/v_c < 1$,则说明车辆在维持当前车速的情况下不会在急弯处产生侧滑侧翻风险,判定风险等级为低风险。若 $1 \leqslant v/v_c < \mu_0$,则说明车辆处在风险状态,虽然当前车速超过安全范围,但采用发动机制动或减挡制动而无须刹车制动就可以减小到安全车速范围内,所以该车辆存在侧滑侧翻风险但无须采取紧急措施,故判定风险等级为中风险。若 $v/v_c \geqslant \mu_0$,则说明当前车辆正处在高风险状态,若不立即采取刹车制动措施,则极有可能以高于安全车速进入急弯路段并发生侧滑侧翻事故,因此判定风险等级为高风险。综上所述,急弯路段侧滑侧翻风险等级判定标准如表 5.3 所示。

表 5.3 急弯路段侧滑侧翻风险等级判定标准

v/v_c	风险等级
$v/v_c < 1$	低风险
$1 \leqslant v/v_c < \mu_0$	中风险
$v/v_c \geqslant \mu_0$	高风险

5.2.2 急弯路段车速预测模型与安全车速计算

1. 数据介绍及处理

要建立急弯路段车速预测模型，首先需要获取车辆在急弯路段通行时的真实数据。本研究中通过采集车辆历史车速数据，对数据进行分析及处理，得到预测样本矩阵。使用的数据是通过车载全球定位系统(global position system, GPS)采集的重型半挂商用运输车历史轨迹数据。选取车辆轨迹中平缓的弯道，并提取该弯道的线性特征，最终选取 5 处海拔落差较小的典型弯道，5 处弯道俯视图如图 5.2 所示。

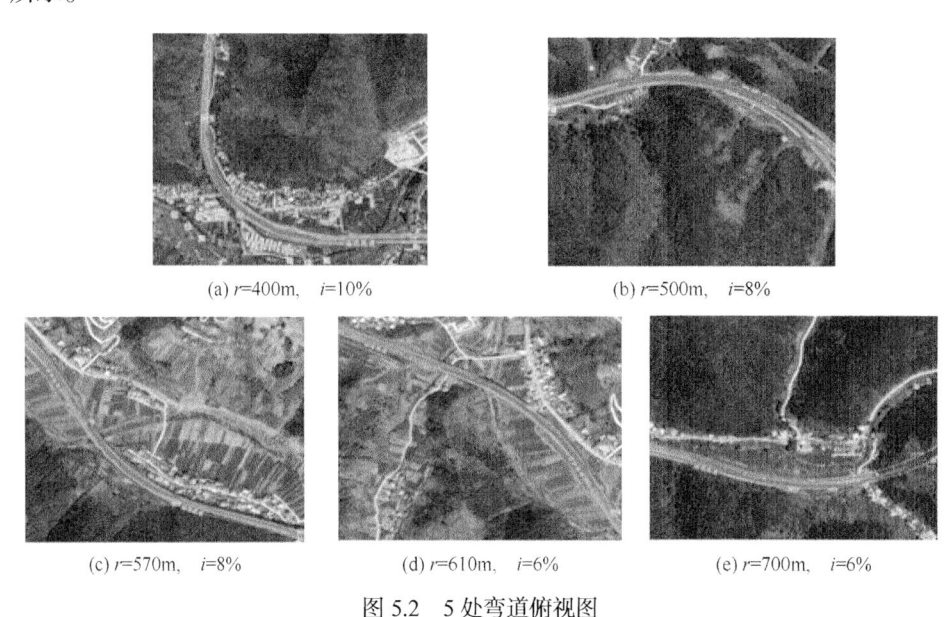

(a) r=400m，i=10%

(b) r=500m，i=8%

(c) r=570m，i=8%

(d) r=610m，i=6%

(e) r=700m，i=6%

图 5.2　5 处弯道俯视图

数据采样频率较低，以及在数据采集过程中受到 GPS 设备信号异常等因素的影响，会对数据的精度造成干扰，结合车速随时间变化这一特征，需要对数据进行预处理。本节利用 Savitzky-Golay 平滑器(Savitzky, 1964)对原始数据进行预处理，并将采集的离散车速点信息通过拟合的方式扩充为连续的车速数据信息。

2. 车速预测模型

提取弯道路段车速数据生成预测样本 X_1、X_2、X_3，矩阵中包含采集的弯道前车速 a_i 与预测未来时刻的车速 y_i，并利用不同的方法对样本矩阵进行分析。

$$X_1 = \begin{bmatrix} a_1 & a_2 & a_3 & a_4 & a_5 & y_1 \\ a_2 & a_3 & a_4 & a_5 & a_6 & y_2 \\ \vdots & \vdots & \vdots & \vdots & \vdots & \vdots \\ a_{n-5} & a_{n-4} & a_{n-3} & a_{n-2} & a_{n-1} & y_n \end{bmatrix}$$

$$X_2 = \begin{bmatrix} a_1 & a_2 & a_3 & a_4 & a_5 & y_2 \\ a_2 & a_3 & a_4 & a_5 & a_6 & y_3 \\ \vdots & \vdots & \vdots & \vdots & \vdots & \vdots \\ a_{n-6} & a_{n-5} & a_{n-4} & a_{n-3} & a_{n-2} & y_{n+1} \end{bmatrix}$$

$$X_3 = \begin{bmatrix} a_1 & a_2 & a_3 & a_4 & a_5 & y_3 \\ a_2 & a_3 & a_4 & a_5 & a_6 & y_4 \\ \vdots & \vdots & \vdots & \vdots & \vdots & \vdots \\ a_{n-7} & a_{n-6} & a_{n-5} & a_{n-4} & a_{n-3} & y_{n+2} \end{bmatrix}$$

通过支持向量机(support vector machines，SVM)、线性回归法等对数据进行分析，通过观测不同方法的均方根误差(root mean square error，RMSE)及 R^2 最终选择线性回归法，不同预测方法对比结果如表5.4所示。

表5.4 不同预测方法对比结果

预测方法	RMSE	R^2
线性回归法	1.6854	0.97
精细树	2.9157	0.92
SVM	1.6896	0.97
过程高斯回归	1.6956	0.97

给出速度预测样本(Y_{i_t1}，X_{i_t1}，X_{i_t2},…,X_{i_tp})，i_t 为模型训练数据的数量，i_t=1, 2, …, n，p 为模型输入的历史车速数据，该模型 p 为5，即需要输入历史5个位置的车速信息。一个线性回归模型中因变量入弯车速 $Y(Y_i)$ 和自变量历史车速 $X(X_{i_t1}, X_{i_t2}, …, X_{i_tp})$ 之间的关系除了 X 的影响以外，还存在天气等其他变量，因此加入一个误差项 β_0 来捕获除了 $X_{i_t1}, X_{i_t2}, …, X_{i_tp}$ 之外其他因素对 Y_i 的影响。所以，车速预测模型表示为

$$Y_{i_t} = \beta_0 + \beta_1 X_{i_t1} + \beta_2 X_{i_t2} + \cdots + \beta_p X_{i_tp}, \quad i_t = 1, 2, \cdots, n \tag{5-7}$$

利用 MATLAB 工具箱计算得到线性回归模型的各回归系数计算结果，如表5.5所示。

表 5.5　各回归系数计算结果

回归系数	回归系数的估计值	回归系数的置信区间
β_0	1.0128	[0.5352, 1.4903]
β_1	0.6739	[0.5135, 0.8343]
β_2	−0.4092	[−0.3537, −0.4521]
β_3	−0.1317	[−0.2622, −0.3320]
β_4	−4.7231	[−5.1344, −4.3119]
β_5	4.9461	[4.9461, 5.2887]
	$R^2 = 0.9741$　　$p < 0.0001$　　$s^2 = 2.8139$	

残差 $e_{i_t} = y_{i_t} - \hat{y}_{i_t}$ ($i_t = 1,2,\cdots,n$)，是每个观测值 y_{i_t} 与回归方程对应得到的拟合值 $\hat{y}_{i_t}$ 之差，实际上，它是线性回归模型中误差 ε 的估计值。车速预测模型残差图如图 5.3 所示。

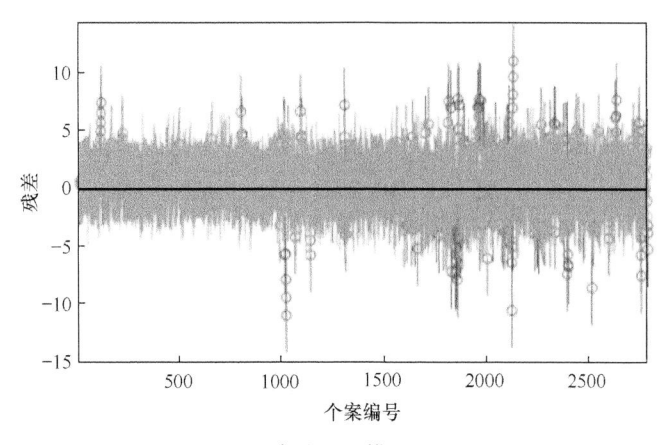

图 5.3　车速预测模型残差图

由结果对模型的判断可知，残差在零点附近，表示模型较好，接着利用检验统计量 R^2 与 p 的值判断该模型是否可用。

(1) 相关系数 R^2 的评价：一般地，相关系数的绝对值在 0.8～1 范围内，可判断回归自变量与因变量具有较强的线性相关性。此模型 R^2 的绝对值为 0.9741，表明线性相关性较强。

(2) p 值检验：若 $p < \alpha$(α 为预定显著水平)，则说明因变量与自变量之间有显著的线性相关关系。本例输出结果，$p<0.0001$，显然满足 $p < \alpha = 0.05$。

(3) 残差分析：残差大都分布在零附近，因此线性回归模型的效果比较好，表明模型预测精度较高。

以上统计推断方法的推断结果是一致的，说明因变量 Y 与自变量 X 之间有显著的线性相关关系,所得线性回归模型可用。

3. 安全车速计算模型

车轮的垂直载荷变化可通过横向载荷转移率(lateral-load transfer rate,LTR)描述,横向载荷转移率可以评价汽车稳定状态(Kazemi et al., 2010)。因此,将横向载荷转移率作为汽车的侧翻因子。横向载荷转移率定义为左右轮胎垂直载荷之差与整车总的垂直载荷之比,表达式如下:

$$\text{LTR} = \left| \frac{F_{zr} - F_{zl}}{F_{zr} + F_{zl}} \right| \tag{5-8}$$

其中,F_{zl}、F_{zr}分别为车辆左、右轮胎的垂直载荷,故可得

$$F_{zr} + F_{zl} = mg \tag{5-9}$$

当车辆在弯道行驶时,车辆发生侧倾现象,垂直载荷在左、右轮胎上重新分配。显然,LTR 值在[0, 1],当 LTR=0 时,车辆没有侧倾,即没有侧翻风险;当 LTR=1 时,有一侧车轮垂直载荷为 0,即一侧轮胎离地,车辆达到侧倾临界状态。

车辆弯道受力分析图如图 5.4 所示,考虑悬架的车辆侧翻物理模型,该模型假设路面是平整路面,忽略侧向风等环境因素,忽略轮胎形变。图中,K_ϕ为车辆的侧倾刚度;C_ϕ为阻尼刚度。对车辆侧倾外侧取矩,则有

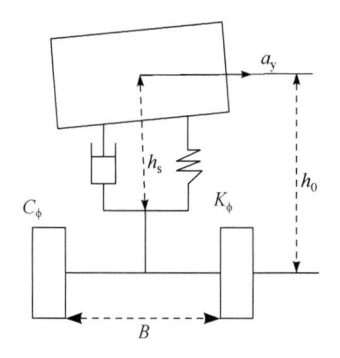

图 5.4 车辆弯道受力分析图

$$\sum M_0 = m_s a_y h_0 + m_s g \left(\frac{d_w}{2} - h_s \phi \right) - F_{zr} d_w = 0 \tag{5-10}$$

其中,m_s为簧上质量;a_y为侧向加速度;h_0为质心高度;h_s为侧倾中心到质心的距离;ϕ为等效侧倾角;d_w为车辆轮距。

忽略非簧上质量的影响,即取 $m_s=m$,可得

$$\text{LTR} = \frac{2g\phi + 2a_y h_0}{g d_w} \tag{5-11}$$

且由车辆侧倾运动：

$$I_x\ddot{\phi} = ma_y h\cos\phi + mgh\sin\phi - K_\phi\phi - C_\phi\dot{\phi} \tag{5-12}$$

可知，侧倾角的大小在汽车结构参数确定的情况下与侧向加速度有关，因此引入侧倾率 R_ϕ(rad/g)，则侧倾角可以表示为

$$\phi = R_\phi \frac{a_y}{g} \tag{5-13}$$

当车辆在弯道行驶时，假设在当前状态车辆按道路半径匀速行驶，则横向载荷转移率 LTR 的最终表达式为

$$\text{LTR} = \frac{2R_\phi g + 2h_0}{gd_w}\left(\frac{u_i^2}{r}\right) \tag{5-14}$$

其中，R_ϕ 为侧倾率；u_i 为车辆在弯道行驶时的车速；r 为弯道半径。可以看出，汽车的横向载荷转移率只与弯道半径、车速及车辆的结构参数有关。

当车辆 LTR=1 时，即车辆一侧轮胎离地，车辆将发生侧翻危险，故车辆在弯道中的安全车速为

$$u_{\max} = \sqrt{\frac{gd_w r}{2R_\phi g + 2h_0}} \tag{5-15}$$

5.3 急弯路段运行风险防控

5.3.1 车辆重心高度估计方法

车辆重心高度估计方法可分为静态测量和动态估计。静态测量要求车辆静止在一个特定的实验台上，由安装在实验台上的传感器测量的数据计算重心高度，精度高但效率低。动态估计是通过车载传感器实时监测车辆的状态参数来估计重心高度。从智能交通系统的角度来看，路侧设备估计车辆的重心高度更为实用。为了解决该问题，本章提出基于称重设备的车辆重心高度估计方法和基于图像检测的车辆重心高度估计方法。

1. 基于称重设备的车辆重心高度估计方法

1) 动态称重设备

为了发挥高速公路的优越性，常采用动态称重(weigh in motion，WIM)，其与停车状态下的静态称重相比更加省时、高效。动态称重是交通监测、重量监管和

基于重量的收费的首选解决方案。一个完善的 WIM 系统是可持续管理和保护道路基础设施的关键。

目前，车辆动态称重的方式主要分为整车计量与轴重计量两种，当采用整车计量时，为了满足不同车型的称重需要，往往需要较大的秤台，这无疑增加了工程造价及施工难度，因此在工程中的应用已越来越少。目前，较为流行的动态称重系统是轴重称量，即分别测出车辆各个轴的轴重，再由测试系统计算出整车重量，根据不同传感器的尺寸和安装方式，当前主流的轴重称量的动态称重系统可分为台式称重系统和带式称重系统两类。

(1) 台式称重系统。

以弯板称重传感器系统、压力称重传感器系统为代表的台式称重系统，通过在路面结构上开挖一个深度为 5~10cm 的混凝土基坑，在基坑的表面设置与原始路面表面水平的称重台面，通过台面下方的弯板应变计或称重传感器对车轴重进行测量。弯板称重传感器系统的称重台面是一块下方粘有应变计的金属板，在安装时是一个无额外机械装置的整体结构。压力称重传感器系统包括称重台面和台面下方的称重传感器，称重传感器包括桥式、柱式或悬臂梁式，传感器与称重台面之间可采用万向球铰进行连接。

(2) 带式称重系统。

带式称重系统是指传感器体积细长窄小、安装简便、对路面干扰小的一类称重系统。该类称重系统多用于高速称重(车速高于 30km/h)，实测误差在±6%~±15%，受车辆行驶状态、路面平整度影响较大。压电传感器广泛应用于带式称重系统，其原理是基于压电材料的压电效应。当车辆通过压电传感器时，系统测量出传感器产生的电荷并由此计算出车辆的动态重量值，然后利用测量出的动态重量值预测出车辆的真实轴重。

2) 方法介绍

通过建立车辆动力学模型，分析确定车辆重心高度计算所需参数，利用动态称重设备、雷达实时采集车辆数据，最终确定车辆重心高度。车辆加速上坡动力学模型如图 5.5 所示，对车辆加速上坡进行受力分析。

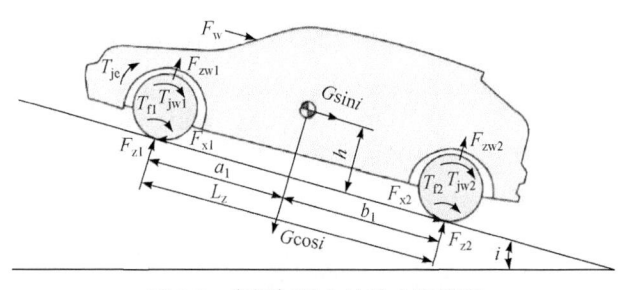

图 5.5 车辆加速上坡动力学模型

图 5.5 中，G 为汽车重力；i 为道路坡度角；h 为汽车重心高度；T_{f1}、T_{f2} 分别为作用在前、后轮上的滚动阻力偶矩；T_{je} 为作用于横置发动机飞轮上的惯性阻力偶矩；T_{jw1}、T_{jw2} 分别为作用在前、后轮上的惯性阻力偶矩；F_{zw1}、F_{zw2} 分别为作用于车身上并位于前、后轮接地点上方的空气升力；F_{z1}、F_{z2} 分别为作用在前、后轮上的地面法向反作用力；F_{x1}、F_{x2} 分别为作用在前、后轮上的地面切向反作用力；L_z 为汽车轴距；a_1、b_1 为汽车重心至前、后轴的距离。

对后轮接地点取矩，得

$$F_{z1} = G\left(\frac{b_1}{L_z}\cos i - \frac{h}{L_z}\sin i\right) - \left(\frac{G}{g}\frac{h}{L_z} + \frac{\sum I_w}{L_z r} \pm \frac{I_f i_g i_0}{L_z r}\right)\frac{du}{dt} - F_{zw1} - G\frac{rf}{L_z}\cos i \quad (5\text{-}16)$$

车轮的惯性阻力偶矩与横置发动机飞轮的惯性阻力偶矩数值较小，因此可以忽略不计，同时忽略空气升力，最终车辆在加速上坡时的重心高度可简化为

$$h = \frac{G\dfrac{b_1}{L_z}\cos i - F_{z1}}{\dfrac{G}{L_z}\left(\sin i + \dfrac{1}{g}\dfrac{du}{dt}\right)} \quad (5\text{-}17)$$

根据等式可知，实现车辆重心高度测量需至少满足以下任意一种条件：
(1) 假设车辆静止或匀速行驶在斜坡上，即 du/dt 为 0，则式(5-17)可简化为

$$h = \frac{L_z}{\sin i}\left(\frac{F_{z1}}{G} + \frac{b_1}{L_z}\cos i\right) \quad (5\text{-}18)$$

$$b_1 = \frac{F_{z1}L_z}{G} \quad (5\text{-}19)$$

(2) 假设车辆在水平路面上加速行驶，即 a 为 0，则式(5-17)可简化为

$$h = \frac{G}{g}\frac{F_{z1}}{L_z}\frac{1}{\dfrac{du}{dt}} \quad (5\text{-}20)$$

其中，道路坡度可事先测量得到，车身尺寸可通过雷达测量，车身总重量、车辆任一轴的轴荷可通过动态称重设备测得。进一步地，动态称重设备在测车辆每一轴的轴重和车身总重量后，通过式(5-19)可得到车辆重心至车辆后轴的纵向距离。测量时要求车辆匀速驶过动态称重系统，动态称重系统测量得到的车身总重量和一轴轴荷，结合雷达测量得到的车身尺寸参数计算得到车辆重心至车辆后轴的纵向距离，代入式(5-18)即可得到车辆重心高度 h。对于在水平路面加速行驶的车辆，将以上测得的参数代入式(5-20)即可得到车辆重心高度 h。

以上提出的两种重心高度测量方法适合于不同的应用场景，实际使用过程中既可两者选其一，也可同时采用，用户可根据当地路段条件自行选择。

2. 基于图像检测的车辆重心高度估计方法

本节基于雷达摄像系统和动态称重系统提出一种基于改进 YOLO 算法和回归预测技术的路侧车辆重心高度估算方法，路侧车辆重心高度估计系统如图 5.6 所示。改进 YOLO 算法用于识别俯视图摄像头采集的图像中的车辆类型。雷达和动态称重系统分别收集车辆的尺寸和重量。对于每种车型，将通过实测的车辆惯性参数数据训练相应的自适应增强(adaptive boosting，AdaBoost)回归模型。然后，根据识别出的车型，将采集到的车辆参数输入相应训练过的 AdaBoost 回归模型中。最后，模型的输出是在重心高度范围限制下车辆重心高度的估计值。

1) 车型识别

现有车型识别包括粗粒度识别和细粒度识别，将机动车按外形尺寸分类和按用途分类属于粗粒度识别，而精确知道汽车的具体品牌或型号则属于细粒度识别。对于以外形尺寸分类，因其过于粗糙，选用较少。如今选用更多的是按用途分类进行识别，但未形成一种统一的分类方式。研究人员更多的是根据各自的研究需求选择车型进行识别。考虑到车型识别的目的是对道路上行驶车辆的重心高度进行估计，需要在尽量保证覆盖道路行驶的所有车型之外，所选取的各个车型之间还需要有一个重心高度变化范围的差异。通过调查各个路段监控设备采集到的车辆图像，发现道路行驶的车辆主要涉及轿车、客车、货车、越野车、客货两用车，其中轿车占比达到 59%，道路行驶车辆的车型分布如图 5.7 所示。此外，通过统计各车型重心高度变化范围，最终选取的车型包括：轿车、客车、货车、越野车、客货两用车，同时包含了出现较少的跑车和皮卡车。

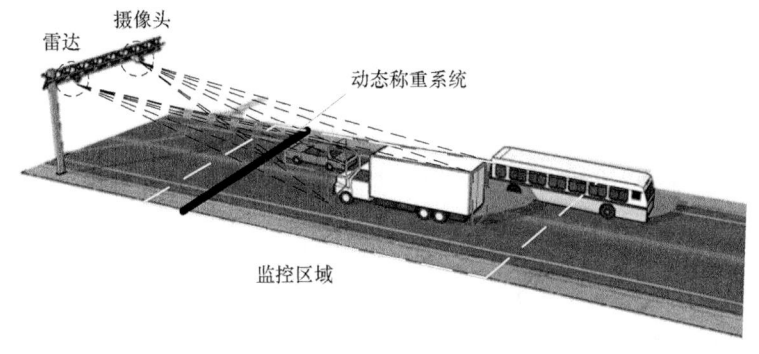

图 5.6 路侧车辆重心高度估计系统

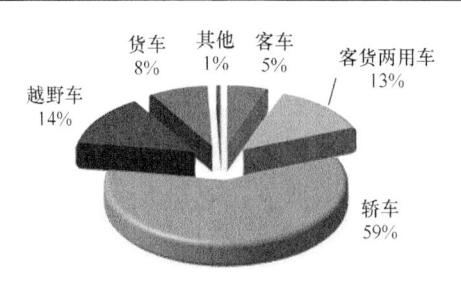

图 5.7　道路行驶车辆的车型分布

当前，主流的车辆检测数据集以采集视角分类主要有车载和路侧两种。考虑到所提方法中车辆的重心高度必须在路边进行测量，故首选在路边采集车辆数据。为满足训练需求，所采集的数据集要尽可能全面地涵盖前面所概述的各种车型。由于现有数据集模型覆盖不完整，将路边摄像头采集到的皮卡车和跑车的图像与 BIT-Vehicle Dataset(Dong et al., 2015)的 10789 幅车辆图像相结合，构成本研究使用的车辆识别数据集。其中，建立的车型识别数据集如图 5.8 所示，所有采集到的图像都进行了重新校准。

图 5.8　车型识别数据集

目前，车辆检测算法一般分为两大类：一类算法是基于边框回归的单阶段目标检测网络；另一类算法则是以 Faster R-CNN(region-convolutional neural network)模型网络为理论基础的基于候选区域的两阶段目标检测网络(Ren et al., 2017)。两阶段目标检测网络的最大优点在于检测的精度较高，车辆定位准确，不足之处在于检测的速度较慢。检测网络检测车辆的速度慢并不利于实时估计车辆重心高度，而单阶段目标检测网络如 YOLO、单步多框目标检测 (single shot multibox detector, SSD)(Liu et al.,2016)等的检测速度快、精度较高、结构简单，能够实时地对车辆进行检测，因此采用改进 YOLO 算法作为车型识别网络框架，该框架具备单阶段目标检测网络特有优势的同时,其轻量化的特点可轻易移植进路侧设备。

本节提出的单阶段目标检测网络的整体结构借鉴了经典的 YOLOv3(Redmon et al.,2018)的 one-stage 结构,分为输入端、主干网络、连接结构和输出端四个部分,改进 YOLO 网络结构如图 5.9 所示。输入端相较于传统直接输入图像的方式,在该部分加入了 Mosaic 数据增强和自适应图片缩放对输入图像进行处理。输入图像首先进行了 Mosaic 数据增强(Bochkovskiy et al.,2020)。随机使用 4 张图片,以随机缩放、随机裁剪、随机排布的方式进行拼接,丰富了检测数据集,特别是随机缩放增加了很多小目标,使网络的鲁棒性更好。同时,该方法相比普通的数据增强,可以直接计算 4 张图片的数据,采用小批量处理对于内存的需求小,单图形处理单元(graphics processing unit,GPU)训练就可以达到比较好的效果。

为了克服从不同地方采集的图像大小的不均匀性,一般的目标检测算法都要求原始图像送到目标检测网络之前被缩小到标准大小。对于所提出的网络,输入图像的目标尺寸为 608×608。对于不符合目标尺寸的图像,必须相应地缩放和填充图像。但是,不同的缩放和填充方法会导致图像上下两端的黑色填充量不同;如果填充量较大,则会存在信息冗余,影响检测速度。因此,可以在输入端自适应地在图像两端加入最少的黑色填充量来提高检测速度。

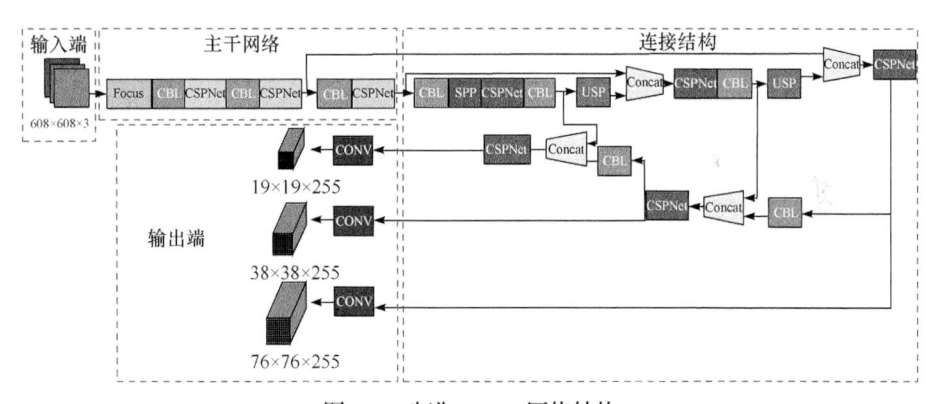

图 5.9 改进 YOLO 网络结构

CBL 表示卷积层(conv)、批量规范化层(batch normalization,BN)和泄露型线性整流函数(leaky-ReLU);SPP(spatial pyramid pooling,空间金字塔池化)

主干网络部分主要包含 Focus 结构和跨阶段局部网络(cross stage partial network,CSPNet)结构(Wang et al.,2020)。Focus 结构中依次对图像进行了切片、拼接、卷积操作。切片操作将一张图片中每隔一个像素取得一个像素值,这样就得到了四张互补的图片,确保没有信息丢失。通过拼接将 W(width)、H(height)信息集中到了通道空间,输入通道扩充了 4 倍,即得到的图片相对于原先的 RGB(red, green, blue)三通道模式变成了 12 通道。最后将得到的新图片再经过卷积操作,得到了没有信息丢失情况下的 2 倍下采样特征图。本次框架中，原始 608×608×3 的图像输入 Focus 结构，最终变成 304×304×32 的特征图。为了从网络结构设计的角度解决推理中计算量大的问题，在主干网络和连接结构均使用了 CSPNet 结构，主要区别在于主干网络在图中位置用的是残差组件而连接结构用的是卷积。为了解决梯度信息重复的问题，CSPNet 模块先将基础层的特征映射划分为两部分，然后通过跨阶段层次结构将它们合并，这种做法在减少计算量的同时可以保证准确率。本框架的主干网络中采用了 3 个包含残差组件的 CSPNet 结构。

连接结构中除了用到 5 个包含卷积网络的 CSPNet 结构外，还采用了特征金字塔网络(feature pyramid network，FPN)+像素聚合网络(pixel aggregation network，PAN)结构。FPN + PAN 结构如图 5.10 所示，FPN 是自顶向下的结构，将高层的特征信息通过上采样的方式进行传递融合，得到预测特征图。在 FPN 层的后面还添加了两个 PAN 结构，形成了一个自底向上的特征金字塔结构。在该结构中，FPN 层自顶向下传达强语义特征，而特征金字塔则自底向上传达强定位特征，通过两者优势的结合，从不同的主干层对不同的检测层进行参数聚合，FPN+PAN 进一步提高了特征提取的能力。

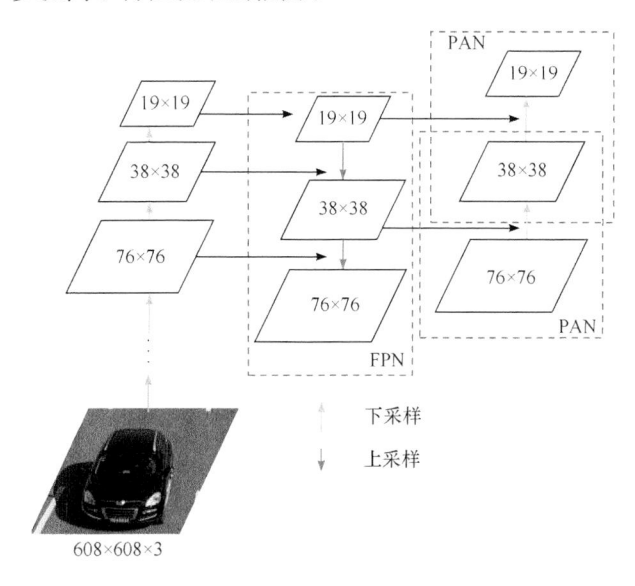

图 5.10 FPN + PAN 结构

输出端对上一层传来的边框进行预测并输出结果。为了更加精确地确定目标的位置，该部分采用 GIOU_Loss 作为边框的损失函数。GIOU_Loss (Rezatofighi et al., 2019)在 IOU_Loss 的基础上增加了相交尺度的衡量方式，解决了 IOU_Loss 无法优化两个预测框位置不相交或两个预测框大小相同的情况。假设目标车辆的真实坐标和预测坐标分别为 $B^{\mathrm{g}}=\left(x_1^{\mathrm{g}},y_1^{\mathrm{g}},x_2^{\mathrm{g}},y_2^{\mathrm{g}}\right)$ 和 $B^{\mathrm{p}}=\left(x_1^{\mathrm{p}},y_1^{\mathrm{p}},x_2^{\mathrm{p}},y_2^{\mathrm{p}}\right)$，其中，$x_2^{\mathrm{p}}>x_1^{\mathrm{p}},y_2^{\mathrm{p}}>y_1^{\mathrm{p}}$。

相应地，B^{g}、B^{p} 的面积 A^{g}、A^{p} 分别为

$$\begin{cases} A^{\mathrm{g}}=\left(x_2^{\mathrm{g}}-x_1^{\mathrm{g}}\right)\left(y_2^{\mathrm{g}}-y_1^{\mathrm{g}}\right) \\ A^{\mathrm{p}}=\left(x_2^{\mathrm{p}}-x_1^{\mathrm{p}}\right)\left(y_2^{\mathrm{p}}-y_1^{\mathrm{p}}\right) \end{cases} \tag{5-21}$$

确定 B^{g}、B^{p} 的重叠区域坐标：

$$\begin{cases} x_1^{\mathrm{I}}=\max\left(x_1^{\mathrm{p}},x_1^{\mathrm{g}}\right), & x_2^{\mathrm{I}}=\min\left(x_2^{\mathrm{p}},x_2^{\mathrm{g}}\right) \\ y_1^{\mathrm{I}}=\max\left(y_1^{\mathrm{p}},y_1^{\mathrm{g}}\right), & y_2^{\mathrm{I}}=\min\left(y_2^{\mathrm{p}},y_2^{\mathrm{g}}\right) \end{cases} \tag{5-22}$$

计算 B^{g}、B^{p} 重叠区域面积为

$$\begin{cases} \left(x_2^{\mathrm{I}}-x_1^{\mathrm{I}}\right)\left(y_2^{\mathrm{I}}-y_1^{\mathrm{I}}\right), & x_2^{\mathrm{I}}>x_1^{\mathrm{I}},y_2^{\mathrm{I}}>y_1^{\mathrm{I}} \\ 0, & 其他 \end{cases} \tag{5-23}$$

找到可以包含 B^{g}、B^{p} 的最小方框 B^{c} 为

$$\begin{cases} x_1^{\mathrm{c}}=\min\left(\hat{x}_1^{\mathrm{p}},x_1^{\mathrm{g}}\right), & x_2^{\mathrm{c}}=\max\left(\hat{x}_2^{\mathrm{p}},x_2^{\mathrm{g}}\right) \\ y_1^{\mathrm{c}}=\min\left(\hat{y}_1^{\mathrm{p}},y_1^{\mathrm{g}}\right), & y_2^{\mathrm{c}}=\max\left(\hat{y}_2^{\mathrm{p}},y_2^{\mathrm{g}}\right) \end{cases} \tag{5-24}$$

可以容易地得到 B^{c} 的面积为

$$A^{\mathrm{c}}=\left(x_2^{\mathrm{c}}-x_1^{\mathrm{c}}\right)\left(y_2^{\mathrm{c}}-y_1^{\mathrm{c}}\right) \tag{5-25}$$

所求广义交并比(generalized intersection over union，GIoU)为

$$\mathrm{GIoU}=\frac{I}{A^{\mathrm{p}}+A^{\mathrm{g}}-I}-\frac{A^{\mathrm{c}}-U}{A^{\mathrm{c}}} \tag{5-26}$$

相应的损失值为

$$L_{\mathrm{GIoU}}=1-\mathrm{GIoU} \tag{5-27}$$

根据计算得到当前预测框的损失值，可得出当前预测效果，并帮助后续的预测做出调整。改进 YOLO 结构部分检测结果如图 5.11 所示。车辆类型识别的平均精度达到 97.59%，跑车和公共汽车的识别精度最高，达到 100%。客车、货车和皮卡车的识别精度相对较低，分别为 94.94%、98.36% 和 93.33%，而货车、越野车和轿车的识别精度一般保持在 98% 左右的较高水平。改进 YOLO 结构的速度达到了 88.5 帧/s，远超过公认的 30 帧/s 的实时性要求。

图 5.11　改进 YOLO 结构部分检测结果

2) 重心高度估计

对于不同的车型，有相应的回归模型需要训练。车辆型号识别完成后，依据识别结果指导相应车型进行回归模型的选择，以估算车辆重心高度。提高车辆重心高度估计精度的两个关键步骤为：首先，分析车辆参数与重心高度的相关性，确定预测的输入变量；其次，利用从调查中得到的各类型车辆重心高度的变化范围来限制车辆类型识别的重心高度估计值。因此，可以避免不切实际的重心高度估计。再次，根据路边传感器采集的车辆参数，利用训练后的模型估计车辆重心高度。最后，验证回归模型和估计参数选择的正确性。

在对市场上普通车辆基本参数调查的基础上，结合美国国家公路交通安全管理局(National Highway Traffic Safety Administration，NHTSA)对车辆重心高度的测量结果，分析车辆各参数与重心高度之间的相关性。NHTSA 的实验数据包括 496 辆轻型车辆的现场测试结果，这些车辆包含本研究中指定的大部分类型，如轿车、客货两用车、跑车、皮卡车、越野车等。此外，还对客车和货车的相关参数进行了研究。考虑到现有路侧手段获取车辆参数的局限性，选择在路侧容易测量的车辆参数，包括前轮轮距、后轮轮距、轴距、车身高度和整车重量，进行相关分析。使用 Pearson 相关系数(ρ)进一步评估所选车辆参数与车辆重心高度的相关性，具体如下：

$$\rho_{X,Y} = \frac{\operatorname{cov}(X,Y)}{\sigma_X \sigma_Y} = \frac{E(XY) - E(X)E(Y)}{\sqrt{E(X^2) - E^2(X)}\sqrt{E(Y^2) - E^2(Y)}} \tag{5-28}$$

其中，X 表示整车参数值；Y 表示重心高度值；其对应的方差分别用 σ_X 和 σ_Y 表示。

为分析计算参数与重心高度相关系数的显著性，通过计算相应的 p 值进行显著性检验。车辆参数相关性分析结果见表 5.6。可知，前轮轮距、后轮轮距、车身高度、整车重量的 p 值均小于 0.0001。因此，可以认为计算出的相关系数的置信度达到 99.99%。前轮轮距、后轮轮距、车身高度、整车重量的 Pearson 相关系数均超过 50%，车顶高度的 Pearson 相关系数超过 90%。因此，最终选择前轮轮距、后轮轮距、车身高度、整车重量，通过回归估计车辆重心高度。

表 5.6 车辆参数相关性分析结果

车辆参数	轮距		轴距	车身高度	整车重量
	前轮	后轮			
相关系数 ρ	0.5594	0.5697	0.4188	0.9112	0.7877
p 值(两侧)	<0.0001	<0.0001	<0.0001	<0.0001	<0.0001

采用 AdaBoost 回归算法实现重心高度的估计，此处采用决策树(Breiman et al., 1984)作为 AdaBoost 的弱学习器。首先，弱学习器是在最初的训练中形成的。然后，根据弱学习器的表现调整训练样本的分布。同时，对于前一个弱学习器所犯错误的训练样本，在未来会得到更多的关注，然后根据调整后的样本分布对下一个弱学习器进行训练。重复这个过程，直到基本学习者的数量达到预设值，最后分别对弱学习器进行加权并相加。

利用现场实验结果获得的 431 辆车的参数，对所提出不同车型的重心高度估计模型进行训练。345 辆车用于模型训练，其余 86 辆车用于测试。不同回归模型的预测结果如图 5.12 所示，比较了几种常见回归模型估算车辆重心高度的准确性。

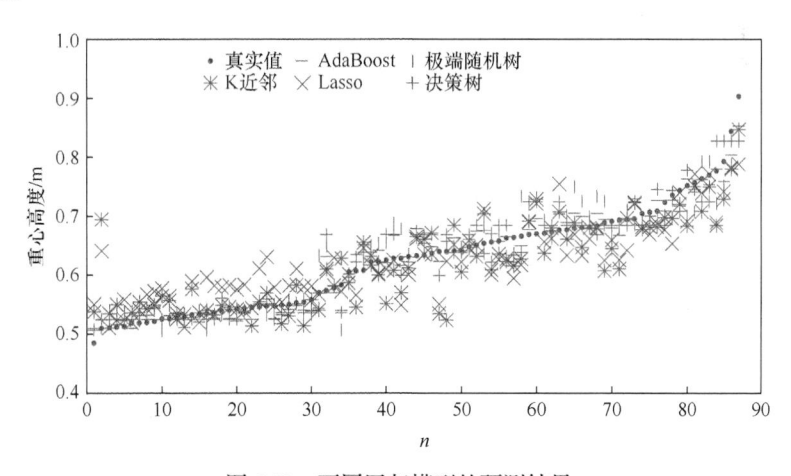

图 5.12 不同回归模型的预测结果

可以看出，大部分的重心高度估计模型都能预测出不同车辆参数引起的重心高度变化趋势。然而，与所提方法相比，其他回归模型的结果与真实值之间存在一定的差异。为了定量分析所提方法的准确性，计算不同重心高度估计模型的拟合程度，用决定系数 R^2 表示。普遍认为拟合度在 50%以上说明模型是有效的。

不同回归模型拟合度见表 5.7，5 种预测模型的拟合度均较高，仅 AdaBoost 算法的拟合度达到 90%以上，达到了令人满意的精度。在均方误差(mean squared error, MSE)和平均绝对误差(mean absolute error, MAE)指标中，AdaBoost 算法的表现也最好。与之不同的是，极端随机树的 MSE 值小于决策树的 MSE 值，但差异很小，可以忽略不计。综上所述，AdaBoost 模型在回归算法上优于其他模型，其评价指标明显优于其他模型。这也证明了所选 3 个预测输入参数都能满足重心高度估计的要求。

表 5.7 不同回归模型拟合度

参数	AdaBoost	极端随机树	K 近邻	Lasso	决策树
R^2	0.9464	0.8066	0.7329	0.7240	0.8902
MSE	0.0199	0.0285	0.0444	0.0451	0.0287
MAE	0.0158	0.0239	0.0335	0.0360	0.0221

5.3.2 侧滑侧翻风险预警防控技术

1. 预警防控方案简介

车辆的侧滑侧翻风险主要与车辆结构参数(重心高度、车宽等)、道路参数(路面附着系数、超高、半径)以及车速有关，因此设计一套急弯路段运行风险预警系统，通过道路参数和传感器感知的车辆状态参数计算急弯路段速度阈值 v_{safe}，与车辆当前车速 v 进行对比来判定不同的风险等级，对应不同的预警方式。

本预警防控方案主要包括：可变限速标志、VMS、定向高音喇叭等。可变限速标志与 VMS 均在车辆进入急弯路段前对驾驶人进行预警，提醒其降低车速。其中，可变限速标志显示车辆的过弯速度阈值；VMS 主要显示超速车辆的车牌号和当前车速，对超速车辆的驾驶人进行针对性的提醒。

2. 连续标志的限速位置

1) 标志视认过程

驾驶人对标志的视认过程如图 5.13 所示，标志点 S 为安装的路侧交通标志。驾驶人在视认点 A 处发现标志点 S，在始读点 B 开始读取标志信息，到读完点 C 完全读完标志内容，这段距离称为认读距离 i。之后做出采取行动的判断，这段距离称为判断反应距离 j。从行动开始点 G 到行动结束点 F 的距离称为制动距离

L，驾驶人在这段距离内必须安全顺畅地完成必要动作，如变换车道、改变方向、减速停车等。从读完点 C 到标志点 S 的距离为 K，标志消失点 E 到标志点 S 的距离称为标志消失距离 m_d，标志点 S 到行动结束点 F 的距离为 D_e，标志点 S 到弯道起点 W 的距离为标志前置距离 R_f。

2) 标志前置距离

标志视认过程如图 5.13 所示，由图可知判断反应距离 j、制动距离 L_{br}、读完点到标志点的距离 K、标志点到行动结束点的距离 D_e 之间的关系为

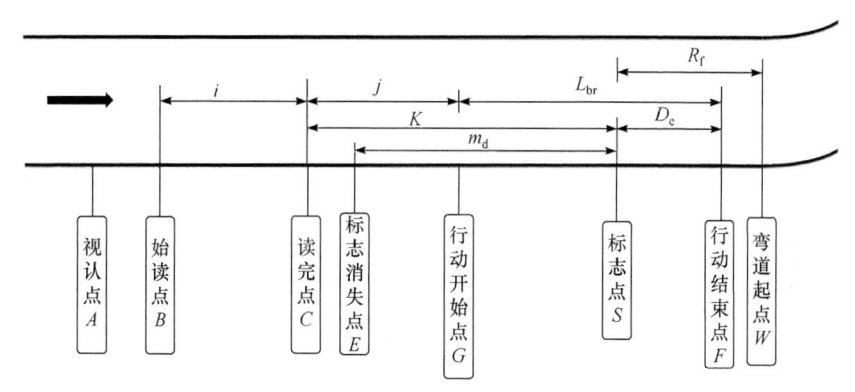

图 5.13 标志视认过程

$$j + L_{br} = K + D_e \tag{5-29}$$

$$\frac{v_a}{3.6}t_2 + \frac{v_a}{7.2}t_3 + \frac{v_a^2 - v_{a'}^2}{2 \cdot 3.6^2 \cdot a} = K + D_e \tag{5-30}$$

其中，v_a 为减速前的速度；$v_{a'}$ 为减速后的速度；t_2 为驾驶人的判断反应时间；t_3 为制动力上升时间。

为了保证车辆的过弯安全性，要求在标志消失之前驾驶人能完全读完交通标志内容，即 $K \geq m_d$，同时，在保证过弯安全性的情况下，读完点和标志消失点重合的时候为驾驶效率最高，即 $K = m_d$。所以，式(5-30)可转换为

$$\frac{v_a}{3.6}t_2 + \frac{v_a}{7.2}t_3 + \frac{v_a^2 - v_{a'}^2}{2 \cdot 3.6^2 \cdot a} = m_d + D_e \tag{5-31}$$

$$D_e = \frac{v_a}{3.6}t_2 + \frac{v_a}{7.2}t_3 + \frac{v_a^2 - v_{a'}^2}{2 \cdot 3.6^2 \cdot a} - m_d \tag{5-32}$$

为保证急弯路段驾驶的安全性，标志前置距离 R_f 应大于标志点到行动结束点的距离 D_e，即 $R_f \geq D_e$。

由式(5-32)可得

$$R_{\mathrm{f}} \geqslant \frac{v_{\mathrm{a}}}{3.6}t_2 + \frac{v_{\mathrm{a}}}{7.2}t_3 + \frac{v_{\mathrm{a}}^2 - v_{\mathrm{a'}}^2}{2 \cdot 3.6^2 \cdot a} - m_{\mathrm{d}} \tag{5-33}$$

同时，考虑到驾驶效率，当 $R_{\mathrm{f}} = D_{\mathrm{e}}$ 时，驾驶效率最高。所以，在保证安全行驶的前提下，驾驶效率最高时的前置距离为

$$R_{\mathrm{f}} = \frac{v_{\mathrm{a}}}{3.6}t_2 + \frac{v_{\mathrm{a}}}{7.2}t_3 + \frac{v_{\mathrm{a}}^2 - v_{\mathrm{a'}}^2}{2 \cdot 3.6^2 \cdot a} - m_{\mathrm{d}} \tag{5-34}$$

3) 标志消失距离

当车辆行驶到距离限速标志某一点时，标志将消失在驾驶人的视野中，这一点为标志消失点，标志消失点到标志点的距离即为标志消失距离。通常认为只有当标志的下边缘从驾驶人的视野中消失时，标志才完全消失。因此，基于标志识别距离模型，可以推算出标志消失距离。

(1) 立柱式标志。

立柱式标志设置示意图如图 5.14(a)所示，W_1 为单个车道宽度，M_{d} 为驾驶人视高，即驾驶人水平视线与标志牌中心点的垂直距离，Q_{L} 为驾驶人视线与标志牌的侧向水平距离，α_{r} 为驾驶人的视野范围。因此，标志消失距离为

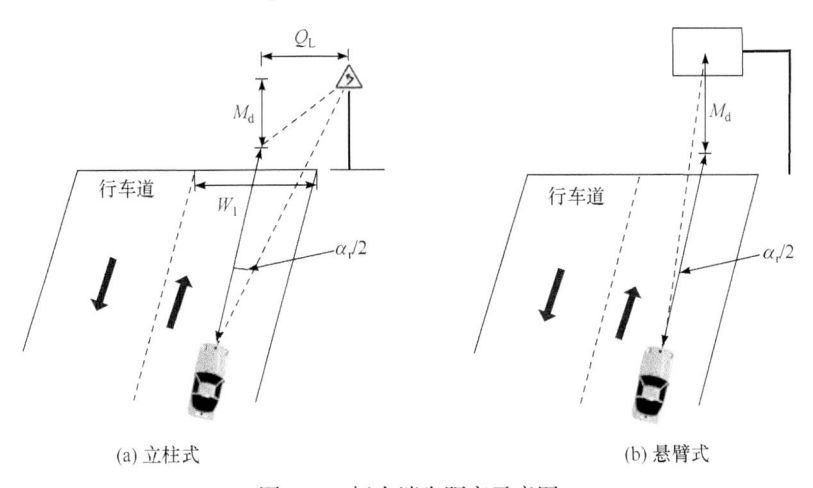

(a) 立柱式　　　　　　　　　　　　(b) 悬臂式

图 5.14　标志消失距离示意图

$$m_{\mathrm{d}} = \frac{\sqrt{M_{\mathrm{d}}^2 + Q_{\mathrm{L}}^2}}{\tan \dfrac{\alpha_{\mathrm{r}}}{2}} \tag{5-35}$$

(2) 悬臂式交通标志。

悬臂式交通标志应放置于道路正上方，标志设置示意图如图 5.14(b)所示，M_{d} 为驾驶人视高，α_{r} 为驾驶人的视野范围。因此，标志消失距离为

$$m = \frac{M_d}{\tan\frac{\alpha_r}{2}} \tag{5-36}$$

根据交通标志与标线的相关标准，立柱式标志下边缘与路面的距离一般为150~250cm，当设置在有行人、非机动车的路侧时，设置距离应大于1.8m，本次实验立柱式标志下边缘距离路面高度为2.5m；并且立柱式标志内边缘不应侵入道路建筑限界，一般距离土路肩不小于25cm，立柱式标志内边缘距离土路肩为25cm，立柱式标志设置示意图如图5.15(a)所示。由于二级道路建筑净界限高为5m，所以悬臂式标志下边缘距离路面的垂直高度为5m，悬臂式标志设置示意图如图5.15(b)所示。

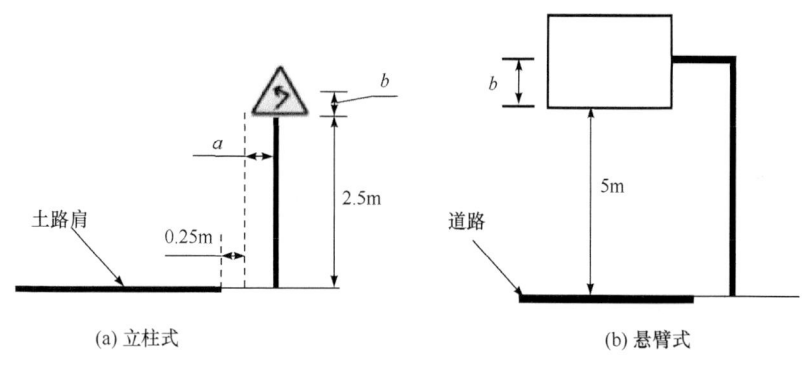

图 5.15　标志设置示意图

驾驶人为了准确认读交通标志信息，其最理想的视野范围为30°(袁方等，2021)。当驾驶人以较低速度行驶时，其视野范围一般大于30°，计算过程中视野范围可选取30°；当视野范围小于30°时，计算过程中取实际视野范围。

本章中急弯路标志、限速标志和安全提示标志为立柱式标志；可变信息板为悬臂式标志。驾驶人视高一般取1.2m(邓天民等，2019)，根据上述路侧式标志高度，以及交通标志与标线标准里规定的标志尺寸、横向位置、高度和驾驶人视野相关信息。根据式(5-35)和式(5-36)可计算出各个标志的消失距离，各标志尺寸与标志消失距离见表5.8。

表 5.8　各标志尺寸与标志消失距离

标志	尺寸/cm		标志消失距离/m
	a	b	
急弯路标志	45	45	18.4
限速标志	40	40	18.1
可变信息板	—	50	20.5

4) 基于安全和效率的连续标志前置距离模型

连续标志视认过程如图 5.16 所示，根据驾驶人的视认过程设计的连续标志设置原理图，依据单个标志设置前置距离原理，推导出连续标志设置前置距离公式，标志 S_2 的前置距离为

$$R_2 = \frac{v_1}{3.6}t_2 + \frac{v_1}{7.2}t_3 + \frac{v_1^2 - v_2^2}{2 \times 3.6^2 \cdot a} - m_2 \tag{5-37}$$

在驾驶安全的基础上，考虑到驾驶效率，驾驶人从车速标志 v_0 降速到 v_1 之后就开始读取标志 S_2 的信息。所以，S_1 距离始读点 B_2 的距离为

$$R_3 = \frac{v_0}{3.6}t_2 + \frac{v_0}{7.2}t_3 + \frac{v_0^2 - v_1^2}{2 \times 3.6^2 \cdot a} - m_1 \tag{5-38}$$

由此计算出标志 S_1 与急弯路段入口的距离为

$$R_1 = R_3 + \frac{v_1}{3.6} \cdot (t_1 + t_2) + \frac{v_1}{7.2}t_3 + \frac{v_1^2 - v_2^2}{2 \times 3.6^2 \cdot a} \tag{5-39}$$

其中，m_1 为标志 S_1 的消失距离；m_2 为标志 S_2 的消失距离；v_1 为过渡车速。

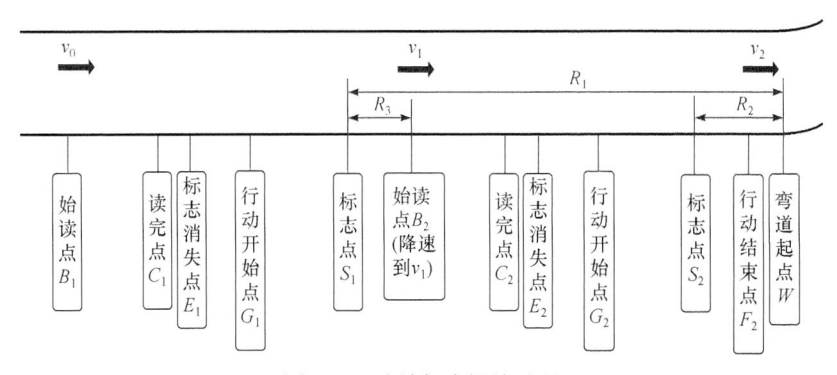

图 5.16 连续标志视认过程

3. 急弯路段运行风险防控系统

本节主要针对弯道车辆侧滑侧翻风险，实现急弯路段运行风险防控系统的开发测试，并介绍弯道路段侧滑侧翻风险预警防控系统，主要从系统的技术方案、硬件设备、软件系统与软硬件测试四个部分进行阐述。

1) 技术方案

弯道侧滑侧翻预警系统具有智能性、实时性的特点。首先，基于不同类型车辆在急弯路段的运行风险特征，分别建立针对车辆侧滑侧翻典型运行风险的全程最优行车速度模型，针对车辆超速等典型运行风险，构建不同类型车辆运行风险预警与分类、差别化防控方法。其次，通过雷达、高清摄像机、称重仪等硬件传感器设备实现数据融合计算和急弯路段的车辆风险信息感知。最后，以驾驶人信

息感知-判断-操作机理为约束，通过可变信息板、定向高音喇叭、标志与标线等声/光/电多模态组合告警手段，匹配形成基于人因理论的急弯路段等级风险分级预警与防控优化方法。侧滑侧翻预警防控系统的设计流程如图 5.17 所示。

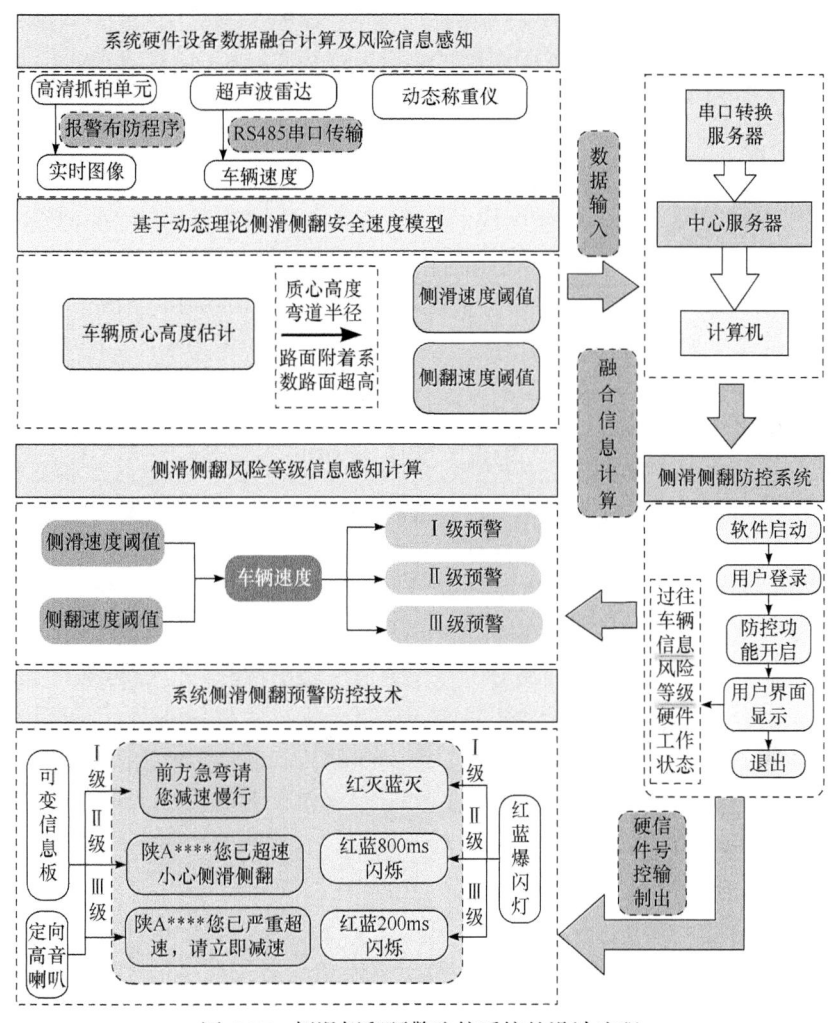

图 5.17　侧滑侧翻预警防控系统的设计流程

(1) 理论基础层面：通过本章提出的基于图像检测的车辆重心高度估计方法，获取车辆的重心高度值。然后基于所建立的车辆侧滑侧翻动力学模型，在防控路段实地测量路面附着系数、弯道半径、道路超高，从而计算得到急弯路段车辆侧滑侧翻的临界速度，与车辆实时速度对比，按照建立风险等级预警规则库得到当前过弯车辆的预警等级(Ⅰ级预警、Ⅱ级预警、Ⅲ级预警，其中等级越高，代表风险越大)。根据急弯路段前设定的低风险区、中风险区、高风险区，利用声/光/电多模态结合的告警装备在不同区段进行分级限速预警防控。

(2) 硬件实现层面：使用 WIM 设备实现车辆不停车称重。通过高清抓拍摄像头获取急弯路段的图像数据，作为车辆重心高度动态估计方法模型的输入，利用超声波雷达模块可以实时感知车辆的运行速度。经侧滑侧翻预警防控系统的风险感知判断后，根据风险等级控制硬件设备的运行状态，定向高音喇叭可以根据侧滑侧翻预警防控系统，通过串口通信端输出信号的不同，播放与Ⅰ级预警、Ⅱ级预警、Ⅲ级预警相对应的语音内容。同样，可变信息板可以在不同的侧滑侧翻风险等级下，显示不同报警文字信息。爆闪灯模块在Ⅰ级预警、Ⅱ级预警、Ⅲ级预警下，可以实现闪烁频率从慢到快的变化，中心服务器实现数据的传输与发送任务。

2) 硬件设备

本软件系统所配备的硬件模块包括高清抓拍单元、BX-6K1 字库卡、超声波雷达、定向高音喇叭、可变信息板、串口转换服务器、红蓝爆闪灯等。

由海康威视生产的 iDS-TCV900-BE 系列的高清抓拍单元具有多通信接口、像素高帧率彩色全局曝光、支持多种类型的车牌号码识别的优点。可变信息板基于仰邦科技生产出的 BX-6K1 字库卡和配套的 SM16188 单片机开发，BX-6K1 字库卡支持三基色，兼容多种可变信息板，支持多种类型的字库版本，通信接口丰富，搭配了全系列涂敷紫外线(ultraviolet ray，UV)三防胶，具有防尘、防潮、防静电、防盐雾等优点。超声波雷达是基于 GS sensor 协议开发的，采用串口通信方式，体积小、重量轻，支持工作灵敏度、速度方向、输出速度单位等参数的自定义设置。定向高音喇叭可以实现计算机端控制音量大小、调节分贝数、控制播放语音内容的功能。红蓝爆闪灯具有功耗低、亮度强的特点。串口转换服务器可以实现串口到以太网口数据的双向透明传输，采用 SGS-THOMSON 半导体公司方案 Crotex-M7 内核，主频高达 400MHz，处理速度更快，数据传输更稳定。系统配套硬件参数见表 5.9。

表 5.9 系统配套硬件参数

设备名称	主要参数
高清抓拍单元	电压：100～240VAC；频率：48～52Hz；分辨率：4096(H)×2160(V)；帧率:25 帧/s，码流:32 Kbit/s～16 Mbit/s
BX-6K1 字库卡	电压：3.5～5.5V；接口：RS232+RS485+USB；控制点数：单色/双色/三基色 32K 点；储存容量：4MB
超声波雷达	电压 12V；通信方式：串中通信；波特率：9600Bit/s；频率：1～20Hz
定向高音喇叭	功率：40W；音量：106dB；尺寸：280mm×170mm×215mm
红蓝爆闪灯	颜色：红蓝双色；电压：110～220V；功率：10W

续表

设备名称	主要参数
可变信息板	扫描点阵数目：192×64
串口转换服务器	工作电压：DC5.0～36.0 V；工作电流：90mA@12V；串口数：4 路串口(RS485)

注：USB(universal serial bus)为通用串行总线。

3) 软件系统

软件的主要目的是防止因速度过快导致的侧滑侧翻事故，实现多级风险判断和多级报警，以期作为弯道路段行车的辅助安全系统，提升道路安全。软件使用C#语言开发，开发平台为 Visual Studio 2017，软件开发基于 C#语言下的 Microsoft.Net Framework 4.5 框架。该软件主要应用于急弯路段场景，包括但不限于山区急弯路段、普通道路中视野受阻的弯道路口等。

系统功能的面向服务对象主要分为两个层面：从系统硬件功能层面上，主要服务于行驶在急弯路段上的机动车驾驶人，通过硬件控制向其释放风险报警信息，保证以安全的速度通过急弯路段；从系统软件层面，主要服务于道路管控人员，控制硬件设备的开关状态、报警布防打开关闭操作，提供实时监控画面、交通过车信息、车辆超速数据等。

软件实时利用外界硬件传感器设备并结合用户端的计算机后台对来车信息进行数据处理、监测，对急弯路段按照每 500ms 频率进行风险研判，通过计算机软件控制道路中的预警防控设备，根据风险等级高低向机动车驾驶人释放差异化的声、光、字形式的报警信息，以弥补待转弯或正在转弯车辆驾驶人对急弯路段交通信息掌握不足的缺陷。软件具有风险识别、报警信息展示、报警信息释放等功能。

软件用户界面直观性强，与面向驾驶人的报警信息(可变信息板滚动文字、红蓝爆闪灯闪烁的频率、语音播放内容)同步变化。

软件整合高清抓拍单元、可变信息板对其进行了设备集成。从面向交管部门使用人员角度出发，主界面共分为六个模块，分别为登录模块、功能控制模块、交互现实模块、实时监控模块、过往车辆信息模块、设备状态模块。

交互现实模块为风险等级和报警信息展示区域，实现定向高音喇叭、红蓝爆闪灯、可变信息板的同步展示；风险信息模块用于视频图像的实时预览，来车信息用于展示来车的车速、车牌、车型信息；预警状态用于展示预警是否开启及设备故障；个人信息管理模块主要用于登录、打开实时监控、录制/停止录制视频、开启/关闭预警、退出程序等功能。软件具有实时监控、画面预览、录像保存、急弯路段实时过车信息统计、过车信息文件本地存储等功能。其中，软件运行主界面如图 5.18 所示。

图 5.18 软件运行主界面

系统使用流程包括以下六步。

(1) 软件启动：计算机客户端上直接打开".exe"可执行应用程序，软件成功启动运行。

(2) 用户登录：输入预设的管理员账号和密码，点击登录设备。

(3) 实时预览/停止预览：点击"实时预览"按钮，可以将卡口相机捕获的监控视频图像回传到软件界面中，预览成功后，按钮变成"停止预览"。点击"停止预览"按钮，图像回传通道关闭，停止视频实时播放预览，按钮变为"实时预览"。

(4) 开启/关闭预警：点击"关闭预警"按钮，卡口相机只回传视频图像，对过往车辆不做任何信息处理；点击"开启预警"按钮，定时研判过弯车辆的风险等级，控制声/光/电多模态硬件告警设备。

(5) 实时/停止录像：点击"实时录像"按钮后，软件对高清抓拍单元捕捉的画面进行录像操作，此时按钮显示为"停止录像"，录像结束后，点击"停止录像"按钮视频文件自动保存到当前程序运行文件夹中。

(6) 软件退出：用户点击退出个人管理模块中的"退出"按钮，退出系统程序。

4) 软硬件测试

在实验室环境下，先对软件的硬件测试控制效果进行测试，其中风险等级所依赖的车辆速度、车辆监控图像、路面附着系数均在软件中人为虚拟提供。

在完成软件测试和硬件控制测试后，进行软件配套硬件设备的实地安装，并将侧滑侧翻预警防控软件计算机端接入中心服务器后进行测试。

4. 防控效果模拟驾驶验证

1) 模拟驾驶方案设计

通过模拟驾驶实验，验证本次提出的急弯连续预警系统的有效性。模拟驾驶平台为长安大学汽车运输安全保障技术交通行业重点实验室的人-车-环境系统虚拟仿真实验平台。该模拟器硬件包括实车、六自由度平台、计算机等设备。投影系统为5通道系统，前方3通道，后方2通道，为驾驶人提供接近真实的道路场景，急弯模拟驾驶场景如图5.19所示。

图 5.19　急弯模拟驾驶场景

该模拟器以100Hz的频率记录车辆行驶状态数据。驾驶人动作参数包括方向盘转角、方向盘转速、加速踏板和制动踏板；车辆运行参数包括行驶速度、横向加速度和纵向加速度、横向车道位置以及行驶距离等。

本节试图实现急弯路段不同预警方案作用效果的量化评估，为此使用Multigen Creator 软件建立一条 15km 长的山区公路，该公路由多个急弯路段和直线路段组成，并且在急弯路段和直线路段处分别由黄色虚线和黄色实线进行分隔。道路场景基本参数如表5.10所示。

表 5.10　道路场景基本参数

道路特征	设计参数
等级	三级道路
类型	双向二车道
设计速度/(km/h)	60

续表

道路特征	设计参数	
单车道宽度/m	3.5	
右侧路肩宽度/m	硬路肩	0.75
	土路肩	0.75
净空高度/m	5.0	
长度/km	15	
急弯坡度/%	5	
急弯超高/%	6	
急弯半径/m	125	

根据车辆和道路参数，急弯路段安全速度阈值为30km/h。为了模拟车辆的超速行为，车辆的初始速度设置为80km/h。实验包含三个场景方案设计：急弯路标志(对照组)，急弯路标志+可变限速板，急弯路标志+可变限速板+可变信息板，实验方案设计如表5.11所示。

表 5.11 实验方案设计

车速/(km/h)	方案	标志前置距离/m
80	方案 a：急弯路标志(对照组)	50
	方案 b：急弯路标志+可变限速板	305，95
	方案 c：急弯路标志+可变限速板+可变信息板	360，190，55

所有驾驶人需要先进行 5～10min 的模拟驾驶，以熟悉模拟器的转向和刹车等操作，特别是在急弯路段之前和进入急弯路段的过程中。为了避免学习效应的影响，用于试驾的道路是另一条具有急弯路段的双向二车道的山区公路，与正式实验的道路场景不同。训练过程中，模拟场景中未设置任何急弯路段提示和限速标志。

在正式实验过程中，要求被试保持在右侧车道行驶，并且保持车速在 80km/h 左右，进入急弯路段时根据自身驾驶经验和道路指示控制车辆的过弯速度。

2) 防控效果评估

实验主要采集了车辆位置、速度、加速度等参数，主要针对速度和加速度等数据进行处理与分析。由于本次预警设备主要安置在急弯路段之前，所以主要分析急弯路段之前的车辆数据。

第 5 章 急弯路段运行风险评估与防控

实验方案 a 中行动结束点在 0m(急弯路段入口)的位置，方案 b 中行动结束点的位置在 0m 和 145m 的位置，方案 c 中行动结束点在 0m、105m、245m 的位置，其行动开始点在 430m 的位置，所以本次选取急弯路段前 0m、105m、145m、245m、430m 的位置，研究每个减速区间的参数变化值。

(1) 行动结束点速度。

在正常减速路段驾驶过程中，行动结束点速度可以用于评估不同减速区间对降低驾驶人车速方面的有效性，三组被试的行动结束点速度变化图如图 5.20 所示。

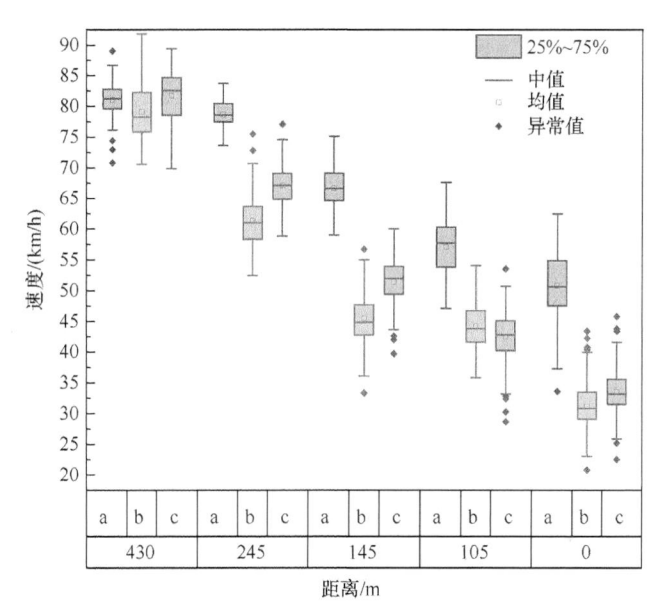

图 5.20 行动结束点速度变化图

如图 5.20 所示，430m 的时候三种方案均未进入减速区间，所以三种方案的速度均在 80km/h 附近。在 245m 的时候，方案 a 未进入减速区域，所以其速度稳定在 80km/h 左右，方案 b、c 进入第一个减速区域，所以速度有所下降，其均值分别为 61km/h、67km/h。在 145m 的位置，方案 a 也进入减速区域，已开始减速，在 0m 位置，即急弯路段入口。方案 a 的均值为 50km/h，与目标速度 30km/h 相差较大，而方案 b、c 分别降到了 31km/h 和 33km/h 的速度，接近目标速度值，所以从行动结束点速度变化图中可以看出，方案 b、c 的预警效果更好，主要是因为方案 b、c 的前置距离比较长，驾驶人有足够的反应距离。

三组数据在不同区间内满足方差齐性，在 SPSS 软件中使用方差分析(analysis of variance, ANOVA)检验不同方案在不同区间对行动结束点速度是否存在统计学上的显著影响，行动结束点速度的单因素方差分析表如表 5.12 所示。

表 5.12 行动结束点速度的单因素方差分析表

位置/m	不同方案的行动结束点速度/(km/h)			$F(2,312)$	p	95%置信区间	
	方案 a M(SD)	方案 b M(SD)	方案 c M(SD)			上限	下限
430	81.05(2.72)	79.12(4.28)	81.76(3.78)	14.708	<0.001	11.463	15.697
245	78.70(2.30)	61.34(4.08)	67.06(3.23)	758.859	<0.001	9.303	12.740
145	66.68(3.34)	45.50(4.05)	51.41(4.03)	859.666	<0.001	12.543	17.175
105	57.09(4.34)	44.23(3.77)	42.49(4.21)	394.613	<0.001	14.563	19.942
0	50.84(5.38)	31.17(4.36)	33.51(3.85)	579.577	<0.001	17.988	24.632

注：M 为均值，SD 为标准差。

由表 5.12 得出：在 430m 位置($F(2,312)=14.708$, $p<0.001$)、245m 位置($F(2,312)=758.859$, $p<0.001$)、145m 位置($F(2,312)=859.666$, $p<0.001$)、105m 位置($F(2,312)=394.613$, $p<0.001$)以及 0m($F(2,312)=579.577$, $p<0.001$)位置，不同方案下的速度采集结果均有显著差异。

(2) 区间平均速度。

区间平均速度是指在每个标志视认过程中的速度均值，可用于评估不同连续减速方案在降低驾驶人车速方面的有效性。结合区间平均速度变化图可以更直观地看到三种方案的速度变化规律。从区间平均速度(图 5.21)可以得出，三种方案在不同区间均有不同幅度的降速，相比于方案 a(对照组)，方案 b、c 在降低平均速度方面更加明显，并且在 0~105m 区间，方案 a 还没有降低到目标速度。该结论与行动结束点的速度变化规律相对应。

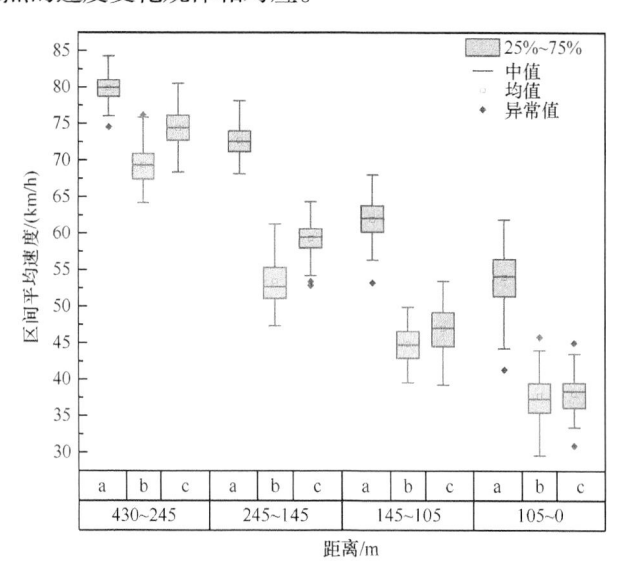

图 5.21 区间平均速度

为进一步分析三种方案对不同区间的平均速度是否存在统计学上的影响,使用 SPSS 软件进行 ANOVA 检验分析,不同区间平均速度的单因素方差分析表如表 5.13 所示。结果表明,三种方案对不同区间的平均速度均有显著差异($p<0.001$)。

表 5.13 不同区间平均速度的单因素方差分析表

位置区间/m	不同方案的区间平均速度/(km/h)			$F(2,312)$	p
	方案 a	方案 b	方案 c		
430~245	79.88	69.37	74.39	468.162	<0.001
245~145	72.69	53.41	59.25	1746.835	<0.001
145~105	61.88	44.85	46.97	1197.108	<0.001
105~0	53.97	37.74	38.05	903.484	<0.001

(3) 平均减速度。

考虑到不同的连续减速方案在不同区间的降速效果不一样,所以本节选取平均减速度指标用来研究三种方案在不同区间的减速效果,并且平均减速度绝对值越小,表明驾驶人速度调控能力越强。从不同区间平均减速度单因素方差分析表 5.14 中可以得出,三种方案均在接近急弯路段入口处减速度比较大,其在 105~0m 区间的减速度均超过 $1m/s^2$。对于方案 a,前三个区间内的平均减速度的绝对值相对较小,但在 105~0m 区间内的平均减速度达到 $-2.1795m/s^2$,所以方案 a 主要在接近急弯路段入口进行急减速,而方案 b、c 虽然也在最后区间减速较大,但是相对于方案 a,方案 b、c 在前三个区间的减速度也较大,减速过程更加平缓,没有出现很明显的急减速情况。当通过 SPSS 软件进行 ANOVA 显著性分析时,三种方案在前三个区间的平均减速度并没有显著差异,但在最后一个区间(105~0m)存在显著差异($F(2,310)= 6.785$, $p=0.005$)。进而分析急弯路段前的平均减速度,相对于方案 a(对照组),方案 b、c 的平均减速度要小,但并无显著性差异($p=0.468$)。

所以在平均减速度的指标上,相比方案 a(对照组),方案 b、c 在减速过程中明显更加平缓,且在减速区域的分布相对比较均匀。相比于方案 b,方案 c 在后面三个区间内的平均减速度更小,行驶更加平缓,所以连续减速方案中,方案 c 效果更好。

表 5.14 不同区间平均减速度单因素方差分析表

位置区间/m	不同方案的区间平均减速度/(km/h)			$F(2,310)$	p
	方案 a	方案 b	方案 c		
450~245	−0.3471	−0.1652	−0.7083	0.110	0.897
245~145	−0.4111	−0.6142	−0.5046	0.167	0.847

续表

	位置区间/m	不同方案的区间平均减速度/(km/h)			F(2,310)	p
		方案 a	方案 b	方案 c		
	145~105	−1.1412	−1.0185	−0.8603	2.732	0.085
	105~0	−2.1795	−1.1163	−1.0240	6.760	0.005
急弯路段前平均减速度/(m/s²)	450~0	−1.0197	−0.285	−0.7743	0.785	0.468

本节主要讨论了三种方案对被试在急弯路段前的驾驶表现，从行动结束点速度和区间平均车速两个指标可以看出，相对于方案 a，连续减速方案 b、c 明显开始提前减速，并且均能降低到安全车速附近。从区间平均减速度的指标来看，相比方案 a(对照组)，方案 b、c 在减速过程中明显更加平缓，在减速区域的分布比较均匀，不会出现急减速的情况。相比于方案 b，方案 c 在后面三个区间内的平均减速度更小，行驶更加平缓，所以连续减速方案中，方案 c 效果更好。

5.4 本章小结

本章以急弯路段道路交通安全为研究对象，分析了急弯路段行车风险及预警与防控技术现状；提出了基于称重设备和图像检测的车辆重心高度估计方法，建立了急弯路段车辆侧滑侧翻力学模型；提出了车辆侧翻侧滑风险预警防控技术，基于驾驶人视认过程确定了连续标志的限速位置，并对急弯路段车辆侧翻侧滑防控方案进行了模拟驾驶验证，研究结果能够为提高急弯路段车辆的运行安全提供技术支持。

参 考 文 献

邓天民, 罗骁, 邵毅明, 等. 2019. 山区公路曲线路段汽车轨迹模式与切弯行为[J]. 东南大学学报(自然科学版), 49(2): 388-396.

高轲轲, 王令飞. 2019. 基于行驶稳定性的大风天气下桥梁行车安全研究[J]. 黑龙江交通科技, 42(6): 96-99.

郭威. 2013. 公路桥梁侧风行车安全对策的数值方法研究[D]. 西安: 长安大学.

胡宏宇, 周晓宇, 张慧珺, 等. 2020. 考虑肌电信号的驾驶人弯道操纵行为分析[J]. 中国公路学报, 33(6): 77-83.

戢晓峰, 谢世坤, 覃文文, 等. 2021. 基于轨迹数据的山区危险性弯道路段交通事故风险动态预测[J]. 中国公路学报, 35(4): 9.

雷星蕾. 2012. 大风条件下车辆侧向滑移与行车安全关系研究[D]. 西安: 长安大学.

柳本民, 廖岩枫, 涂辉招, 等. 2021. 基于模拟实验的低等级公路车辆过弯风险预测模型[J]. 同济大学学报(自然科学版), 49(4): 499-506.
曲桂娴, 贺玉龙, 孙小端, 等. 2019. 半挂汽车列车高速公路弯道下坡路段运行安全研究[J]. 中国公路学报, 32(2): 174-183.
王慧丽, 史忠科. 2013. 山区道路车辆侧翻模型与安全分析[J]. 交通信息与安全, 31(3): 93-97.
徐进, 毛嘉川, 罗庆, 等. 2015. 公路单曲线弯道汽车转向行为拓扑特性分析[J]. 武汉理工大学学报(交通科学与工程版), 39(4): 680-687.
徐中明, 于海兴, 伍小龙, 等. 2013. 车辆侧翻指标与侧翻风险因素分析[J]. 重庆大学学报, 36(3): 25-31.
许多, 方守恩, 陈雨人. 2017. 山区公路弯道预警方法研究[J]. 交通信息与安全, 35(6): 19-24.
余贵珍, 李芹, 王云鹏, 等. 2014. 车辆弯道行驶侧倾稳定性分析与侧翻预警研究[J]. 北京工业大学学报, 40(4): 574-579.
袁方, 杨轸. 2021. 双车道公路弯道回旋线长度对行车特性的影响[J]. 同济大学学报(自然科学版), 49(2): 227-235.
赵树恩, 屈贤, 张金龙. 2015. 基于人车路协同的车辆弯道安全车速预测[J]. 汽车工程, 37(10): 1208-1214, 1220.
Anarkooli A J, Hosseinpour M, Kardar A. 2017. Investigation of factors affecting the injury severity of single-vehicle rollover crashes: A random-effects generalized ordered probit model[J]. Accident Analysis & Prevention,106: 399-410.
Azimi G, Rahimi A, Asgari H, et al. 2020. Severity analysis for large truck rollover crashes using a random parameter ordered logit model[J]. Accident Analysis & Prevention, 135: 105355.
Bochkovskiy A, Wang C, Liao H. 2020. YOLOv4: Optimal speed and accuracy of object detection[J]. arXiv:2004.10934.
Bosetti P, Da Lio M, Saroldi A. 2015. On curve negotiation: From driver support to automation[J]. IEEE Transactions on Intelligent Transportation Systems,16(4): 2082-2093.
Bradley W, Mohammad S. 2019. Cloud-based dynamic warning system[R]. Minnesota: Upper Great Plains Transportation Institute North Dakota State University.
Breiman L, Friedman J, Olshen R, et al. 1984. Classification and Regression Trees [M]. Boca Raton: CRC Press.
Charlton S G. 2007. The role of attention in horizontal curves: A comparison of advance warning, delineation, and road marking treatments[J]. Accident Analysis & Prevention,39(5): 873-885.
Chu D, Deng Z, He Y, et al. 2017. Curve speed model for driver assistance based on driving style classification[J]. IET Intelligent Transport Systems,11(8): 501-510.
Dell'Acqua G. 2015. Modeling driver behavior by using the speed environment for two-lane rural roads[J]. Transportation Research Record, 2472(1): 83-90.
Deng Z, Chu D, Wu C, et al. 2019. Curve safe speed model considering driving style based on driver behaviour questionnaire[J]. Transportation Research Part F: Traffic Psychology and Behaviour, 65: 536-547.
Dhahir B, Hassan Y. 2018. Studying driving behavior on horizontal curves using naturalistic driving study data[J]. Transportation Research Record, 2672(17): 83-95.
Dong Z, Wu Y, Pei M ,et al. 2015. Vehicle type classification using a semisupervised convolutional

neural network[J]. IEEE Transactions on Intelligent Transportation Systems, 16(4): 2247-2256.

Glaser S, Mammar S, Sentouh C. 2010. Integrated driver-vehicle-infrastructure road departure warning unit[J]. IEEE Transactions on Vehicular Technology, 59(6): 2757-2771.

Hallmark S L, Qiu Y, Hawkins N, et al. 2015. Crash modification factors for dynamic speed feedback signs on rural curves[J]. Journal of Transportation Technologies, 5(1):9-23.

Jeong H, Liu Y. 2017. Horizontal curve driving performance and safety affected by road geometry and lead vehicle[J]. Proceedings of the Human Factors and Ergonomics Society Annual Meeting, 61(1): 1629-1633.

Kazemi R, Janbakhsh A A. 2010. Nonlinear adaptive sliding mode control for vehicle handling improvement via steer-by-wire[J]. International Journal of Automotive Technology, 11(3): 345-354.

Kordani A A, Javadi S, Fallah A. 2018. The effect of shoulder on safety of highways in horizontal curves: With focus on roll angle[J]. KSCE Journal of Civil Engineering, 22(8): 3153-3161.

Liu W, Anguelov D, Erhanet D, et al. 2016. SSD: Single Shot Multibox Detector[M]. Berlin: Springer.

Monsere C M, Nolan C, Bertini R L, et al. 2005. Measuring the impacts of speed reduction technologies: Evaluation of dynamic advanced curve warning system[J]. Transportation Research Record, 1918(1): 98-107.

Qu S, Wang W, Wan J, et al. 2019. Curve speed modeling and factor analysis considering vehicle-road coupling effect[C]. The 5th International Conference on Transportation Information and Safety , New Jersey: 1127-1131.

Redmon J, Farhadi A. 2018. YOLOv3: An incremental improvement[J]. arXiv:1804.02767.

Ren S Q, He K W, Girshick R, et al. 2017. Faster R-CNN: Towards real-time object detection with region proposal networks[J]. IEEE Transactions on Pattern Analysis and Machine Intelligence, 39 (6): 1137-1149.

Rezatofighi H, Tsoi N, Gwak J Y, et al. 2019.Generalized intersection over union: A metric and a loss for bounding box regression[C]. 2019 IEEE/CVF Conference on Computer Vision and Pattern Recognition, Long Beach: 658-666.

Savitzky A. 1964. Smoothing and differentiation of data by simplified least squares procedures[J]. Analytical Chemistry, 36: 1627-1639.

Shauna L H, Yu Q, Neal H, et al. 2015. Crash modification factors for dynamic speed feedback signs on rural curves[J]. Journal of Transportation Technologies, 5(1): 9-23.

Tiengo W, Costa E B, Fechine J M. 2016. Reducing risk of rollover in curve for heavy-duty vehicles with an agent-based advanced driver assistance system[C]. 2016 IEEE International Conference on Computer and Information Technology , New Jersey: 65-72.

Vieira F S, Larocca A P C. 2017 Drivers' speed profile at curves under distraction task[J]. Transportation Research Part F: Traffic Psychology and Behaviour, 44: 12-19.

Wang C Y, Liao H Y M, Wu Y H, et al. 2020. CSPNet: A new backbone that can enhance learning capability of CNN[C]. 2020 IEEE/CVF Computer Society Conference on Computer Vision and Pattern Recognition Workshops,New Jersey:1571-1580.

Wu Y, Zhao X, Rong J, et al. 2013. Effects of chevron alignment signs on driver eye movements, driving performance, and stress[J]. Transportation Research Record, 2365(1): 10-16.

Yang J, Chu D, Wang R, et al. 2019. Coupling effect modeling of driver vehicle environment factors influencing speed selections in curves[J]. Proceedings of the Institution of Mechanical Engineers, Part D: Journal of Automobile Engineering, 234(7): 2066-2078.

Zhao X, Huang L, Guan W, et al. 2015a. Evaluation of effects of warning sign position on driving behavior in horizontal sharp curves[J]. Advances in Mechanical Engineering, 7(2): 971290.

Zhao X, Wu Y, Rong J, et al. 2015b. The effect of chevron alignment signs on driver performance on horizontal curves with different roadway geometries[J]. Accident Analysis & Prevention, 75: 226-235.

Zhou Z, Zhang H, Zhan Y. 2012. Systematic simulation on safe driving behavior in steep curved sections of two-lane[J]. Journal of Theoretical and Applied Information Technology, 45(2): 472-479.

Zwahlen H T. 1987. Advisory speed signs and curve signs and their effect on driver eye scanning and driving performance[J]. Transportation Research Record, 1111: 110-120.

第6章 高风险交通行为车-路协同防控技术

6.1 概 述

采用先进的无线通信和新一代互联网技术等,全方位实施车-车、车-路动态实时信息交互,并且在全时空动态交通信息采集与融合的基础上开展车辆主动安全控制和道路协同管理,充分实现人-车-路的有效协同,保障交通安全,提高通行效率,从而形成安全、高效和环保的道路交通系统,即车-路协同系统,成为目前智慧交通研究的热点。车联网是车-路协同的基础,其借助新一代信息通信技术,实现车辆与人、车、路、服务平台之间的网络连接,有效提高了智能车辆感知与决策的能力,为车辆安全运行提供了新的控制手段。

感知技术是车辆安全控制的基础。目前,使用的大部分路侧或车载预警系统依靠的传感器较为单一,且预警手段存在较大的局限性。在实际应用场景中,驾驶人存在个体差异,运行风险多元多级且风险在点、线、面存在耦合传导,因而在处理高风险交通行为时难以达到预期效果。利用车-路协同技术,借助路侧与车载传感器的协同感知,构建一套全时空动态交通信息采集的多传感器网络,可以提升交通系统运行风险评估能力,进而对驾驶人或者车辆风险行为进行有效预警。

目前,面向交通安全应用的路侧传感器有摄像头、激光雷达、毫米波雷达等。其中,摄像头主要通过图像处理算法识别监测交通参与者并监测实时位置,常应用于行人识别、车辆位置跟踪等,此类传感器主要存在精度较低、对环境敏感等问题。激光雷达主要通过发射激光束的方式对周围环境进行探测,可以更好地获得深度信息,并能重构出道路环境的三维模型。但是,激光雷达价格高,且在雨雪、雾霾等极端天气下性能较差。毫米波雷达的优势在于稳定性更高,可全天时、全天候工作,拥有较好的抵抗环境干扰的能力。在路侧端,毫米波雷达可以应用于车速测量、电子警察系统、流量监控等领域。毫米波雷达主要存在分辨率较低、可视范围较小等问题。

上述传感器在车载端也有广泛的应用,它们的感知对象为车辆运行环境、运动状态与驾驶人行为、意图等。这些车载设备有助于车载的辅助驾驶系统提高车辆行驶的安全性与舒适程度。随着智能汽车的普及,车辆自身运动状态的采集变得更加容易。通常,智能车辆的电子控制单元通过控制器局域网络(controller area network, CAN)总线与各传感器、微控制器相连接,实现信息的交互。除了车辆的速度、加速度等运动学信息外，使用CAN总线还可与动力转向系统、车辆控制系统、能源管理系统等多个组件相连接，获取更多的有用信息。除此以外，驾驶人的行为信息也是车内信息中一个非常重要的部分。通过车内摄像头或其他生物传感器实时监测驾驶人的状态，能够防止其出现风险驾驶行为。目前，较为常见的应用有驾驶人疲劳检测、分心检测、情绪检测等。对于驾驶人的意图识别也是人们研究的热点之一，通过驾驶人的眼部位置或身体动作识别出其行为意图，有助于提高车辆位置预测的准确性。

路侧端与车载端的传感器各具特点，路侧端传感器视野更为开阔，对一定路段内的交通状况有较好的监测效果，可进行多目标的追踪与定位；车载端传感器则从车辆本身出发，可达到对运行车辆周围环境的有效监控，同时读取车辆与驾驶人的状态。因此，使用路侧端传感器对道路进行总体感知，并与车载端传感器读取到的特定个体车辆的行驶状态进行融合，可以形成完备的交通运行安全状态感知。

在对车辆运行状态进行有效感知的基础上，可以对驾驶风险进行评估，进而设计预警策略。目前，较为成熟的预警手段主要集中在路侧端。其中，最常见的路侧交通警示系统是通过信号灯、标示板、定向高音喇叭和红蓝爆闪灯来警示驾驶人，避免危险驾驶行为。利用网络技术，通过智能交通调度，将警示信息通过网络动态发布到路侧安全防控设备上，已经成为我国公路交通安全防控的重要手段之一。特别是针对易发生交通事故的隐患路段、风险路段，我国已经利用路侧设施对驾驶人警示的方式建立了多套具有示范推广意义的交通风险防控系统。2017年，开始在杭州湾跨海大桥使用的智能化事故防控系统，便是通过采集当前跨海大桥监控摄像机的图像进行分析的，对车辆逆行、违法停车、缓慢行驶、洒落物、行人等异常交通事件进行检测。当监测发现交通风险状况时，便可以利用全桥156个定向高音喇叭、78个警示灯进行预警[1]。对于长下坡路段，福建省公安厅交警总队提出了一套三级测速防控体系对超速行为进行警示。在这套体系中，在长下坡全路段设有多处点测速及区间测速，并依靠可变信息板将违法车辆的车速及车牌号实时发布，不但时刻提示驾驶人保持安全车速，同时通过公告起到震慑后续车辆的作用[2]。这些典型的基于路侧端设施的交通风险防控系统在实际运行中已经体现出较好的防控效果，其优点为预警范围广、震慑效果好、调控作用强，但其缺点也十分明显，即滞后较大、靶向性差，难以针对特定的驾驶人发出及时且有效的预警信息。

车载安全防控设备则可以较好地弥补路侧端预警设备的问题。作用于人的车

---

[1] 交通运输科技网 https://chinaijt.com/m/view.php?aid=10437。
[2] 智慧交通网 http://www.its114.com/html/itswiki/trafficM/2015_12_62885.html。

载防控系统主要依靠对驾驶人发出刺激的方式,实现驾驶人风险行为矫正。此类设备在"两客一危"车辆上应用较多,通过分析驾驶人的生理信号(如驾驶人面部特征等)以及非生理信号(如驾驶行为数据等),判断驾驶人是否存在疲劳驾驶、分心驾驶等情况,并使用指示灯、声音、振动等方式对驾驶人进行预警。此类防控方式作用于人,在风险等级较低时可采用,促使驾驶人及时终止危险驾驶行为,修正行车轨迹。当风险等级较高时,可直接对车辆进行控制,最为常见的应用为车辆主动制动系统,当车辆与前车碰撞时间小于一定值时,车辆直接制动,降低碰撞概率。由以上可以看出,车载端的防控设备直接作用到可能发生危险的驾驶人车辆,可更快地产生效果。

目前,交通安全预警系统的设计问题已在学术界与工业界得到广泛研究。但预警系统设计的一般规律以及可拓展性依然是目前研究的热点和难点。

在路侧交通监控设备、车载感知设备、路侧主动防控设备以及车载主动防控设备的感知与触发信息可以通过网络互联的前提下,可以通过路侧与车载信息融合,使用路侧与车载的主动防控设备对交通风险行为的自主矫正以及对交通风险行为的主动防控,是目前有可能超越现有传统方法的新技术,也是本章论述的重点。相较于传统基于道路规则化的交通安全防控技术,车-路协同的自主矫正与主动防控技术可以实现从道路区域"断面式"的安全防控到具体个体车"靶向精准"的主动安全防控。这项技术的核心是感知信息的融合以及防控决策的设计。

路侧端和车载端联合自主矫正与主动防控技术框图如图 6.1 所示。在该技术

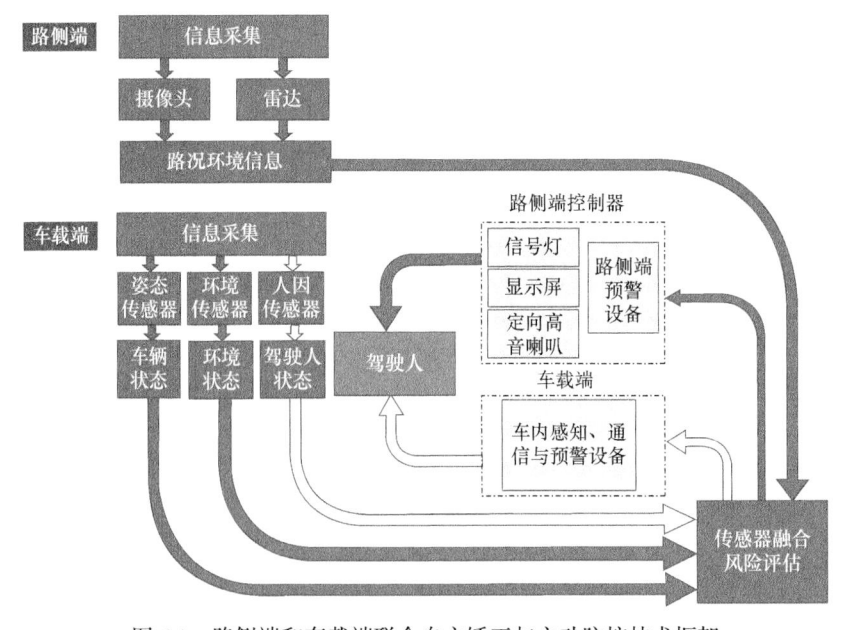

图 6.1 路侧端和车载端联合自主矫正与主动防控技术框架

框架下,空心箭头回路为单车安全控制回路,通过车载端设备对驾驶人的危险行为进行实时矫正。实心箭头回路为车流级安全控制回路,从路网端进行车流级管控以减少风险行为的发生。

本章内容主要分为两个部分:第一部分是基于可穿戴设备的交通风险车-路协同防控技术,主要介绍可穿戴设备在交通风险防控系统中发挥的作用及其优势;第二部分是基于强化学习的驾驶人差异性交通风险车-路协同防控技术,主要阐述驾驶风格识别技术以及基于驾驶人差异性的防控技术的意义。

6.2 基于可穿戴设备的交通风险车-路协同防控技术

6.2.1 系统总体设计

车辆在道路上行驶时,往往会由于驾驶人的风险操作产生一定的危险,并对驾驶车辆、其他车辆以及路上行人的安全造成严重影响。在实际场景中,不同风险的形成原因、作用形式、产生影响均存在较大差异。因而,针对风险特点设计相对应的主动预警措施,并对该行为进行矫正,降低当前的驾驶风险等级,是实现风险管控的主要手段。

一种较为直接的风险管控方法是,通过融合多传感器检测驾驶人与车辆的状态,并对当前车辆的风险等级进行评估。当风险等级高于一定阈值时,风险预警系统发出预警信息,给驾驶人以相应的刺激,当风险等级下降到阈值以下时,预警信息发送停止,不再对驾驶人施加刺激。采用这一方式,可构成一个包含风险等级反馈的闭环回路,通过此回路可将车辆的风险等级降低到某一设定值以下,防止高风险行为的发生,提升驾驶的安全性。

在搭建整套风险防控系统时,应分为感知端、评估端、预警端。感知端主要实现道路状态、车辆状态、驾驶人状态的监测。评估端融合感知端回传的信息对风险类型进行识别,对风险等级进行评估。预警端依据评估端得到的风险类型与风险等级采取对应的预警措施。此系统从车载端与路侧端收集不同形式的传感器信息,通过 V2X(vehicle to everything)设备进行信息的传输与交互,从而在云端服务器完成风险识别与等级评估。下位的预警执行设备根据识别的风险类型与分析出的风险等级完成相应的预警操作。车-路协同信息流如图 6.2 所示。

具体来说,风险防控系统的感知端完成车载端与路侧端的信息融合,便于评估端完成风险类型的识别与评估。当车辆在道路上行驶时,主要面临的风险有:来自车辆自身的超速、违法越线、违法停车等;来自外部环境的车辆追尾、行人碰撞等;来自驾驶人的疲劳驾驶、分心驾驶等。采用路侧端摄像头的方式,可完成违法行为的识别。通过路侧端摄像头与雷达融合的方式可实现一定环境内车辆、

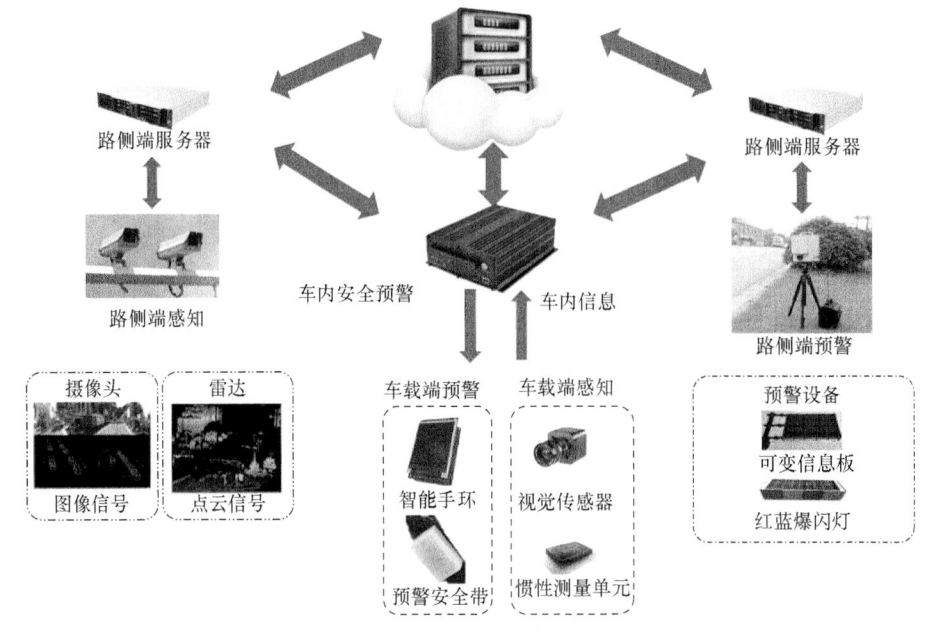

图 6.2 车-路协同信息流

行人等交通参与者的位置锁定，引入车载端 CAN 总线读取的车辆速度、加速度、前轮转角、油门刹车踏板扭矩等信息，可进一步扩充交通参与者的状态矩阵。通过车内摄像头提取驾驶人的面部信息，应用心率传感器等作为补充，可以实现对驾驶人的状态监测。

风险防控系统的评估端完成风险状况的识别与评估。在车辆行驶过程中，会出现各种类型的风险状况，面向不同风险状况采取的防控措施差异较大，因此风险状况的辨识十分重要。即使面临相同的风险，其导致最终损失的可能性不同，造成的影响大小也存在差异，风险防控系统需要相对应地采用合适的防控措施。以防追尾系统为例，当风险等级较低时，可采取语音提醒等措施警示驾驶人；当风险等级极高时，应直接介入车辆制动系统，紧急刹车。

最后是风险防控系统的预警端，也即防控的执行端，依照评估端的分析结果采取对应的措施。预警端在路侧端主要提供视觉与听觉的警示。目前，学术界已经针对路侧端感知设备的部署位置、播送内容开展了较多研究。Rahman 等(2017)设计了指示车辆降速的路侧标识系统，当车辆驶入人口密集的工作区时，按照位置顺序发送警示信号，降低车辆速度。也有研究针对信号发出的形式展开驾驶实验，通过对照实验测试信号内容、刷新率、信号牌位置对车辆减速效率的影响。车载端的预警方式主要基于可穿戴设备，其具体设计方式已在第 2 章进行了详细讲述。其主要的预警形式、刺激形式包括：视觉、听觉、触觉。视觉刺激主要是将预警内容显示在设备的屏幕上,通过图像、文字的形式警醒驾驶人面临的风险。听觉刺激通过蜂鸣报警器与语音提醒两种形式发布预警信息。触觉刺激由可穿戴设备上配备的振动马达传递。其中,视觉刺激的图像、文字,听觉刺激的蜂鸣报警器频率、音量大小,语音提示的内容,触觉刺激振动的振幅、频率均是可调节的量,因此可根据风险等级发出对应的刺激信号。如上所述的三种刺激信号可同时发出,可采用相应的实验测试车载预警系统发送多元素多级别刺激信号的效果,进而针对不同等级、不同形式的风险设置对应的预警模式。

综上,在基于可穿戴设备的交通风险车-路协同防控技术中,可穿戴设备主要负责部分驾驶人信息的采集与车内的预警。通过联合其他车载端设备与路侧端设备,可构成一套闭环系统,将车辆的风险等级降低到一个安全的设定值下。

6.2.2 车载可穿戴设备设计与功能实现

为保证上述系统的顺利运行,需设计相对应的感知与预警设备。当前市面上的路侧端传感器与预警装置已较为成熟,且已较好地部署在相应风险路段上,而随着智能汽车的普及,基于 CAN 总线等技术的车辆状态读取方法也已得到广泛应用。但是,针对驾驶人状态的感知机制以及对应预警方法的研究仍然较少,开发出的设备存在较多缺陷,并未得到广泛应用,因此仍是一个值得探索的领域。

目前,市面上的车载智能防控设备存在诸多缺陷和不便因素,首先是风险防控系统的形式,其主要基于车载多媒体设备,这种设备所能提供的生物学刺激有限。这类车载智能系统普及性差,装配车载智能系统的车辆较少,通过将系统直接添加到车体上的安装方式难度较大,部分老旧车辆难以实现对应的改装。即使车辆装配了车载智能系统,由于不同车载智能系统的底层硬件、操作系统、访问权限等存在较大差异,二次开发难度极大,不具有可操作性。为保证设备的灵活性与轻便性,面向车载端设计的主动防控设备最好设计为可穿戴设备的形式。对感知端而言,可穿戴设备贴近驾驶人身体,便于采集驾驶人的心率等生物电信号;对预警端而言,可穿戴设备可发出视觉、听觉、触觉等多元刺激信号,穿戴于身体上使信息的传导更直接。

在实际使用中,将可穿戴设备设计成手环与安全带的形式最为符合感知与预警作用的需求。手环体积小,便于携带,安全带是每辆车内的必需物品,设计如磁吸的方式将设备吸附于安全带表面,即可开始工作,安装和拆卸都十分简便,无须将设备带出车辆,较好地实现了设备与使用场景的绑定。

在可穿戴设备设计实现时,需考虑三点功能,即感知功能、传输功能、预警功能。首先是感知功能,可穿戴设备由于体积较小,可植入的传感器较为有限,主要为心率传感器、惯性测量单元。心率传感器用于采集心率信号,便于感知驾驶人的生理状态,应用较多的领域如驾驶人疲劳检测、驾驶人情绪监测,使用心率传感器可以收集驾驶人的心率，并处理一定的特征信息。以疲劳检测为例，该过程主要提取驾驶人的瞬时心率、平均心率，并通过采集一段时间内的心率波动信号处理得到心率变异性指标，如心率周期的标准差、均方差、低频段与高频段的功率，作为评判驾驶人疲劳的特征(张文影，2020)。惯性测量单元可作为车辆行驶状态的一种补充，通过测量加速度、角速度等信息辅助推断车辆的位姿信息。由于可穿戴设备的位置与姿态会随着驾驶人的动作而产生变动，如何从其中的惯性测量单元读取有用信息是目前研究的难点之一(Gelmini et al., 2021)。可穿戴设备需与车载中央处理单元进行信息交互，发送传感器信息，接收预警指令，因而其必须具备一定的传输功能。常见的短距离通信协议有 Wi-Fi、蓝牙等。相较于 Wi-Fi 通信协议，蓝牙具有通信设备体积小、连接较为简单、可开发性强等优势，主要使用的工况为车内，并不需要较远的传输距离，选取蓝牙模块集成在可穿戴设备上可较好地满足通信要求。为发送预警系统所需的多元多级刺激信号，设备上集成有蜂鸣报警器、振动马达、语音模块、有机发光二极管(organic light-emitting diode，OLED)屏幕等组件。为协调系统的各个组件，使系统正常运行，需为可穿戴设备选取一块占用体积小、可靠程度高、能量损耗低的主控芯片。可在当前市面上优选符合要求的单片机系统，本章选取的芯片为 STM32F103C8T6。在设备电源的设计上，手环可以使用充电小型锂电池作为电力源，而预警安全带则可从车辆供电口取电。

在车辆行驶过程中，疲劳驾驶极易导致交通事故，在所有交通事故诱因中占比近 25%。Sommer 等(2010)使用单位时间眼睛闭合比例(percentage of eyelid closure, PERCLOS)算法完成了疲劳度的识别，采用的 PERCLOS 模型把单位时间内眼睛的闭合时长作为驾驶人疲劳与否的判断依据，PERCLOS 值越高，驾驶人疲劳程度越高。这里，提供一种基于车载可穿戴设备的疲劳检测算法的示范应用。使用红外摄像头采集驾驶人的面部图像，通过图像处理算法，结合 PERCLOS 模型，可以计算得到驾驶人的疲劳程度。除此之外，将可穿戴设备中配备的心率传感单元所采集的驾驶人心率作为额外的判断依据。使用模糊逻辑融合面部特征与心率特征，通过预先设定的模糊规则，提高疲劳检测的准确性，并给出连续性的疲劳程度指标，采用这一方法能够得出可数值量化的驾驶人疲劳程度。依据驾驶人特性，设定相对应的疲劳程度阈值，采用闭环控制系统，当检测出的驾驶人疲劳程度高于设定的阈值时，激活多元化预警器刺激驾驶人。手环上部署的显示、振动、语音、蜂鸣模块可依据不同的疲劳程度，提供对应的刺激方案。

通过开展驾驶实验测试在不同的疲劳程度下，不同预警方式对驾驶人的影响效果，不同疲劳状态下的预警方法如表 6.1 所示。当面对低疲劳程度时，采用较为平和的预警方式，振动报警器频率较低，且未启动蜂鸣报警器。当疲劳程度升高时，使用多模态、高强度的预警模式，提高警示的效果。

表 6.1 不同疲劳状态下的预警方法

疲劳程度	振动报警器	蜂鸣报警器	语义报警器	显示报警器
低疲劳程度	低频率	无	语义警告	图像警示
中疲劳程度	中频率	低频率	语义警告	图像警示
高疲劳程度	高频率	高频率	语义警告	图像警示

6.2.3 基于路侧信息的高风险交通行为识别

在车辆驾驶的风险评估过程中，关键的一项是对车辆的轨迹进行预估。许多研究通过历史数据估计车辆的未来轨迹，并在实时性与精度上对预测效果进行优化。

目前，主要的轨迹预测方法可分为三类：基于模型的轨迹预测方法、基于意图的轨迹预测方法、基于交互的轨迹预测方法(Lefèvre et al.，2014)。

(1) 基于模型的轨迹预测方法主要采用车辆的运动学模型与动力学模型对车辆轨迹进行预测。使用运动学模型或动力学模型对车辆轨迹进行预测的方法，可以在短时间内取得较好的预测效果。但在长时间预测的情况下，该方法易受到建模精度的制约。同时，周围环境以及驾驶人自身动作的变化，会对轨迹预测的准确性造成极大的影响。

(2) 基于意图的轨迹预测方法与基于交互的轨迹预测方法的基础在于数据的积累、深度学习(Qiao et al.，2015；Min et al.，2019)、隐马尔可夫模型(Qiao et al.，2015；Wang et al.，2018)等，对驾驶人的驾驶特征与周围车辆的变化规律进行数据驱动建模。其中，基于意图的轨迹预测方法主要关注车辆本体，即将驾驶车辆与其他车辆独立开来，进而对车辆的行为进行预判。例如，Schreier 等(2016)通过贝叶斯推理的方式，使用车辆位置、前后车距离等信息表征车辆所处状态，以此推断出车辆的可能行为，最终得到可能的行车轨迹。

(3) 基于交互的轨迹预测方法则考虑车辆之间的交互特性，即车辆的运动模式受环境中其他车辆、行人等障碍物的影响，主要结合深度神经网络，挖掘车辆与环境之间的潜在关联。此类方法在车辆较多、联系紧密的环境下能实现较为准确的预测结果。

基于模型的轨迹预测方法运算速度更快，但模型的精度会在很大程度上影响最终的预测效果。此外，系统的输出为驾驶人的操作，很难通过线性模型描述，因此基于模型的轨迹预测方法效果较差。基于数据驱动的轨迹预测方法需对车-路协同传感器传输的数据进行预处理后送入神经网络进行拟合，此类方法准确性更高，可挖掘部分隐藏的驾驶人信息，提升预测效果。但是，该方法的运行速度是需要考虑的重要因素。

本节提供一种基于数据驱动的轨迹预测方法。此方法主要应用车-路协同的理念，收集车载端与路侧端的感知数据，基于车-路协同的轨迹预测方法流程框图如图 6.3 所示。此套系统面向小范围区域内的累积数据，并以此作为数据驱动学习的依据，因而有较好的针对性。

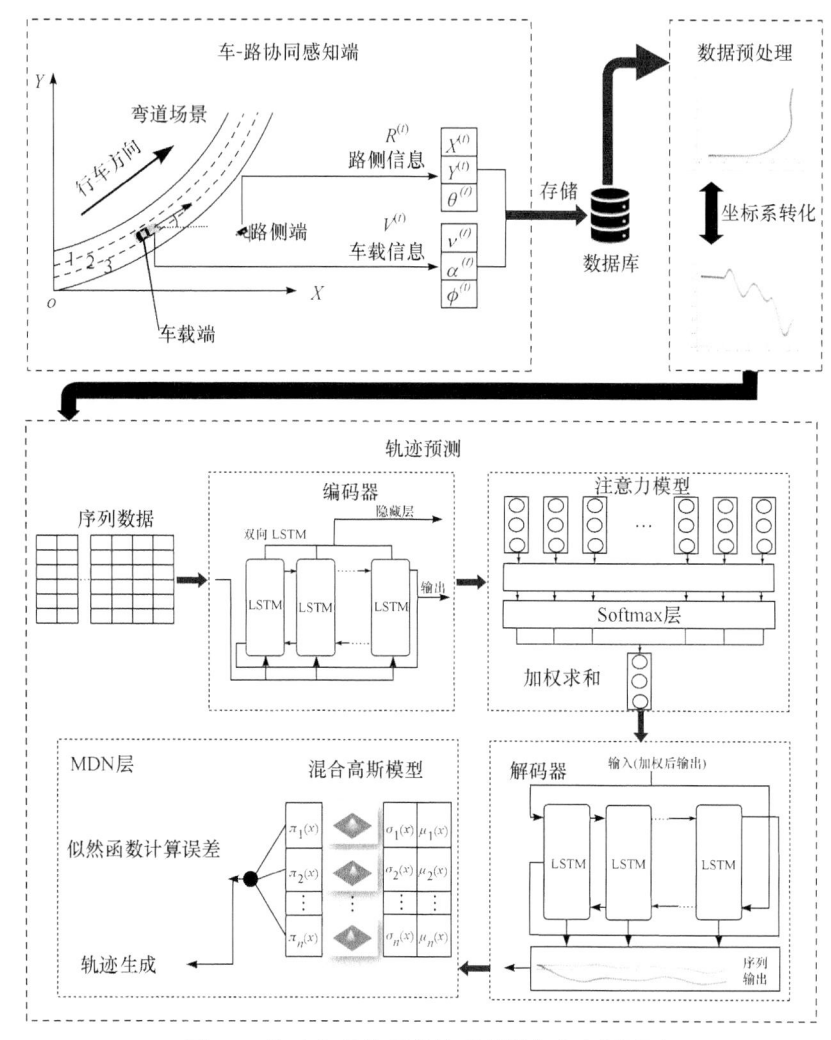

图 6.3　基于车-路协同的轨迹预测方法流程框图

作为对长短期记忆(long short-term memory，LSTM)网络结构的改进形式，双向长短期记忆(bi-directional LSTM)网络结构增加了反向计算，即将序列正向输入与反向输入到 LSTM 网络结构中，可以更好地提取序列的上下文信息。双向长短期记忆网络结构已广泛应用于交通领域中,如车流量预测、车辆与行人轨迹预测等方面。混合密度网络(mixture density network,MDN),可以得到预测轨迹点的概率分布。混合密度网络的基本思想是通过混合高斯函数,拟合结果的概率分布。

在实际场景中,路侧端设备主要由摄像头、激光雷达、毫米波雷达、工控机组成(郭云鹏等,2021)。其中,传感部分主要依靠摄像头或摄像头雷达一体机设备。通过引入摄像头或激光雷达传感器网络,结合摄像头安装的位置信息,对车辆的位置与姿态进行估计(Li et al.,2021;Zhao,2021)。车辆的六个自由度分别对应车辆在目标检测区域内的相对位置(x、y、z坐标值)和车辆相对于x轴、y轴、z轴的转角。在弯道场景下,选取车辆的x轴坐标、y轴坐标以及航向角作为轨迹预估的主要参量。

首先,将收集到的数据进行预处理,减少信号噪声。随后,将坐标系从x、y坐标系转化为基于纵向位移与横向位移的Frenet坐标系。此坐标系相较于x、y轴下的世界坐标系,能更直观地反映车辆在道路中的位置。算法采用Seq2Seq神经网络架构,输入历史数据的时序信息,输出预测的轨迹点坐标。此方法基于车-路协同的概念,使用神经网络结构融合车载传感器与路侧传感器,拓展系统的感知维度,提高了预测精度。

在获取预测的轨迹后,就可以使用车辆的未来轨迹推断碰撞的可能性。例如,Wang等(2015)在使用马尔可夫链方式预测车辆的位置后,通过概率计算的方式获取目标车辆与环境中其他车辆碰撞的可能性,依据车辆的制动模型对风险进行评估。

6.2.4 车-路信息融合与高风险交通行为协同防控技术

关于车-路信息融合与高风险交通行为协同防控技术,体现在预警功能上的有路侧交通警示系统与车载高级驾驶辅助系统(advanced driving assistance system,ADAS)。

目前,常见的路侧交通警示系统主要通过信号灯或标示板来警示驾驶人,避免危险驾驶行为,这些系统建设的一般规律以及拓展性依然是目前研究的热点和难点。已有不少学者针对"路侧标识对于驾驶人行为的干预效果"展开研究。Darja等(2016)利用眼部追踪设备对交通路侧标识对驾驶人的影响效果进行了实验性研究。Ding等(2015)研究了城市中下坡路段减速标识对驾驶人安全驾驶的影响。Yao等(2019)重点研究了如何评估信号灯在城市十字路口下的交通风险防控作用,并给出了一种一般性的效果评估方法。Ravani等(2018)重点研究了针对高速公路上不同超速车辆该采用何种警示的问题。Pawar等(2020)和Botzer等(2019)在考虑了驾驶人反应时间和刹车动力的情况下,讨论了路侧警示板的放置距离和位置。这些研究针对"路侧标识的设计、放置条件等对驾驶人的影响"给出了指导性的理论建议。

基于车载传感器的高级驾驶辅助系统，目前也是智慧交通领域的研究热点之一。Li 等(2020)详述了基于车联网的安全预警系统，重点阐述了车辆防碰撞系统的工作原理，如行人与车辆的识别、轨迹预测以及防碰撞系统的警告逻辑。其防碰撞的主体思想是基于当前车辆的速度、加速度等信息，通过车联网系统发送的其他车辆信息以及驾驶人自身的影响因子计算出安全距离，选用安全距离作为风险评估的标准。车辆智能防撞系统是高级驾驶辅助系统最主要的应用之一，从最早的以碰撞时间为判断依据的预警系统(Taleb et al., 2008)逐渐走向智能化、协同化、定制化。Lai 等(2018)和 Lu 等(2016)实现了车辆与车辆之间的网络通信，可实时传送车辆之间的相对位置信息，并通过算法设计在一定程度上降低信号延迟的影响。为使系统更多地考虑驾驶人特性，符合不同人群的驾驶习惯，Wang 等(2018)和 Chang 等(2019)提出了基于驾驶人模型的预警系统，此类系统主要使用概率模型、模糊逻辑或神经网络等方式拟合驾驶人的行驶模式，以此为依据预测车辆的行驶轨迹，这样既超前地对车辆的碰撞可能性进行了计算，同时考虑了不同驾驶人的行为习惯。除此之外，以手机为预警媒介的方法也较多。手机便于携带，包含惯性测量单元、摄像头等传感器，且拥有较好的通信功能，因而受到交通领域的重视。Zadeh 等(2018)使行人的手机与车辆进行通信，通过 GPS 定位传送位置信息，并使用模糊神经网络进行风险判定。Wang 等(2021)使用手机的多元传感信号读取位置、姿态等信息，对使用者的行为模式进行识别，为交通系统的预测以及规划提供依据。由上述可见，车载高级驾驶辅助系统通过融合多传感器的方式，对驾驶行为进行辅助与支持，该领域拥有广阔的应用前景。

6.2.5　半实物仿真与实验验证

目前的半实物仿真平台主要基于 Unity 引擎。作为一款游戏开发工具，其拥有较强的可编程性，可设计所需的驾驶场景，并可以通过编写脚本的方式获取车辆的实时信息。

Unity 引擎给自己的定义是世界领先的实时创作平台，提供一整套完善的软件解决方案，可用于创作、运营和变现任何实时互动的二维和三维内容。Unity 引擎作为一款游戏引擎而被人们所熟知，全平台(包括主机、移动设备)所有游戏中有超过 50%是使用 Unity 引擎创作的，且由于其强大的功能，目前在工业混合现实、增强现实的应用场景中，Unity 引擎也占据了半壁江山。

此外，Unity 引擎内置 Nvidia 的 PhysX 物理引擎，可以用高效、逼真、生动的方式复原和模拟真实世界中的物理效果，如碰撞检测、弹簧效果、布料效果、重力效果等。这也使得基于 Unity 引擎的仿真环境受到科研工作者和工程师的青睐。

逼真的图像效果加之良好的物理模拟能力，是选择 Unity 引擎构建半实物仿真平台的主要原因，目前已经建立的模拟场景为长直道、急弯、桥梁和长隧道等，如图 6.4 所示。

通过外接方向盘、刹车、油门等组件，在虚拟环境中模拟驾驶人与车辆的实时交互。所选用的模拟驾驶设备为图马斯特(Thrustmaster)T300RS 赛车模拟器，模拟驾驶实验场景如图 6.5 所示。

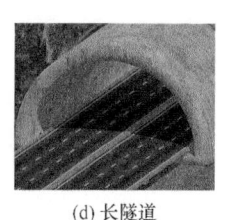

(a) 长直道　　(b) 急弯　　(c) 桥梁　　(d) 长隧道

图 6.4　Unity 搭建的场景图

图 6.5　模拟驾驶实验场景

通过开展驾驶实验可获取驾驶人在行驶过程中的反应数据。测试人员首先需要经过 10000m 的自由驾驶实验，了解模拟驾驶设备的使用方法，熟悉设备的使用手感。在自由驾驶实验结束后，开始正式实验。场景中设计三个车道，车辆在距离急弯路段 1000m 处出发，出急弯路段 200m 后程序终止。以 10Hz 频率采样，即间隔设置为 0.1s，采集车辆行驶状态，并以文本文档的形式保存下来。本实验中，共找到拥有驾驶执照的驾驶人 32 人，其中 12 人为女性，平均年龄 23.7 岁，方差为 2.3，平均驾龄 2.3 年，方差为 1.8。被试者均无视觉障碍且身体健康。通过实验，经筛选处理后，采集有效行驶数据 100 组。

参考 Sommer 等(2010)的方法，使用 PERCLOS 算法，结合一次闭眼的时长进行驾驶过程的疲劳程度识别。在从正常到疲劳的状态转变过程中，PERCLOS 指数随时间变化曲线如图 6.6 所示。

在这个过程中，每次闭眼的帧数(即每次闭眼时长)如图 6.7 所示，其中，帧数以每秒 27 帧计。

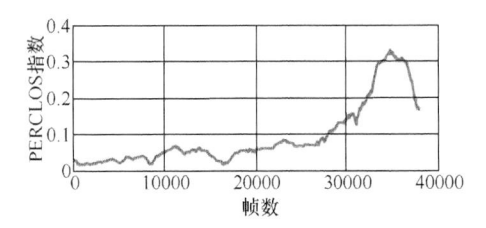

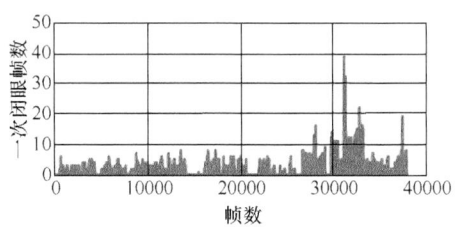

图 6.6 PERCLOS 指数随时间变化曲线

图 6.7 每次闭眼的帧数

进行风险等级分类，风险等级划分方式如表 6.2 所示。

表 6.2 风险等级划分方式

闭眼时长	PERCLOS 指数低于 0.08	PERCLOS 指数高于 0.08
一次闭眼帧数低于 10	低风险	中风险
一次闭眼帧数高于 10	中风险	高风险

根据相应的风险等级，测试了不同形式的警示方案，综合考虑舒适度和安全水平，刺激形式划分方式如表 6.3 所示。

表 6.3 刺激形式划分方式

风险等级	蜂鸣	振动	屏幕闪烁
低风险	无	无	每 10s 闪烁一次
中风险	蜂鸣 5s	振动 5s	每 2s 闪烁一次
高风险	持续蜂鸣	持续振动	持续闪烁

6.3 驾驶人差异性交通风险车-路协同防控技术

6.3.1 基于驾驶人差异性的安全防控模型

本节主要介绍基于驾驶人差异性的安全防控模型，该模型的特点是考虑了驾驶人的"人因"因素。该类因素指代的是驾驶人人为因素，在人、车、路、环境四个因素组成的交通系统中，"人因"是导致交通事故发生的主要因素，应针对不同的驾驶人群设计相对应的防控算法,进而使模型更针对驾驶人的特异性,增强防控的准确性。目前,学术界针对驾驶人的状态特性进行了广泛研究,这些研究的重点主要集中在对驾驶行为影响较大的驾驶风格上。如 Martinez 等(2017)调研了驾驶风格辨识在智能车辆控制与高级驾驶辅助系统上的应用,指出了驾驶风格的影响因素可分为环境因素与驾驶人自身因素。环境因素主要有交通状况、天气、光照、其他驾驶人等。驾驶人自身因素与驾驶人年龄、性别、风险认知水平等相关。该文献介绍了一种驾驶风格辨识方法,基于惯性测量单元、GPS、雷达等感知设备,选择能源消耗水平、速度、加速度、角速度、油门压力、刹车压力等特征,针对弯道、跟车、刹车等场景进行驾驶人风格辨识。辨识结果主要将驾驶人分为冷静型与激进型、能源友好型与能源消耗型等,并将得到的结果作为驾驶人建议系统与高级驾驶辅助系统的评判依据。由此,通过驾驶人风格辨识可以明确防控技术的应用对象,使系统更具有靶向性,最终达到高效防控的目的。

当驾驶人出现危险驾驶行为或有导致驾驶风险的可能时,防控系统需要对驾驶人行为进行矫正。这里提供两种可以有效矫正驾驶人行为的方案:实时反馈系统与长时积分系统,如图 6.8 所示。实时反馈系统提供快速、强力的防控方案,其主要采用的硬件设备为 6.2 节介绍的可穿戴设备,通过视觉、听觉、触觉刺激在风险行为发生时对驾驶人提供相对应的多元多级警示。在复杂的驾驶环境中,多模态预警反馈相比单模态预警反馈,能够起到更好的效果。而长时积分系统提供长效、内源的防控方案,其主要思路是:驾驶人可以通过系统记录的良好表现累计积分,且能使用积分换取对应价值的物品。相比实时反馈系统,长时积分系统在矫正驾驶人行为上有更好的效果。Reagan 等(2013)分别对实时反馈系统和长时积分系统进行了测试,并对比了两者对驾驶人超速行为的矫正效果,实验结果证明长时积分系统更能有效地矫正驾驶人的超速行为。除了单反馈系统或单积分系统,Mullen 等(2015)针对驾驶人超速行为矫正提出了结合实时反馈系统和长时积分系统的矫正方式,通过设计单积分矫正方式、单反馈矫正方式和两者结合的

实时反馈系统:根据风险等级判断和驾驶人差异性分析,设计多模态反馈系统,实现针对性反馈

长时积分系统:驾驶人通过一定规则获得积分,积分可以用于兑换奖励,可以改变积分阈值、积分规则等适应驾驶人和风险的差异性

图 6.8 风险情况反馈方式

矫正方式的验证实验，验证了单反馈矫正和单积分矫正结合矫正方式对减少驾驶人超速行为的有效性。主动防控充分调动了驾驶人的主动性，从长期来看，能够帮助驾驶人养成良好的驾驶习惯，从而降低交通事故发生的频率。

上述风险防控系统作用的对象都是驾驶人，但驾驶人存在自身个性化的特征，因而需针对驾驶人特性设计适应性强的防控系统。可以在驾驶过程中，由风险评估模型对风险进行辨识并分级，即将不同种类的风险依据驾驶人的个人状态进行等级划分。将车载端与路侧端的防控系统进行联合，对驾驶人进行警示输出，防控输出作用于驾驶人，进而通过驾驶人操作作用于车辆，影响车辆状态。在车辆运行状态改善之后，终止预警行为。在该系统中，风险评估、预警执行环节采用了驾驶人"人因"思想，通过特异化的评估方式设计告警系统，提高了风险评估的效率。

进一步地，在驾驶人风险评估系统中，除环境、车辆以及驾驶人的状态外，还需要考虑驾驶人处理风险的能力，因而针对不同驾驶人，风险评估等级的划分也存在差异，如图 6.9 所示。以车辆防碰撞系统为例，可将驾驶人分为激进型与保守型，评判指标为跟车行为中的刹车时间、车头时距、加加速度等。

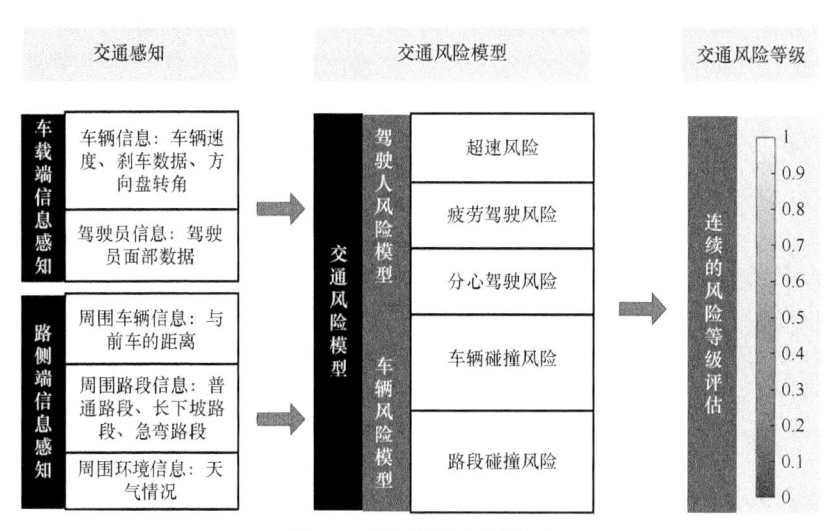

图 6.9 驾驶风险等级评估

碰撞时间的计算公式为

$$\text{TTC} = \frac{d_\text{between}}{v_\text{leading} - v_\text{following}} \tag{6-1}$$

其中，d_between 表示前后车的距离；v_leading 表示前车速度；$v_\text{following}$ 表示后车速度。碰撞时间越短，碰撞概率越大。

车头时距表示前车突然刹车，后车驾驶人最长的反应时间，车头时距的计算公式为

$$\mathrm{TH} = \frac{d_{\mathrm{between}}}{v_{\mathrm{following}}} \tag{6-2}$$

车辆的加加速度则是车辆加速度的导数，研究表明当车辆加加速度剧烈变化时，会影响驾驶人的舒适程度。

开展驾驶实验，收集多组驾驶数据，选取车辆碰撞时间、车头时距、加加速度等信息作为表征，采用 K 均值聚类方法对收集的数据进行聚类，聚合分为激进型与保守型两类。两者的差异可从驾驶数据中体现，激进型驾驶人的跟车距离更近，平均速度更高。因此，可以对这两类人群设计特异型的防控方案。使用实验者的驾驶数据，设计对应的模糊神经网络，拟合得到驾驶人的行车准则与风险判断逻辑。采用的模糊神经网络结构如图 6.10 所示。

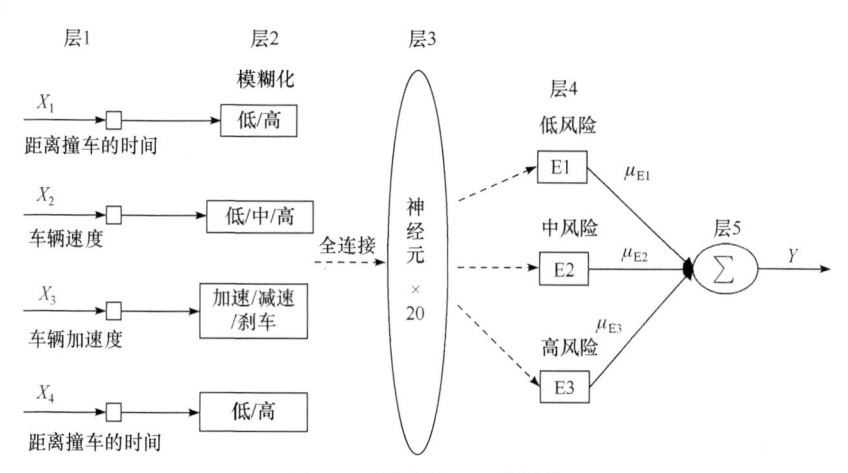

图 6.10 模糊神经网络结构

利用强化学习方法设计自适应驾驶人的跟车距离，以车辆加加速度、车辆碰撞时间等构建函数。通过迭代循环的方法获得符合不同驾驶风格的驾驶人行为特性的行车模型。使用行车方式贴近这两类驾驶人的模型，进一步得到不同类型驾驶人的风险评估阈值，具体方法将在 6.3.3 节中介绍。风险差异特性的联合控制机制方框图如图 6.11 所示。此外，图 6.11 中所示联合防控方法的效果可通过针对不同人群的模拟驾驶实验获得，即通过分类结果重新组织人群进行实验，并验证不同形式的防控方法对不同驾驶人的预警效果。

图 6.11 风险差异特性的联合控制机制方框图

6.3.2 基于机器学习的驾驶人差异性辨识

驾驶人差异性辨识是风险防控技术中极为重要的一环,不同驾驶人的行车习惯存在较大差异,而针对单一驾驶人设计完全定制化的防控方案难以实现。因而,采用驾驶人人群划分的方法存在较大的优势,这种方法受到国内外研究学者的重视。

辨识驾驶人风格的过程主要通过采集大量数据来获取不同驾驶人的行车习惯,采用的方法大多基于学习的方式,如贝叶斯推理机、模糊逻辑、混合高斯模型、均值聚类、支持向量机等。通过这些方法可以获得不同种类的驾驶人模型,随后应用到实际的控制或预警系统中。Van 等(2013)通过基于 CAN 总线的车辆传感器获取内部传感信息,包括油门、刹车与转向信息,经过直方图、极大极小值、求均值与方差等处理后,通过 K 均值聚类方法对驾驶人进行分类,采用支持向量机验证分类效果。该文献最后得出的结论为:采用刹车与转向信息作为评判准则拥有更好的分类效果。Zhang 等(2015)选取车辆的能源消耗作为另一个驾驶人特性评判维度,针对车辆的能源消耗关系对驾驶人进行划分,采用模糊逻辑的方法,以此为依据设置车辆的电源管控模式。综上,可以总结出驾驶人风格辨识过程主要包括:驾驶场景设置、传感器选择、特征选择、特征预处理、聚类方案选择、驾驶人实时分辨。其中,常见的驾驶场景有跟车、弯道行驶、变道等。通常选用的传感器可分为路侧端与车载端两类。基于路侧端的传感器主要有摄像头、雷达等,其针对车辆的位置、速度、加速度等信息进行跟踪测量。基于车载端的传感器提取车辆各组件的信息,主要有通过全球定位系统获得的车辆位置、刹车或油门压力、方向盘转角、车辆能源消耗等信息。此外,现在基于手机内置传感器的驾驶人风格辨识模型(Jahangiri et al.,2015)也较多。获取数据后,通过求均值、方差、频域分析等对数据进行预处理,随后形成分类的主要特征。

首先需要采用无监督学习的方式对特征进行聚类,其中以 K 均值聚类方法使用最多。K 均值聚类方法又称为快速聚类法,是 Macqueen 于 1967 年提出的,其思想是通过把每个样品聚集到其最近形心(均值)类中,从而把样品聚集成 K 个类的集合。这类方法是一种迭代求解的聚类分析方法,具有简洁、高效的特点。为了讲述 K 均值聚类的过程,首先需要介绍在数据中常用的距离表示方法。假设在一个二维平面上有两个数据点,坐标为(x_1,y_1)和(x_2,y_2)。如果使用曼哈顿距离表示方法,则这两点之间的距离为

$$d_{\text{between}} = |x_1 - x_2| + |y_1 - y_2| \tag{6-3}$$

如果使用欧氏距离进行表示,则这两点间的距离为

$$d_{\text{between}} = \sqrt{(x_1 - x_2)^2 + (y_1 - y_2)^2} \tag{6-4}$$

在数据科学中,可以将二维的平面推广到更高的数据维度中使用。K 均值聚类方法使用了欧氏距离作为距离表示的标准。K 均值聚类方法的运行过程可以大致由下列三步组成:①取 K 个样品粗略分成 K 个初始类,每个类的中心即为该数据点;②把剩下的数据点继续分派到其最近的中心的类中,并重新计算各个类的中心;③重复第②步,直到满足终止条件。这里的终止条件由用户自己设定,可以是达到了最大迭代次数,也可以是类中心的距离更新小于某个阈值,又可以是新的一次迭代没有改变聚类结果等。其中,类的中心指的是一个离该类中所有数据的距离和最小的点。K 均值聚类效果的关键影响因素为类别个数和初始中心的位置,而此方法存在的问题是其聚类过程忽略了时间维度信息。目前,K 均值聚类方法已经在图像压缩、用户画像构建、金融风险识别等领域得到了广泛应用。

除此之外,采用模糊逻辑的 C 均值聚类方法也有较好的聚类效果(Yi et al., 2017)。

在完成聚类后,使用学习的方法获得不同驾驶人种类的划分。应用标注好的聚类结果作为训练数据集,生成对应的种类划分面,这里采用的方法通常基于有监督学习。

驾驶人差异性辨识系统如图 6.12 所示,进行驾驶数据的处理、聚类后使用分类模型进行学习,获得实时地对驾驶人驾驶风格进行分类的算法。使用此方法获得的驾驶人辨识模型,可以为差异性防控方法提供指导。

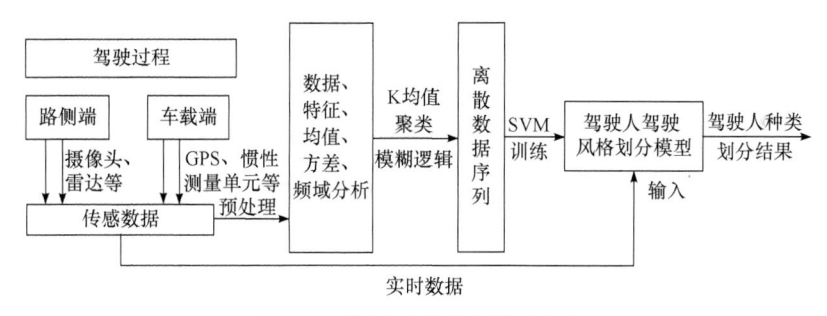

图 6.12 驾驶人差异性辨识系统

6.3.3 基于强化学习的驾驶人差异性交通风险车-路协同防控方法

在驾驶过程中,驾驶人的"人因"因素导致的交通事故较多,因而针对驾驶人的"人因"因素与行车风险之间的联系也较多。其中,Petridou 等(2000)将"人因"因素分为影响驾驶人处理交通意外事件能力的因素和诱导驾驶人在驾驶时采取冒险行为的因素两大类。在这两类因素中,影响驾驶人处理交通意外事件能力的因素直接决定了风险评估中风险等级划分选取的阈值,即驾驶人在应对当前危险时,能否具备自我解决风险的能力。当驾驶人受到影响,对交通意外的处理能力下降时，针对同样的危险情况，风险等级就需要提升。高红丽等(2019)提出，驾驶人"人因"因素导致的不安全行为主要包括差错和违法行为，不安全驾驶行为分类如图 6.13 所示。差错主要包括感知差错、判断决策差错和动作差错，违法行为主要包括习惯性违法行为和偶然性违法行为。由此可见，驾驶人的个人习惯、决策能力、反应速度往往是决定风险行为程度的重要因素，而如何量化驾驶人的如上指标，建立相应的模型，并将其应用于防控系统是本章讨论的主要问题之一。

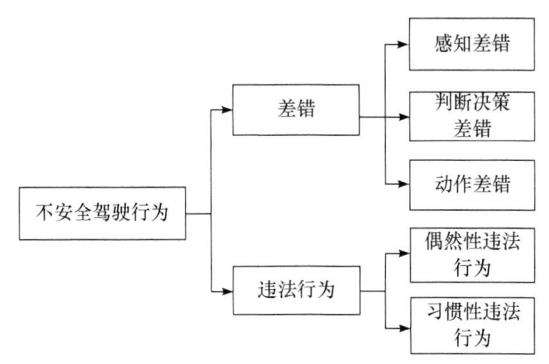

图 6.13 不安全驾驶行为分类

在获取对应驾驶人群的分类准则与驾驶数据后，可构建这类人群的行车模型。使用较多的一种车辆行驶模型为智能驾驶人模型 (intelligent driver model, IDM)。IDM 是交通流仿真中一个经典的跟车模型，包括自由状态下的加速趋势和考虑与前车碰撞的减速趋势。IDM 模型最早由 Treiber 等(2000)提出，下面简要介绍此模型。

IDM 主要聚焦于单车道下的跟车模型，不考虑多车道、变车道的情况。其针对这类情景：在单一车道上，一辆车在前面行驶，另一辆车在后面以尽量高效且保证安全的距离跟车行驶，不考虑其他车辆的存在。此问题的关键在于合适跟车距离的判定，以及基于跟车距离得到后车的理想加速度。模型主要描述的对象是后车，模型输入为两车相对速度、与前车的车距、自车车速，输出为后车合理的加速度。IDM 公式为

$$\dot{v} = a_{\max}\left[1 - \left(\frac{v}{v_{\text{des}}}\right)^{\delta} - \left(\frac{s^*(v, \Delta v)}{s_{\text{current}}}\right)^2\right] \tag{6-5}$$

其中，v 表示后车当前车速；v_{des} 表示自身的期望车速；Δv 表示前后车的速度差；$a_{\max}$ 表示自车最大加速度；s_{current} 表示当前自车与前车的车距；$s^*(v, \Delta v)$ 表示期望的跟车距离。在此公式中，直接使用当前车速 v 的导数表示加速度。在计算期望加速度的过程中，主要考虑期望车速和期望车距两个因素。$\dfrac{v}{v_{\text{des}}}$ 衡量期望车速与

实际车速之间的差距，利用 δ 来表示此项的影响系数。$\dfrac{s^*_{\text{current}}(v,\Delta v)}{s_{\text{current}}}$ 衡量期望跟车距离与实际跟车距离之间的差距。通过仿真得到，δ 越大，车辆的加减速过程越激进，即越偏向突然加速和急刹车，这一项是可以根据驾驶人风格辨识得到的结果，进行个性化动态调整的，以此使模型更具有定制化的效果。例如，针对驾驶风格较为激进、跟车距离较短且加速减速过程都比较猛烈的驾驶人，就可以把影响系数调大，以适应其驾驶风格；针对驾驶风格较为保守、倾向于安全优先、保持的跟车距离较长且加减速都比较缓和的驾驶人，则可以适当调小影响系数。考虑了驾驶人个性化，通过变影响系数的方式计算得到合适的加速度值，当其作用于高级驾驶辅助系统时，也能给驾驶人更好的驾驶体验。

期望跟车距离的计算公式为

$$s^*_{\text{current}}(v,\Delta v)=s_{\text{current}0}+s_{\text{current}1}\sqrt{\dfrac{v}{v_{\text{des}}}}+vT+\dfrac{v\Delta v}{2\sqrt{a_{\max}b_{\text{comfort}}}} \qquad (6\text{-}6)$$

其中，s_0 表示一个安全距离的常量，即当两车车距达到此距离时，虽然在实际上并没有发生碰撞，但是已经达到了危险距离，车距不能再减小。此外，模型还考虑了一个反应时间构成的平衡项，vT 表示在反应过程中的汽车行驶距离，显然，这里的计算优先保证了行驶安全，采用了最极端的情况：前车瞬间完全刹停。此外，模型的动力项 $\dfrac{v\Delta v}{2\sqrt{a_{\max}b_{\text{comfort}}}}$ 则表示可以进行安全刹车的刹车距离，其中 b_{comfort} 为一个较为舒适的减速度。IDM 为了获得一个简单直观的最终模型，$s_{\text{current}1}$ 通常会取为 0，但是在对模型进行扩展时，可能会需要对此项进行规定，以优化跟车距离，使之在整体上更具有效率和安全性。

IDM 的优点在于，其使用较少的参数构建一个意义明确、可解释且符合经验的模型，并且能用这个统一的模型描述从自由流到完全拥堵的不同状态，适应性很强。其缺点是缺乏随机项，也就是当输入一定时，输出是确定的，这不符合现实中的驾驶经验。在实际的车辆行驶过程中，驾驶人自身的驾驶技术、当前状态、是否分心等情况，会在跟车过程中引入极大的随机性，而 IDM 较少将驾驶人"人因"因素部分纳入其中。

对于如何构建个性化驾驶人模型这一问题，目前所见的文献资料较多采用的思路是通过数据驱动的方式，对驾驶人的行为进行拟合。进一步地，拟合模型可分为解释性较强的控制模型，如比例积分微分控制器、最优控制器等，或解释性相对较弱的高斯混合模型、神经网络模型等。采用控制模型，即将驾驶人理解为试图达到某些优化目标的控制器，即可在车辆行驶过程中采用损失函数的方式表征这些优化目标，设计各类形式的控制方法以减小损失函数为目的，达到优化行驶过程的目的。为提高控制器的契合程度，收集驾驶数据对控制器中的部分参数进行修改，使之更符合人类的驾驶行为。以 Chu 等(2020)的研究成果为例，对于跟车行为，其设计了线性二次调节器，选用合适的损失函数以优化车辆跟踪误差、能源消耗、舒适程度等。对于驾驶人的行驶风格，该文献使用损失函数中各优化目标的权重进行表征，把控制律中的部分参数作为学习参数，并通过在线学习的方式，提升模型与驾驶人的契合程度。此方法拥有一定的可解释性，且嵌套在一套基于最优控制律的模型下，因而可保证控制系统的稳定性。针对解释性较弱的模型，使用纯数据驱动的方法，一般会对全体驾驶人先训练出一个粗略的模型，随后收集某一特定驾驶人的行车数据，对模型进行优化。针对数据集的收集与训练问题，本节提供一种强化学习方法。此类方法通过设计奖励函数的方式，对车辆驾驶行为进行优化，使之贴合驾驶人的行车习惯。这里的强化学习方法在半实物仿真环境中执行，实时迭代、生成数据，并优化方案，最终得到不同人群的驾驶风格模型。

相较于有监督学习与无监督学习，强化学习方法的数据通过与智能体和所处环境的交互产生，其学习的方式是构建行为与获取奖励之间的映射。强化学习方法通过对环境的不断探索获取实时数据，进而从中提取有价值的信息，最终形成一套获取最多奖励的学习策略。

由于强化学习方法在获取复杂环境中最优决策的优势，所以在解决智慧交通问题时，采用强化学习方法作为解决方案的案例很多。首先是智能驾驶领域，强化学习方法的结果中包含了对环境的感知、对未来的预测、对行为的控制，因此较多应用在车辆行驶的决策领域中。例如，Liu 等(2019)利用强化学习方法解决了车道保持的问题，通过深度确定策略梯度(deep deterministic policy gradient, DDPG)网络算法，融合强化学习方法的思想与深度神经网络，构建了车辆的控制系统。该系统的传感器主要使用 GPS 与惯性测量单元，将车辆定位后与实地地图进行匹配，计算车辆与预先设定的轨迹之间的误差，以是否发生碰撞与误差大小作为奖励函数的度量标准，车辆在不发生碰撞的情况下紧密跟随预期轨迹线即可获得较大的奖励。强化学习方法以车辆位置为状态输入，采用车辆的转弯角度、刹车与油门大小作为系统的动作输出，在仿真环境中迭代 2000 次后，相较于真人驾驶得到了更小的跟随误差。对于强化学习方法在智能驾驶领域中的应用，其主要解决的问题有轨迹跟随、车辆换道、斜坡并道、超车等，采用算法包括信赖域策略优化(trust region policy optimization，TRPO)、近端策略优化 (proximal policy optimization, PPO)、Q 学习(Q-learning，QL)、DDPG 等，并在各类仿真环境中得到了较好的验证。

本系统采用驾驶人辨识得到的分类数据，从数据中提取在两类驾驶人群中差异性强且拥有一定解释性的参数，以此为依据设计对应的奖励函数。此处，选取跟车距离、车头时距、加加速度三个指标设定奖励函数。

首先是跟车距离，其对应驾驶的安全性与效率。若车辆跟车距离过短，则较易出现与前车碰撞的情况；而若车辆的跟车距离过大，则后方车辆难以跟上前方车辆。与预计碰撞时间相比，跟车距离不受车辆相对速度的影响，在用于模型构建时拥有更高的鲁棒性。根据驾驶人差异性辨识结果观察数据可以发现，激进型驾驶人相较于保守型驾驶人通常拥有较短的跟车距离，激进型驾驶人的跟车距离均值为 46.72m，而保守型驾驶人的跟车距离均值为 88.16m。激进型驾驶人与保守型驾驶人的跟车距离热力图分别如图 6.14 与图 6.15 所示。

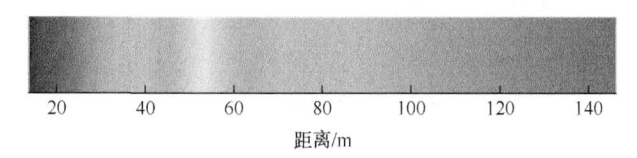

图 6.14 激进型驾驶人跟车距离热力图

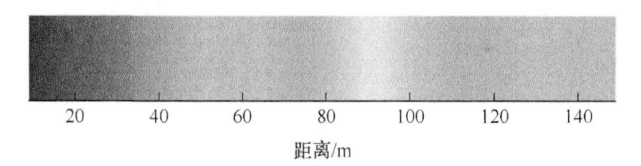

图 6.15 保守型驾驶人跟车距离热力图

因此，设定考虑驾驶安全性的奖励函数为

$$R_{\text{safe}} = \text{e} - \left| \ln\left(\frac{x}{D_{\text{dif}}}\right) \right| - 1 \qquad (6\text{-}7)$$

其中，x 表示对应的当前跟车距离；D_{dif} 表示对应不同驾驶风格的预期跟车距离。这里选择激进型驾驶人的 D_{dif} 为 46.72m，保守型驾驶人的 D_{dif} 为 88.16m。

其次，为提高驾驶效率，依据 Zhu 等(2020)的方法，选取车头时距表征驾驶效率。车辆的车头时距越小，车辆的跟车距离越近，相对车速也较高，可用其表征驾驶效率。采用概率分布拟合方式得到的两类驾驶人车头时距的概率分布如图 6.16 所示。其中，曲线整体偏左的为激进型驾驶人，偏右的为保守型驾驶人。

使用的概率分布形式为对数高斯分布，即

$$f_{\text{lognorm}}(x|\mu,\sigma) = \frac{1}{x\sigma\sqrt{2\pi}} \text{e}^{\frac{-(\ln x - \mu)^2}{2\sigma^2}}, \quad x \geqslant 0 \qquad (6\text{-}8)$$

其中，μ 与 σ 分别表示对数高斯函数的平均值与标准差。由图 6.16 可以看出，激进型驾驶人相对于保守型驾驶人总体上车头时距较小，且范围更为集中。分别选取(0.67，0.52)与(1.51，0.31)作为激进型驾驶人与保守型驾驶人对应的平均值与标

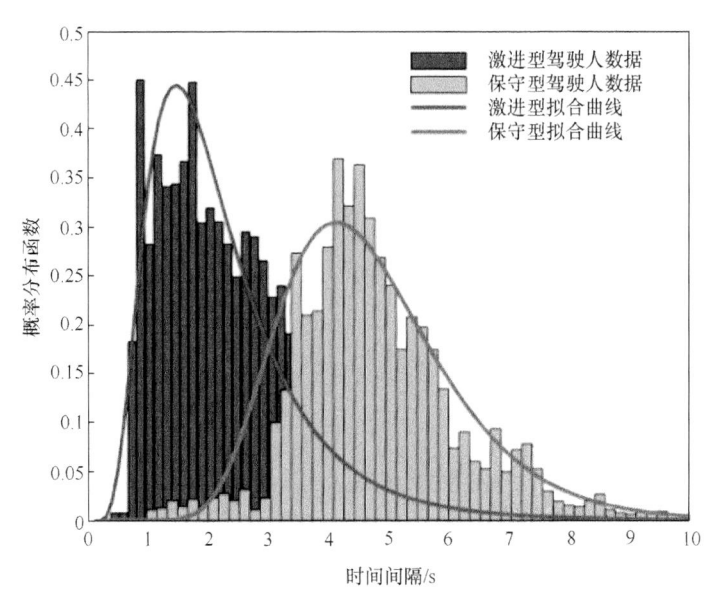

准差，并依据上述计算公式设计两类人群的奖励函数。奖励函数为

图 6.16 车头时距的概率分布

$$R_{\text{efficiency}} = \alpha f_{\text{lognorm}} - \beta \tag{6-9}$$

其中，α 和 β 作为参量，将奖励函数进行归一化。

使用加加速度描述车辆的突然移动，Takahashi 等(2002)和 Luo 等(2016)采用此参量表征了驾驶的舒适程度，即在一段时间内，车辆的加加速度绝对值越大，驾驶人与乘客的舒适程度越差。读取激进型驾驶人与保守型驾驶人的加加速度 Jerk 范围，设计舒适奖励函数为

$$R_{\text{comfort}} = -\frac{\text{Jerk}^2}{3600} \tag{6-10}$$

采用相应权重参数(ω_1，ω_2，ω_3)对奖励函数进行调整，有

$$R = \omega_1 R_{\text{safe}} + \omega_2 R_{\text{efficiency}} + \omega_3 R_{\text{comfort}} \tag{6-11}$$

在仿真环境中，采用 DDPG 算法对跟车模型进行训练，迭代 500 次，得到的平均奖励结果如图 6.17 所示，在迭代次数达到 500 次时奖励值较高的为保守型驾驶人曲线。

由此，使用强化学习方法得出了激进型驾驶人与保守型驾驶人两类驾驶人的行为模型。因为两者的奖励函数存在一定的差异，所以训练出来的结果存在区别。比较基于传统模型的 IDM 算法与基于有监督学习的循环神经网络方法，车辆跟车效果如图 6.18 所示。其中，在图 6.18(a)中，在上的实线表示保守型驾驶人

的跟车距离，在下的实线表示激进型驾驶人的跟车距离；在图 6.18(b)中，尖峰较高的实线表示激进型驾驶人的跟车速度，尖峰较低的实线表示保守型驾驶人的跟车速度。

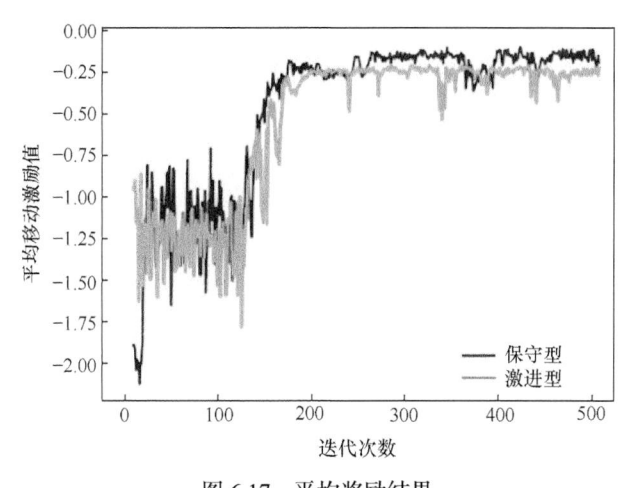

图 6.17 平均奖励结果

由图 6.18 可以看出，由于激进型与保守型两类驾驶人的跟车习惯不同，所以训练出来的跟车速度与跟车距离存在较大的差异，较好地体现了两类人群的行车习惯。

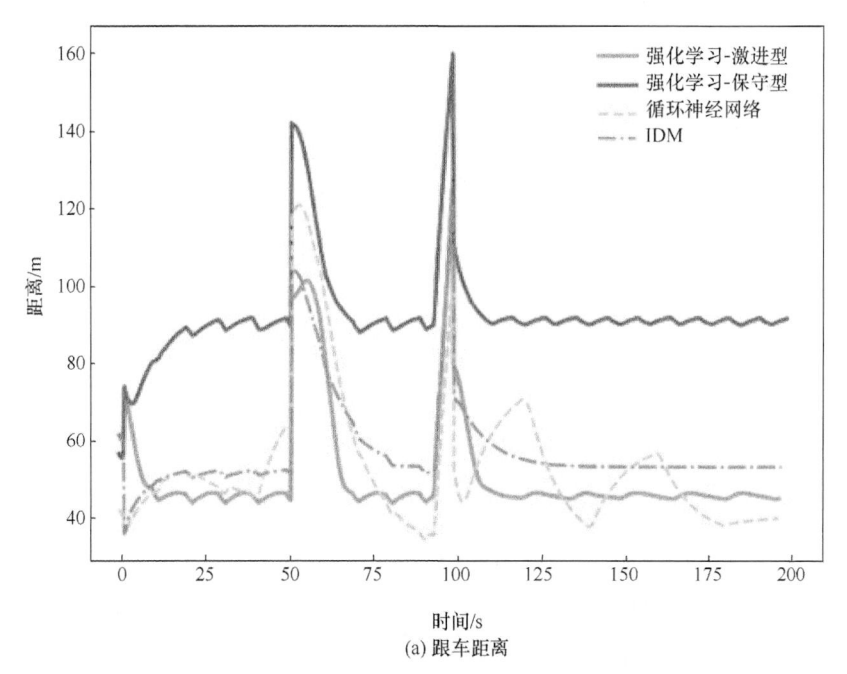

(a) 跟车距离

(b) 跟车速度

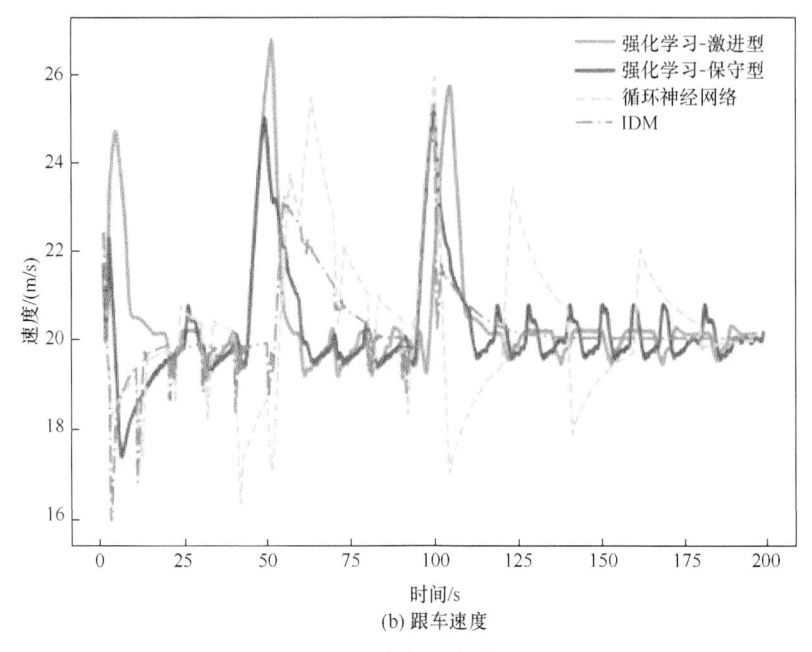

图 6.18　车辆跟车效果

运用车-路协同技术，利用强化学习方法得到驾驶人模型，设计针对不同驾驶风格的驾驶人有差异的警示方案。由上述的强化学习结果可以得出，激进型驾驶人相对保守型驾驶人跟车距离短、跟车速度快且加加速度较大。当采用同一套评估体系对当前的车辆行驶风险进行评判，随后依据评判结果采用上述的闭环系统降低风险等级时，激进型驾驶人设置的风险等级阈值稍高，由其驾驶习惯所致，其更偏好于快速行驶，在应对前车加速与前车加塞等突发性事件时，激进型驾驶人拥有一定的避险能力。而保守型驾驶人设置更低的风险等级阈值，相对激进型驾驶人更早地预报风险。后续针对这两类驾驶人展开了各种模拟驾驶实验，以跟车行为为例，当出现前车速度突然变化的情况时，对两类驾驶人使用不同的风险预警方案，并测试其危险预防效果，并对驾驶人的驾驶体验以问卷形式展开调查。

6.3.4　半实物仿真与实验验证

为了收集驾驶人的驾驶数据，且保证实验过程的安全性与合法性，选择在驾驶模拟器上设计车辆跟随实验。

实验的软件平台是基于 Unity 引擎开发的仿真场景。驾驶实验的硬件平台是一款大型的驾驶室模拟设备，如图 6.19 所示。该设备搭载在具有六自由度的六脚运动平台上，平台允许位移±23.5cm 和旋转角±30°，因此可以在一定程度上模拟出行驶过程的加速度和地形变化。仿真平台使用的显示设备为三个 1080 像素的

LED 屏幕，参考了赛车模拟设备，三个屏幕互相之间的夹角为 150°，还原了驾驶人在行驶过程中常用的视线范围。仿真平台上搭载了汽车方向盘模拟器和油门刹车模拟器，且使用真实驾驶室中常用的汽车座椅作为驾驶位。关于其他外设，仿真平台还安装了转向灯拨杆和仪表盘，目的是还原真实的驾驶环境。但是，考虑到现在的汽车市场和越来越发达的汽车相关技术，手排挡在小型私家车这一类别中所占比例比较小。因此，本仿真平台并没有配备和手排挡车辆相关的离合器、换挡器等配件。

图 6.19　驾驶室模拟设备

软件对于驾驶过程的数据采样频率为 0.1s，这些数据都被搭载在设备上的 RealSense (Intel@)芯片进行记录，并且传输到一台 12.3in[①]的 surface pro 5 平板电脑上，用于观察、操作和处理。

为模拟更丰富真实的追车场景，在模拟驾驶环境中主要设置以下三种驾驶场景：①跟车；②前车变道；③其他车辆插队，如图 6.20 所示。

(a) 跟车　　　　　　　(b) 前车变道　　　　　(c) 其他车辆插队

图 6.20　实验模拟的驾驶场景

通常在第三种情况下，由于周围其他车辆插队，当前车辆必须减速以保持与新的领先车辆的安全距离。类似地，前车变道会导致车辆间距的突然增大，驾驶

---

① 1in = 2.54cm。

人和系统需要重新调整车辆以达到新的稳定状态。这三个场景在总共4km的行驶距离内随机发生，前车的平均行驶速度保持在60～110km/h。实验参与者被要求尽可能保持在同一车道上，行驶速度在120km/h以下。所有仿真车辆的加速度都在-3～$3m/s^2$，以模拟真实路况上的速度和加减速过程。

实验共招募了34名参与者(12名女性)，平均年龄23.7岁，标准差为2.3。所有参与者视力正常或矫正视力正常，无肢体残疾，都有驾驶证，平均驾龄为2.3年(标准差为1.8)。根据实验者在驾驶过程中的反应情况来看，后两种实验场景能更好地反映实验者的驾驶风格。

经过每人1h的驾驶实验，使用K均值聚类方法进行驾驶风格辨识，得到驾驶风格辨识结果，如图6.21所示，其中虚线以上被划分为保守型驾驶人，虚线以下被划分为激进型驾驶人。

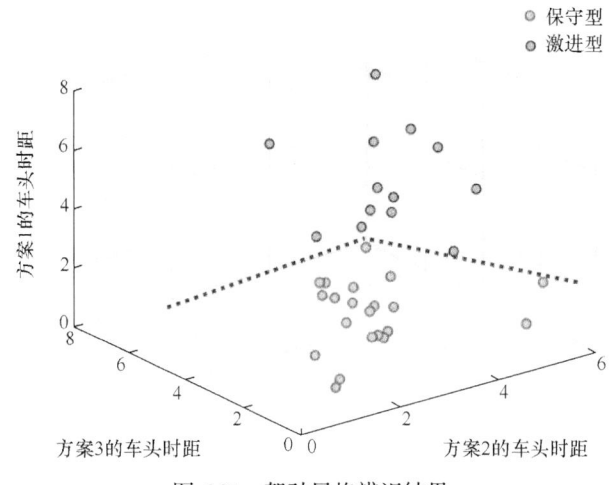

图6.21 驾驶风格辨识结果

然后，得到参与实验的驾驶人在跟车操纵中不同驾驶风格的描述性统计，如表6.4所示。

表6.4 跟车过程参数

类型	车距/m			相对速度绝对值/(m/s)			速度/(m/s)		
	平均	最小	最大	平均	最小	最大	平均	最小	最大
激进型	47.52	8.53	142.75	1.47	−7.03	13.15	21.78	12.97	33.87
保守型	87.34	18.92	150.98	0.88	−7.38	20.78	20.34	12.62	40.52
所有驾驶人	75.74	8.53	150.98	1.25	−7.38	20.78	21.06	12.62	40.52

6.4 本章小结

本章从高风险交通行为入手，展开车-路协同防控技术的方法介绍。首先对高风险交通行为进行了定义，并阐述其特征。较为重要的是，这里的高风险交通行为中的主要因素是人，即驾驶人，驾驶人的种种风险行为与个人因素导致了最后高风险行为的发生。因而本章介绍的主要风险防控手段是从驾驶人"人因"方面入手的，使用车-路协同技术予以展开。车-路协同技术是本章的主要技术，融合人、车、路及环境四类因素，以智能网络技术为基础，搭建车与车相接、车与路相连、传感相知、动作相通的统一体系。关于此体系，本章重点介绍了车-路协同感知与车-路协同风险防控两部分。车-路协同感知，即协同构架下的传感器网络，融合路侧端与车载端双端的感知内容，对双端的传感信息进行精炼，提取特征，综合挖掘路侧端、车载端信息中隐藏的驾驶人行为方式。此外，驾驶人的个人特性也是需要考虑的一部分，如饮酒驾驶、疲劳驾驶、分心驾驶等行为，则是基于驾驶人"人因"的风险因素。这一干扰因素会在一定程度上影响驾驶人在驾驶过程中的行为与决策判断，导致风险等级的变化。对路侧端来说，其采用的传感器为雷达、摄像头等，相较于车载端，其视野更为广阔，对周围环境的感知也更为完整，即可将感知视野拓展至一整块区域，进而实现对路网段的整体感知。本章提到了车-路协同联合感知在车辆轨迹预测方向上的应用，除此之外，此感知方法还可应用于街区段地图构建、其他交通参与者的识别与预测等众多方面，拥有较好的研究前景。

本章提到的第二点车-路协同的应用体现在车-路协同的预警端，即融合车载端与路侧端设备的防控效果，发挥各自特色，构建一套协同的防控体系。关于这部分，本章重点介绍了车载端防控设备，并自行设计了一套可部署在车载端的智能可穿戴式设备以供防控系统使用。防控设备的集成化与小型化是当今发展的主流趋势，此处设计的手环与预警安全带包含多类传感器，且携带简便，存在较好的拓展性与可开发性。采用的车载设备可发出不同形式的预警信号，构建立体化的警示手段，并且信号等级可随着风险等级的不同发生改变。车载端设备包含的传感模块一方面可作为其他车载传感模块数据的验证和补充，另一方面因其贴近驾驶人身体，可采集驾驶人的生物电信号，相对来说可以更针对性地感知"人因"因素。这一套车载端设备补充了车-路协同系统的部分硬件缺陷，保证了系统的完整性。

在车-路协同的预警端与感知端准备完成后，本章提出了一种基于控制思想的闭环车-路协同方案。其思路是先对车辆的风险等级进行评估，当风险等级较低时，采取低刺激的方式预警，反之，当风险等级增高时，提高刺激的频率与幅值。整个系统构成闭环，保证系统的风险等级维持在一个设定好的阈值之下。本章以碰撞概率的方法评估风险，该方法可较为容易地将风险进行量化，进而便于构成控制闭环。除此之外，存在利用模糊逻辑评估风险或采用蒙特卡罗方法估算风险等方法。如何构建一套具有代表性的完整全面的风险评估系统仍是一个值得思考与探究的问题。

在获取车载端与路侧端各类传感器的多源信息后，本章重点介绍了驾驶人轨迹预测系统，通过此套系统可以设计对应的防碰撞算法，在遇到风险状况时，可辅助车辆进行及时规避。目前，关于轨迹预测系统的科研成果较多，大部分团队采用的数据集为 NGSIM，此数据集主要使用路侧端摄像头，包括一定范围内的车辆位置、速度、加速度、外形等信息。在进行位置估计时，获取的信息是相对不全面的，对于驾驶人的刹车与油门等操作并未感知且未利用。本章采用车-路协同感知方式，很好地弥补了这一缺憾。在完成轨迹预测之后，可以通过与环境中其他物体相撞的概率表征风险等级，也有研究人员基于环境中的其他物体构造了势能场来表征碰撞概率。

此车-路协同系统的另一构想是发挥车载端与路侧端的预警优势，前面已经描述过，车载端预警系统响应速度更快，点对点针对驾驶人的特性使其更具靶向性；路侧端预警系统可发挥其调度特性，宏观调节性更强，融合并协调这两套系统是本章计划解决的问题。目前，针对车载防控的 ADAS 是研究的热点之一，已存在相当数量的研究针对如何纠正车辆风险，并给予驾驶人与乘客更好的行车体验提出了有效的解决方案。系统包括的紧急制动系统、越线纠偏系统等也是未来的研究热点，当该类系统运作时，车辆的风险已较难解决，如果不采用车载端预警系统或直接干预车辆行驶，极易造成交通事故。但路侧端防控系统则不同，其防控能力可以是预防形式的，即当前方较远位置发生危险时，可提前警示驾驶人，使用相应设备对一段道路上的车辆进行调度，使其提前驶离危险区。将车载端与路侧端协同起来，使其发挥两者的各自优势，共同保障行车安全性。在危险发生之前，路侧端可以提高驾驶人的警觉意识，并通过调度行为使驾驶人尽可能远离风险。当风险可能出现时，车载端可以快速反馈并迅速发挥作用，直接刺激驾驶人，或者直接作用于车辆控制系统，规避风险。该系统相较于单独应用车载端与路侧端防控设备防控效果更好，且能更全面地处理风险。该系统仍存在许多可供研究的方面：一是系统的体系性，即将各个管控路段之间紧密联系起来，将单一的路段延伸到整个区域，对区域的交通情况进行优化。二是从风险防控拓展到智能驾驶，即路侧端防控设备对路段的车辆进行自由调度。同时，希望通过传感器和决策网络，使车辆具有自我认知、自身规划与控制的能力，减少风险的发生。

在考虑车辆的风险评判与方法时，本章考虑了驾驶人的"人因"因素，介绍了采用强化学习的方法构建驾驶人模型的方案，将不同的驾驶人进行细分，可以更好地得到驾驶人行为模型。本章较为详细地阐述了驾驶人的分类原则与方法，值得注意的是，随着技术的发展，驾驶人的人群分类应从人群收拢至驾驶人个体，即针对单个驾驶人进行定制化优化。此问题涉及人-机协同乃至共融问题，如何依据驾驶人的行车习惯设计合适的方案，在保证安全性与舒适性的前提下，尽可能贴近驾驶人的行为习惯，也是一个值得研究的问题。在完全智能驾驶时代到来之前，车辆仍未能达到完全自动化级别，并不具备完全的智能，人的参与仍然十分重要。对驾驶人的辨识及相关模型的构建仍是完成驾驶人数据挖掘的重要部分，其拥有较广的研究前景。

除上述问题之外，车辆的辨识与建模方式同样值得思考。例如，前面章节罗列的强化学习、神经网络拟合等方法，大部分研究都是基于离线学习的，需在线下对大量数据进行采集，并进行统一训练。这样训练出来的模型可能受到数据时效性的影响，也难以适应不同驾驶人的个体特性。如何在保证安全性的前提下，进行在线的驾驶人行车模型构建也是值得思考的问题。

本章提到的基于深度学习与神经网络的方法较多，如深度强化学习、循环神经网络等，这类方法的可解释性较差，整体上呈现为难以描述的"黑箱"。在车辆行驶过程中，如何提高方法的鲁棒性与稳定性，提高驾驶人与乘客对该系统的信任程度，也应在系统设计时予以相应考虑。目前，有部分研究人员使用手动切换的方式，即在部分情况下采用深度学习方法进行控制，部分情况下将行车权交还给驾驶人，以防止深度学习方法在特殊条件下失灵。本章叙述的强化学习方法，虽已在仿真环境下验证了其有效性，并能较好地得出不同驾驶人的行驶模型，但是应用在实际环境中必然会存在较大出入。因此，将提出的方法应用到实际系统中仍有待研究。

目前，考虑"人因"的车-路协同风险防控系统的主题框架已经提出，但部分细节仍值得拓展。由于面向的对象复杂，待解决的问题种类极多，本章只给出了一套协调解决问题的架构，并针对其中的疲劳检测、车辆碰撞等问题给出了一定的解决方法。但车辆行驶过程中的问题较多，因而并未将所有问题展开来讲，也希望读者能对车辆行驶过程中的其他问题展开研究并补充到该车-路协同系统框架之中。

参 考 文 献

高红丽, 邓昌俊, 王文迪, 等. 2019. 基于国家车辆事故深度调查体系的道路交通事故驾驶员人因分析[J]. 科学技术与工程, 19(19): 7.

郭云鹏, 邹凯, 陈升东, 等. 2021. 面向车路协同的路侧感知仿真系统[J]. 计算机系统应用, 30(5): 92-98.

张文影. 2020. 基于面部和心率特征融合的驾驶员疲劳状态识别方法研究[D]. 广州:华南理工大学.

Botzer A, Musicant O, Mama Y. 2019. Relationship between hazard-perception-test scores and proportion of hard-braking events during on-road driving — An investigation using a range of thresholds for hard-braking[J]. Accident Analysis & Prevention, 132: 105267.

Chang X, Li H, Qin L, et al. 2019. Evaluation of cooperative systems on driver behavior in heavy fog condition based on a driving simulator[J]. Accident Analysis & Prevention, 128(7): 197-205.

Chu H, Guo L, Yan Y, et al. 2020. Self-learning optimal cruise control based on individual car-following style[J]. IEEE Transactions on Intelligent Transportation Systems, (99): 1-12.

Darja T, Igor A, Tina C. 2016. Examination of driver detection of roadside traffic signs and advertisements using eye tracking[J]. Transportation Research Part F, 43(11): 212-224.

Ding H, Zhao X H, Rong J, et al. 2015. Experimental research on the effectiveness and adaptability of speed reduction markings in downhill sections on urban roads: A driving simulation study[J]. Accident Analysis & Prevention, 75(2): 119-127.

Gelmini S, Strada S C, Tanelli M, et al. 2021. Online assessment of driving riskiness via smartphone-based inertial measurements[J]. IEEE Transactions on Intelligent Transportation Systems, 22(9): 5555-5565.

Jahangiri A, Rakha H A. 2015. Applying machine learning techniques to transportation mode recognition using mobile phone sensor data[J]. IEEE Transactions on Intelligent Transportation systems, 16(5): 2406-2417.

Lai Y L, Chou Y H, Chang L C. 2018. An intelligent IoT emergency vehicle warning system using RFID and Wi-Fi technologies for emergency medical services[J]. Technol Health Care, 26(1): 43-55.

Lefèvre S, Vasquez D, Laugier C. 2014. A survey on motion prediction and risk assessment for intelligent vehicles[J]. Robomech Journal, 1(1): 1-14.

Li H, Zhao G, Qin L, et al. 2020. A survey of safety warnings under connected vehicle environments[J]. IEEE Transactions on Intelligent Transportation Systems, 99(6): 1-17.

Li S, Yan Z, Li H, et al. 2021. Exploring intermediate representation for monocular vehicle pose estimation[C]. Proceedings of the IEEE/CVF Conference on Computer Vision and Pattern Recognition, Nashville: 1873-1883.

Liu M, Zhao F, Niu J, et al. 2019. Reinforcement driving: Exploring trajectories and navigation for autonomous vehicles[J]. IEEE Transactions on Intelligent Transportation Systems, (99):1-13.

Lu Q, Wang Z, Zhang W, et al. 2016. The warning system of vehicles' driving safety based on network[J]. International Conference on Natural Computation, Fuzzy Systems and Knowledge Discovery, 12(8): 2132-2139.

Luo Y, Xiang Y, Cao K, et al. 2016. A dynamic automated lane change maneuver based on vehicle-to-vehicle communication[J]. Transportation Research Part C: Emerging Technologies, 62(3): 87-102.

Martinez C M, Heucke M, Wang F Y, et al. 2017. Driving style recognition for intelligent vehicle control and advanced driver assistance: A survey[J]. IEEE Transactions on Intelligent Transportation Systems, 19(3): 666-676.

Min K, Kim D, Park J, et al. 2019. RNN-based path prediction of obstacle vehicles with deep ensemble[J]. IEEE Transactions on Vehicular Technology, 68(10): 10252-10256.

Mullen N W, Maxwell H, Bédard M. 2015. Decreasing driver speeding with feedback and a token economy[J]. Transportation Research Part F Psychology & Behaviour, 28: 77-85.

Pawar N M, Khanuja R K, Choudhary P, et al. 2020. Modelling braking behaviour and accident probability of drivers under increasing time pressure conditions[J]. Accident Analysis & Prevention, 136: 105401.

Petridou E, Moustaki M. 2000. Human factors in the causation of road traffic crashes[J]. European Journal of Epidemiology, 16(9): 819-826.

Qiao S, Shen D, Wang X, et al. 2015. A self-adaptive parameter selection trajectory prediction approach via hidden Markov models[J]. IEEE Transactions on Intelligent Transportation Systems, 16(1): 284-296.

Rahman M M, Strawderman L, Garrison T, et al. 2017. Work zone sign design for increased driver compliance and worker safety[J]. Accident Analysis & Prevention, 106:67-75.

Ravani B, Wang C. 2018. Speeding in highway work zone: An evaluation of methods of speed control[J]. Accident Analysis & Prevention, 113: 202-212.

Reagan I J, Bliss J P, Houten R V, et al. 2013. The effects of external motivation and real-time automated feedback on speeding behavior in a naturalistic setting[J]. Human Factors, 55(1): 218-230.

Schreier M, Willert V, Adamy J. 2016. An integrated approach to maneuver-based trajectory prediction and criticality assessment in arbitrary road environments[J]. IEEE Transactions on Intelligent Transportation Systems, 17(10): 2751-2766.

Sommer D, Golz M. 2010. Evaluation of Perclos based current fatigue monitoring technologies[C]. Annual International Conference of the IEEE Engineering in Medicine and Biology, Buenos Aires : 4456-4459.

Takahashi A, Hongo T, Ninomiya Y, et al. 2002. Local path planning and motion control for AGV in positioning[C]. IEEE/RSJ International Workshop on Intelligent Robots and Systems, Tsukuba: 392.

Taleb T, Ooi K, Hashimoto K. 2008. An efficient collision avoidance strategy for ITS systems[C]. Wireless Communications & Networking Conference, LasVegas: 2212-2217.

Takahashi A, Hongo T, Ninomiya Y, et al. 1989. Local path planning and motion control for AGY in positioning in proceedings[J]. IEEE/RSJ International Workshop on Intelligent Robots and Systems, 89(2): 392-397.

Treiber M, Hennecke A, Helbing D. 2000. Congested traffic states in empirical observations and microscopic simulations[J]. Physical Review E, 62(2): 1805.

Van L M, Martin S, Trivedi M M. 2013. Driver classification and driving style recognition using inertial sensors[C]. IEEE Intelligent Vehicles Symposium (IV), Gold Coast: 1040-1045.

Wang C, Luo H, Zhao F, et al. 2021. Combining residual and LSTM recurrent networks for transportation mode detection using multimodal sensors integrated in smartphones[J]. IEEE Transactions on Intelligent Transportation Systems, 22(9): 5473-5485.

Wang J, Wu J, Li Y. 2015. The driving safety field based on driver-vehicle-road interactions[J]. IEEE Transactions on Intelligent Transportation Systems, 16(4): 2203-2214.

Wang W, Zhao D, Han W, et al. 2018. A learning-based approach for lane departure warning systems with a personalized driver model[J]. IEEE Transactions on Vehicular Technology, 67(10): 9145-9157.

Yao X, Zhao X, Liu H, et al. 2019. An approach for evaluating the effectiveness of traffic guide signs at intersections[J]. Accident Analysis & Prevention, 129: 7-20.

Yi D, Su J, Liu C, et al. 2017. Personalized driver workload inference by learning from vehicle related measurements[J]. IEEE Transactions on Systems-Man and Cybernetics Systems, 49(1): 159-168.

Zadeh R B, Ghatee M, Eftekhari H R. 2018. Three-phases smartphone-based warning system to protect vulnerable road users under fuzzy conditions[J]. IEEE Transactions on Intelligent Transportation Systems, 19(7): 2086-2098.

Zhang S, Xiong R. 2015. Adaptive energy management of a plug-in hybrid electric vehicle based on driving pattern recognition and dynamic programming[J]. Applied Energy, 155: 68-78.

Zhao H. 2021. Monocular 3D detection with geometric constraint embedding and semi-supervised training[J]. IEEE Robotics and Automation Letters, 6(3): 5565-5572.

Zhu B, Han J, Zhao J, et al. 2020. Combined hierarchical learning framework for personalized automatic lane-changing[J]. IEEE Transactions on Intelligent Transportation Systems, 22(10): 1-11.

第7章 路段-路网交通风险协同防管控技术

7.1 概 述

路段-路网交通风险协同防管控技术旨在实现高速公路大流量路段缓堵保畅信息的联动管控,进而达到风险路段的综合协调与应急联动、多源数据的资源管理与共享交换的效果。区别于常规的高速公路交通运输管理,路段-路网交通风险协同防管控技术侧重于风险防管控,将先进的信息技术、数据通信技术、传感器技术、电子控制技术以及计算机技术等有效地综合运用于整个高速公路交通运输管理控制体系,建立起一种大范围、全方位、实时高效的高速公路风险防管控技术。

目前,针对路网的交通管控往往是综合各个路段级的采集数据,挖掘路网态势,制定路网级别的协同管控方案并确定匝道、交叉口等瓶颈区域的特定控制策略。已有研究在路段交通管控策略、路网交通管控策略以及路段-路网协同管控策略三个方面取得了一定的成果。

1. 路段交通管控策略研究

研究人员在车道控制、车速控制等路段交通风险协同防管控技术方面开展了大量研究,最常见也较为成熟的路段风险防控方法为可变车道控制和可变限速控制。

(1) 可变车道控制的研究集中于交叉口可变车道和客货分离两个方面。交叉口可变车道控制可以配合信号控制协调优化,合理配置道路资源,例如,姜涛(2019)提出了自适应可变导向车道协调控制系统,以实现信号控制交叉口多车道优化管理。客货分离采用客货分道和客货分线等形式,考虑客车和货车的不同行驶特性,从而减少道路风险,例如,王新慧(2014)以流量和服务水平为基准建立了基于流量均衡的客货分道方法,并使用应用层次分析法建立了物理分隔实施选址的预判模型,得到了客货分线的优选路段;纪永鹏(2017)借鉴了潮汐车道的相关研究和实践,提出了高速公路客货分道行驶动态控制管理的信息采集、处理和发布技术,为客货分道行驶动态控制的有效实施提供了保障。

(2) 可变限速控制的研究借助于交通流建模和事故风险预测,可以提高道路通行效率和交通安全。例如,Lee 等(2006)在高速公路实施可变限速控制,实时监测交通流状况,运用事故预测模型预测交通事故的概率,结果表明交通事故概率减少了 5%~17%；Lu 等(2010)运用宏观交通流模型，在高速公路瓶颈路段实施可变限速控制，并进行交通流仿真模拟；张晶晶等(2012)借助元胞自动机模型(cell transmission model, CTM)分析了实施可变限速控制后的交通流特性，仿真结果表明，可变限速控制有平缓交通流、延缓和消散交通拥堵的效果；Zhang 等(2013)和 Li 等(2014)同样采用 CTM 实施可变限速控制，有效提高了瓶颈区交通合并的效率；Van der Gun 等(2019)提出了一种采用链路传输模型的可变限速控制仿真方法，避免了以往研究在可变限速控制作用时瞬间切换交通状态的限制。同时，研究多种控制策略的联合级配管控研究是十分必要的。例如，道路交织区综合协同控制主要基于宏观交通流模型，建立主线可变限速控制与匝道调节的协调控制方法，Carlson 等(2012)和 Grumert 等(2015)都提出了这类方法，并建立了两种方案之间的协同反馈机制。

2. 路网交通管控策略研究

当高速公路存在一定的道路运行风险时，启动一些合理的交通管控措施可以保证交通流运行安全有序，预防或缓解交通事故问题。当交通事故程度比较严重时，仅依靠路段的交通组织措施无法有效缓解道路风险，此时，需要考虑从高速公路路网层面进行整体、全局管控。现有风险下高速公路路网交通管控策略总体上可以分为分流、限流两大类。

(1) 分流类措施主要包括对于单一类型车流的诱导以及路网整体车流的诱导。单一类型车流的诱导主要是指针对应急车辆、"两客一危"车辆的诱导等。例如，温惠英等(2021)提出了一种保障救援车队最快到达事故现场的诱导模型。代存杰等(2018)则是以保障应急车辆安全行驶为原则构建车流诱导模型。该类车流诱导模型能够保障特定类型车辆的顺利驾驶和安全运行，但是对于路网整体风险的降低是有限的。因此，一些学者是从高速公路路网所有类型的车辆统一诱导分流的角度开展研究的。例如，王晓飞等(2016)为解决灾变事件发生时高速公路最优行驶路径求解问题，建立了一种通道路径诱导决策模型。金书鑫等(2017)则设计了一种分层式的事故后高速公路诱导策略。

(2) 限流类措施主要是通过对高速公路上车道封闭或收费站的开启及关闭来控制驶入风险区域的车辆数，防止道路拥堵及二次事故的发生。车道封闭及收费站的开闭往往是依据交通事故的严重程度及交通流量的大小决定的。然而，在道路存在风险时就直接选择关闭车道会导致道路资源的浪费，影响高速公路路网的通行效率。可以考虑开发调节高速公路收费站入口车流释放率的限流方式，既能控制道路交通量不超过风险下的通行能力，又能充分发挥高速公路的通行效能。

3. 路段-路网协同管控策略研究

对于路段-路网一体化管控技术，目前学者研究得较少，一部分研究提出了服务于公路网的交通风险管控系统，这些系统涵盖了检测、计算、预警模块，实现了路段-路网管控一体化过程。例如，郑增威等(2012)构建了一种基于通用分组无线服务(general packet radio service，GPRS)技术的高速公路诱导系统，实现了可变限速等交通管控信息的实时发布。刘双 (2018)提出了一种用于缓解拥堵的智能交通系统，该系统通过对车辆及气候的实时检测来实时制定限速及动态车道管理方案并下发。徐腾飞(2017)提出了一种多因素一体化高速公路动态车速管控系统，该系统通过信息采集模块、中心监控模块、协调管控模块形成一体化闭环控制。

虽然这些系统的开发实现了路网级别的交通监控与预警，但其侧重于对风险情况的监控，面向复杂路网交通风险情况的控制逻辑简单，方案的制定与下发主要依靠预设方案及人工经验，并未达到路段-路网一体化自适应的多策略协同控制的水平。

本章将结合道路运行全息监测信息，构建路段-路网交通风险协同防管控技术框架，通过一体化评价体系实现路段-路网控制策略的最优组合与级配方式。在路段层级，从常规路段出发建立相应的控制技术方案；在路网层级，重点采用车流诱导分流及车流输入控制两种技术手段。

7.2 协同防管控技术框架

7.2.1 模块构成

路段-路网交通风险协同防管控技术旨在通过路段-路网交通风险的协同防管控实现高速公路缓堵保畅的联动管控，进而达到风险路段的综合协调与应急联动、多源数据的资源管理与共享交换的效果。协同防管控技术框架共包括三个模块，分别是数据输入模块、协同管控模块和管控信息发布模块。数据输入模块通过采集与存储整个系统涉及的全息数据，可为整个管控系统提供数据支持和信息保障；协同管控模块将上层模块得到的风险等级和备用容量作为各类策略协同管控的判断指标，并针对不同的风险类型(交通冲突/事故类、气象类)设定相应的管控流程；管控信息发布模块结合数据输入模块提供的输出端口信息，依据不同管控策略的协调结果实时发布控制信息，最终实现路段-路网交通风险的协同防管控。

1. 数据输入模块

数据输入模块是采集与存储整个系统涉及的全息数据，并上传至数据端备用，具体包括风险信息、交通流信息和可启动设施信息。其中，风险信息涵盖风险类型、风险发生位置、风险发生时间、风险持续时间和风险影响范围；交通流信息包括交通流量、交通速度、交通密度和通行能力；可启动设施信息包括基础设施位置及数量、车道位置及数量、互通枢纽位置及数量、匝道位置及数量、收费站位置及数量。

2. 协同管控模块

协同管控模块是动态措施、静态措施相结合的管控方式，实现路段-路网的协同一体化防管控。通过对研究现状部分高速公路风险类型的剖析，选择风险等级和备用容量作为路网风险管控策略协调的复合判断指标。其中，风险等级为一级指标，备用容量为二级指标，先由风险等级确定开启协调时对应的初始管控策略，接着依据备用容量逐次进行判断分析。其分为两类：交通冲突/事故类、气象类，因此风险管控的流程也有所差异，主要体现在路段车道控制和车速控制两个方面。在路段车道控制方面，交通冲突/事故类风险考验采取常规的车道控制方法；但对于气象类风险，首先需要确定气象的影响范围，若气象的影响范围为所要管控的整个路网，则此时路段车道控制无效，跳过该策略，若气象的影响范围为路网内局部路段，则仍可以采取该策略。在车速控制方面，气象类风险只需考虑不同天气类型下速度的限制条件即可，交通冲突/事故类只需考虑是否存在追尾风险即可，若交通冲突/事故类风险发生在恶劣天气的情况下，则仍按照交通冲突/事故类风险进行处理。

3. 管控信息发布模块

管控信息发布模块是综合路侧端和车载端协同实施的策略，实现车-路环境信息的全息智能发布。管控信息发布模块结合数据输入模块提供的输出端口信息，分别针对四种管控策略的协调结果实时发布控制信息，最终实现路段-路网交通风险的协同防管控。

7.2.2 一体化评价指标

为实现路段-路网的协同控制，需要剖析不同风险管控策略之间的协调关系，根据不同的风险类型和风险等级选择相应的管控组合方式。一体化评价指标是这种协调关系实现的关键，该指标既要能够根据不同风险类型和风险等级动态变化，又要能够便于量化以确定不同的管控方案组合。

本节结合风险防控的场景提出路网备用容量这一概念作为路段-路网一体化评价指标。在有限的时空资源内，风险的发生将会使路网可容纳的车辆数显著减少，把容量降低后路网中剩余可容纳的车辆数称为路网备用容量。路网备用容量会受到不同风险的影响而发生改变，根据计算得到的不同路网备用容量值来确定相应的管控方式组合策略。

7.3 路网层级管控技术

7.3.1 路网车流诱导分流技术

考虑到路侧诱导屏幕可容纳的信息有限，必要时启动路网车次诱导策略，其可以减少风险路段的输入交通量，降低二次风险隐患。高速公路路网内部可选择的绕行路径有限，但沿线多配有并行国省道公路，因此提出多等级路网车流诱导策略。

多等级路网车流诱导策略是选取某一节点作为诱导分流启动点，该点以后的所有方向进行诱导分流以便于管理及信息的发布。此外，考虑到车流的绕行优先分配在同等级公路，同时还要平衡车辆绕行时间等绕行指标，以此为原则为待诱导的交通流分配诱导路径。多等级路网车流诱导策略示意图如图 7.1 所示。

图 7.1 多等级路网车流诱导策略示意图

1. 道路交通事件分析技术

1) 事故评估等级

当发生的事故属于特大型、危急型事故，有重大的安全隐患时，无须具备其他条件，路网车流诱导策略应立即开启。事故区域内部的出口匝道全部开启，入口匝道全部封闭，事故区域内部车辆全部诱导驶出，并禁止车辆驶入。这些优先管控的事故类型包括火灾、泥石流、山体滑坡、爆炸、连环追尾等。

2) 事故持续时间

路网事故持续时间超过一定阈值后，才有开启路网车流诱导策略的必要性。

因此,需要预测事故持续时间并判断事故持续时间是否超过阈值。

3) 事故路段剩余通行能力计算

当下游路段存在风险时,风险类型以及严重程度的不同会对路段的通行能力造成不同程度的影响。风险类型主要包括灾情(火灾、爆炸)、交通事故(车祸、违法停车等)、特殊天气(雨、雪、雾)以及路面结冰积水,其中,灾情类风险破坏性极高和影响范围极大,因此一旦发生不允许车辆进入路段;交通事故类风险则采取关闭涉事车道的措施。因此,这两种情况需要与车道管理子模块进行协同控制,关闭全部或部分车道,防止车辆进入,此时通行能力骤降。当发生特殊天气类风险时,能见度、道路限速、路面附着系数均会发生变化;当发生路面结冰积水风险时,路面附着系数会发生较大变化,这些都会导致车辆之间的安全间距改变,也会导致通行能力的改变。

当高速公路上发生火灾或爆炸等风险时,应关闭路段,此时通行能力折减系数为 0。当发生交通事故时,封闭车道则会改变道路通行能力。根据实际经验,当车辆通过事故区平行处时,车速会降低,且封闭车道后续车辆的换道行为会导致路段阻塞,因此此时的道路通行能力的降低并不是线性的。在《道路通行能力手册》(HCM2000)中,根据事故路段单向行车道数及关闭车道数的情况不同(二关一、三关一、三关二、四关一、四关二、四关三),给出了发生事故时的通行能力折减系数,具体风险信息查询对照表如表 7.1 所示。

表 7.1 风险信息查询对照表

风险类型	风险名称	风险等级 i	道路限速 V/(km/h)	通行能力折减系数
I	火灾、爆炸	—	—	0
II	交通事故	1 类(二关一)	60～120	0.35
		2 类(三关一)		0.49
		3 类(三关二)		0.17
		4 类(四关一)		0.58
		5 类(四关二)		0.25
		6 类(四关三)		0.13
III	路面结冰积水	1 级($\mu \leq 0.30$)	封闭路段	根据公式计算求解
		2 级($0.30 < \mu \leq 0.40$)	封闭路段	
		3 级($0.40 < \mu \leq 0.50$)	40	
		4 级($0.50 < \mu \leq 0.55$)	50	
		5 级($\mu > 0.55$)	60～120	

续表

风险类型	风险名称	风险等级 i	道路限速 V /(km/h)	通行能力折减系数
Ⅳ	雾	1级(R<30m)	封闭路段	
		2级(30m<R≤50m)	20	
		3级(50m<R≤100m)	40	
		4级(100m<R≤200m)	60	
Ⅴ	雨	1级(R<30m)	封闭路段	
		2级(30m<R≤50m)	20	
		3级(50m<R≤100m)	40	
		4级(100m<R≤200m)	60	
Ⅵ	雪	1级(R<30m)	封闭路段	
		2级(30m<R≤50m)	20	
		3级(50m<R≤100m)	40	
		4级(100m<R≤200m)	60	

注：μ 表示路面摩擦系数，R 表示能见度。

当路面结冰积水时，根据路面摩擦系数的变化划分风险等级；当发生雾、雨、雪天气时，根据能见度划分风险等级。从风险源产生时刻开始，直至风险结束，预设以 300s 为一个更新时间窗，根据不同道路条件下的路面摩擦系数以及道路限速实时计算路段的剩余通行能力。

(1) 安全车头间距计算。

根据交通流跟驰模型相关研究，事故发生后第 n 个更新时间窗内事故路段的安全车头间距为

$$L^n = D_{veh} + \frac{V^n t_d}{3.6} + L_s + L_b^n - L_f^n \tag{7-1}$$

$$L_b^n - L_f^n = \frac{K'}{25.92g(\mu^n \pm i')} \tag{7-2}$$

其中，D_{veh} 为车辆平均长度，单位为 m，通常为 6m；L_s 为安全距离，单位为 m，通常为 5m；V^n 为第 n 个更新时间窗内的道路限速，单位为 km/h；t_d 为驾驶人反应时间，单位为 s，通常为 1s；L_b^n 为第 n 个更新时间窗内的后车制动距离，单位为 m；L_f^n 为第 n 个更新时间窗内的前车制动距离，单位为 m；K' 为前后车制动系数差，此处取 1；μ^n 为第 n 个更新时间窗内的路面附着系数；i' 为路面纵坡，

通常为3%；g 为重力加速度，单位为 m/s^2。

(2) 事故后通行能力折减系数计算。

事故发生后第 n 个更新时间窗内路段的通行能力折减系数为

$$\theta_a^n = \frac{C^n}{C_B} \tag{7-3}$$

$$C^n = \frac{3600}{h_t^n} = \frac{3600}{L^n/(V^n/3.6)} = \frac{1000V^n}{L^n} \tag{7-4}$$

其中，θ_a^n 为第 n 个更新时间窗内路段的通行能力折减系数；C^n 为第 n 个更新时间窗内路段的单车道通行能力，单位为 pcu/(h·ln)；C_B 为单车道基本通行能力，单位为 pcu/(h·ln)；h_t^n 为第 n 个更新时间窗内路段的车头时距，单位为 s。

(3) 事故后路段剩余通行能力计算。

事故发生后第 n 个更新时间窗内路段的剩余通行能力为

$$C_r^n = f_W f_{HV} C_B W_a \left(\delta_{I,I} \cdot \theta_I^{n,i} \cdot \delta_{I,II} \cdot \theta_{II}^{n,i} \cdot \delta_{I,III} \cdot \theta_{III}^{n,i} \cdot \delta_{I,IV} \cdot \theta_{IV}^{n,i} \cdot \delta_{I,V} \cdot \theta_V^{n,i} \cdot \delta_{I,VI} \cdot \theta_{VI}^{n,i} \right) \tag{7-5}$$

其中，C_r^n 为第 n 个更新时间窗内事故后路段的剩余通行能力，单位为 pcu/(h·ln)；f_W 为车道宽度和侧向净宽折减系数；f_{HV} 为大车比例折减系数；W_a 为事故产生方向车道数；$\delta_{i,j}$ (i,j = I, II, III, IV, V, VI) 为克罗内克符号，当 $i = j$ 时，$\delta_{i,j} = 1$，当 $i \neq j$ 时，$\delta_{i,j} = 0$；$\theta_j^{n,i}$ 为第 n 个更新时间窗内风险类型为 j、风险等级为 i 的路段通行能力折减系数。

(4) 路段剩余承载量计算。

若在第 n 个更新时间窗内，路段的剩余通行能力发生变化，则立刻切换到下一更新时间窗的控制方案。第 n 个更新时间窗内路段剩余承载量为

$$N_1^n = \frac{T}{3600}(\alpha' C_r^n - Q^n) - M^{n-1} \tag{7-6}$$

其中，T 为一个更新时间窗的持续时间；N_1^n 为第 n 个更新时间窗内路段剩余承载量，单位为 pcu；Q^n 为第 n 个更新时间窗内主线上游路段交通量，单位为 pcu/h；α' 为保险系数，通常取 0.9，确保道路上的车辆安全运行；M^{n-1} 为第 $n-1$ 个更新时间窗结束时刻在收费站与风险路段之间的车辆数，单位为 pcu。

2. 路网车流诱导策略计算

1) 路网车流诱导策略启动判别流程

路网车流诱导策略的开启除了考虑特殊事故等级以及事故持续时间，还应比

较事故点在实施可变限速控制后的剩余通行能力与预测的驶入流量,当剩余通行能力小于驶入流量一定范围时,才选择开启路网车流诱导策略。启动判别的具体流程设计如下:

步骤一 判断事故的类型及影响程度。如果事故类型为爆炸、火灾等特大危险事故或事故属于其他类型但持续时间超过容忍阈值,则需先将事故区域内所有车辆导出,并将所有驶入车辆诱导分流。因此,当该类型的事故发生时,需要先开启事故区域全部驶出匝道,关闭驶入匝道,然后执行路网分流诱导策略。

步骤二 判断事故持续时间。判断事故持续时间是否超过了策略启动阈值,只有当事故持续时间超过了一定阈值时,才进行下一步的策略启动判断。

步骤三 计算剩余通行能力。结合事故类型、等级、路段结构等因素,计算事故区域内各个关键点的剩余通行能力。

步骤四 预测驶入事故区域的车辆数。结合实时车流检测数据 Q_{cur}、收费站管控策略控制流率 r_{toll},修正驶入车辆数预测值,得出在收费站限流情况下驶入事故区域的车辆数 Q_{on} 为

$$Q_{on} = \min(Q_{cur}, r_{toll}) \tag{7-7}$$

步骤五 判断路网车流诱导策略的开启条件。比较事故区域可承载车辆数和驶入事故区域的车辆数,若事故区域可承载车辆数小于驶入车辆数,则启动路网车流诱导策略,反之,则不启动该策略。

2) 路网车流诱导策略确定

(1) 待诱导交通流集的确定。

搜索驶经事故点的全部交通流向作为待诱导交通流集 $\{F_i | 1 \leqslant i \leqslant n\}$,判断事故点是否还有剩余通行能力(车道是否被事故全部占用)。若事故点仍可通行车辆,则判断目的地与事故点最近的交通流当前的交通状态,如果其当前的交通流量与剩余通行能力之差大于阈值,则该方向的交通流维持原路径行驶,将其移出待诱导交通流集。

(2) 可分流路径集的确定。

依据事故影响范围的预测结果,以预测到的上游影响范围作为路网车流诱导起始点选取范围,搜索该范围内全公路网可绕行的路径,初步确定可分流路径集 $\{P_i | 1 \leqslant i \leqslant n\}$。

(3) 绕行衡量指标。

考虑到车流诱导模块要服务于车载诱导系统及路侧诱导设备两种场景,本模块选取了绕行距离、绕行时间以及过路成本三个绕行指标作为选择诱导路径的依据。绕行距离 x_e 为选择某一路径到达目的地需要行驶的长度距离;绕行时间 t_e 为结合交通流实时检测数据采集到的各个绕行路径的平均速度,可以求出

车辆驶经该路径的时间；过路成本 e 为途经的各条高速公路收取的过路费之和。路阻函数为

$$R = f(x_e, t_e, e) \tag{7-8}$$

针对车载诱导系统，将提供给驾驶人在不同指标下的最优诱导路径；针对路侧车流诱导系统，将以行驶时间最短为目标发布各个流向的最优诱导路径。

(4) 车流诱导策略的制定。

① 车流诱导优先级确定。

路网车流诱导路径的选取应遵循一定的优先等级和原则，使得在多条路径绕行指标相近的情况下，系统给出更贴合实际的、合理的车流诱导策略。具体的优先等级设置如下：第一级，同等级道路优先于其他等级道路；第二级，平行道路优先于其他道路；第三级，高等级公路优先于低等级公路；第四级，减少分流点和分流层级。

② 车流诱导策略计算流程。

考虑到目的地较远的车辆行程时间较长，对排队等待的时间不敏感，本模块以目的地离事故点近的交通流优先分配诱导路径为原则进行诱导路径的分配。车流诱导驶出方案示意图如图 7.2 所示。

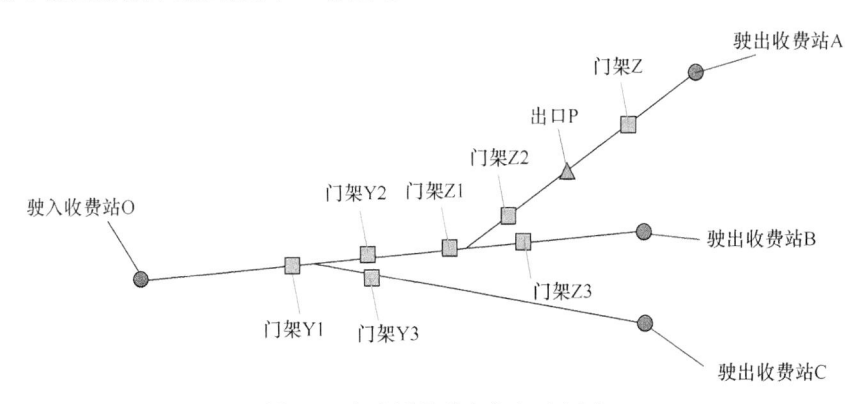

图 7.2 车流诱导驶出方案示意图

步骤一 获取流量信息：将确定的待诱导交通流集中各个方向的交通流按照目的地的远近由近到远排序，分别标号为 1，2，$\cdots$，n。同时，依据交通流的预测结果，可获得待诱导交通流集中各个方向交通流的流量信息 Q_i。

步骤二 计算绕行指标：计算确定的可分流路径集中各个路径对应的绕行指标值，将各条路径按照由小到大排序，并分为 3 挡。

步骤三 调整可用诱导路径排序：在各挡的路径集中，按照实现设置的优先级调整各条路径的排序。按照最终的排序结果给所有路径标号 1，2，$\cdots$，m。

步骤四 计算剩余通行能力：计算各个可分流路径的剩余通行能力 c_j。

步骤五 确定诱导分流路径方案：按照标号循环遍历待诱导交通流集中的各向交通流，对比交通流流量 Q_i 与可分流路径的剩余通行能力 c_j，若交通流流量小于可分流路径的剩余通行能力，则将该路径作为匹配的诱导路径；若交通流流量大于可分流路径的剩余通行能力，则在可分流路径集中取排序在下一位的路径比较流量与剩余通行能力的数值。

3. 车流诱导策略的信息发布

车流诱导策略的信息发布分为路侧诱导屏位置及发布信息设置和车载诱导系统提示信息设置两部分。

1) 路侧诱导屏位置及发布信息设置

路侧诱导屏布置在各个出入收费站上游 200m 处，提示各个流向的车辆前方×××公里处发生事故，依据诱导策略的计算判断结果，提醒需控制方向的车辆绕行，路侧诱导屏车辆绕行提示信息示意图如图 7.3 所示。

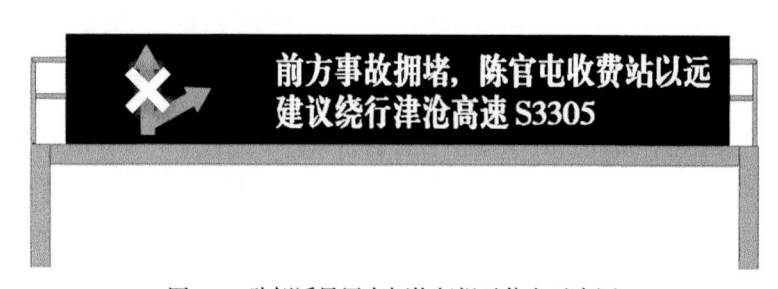

图 7.3 路侧诱导屏车辆绕行提示信息示意图

2) 车载诱导系统提示信息设置

本部分依据路网车流诱导策略计算部分，选择不同的绕行衡量指标(绕行距离、绕行时间以及过路成本)，计算判断对应的车辆最优绕行路径，并通过车载系统发布给驾驶人。

7.3.2 路网车流输入控制技术

收费站作为高速公路重要的车流汇入节点，交通管理者可在收费站对汇入高速公路的交通流实施智能管控，通过控制车流汇入的时间、方式、数量，实现对风险路段交通量及交通密度的控制，从而保障主线下游交通量不超过其在风险环境下的通行能力。在收费站电子不停车收费(electronic toll collection, ETC)系统实现全面覆盖的背景下，本节设计面向风险防控的收费站 ETC 车道控制策略。

1. 收费站 ETC 车道控制思想

当存在风险源时,路段的通行能力会下降,超出通行能力的交通流输入则会诱发新的风险。因此,需要调节上游收费站车辆的汇入,以保证主线上游交通量和收费站汇入主线的交通量之和不超过其通行能力。本节采用在收费站 ETC 通道上延迟道闸开启时间的控制方法调节车辆释放的速率,以达到控制出口放行量的效果。当下游路段产生风险源时,根据下游路段的剩余通行能力,结合上游原有的交通量,调节收费站车辆的汇入率。若主线上原有的交通需求已经超出下游供给,则关闭收费站;若主线上原有的交通需求小于下游供给,则根据二者之差确定收费站的调节率,即改变收费站放行栏杆抬起时间来改变车辆通过的速率,提前控制入口匝道汇入下游风险路段的车辆数,以保障该路段平稳、安全运行。

此外,因为部分收费站的车辆驶出后需要分流,而不通过风险路段的车辆不在调控范围内,所以在该类收费站上游 500m 处,利用 VMS 提前诱导不同目的地的车辆分车道行驶。收费站上游车辆到达情况的数据检测只针对目的地为下行方向的车辆,检测器布设在对应的车道。收费站 ETC 道闸控制系统如图 7.4 所示。

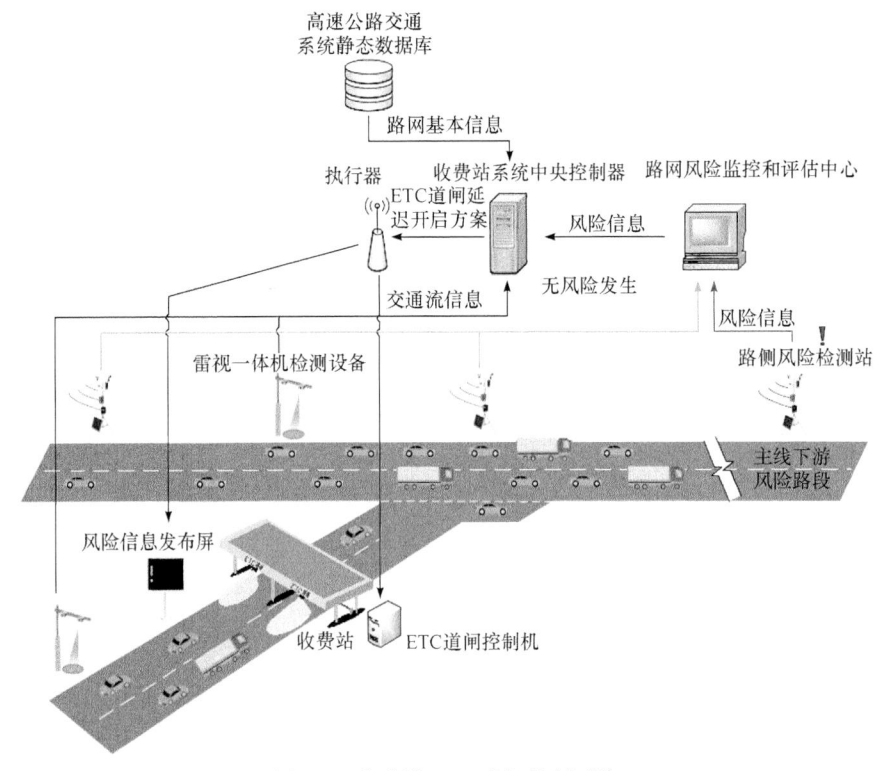

图 7.4 收费站 ETC 道闸控制系统

2. 控制流程

收费站 ETC 管控策略主要包含风险及交通流数据检测、条件判别、模型求解、方案执行四个步骤。

3. 启动条件

设 N_r^n 和 N_l^n 分别为风险源产生后第 n 个更新时间窗内收费站上游车辆到达量以及路段剩余承载量,单位为 pcu。

(1) 当 $N_l^n > 0$ 时,风险发生后第 n 个更新时间窗内收费站处于开启状态;当 $N_l^n \leq 0$ 时,风险发生后第 n 个更新时间窗内收费站实施关闭。

若收费站开启,则判断:

① 若 $N_r^n > N_l^n$,代表第 n 个更新时间窗内收费站上游到达的车辆数大于风险路段允许通过的车辆数,则需延迟开启 ETC 道闸。

② 若 $N_r^n \leq N_l^n$,代表第 n 个更新时间窗内收费站上游到达的车辆数小于风险路段允许通过的车辆数,则无须延迟开启 ETC 道闸。

(2) 当离开收费站的车辆到达主线下游风险路段所需的时间大于风险预计持续时间,即车辆驶入下游路段时,风险依旧存在,则需要启动收费站管控方案;反之,当收费站的车辆驶入下游路段时,风险已解除,则无须启动收费站管控方案。

车辆由收费站驶入风险路段阶段图如图 7.5 所示,从风险源产生开始,车辆离开收费站到达下游路段需要经历三个阶段:以一定速度行驶到匝道口的时间 t_{a1};进入加速车道加速到建议速度的时间 t_{a2};汇入主线,以一定速度行驶到风险路段的时间 t_{a3}。因此,要想启动收费站管控方案,车辆行驶条件与道路长度应满足一定的关系,即

$$t_s \geq t_{a1} + t_{a2} + t_{a3} = \frac{L_{a1}}{V_3} + \frac{V_4 - V_3}{a'} + \frac{L_{a2}}{V_4} - \frac{V_4^2 - V_3^2}{2a'V_4} + \frac{L_{a3}}{V_5} \tag{7-9}$$

其中,t_s 为风险预计持续时间,单位为 h;L_{a1} 为收费站到匝道口处的距离,单位为 km;L_{a2} 为加速车道的距离,单位为 km;L_{a3} 为车辆汇入主线后距离风险路段的长度,单位为 km;V_3 为匝道上行驶的平均速度,单位为 km/h;V_4 为加速车道上的建议速度,单位为 km/h;V_5 为主线上行驶的平均速度,单位为 km/h;a' 为汽车平均加速度,一般情况下,a' 取为 $0.8 \sim 1.2 \text{m/s}^2$。

4. 收费站 ETC 车道调节量计算

在确定产生风险源后,第 n 个更新时间窗内的收费站调节量,即收费站应释放的车辆数为

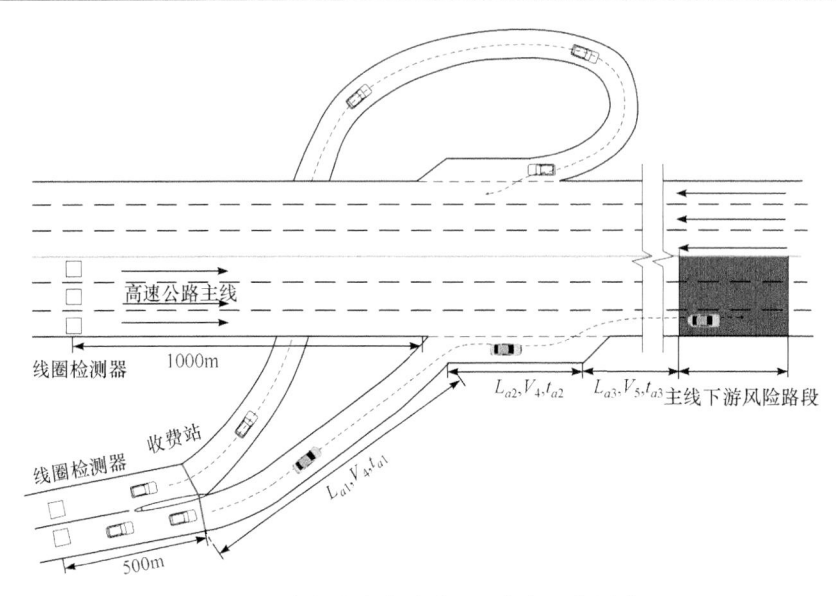

图 7.5 车辆由收费站驶入风险路段阶段图

$$N^n = \min[N_1^n, N_{\max}] \tag{7-10}$$

其中，$N_{\max}$ 为一个更新时间窗内匝道允许汇入的最大车辆数，单位为 pcu。

1) 每个更新时间窗内释放车辆数

通常情况下，车辆通过收费站 ETC 车道不需要停车，但是为了降低车辆通过率使延迟栏杆抬起，会使车辆在栏杆前停止，后续车辆也会进入排队状态。ETC 车道上的车辆不能换道，而且根据经验每条车道的车辆数可视为相等，因此有 M 个 ETC 车道的收费站可以视为 M 个相同的单通道排队系统。车辆通过该系统需要经过排队等候过程和服务过程，根据 ETC 车道的具体设备布设情况，服务过程又由三部分组成：当前服务车辆经过触发线圈、到达栏杆前，时间为 T_1'；栏杆前等候，时间为 T_2'；当前服务车辆启动行驶到落杆线圈直至下一辆车行驶到触发线圈，时间为 T_3'。

首先有如下假设：

(1) 车辆是按一定时间间隔均匀到达的，到达率为 λ。

(2) T_1' 大小基本不受车型影响，对于特定车道视为定值。

(3) T_3' 与车型有关，且服从正态分布，均值为 $E(T_3') = \tilde{T}_3$。

因此，系统平均服务时间为 $\mu' = T_1' + T_2' + \tilde{T}_3$，则平均服务率为 $1/\mu'$；服务强度为 $\rho' = \lambda/\mu'$。

根据排队论知识可知，系统的平均车辆数：

$$\bar{n} = \frac{\rho'}{1-\rho'} = \frac{\lambda}{\mu'-\lambda} \tag{7-11}$$

系统中平均排队长度：

$$\bar{q} = \frac{\rho'^2}{1-\rho'} = \rho'\bar{n} = \frac{\lambda^2}{\mu'(\mu'-\lambda)} \tag{7-12}$$

排队中平均等待时间：

$$W_p = \frac{\lambda}{\mu'(\mu'-\lambda)} \tag{7-13}$$

因此在栏杆延迟时间为 T_2' 的情况下，具有 M 个 ETC 车道的收费站每个更新时间窗内通过的车辆数为

$$N = M_{\text{ETC}} \cdot \frac{T}{W_p + T_1' + T_2' + \tilde{T}_3} \tag{7-14}$$

2) ETC 道闸平均延迟开启时间

在事故发生后第 n 个更新时间窗内，将应释放车辆数平均分配给各个收费通道。令收费站的释放车辆数等于收费站调节量，即

$$N = N^n \tag{7-15}$$

因此，可以求得第 n 个更新时间窗内栏杆的平均延迟时间为

$$T_2^n \sim f(\lambda, T_1', T_3', M_{\text{ETC}}) \tag{7-16}$$

3) 车辆非均匀到达时 ETC 控制方法

以上假设每个更新时间窗 T(5min)内的车辆是均匀到达的，进而为每辆车都分配相同的延迟时间。但在实际情况中，车辆并非均匀到达的。如果对每辆车都进行延迟放行，在车辆达到率比较低的时间间隔内，延迟放行是无意义的。那么当前更新时间窗内前 1min 到达的车辆数小于应释放车辆数，则没必要对车辆进行控制，继续延迟放行会导致实际车辆通过量低于预计通过量，也会增加驾驶人的焦虑心理和能源消耗。

为保证每个更新时间窗内释放车辆数不超过允许释放量，并且最大限度地接近允许释放量，将每个时长为 5min 的更新时间窗划分为 5 个长度为 1min 的时间间隔。在每个更新时间窗内，对于达到车辆数小于应释放车辆数的时间间隔，不对该时间间隔内的车辆进行控制，并将少释放的车辆数在下一个时间间隔中进行补偿；对于达到车辆数大于应释放车辆数的时间间隔，只允许通过应释放的车辆数，剩余的未释放车辆划分到下一时间间隔，那么第 n 个更新时间窗内的第 i 个时间间隔的待释放车辆数为

$$N_i^n = N_{i,\text{arrive}}^n + \sum_1^i N_{i-1}^n - N_{i-1,\text{arrive}}^n, \quad i = 1,2,3,4,5 \tag{7-17}$$

特别地，当 $i=1$ 时，考虑到上一更新时间窗内车辆的实际释放情况，当前更新时间窗内的第一个时间间隔内释放的车辆数应为

$$N_i^n = N_{i,\text{arrive}}^n + N^{n-1} - N_{\text{arrive}}^{n-1} \tag{7-18}$$

其中，N_i^n 为第 n 个更新时间窗内的第 i 个时间间隔的待释放车辆数；$N_{i,\text{arrive}}^n$ 为第 n 个更新时间窗内的第 i 个时间间隔的实际到达车辆数。

若 $\bar{N}_i^{t_0+nT}$ 表示第 n 个更新时间窗内第 i 个时间间隔的应释放车辆数为 $1/5 N^{t_0+nT}$，那么当 $N_i^n \leqslant \bar{N}_i^n$ 时，表示第 n 个更新时间窗内第 i 个时间间隔内的待释放车辆数小于应释放车辆数，无须进行车辆延迟放行控制；当 $N_i^n > \bar{N}_i^n$ 时，表示第 n 个更新时间窗内第 i 个时间间隔内的待释放车辆数大于应释放车辆数，需要对车辆进行延迟放行，以保证车辆释放数不超过应释放车辆数，即

$$N_i^n = \bar{N}_i^n = \frac{1}{5} M_{\text{ETC}} \cdot \frac{T}{W_p + T_1' + T_2' + \tilde{T}_3} \tag{7-19}$$

得到第 n 个更新时间窗内第 i 个时间间隔内放行栏杆的延迟时间为

$$T_{2i}^n \sim f(\lambda, T_1', T_3', M_{\text{ETC}}) \tag{7-20}$$

5. 收费站管控信息发布

收费站可变信息板发布信息示意图如图 7.6 所示，即时滚动发布气象信息、交通状况及事件信息等，提醒驾驶人前方路况，做好安全驾驶准备。

图 7.6 收费站可变信息板发布信息示意图

7.4 常规路段防管控技术

7.4.1 车道控制技术

1. 车道关闭策略

车道关闭策略是禁止车辆进入风险路段一个或多个主线车道的方法，以实现

对主线交通流的管理。当存在需要封闭事故现场、极端天气有通行风险等情况时，会启动车道关闭控制道路主线的运行。根据不同交通风险等级，车道关闭策略提出了以下两种车道管理方式。

1) 车道半封闭

当发生车辆故障、车辆追尾等小型事故时，预测影响范围较小，持续时间较短，公路交通管控中心通过车载预警装置或手机终端APP远程指挥当事车主挪车至外侧车道并关闭该车道。依据事故预测影响范围，在对应的事故上游驶入点处，通过可变信息板发布车道关闭信息，并通过广播提示路段在驶驾驶人有序换道至其他同向车道行驶。在设有路面嵌入指示灯或诱导灯的路段，还可控制此类设备红灯闪烁以起到警示驾驶人绕行、换道的作用。

2) 车道全封闭

当道路运输网络段发生火灾、坍塌、雪灾等大型风险事故时，为防止扩大灾情损害面，应及时关闭全部受灾区域的车道入口，关闭位置的确定应综合风险事故预计发展扩大范围及预留充足救援空间确定，必要时关闭全部风险区域的道路入口。

当发生重大伤亡的交通事故时，须综合考虑来判断是否执行车道全封闭策略，否则将预留部分车道开启，执行车道半封闭策略。

2. 逆向车道设计方案

1) 设计原则

设置逆向车道后，减少车道的无风险源车流方向车道的服务水平大于风险源所在车流方向增加车道后的服务水平，即满足

$$\frac{Q_a}{\sum_{i=1}^{N}c_i - c_1 + c_b} < \frac{Q_u}{\sum_{i=1}^{N}c_i - c_b} \tag{7-21}$$

$$c_i = c_v \times f_W f_{HV} f_P \tag{7-22}$$

其中，Q_a为风险源所在车流方向的交通需求，单位为辆/h；Q_u为无风险源车流方向的交通需求，单位为辆/h；c_i为各车道实际通行能力，单位为辆/h；c_1为风险源占用车道的通行能力，单位为辆/h；c_b为逆向车道的通行能力，单位为辆/h；c_v为车道最大通行能力，单位为辆/h；f_W为车道宽度和侧向净宽折减系数；f_{HV}为大中型车修正系数；f_P为驾驶人条件修正系数。

2) 求解方案

根据交通事故方向交通需求、道路剩余能力及风险时间等参数，以双向道路运输效率为目标，重新对车道空间资源进行再分配，求解开启逆向车道的最优车

道数 n。逆向车道最优车道数求解方案如图 7.7 所示,图 7.7(a)和图 7.7(b)给出了风险源侵占三条车道和侵占两条车道情况下,风险源及无风险源所在方向不同交通需求的逆向车道最优车道数。

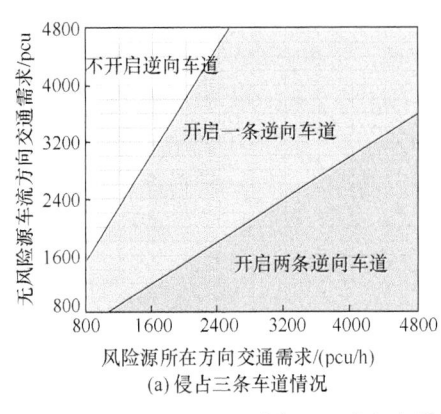

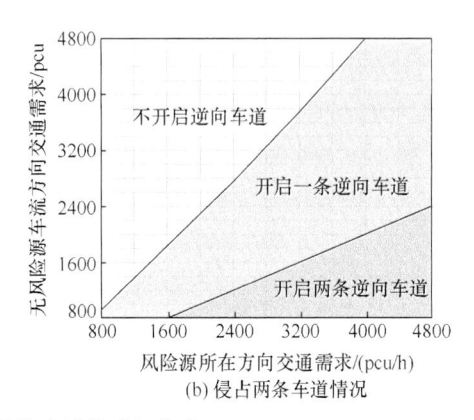

图 7.7 逆向车道最优车道数求解方案

3) 实施方案

为防止车辆换道时产生事故,要设置充足的过渡空间,同时可配合自走式智能护栏进行可变向车道管控。自走式智能护栏主要组成结构为:智能桩机、栏杆、定位道钉、传感器、导航仪和控制电路。管控中心可对其实施远程监控,对车道进行双向调拨。调拨形式主要有阶梯级联方式、波浪方式、并行方式或以上各种方式的分组控制。

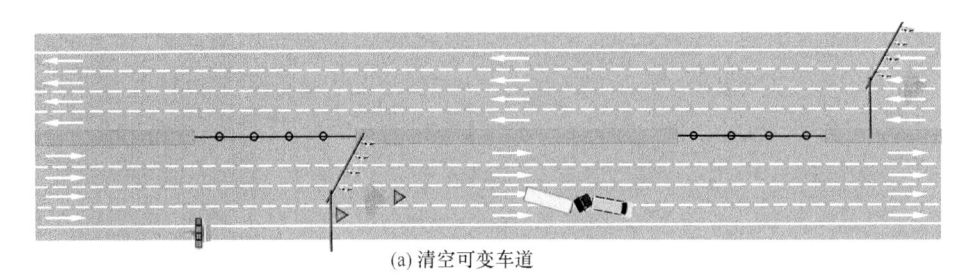

逆向车道实施方案如图 7.8 所示,具体步骤为:

步骤一 对车道进行清场处理,保证可变车道内车辆完全清空;清场工作结束后,通过视频监控确认车道清空,如图 7.8(a)所示。

步骤二 移动自走式智能护栏,及时发布调拨车道等信息,确认自走式智能护栏移动至目标位置,如图 7.8(b)所示。

步骤三 逆向车道开启,车道调拨完成后,及时发布车道正常运行使用信息,配合电子诱导屏、电子标线等设备指示车道方向信息,如图 7.8(c)所示。

(a) 清空可变车道

(b) 移动自走式智能护栏

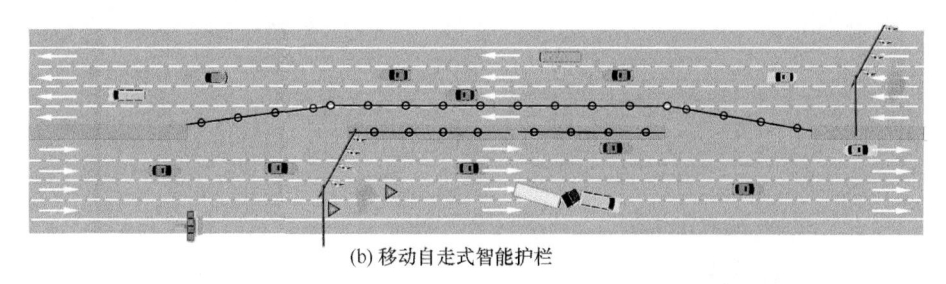

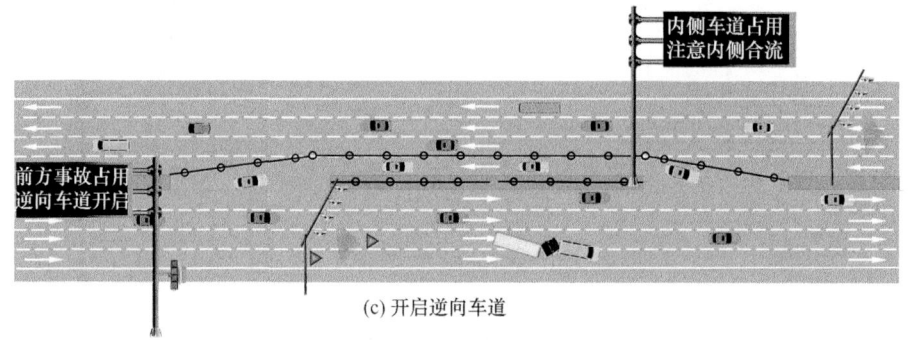

(c) 开启逆向车道

图 7.8　逆向车道实施方案

7.4.2　车速控制技术

1. 车速控制策略

路段车速控制策略是结合实时交通状态，采取可变限速方案使驾驶人在到达风险路段之前将车速降到一个合适的值，并在驶离之前保持稳定的车速，避免产生交通冲击波，降低事故风险。国内外研究中对路段车速控制的应用场景主要分为以下三个方面。①针对天气情况。在高降雨量、大风、低能见度、路面降雪、路面结冰等恶劣天气下对高速公路相应路段进行限速控制，主要监测雾、雨、雪、冰等气候情况。②针对交通流运行情况。根据占有率和速度将交通流分为自由流阶段、低占有率阶段、高占有率阶段，在每个阶段设置限速值调节阈值与恢复阈值。③针对突发事件情况。当交通事故、车辆抛锚、道路施工、交通拥堵等突发事件导致车辆平均车速骤降时，为了防止车辆追尾或二次事故的发生，对突发事件所在地上游路段进行限速控制。

综合考虑以上因素，对于具有较高交通事故率的路段，根据自然环境、路、人、交通环境四个风险源的风险因子实时数据，分为恶劣天气和追尾风险两个风险类别，进行最高限速值优化并自动发布限速信息，车速控制策略如图 7.9 所示。

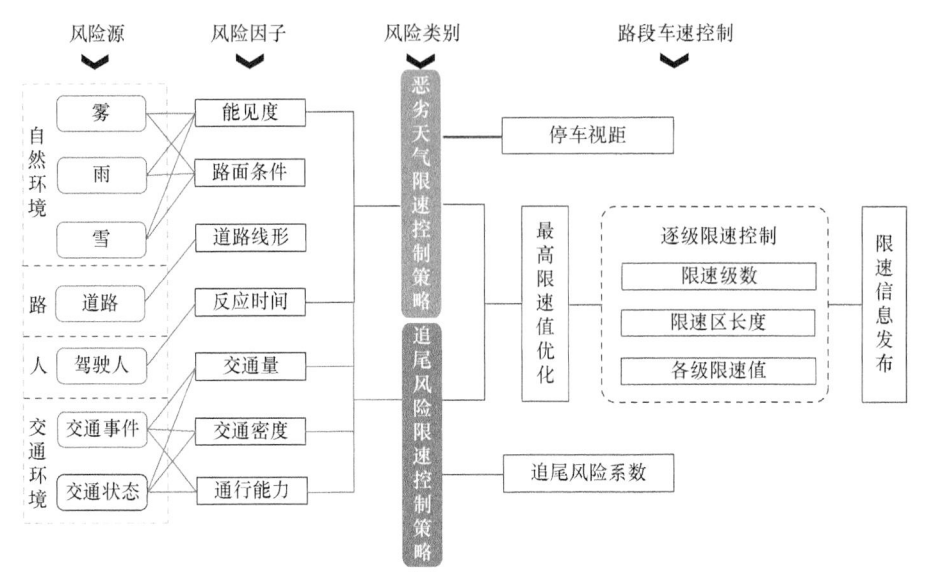

图 7.9 车速控制策略

路段车速控制策略步骤如下：

步骤一 获取监测数据。获取高速公路上交通流检测输出的交通流数据、气象检测器输出的能见度等数据。

步骤二 划分控制路段。按照道路线形粗分一般限速路段，按照实时数据信息划分特殊限速路段。

步骤三 判断车速控制启动条件。判断当前能见度 V_i 或者路面附着系数 μ 是否小于控制启动阈值，若是，则开启恶劣天气区间限速控制，计算最高目标限速值；若否，则开启追尾风险防控限速控制，计算最高目标限速值。

步骤四 逐级限速控制。进入逐级限速控制，确定每个限速标志上发布的限速值。

步骤五 判断限速控制终止条件。判断是否达到可变限速终止条件，若是，则根据限速值变化幅度逐渐将限速值提高到默认值，完成后进入下一周期运算；若否，则进入下一周期运算。

车速控制策略的关键在于限速信息发布的及时性与有效性以及驾驶人的服从率，目前应用最广泛的限速信息发布设施为可变限速标志。可变限速标志的设置不仅是为了引导驾驶人保持安全车速驾驶，也是为了警示驾驶人路况发生变化。

2. 恶劣天气区间限速

高速公路的气象信息采集以及限速规定存在以下局限性：高速公路空间跨度大，气象条件差异大，气象信息缺乏及时性和准确性；同一区间路段的气象条件存在分布不均匀和突变的可能，交通管理部门难以及时、全面地掌握全路段雾情信息；限速滞后于天气变化，增加安全隐患；采取完全封闭的高速公路缺乏科学数据支撑，容易导致高速公路运营部门和道路使用者效益受损。因此，综合考虑能见度和路面湿滑程度的实时检测，确定车辆行驶的安全停车视距及最高限速，提出科学化、精细化、实用化的恶劣天气区间限速方案。

1) 控制流程

恶劣天气区间限速控制流程步骤如下：

步骤一 获取监测数据。获取高速公路实时交通信息，能见度 V_i、路面附着系数 μ 等气象信息，重力加速度 g、车辆平均速度 v 等道路信息。

步骤二 计算风险监测启动阈值。根据满足平均速度下制动距离的最小能见度，确定控制启动阈值 R_c 和 μ_c。

步骤三 判断启动条件。结合可使用限速设施范围、最小能见度及路面湿滑程度，判断当前能见度 V_i 是否小于启动阈值 R_c，或者当前路面附着系数 μ_s 是否小于启动阈值 μ_c，若是，则开启恶劣天气运行风险防控；若否，则进入追尾风险防控。

步骤四 计算安全车速值。根据最小停车视距 R_a =制动距离 L_{br}+停车安全距离 S_{a1}，进行安全车速 V_a 的计算。

步骤五 优化最高限速值。判断安全车速 V_a 是否满足限速值约束及道路安全法的规定，若是，则限速值 V_{SL} 取安全车速值；若否，则计算满足约束条件的限速值。

步骤六 发布限速信息。将限速值 V_{SL} 输出到信息发布设备，持续监测气象变化情况，进行可变限速值的更新。

2) 启动阈值推算方法

天气状态良好(无雨、雾)、可视条件良好(非夜间)的情况下，控制路段的限速值可以满足车辆的停车视距，不需要进行恶劣天气下的可变限速控制。为了提高系统的运算效率以及风险防控的及时性和准确性，控制的启动阈值考虑能见度和路面附着系数这两个较直接反映天气状况的参数，设置启动阈值为 R_c 和 μ_c。

能见度启动阈值 R_c 由进入路段车辆平均速度下可满足制动距离的最小能见度确定，即

$$R_c = vt_d + \frac{v}{2a_{max}} \tag{7-23}$$

其中，a_{max} 为车辆最大加速度，单位为 m/s^2。

路面附着系数启动阈值 μ_c 由路面湿滑或者结冰程度是否影响车辆安全行驶确定。我国高速公路普遍采用沥青和混凝土作为路面材料，车轮与路面附着系数

如表 7.2 所示，不同状态下的汽车纵滑附着系数与冰雪路面下的汽车纵滑附着系数分别如表 7.3 和表 7.4 所示。

表 7.2 车轮与路面附着系数

路面状况	干燥	微湿	潮湿	积水	松软积雪	压实积雪	粗糙冰面	光滑冰面
路面附着系数	0.8	0.7	0.6	0.5	0.35	0.25	0.15	0.10

表 7.3 不同状态下的汽车纵滑附着系数

状态		干燥		潮湿	
		48km/h 以下	48km/h 以上	48km/h 以下	48km/h 以上
混凝土路面	新路	0.80~1.00	0.70~0.85	0.50~0.80	0.40~0.75
	交通量比较小的公路	0.60~0.80	0.60~0.75	0.45~0.70	0.45~0.65
	交通量比较大的公路	0.55~0.75	0.50~0.65	0.45~0.65	0.45~0.60
沥青路面	新路	0.80~1.00	0.60~0.70	0.50~0.80	0.45~0.75
	交通量比较小的公路	0.60~0.80	0.50~0.70	0.45~0.70	0.40~0.65
	交通量比较大的公路	0.55~0.75	0.45~0.65	0.50~0.65	0.40~0.60
	焦油过多的公路	0.50~0.60	0.35~0.60	0.30~0.60	0.25~0.55
铺砂子的公路		0.40~0.70	0.40~0.70	0.45~0.75	0.45~0.75
灰渣捣实的公路		0.50~0.70	0.50~0.70	0.65~0.75	0.65~0.75
平坦的冰路面		0.10~0.25	0.07~0.20	0.05~0.10	0.05~0.10
雪压实的路面		0.30~0.55	0.35~0.55	0.30~0.60	0.30~0.60

表 7.4 冰雪路面下的汽车纵滑附着系数

状态	附着系数
新雪、接近冰的压实雪	0.10~0.20
普通雪	0.20~0.25
粗雪、开始融解的雪	0.25~0.30
积雪上撒盐	0.30~0.40
积雪上撒砂	0.35~0.45
积雪上撒砂和盐	0.30~0.45

3) 车辆最大制动减速度计算方法

当驾驶人踩下制动踏板时,车辆以初速度 v_0、最大减速度 $a_{\max}$ 做减速运动。其中,考虑到加速度受到道路线形的影响,分直线制动和曲线制动两种情况来讨论车辆紧急制动过程。

(1) 直线制动。

在直线路段上,摩擦力完全用于纵向制动过程。车辆加速度可以表示为与重力加速度 g 有关的函数,即

$$a_{\max}(x) = -\gamma g[\mu(x) + i(x)] \tag{7-24}$$

其中,x 为道路横坐标;g 为重力加速度,单位为 m/s^2;$\mu(x)$ 为路面附着系数;$i(x)$ 为道路纵坡度,上坡取"+"号,下坡取"-"号;$\gamma \in [0,1]$ 为驾驶人施加在制动板上的压力系数,通常对于安有防抱死系统的车辆,γ 取 0.9,对于非此类型的车辆,γ 取 0.7。

(2) 曲线制动。

在曲线制动时,需要部分摩擦力保持车辆行驶方向,因此车辆的停止距离长于直线路段。横向加速度取决于道路的曲率和速度,最大横向加速度定义为

$$a_{\mathrm{hor}}(x) = \left|\frac{v(x)^2}{R(x)}\right|[\mu(x) + \varphi(x)] \tag{7-25}$$

其中,$v(x)$ 为路段车辆平均速度;$R(x)$ 为曲线半径,左转弯取"+"号,右转弯取"-"号;$\varphi(x)$ 为超高角,车道里侧高于车道外侧为正。

总加速度为

$$a_{\max}(x) = \sqrt{a_{\mathrm{hor}}(x)^2 + a_{\mathrm{ver}}(x)^2} \tag{7-26}$$

车辆纵向加速度为

$$a_{\mathrm{ver}}(x) = -\gamma\sqrt{\left[g(\mu(x)+i(x))\right]^2 + \left[\frac{v(x)^2(\mu(x)+\varphi(x))}{R(x)}\right]^2} \tag{7-27}$$

为了便于展示模型算法,以下研究的车辆最大减速度考虑了路面附着系数和道路纵坡度的影响,即

$$a_{\max} = g(\mu + i') \tag{7-28}$$

4) 安全车速计算方法

(1) 车辆制动距离。

车辆制动距离等于驾驶人反应距离、制动器反应距离和制动器制动距离之和。假设车辆初始平均速度为 v,在车辆制动减速的过程中,在驾驶人反应时间 t_d 及

制动力传递延迟时间 t_2 内，车辆做匀速运动。在制动减速度增加时间 t_3 内，车辆的制动减速度线性增长，由 0 增加到最大减速度 a_{max}。在持续制动时间 t_4 内，车辆以 a_{max} 做匀减速运动，t_4 时间内车辆行驶的距离可根据运动学方程表示为 $v^2/(2a_{max})$。t_1 是驾驶人感觉前方有危险到采取制动时的反应时间，会受到驾驶人驾驶风格、天气、车速等因素的影响，一般取 0.8～1.3s。对于小型客车等液压制动车辆，t_2 不能超过 0.6s、t_3 为 0.4～0.9s；对于大型客车、载重货车等气压制动车辆，t_2 不能超过 0.3s、t_3 为 0.15～0.2s。

车辆的总制动距离 L_{br} 为

$$L_{br}=v\left(t_1+t_{b1}+\frac{1}{2}t_{b2}\right)+\frac{v^2}{2a_{max}} \tag{7-29}$$

令 $t=t_1+t_{b1}+\frac{1}{2}t_{b2}$，则车辆以安全车速 V_a 行驶的制动距离为

$$L_{br}=V_a t+\frac{V_a^2}{2g(\mu+i')} \tag{7-30}$$

(2) 停车视距。

汽车在行驶的过程中，不可避免地会有停车、会车、超车的操作。为了能够安全地停车、会车、超车，需要驾驶人在汽车行驶中具有足够的能见度视距。高速公路双向分离行驶，在不考虑车辆换道超车的情况下，只考虑车辆的停车视距，停车视距小于当前能见度即为安全。为了保证汽车具有足够的停车距离，最小的停车视距应该与制动距离相等，恶劣天气下车辆停车视距示意图如图 7.10 所示。

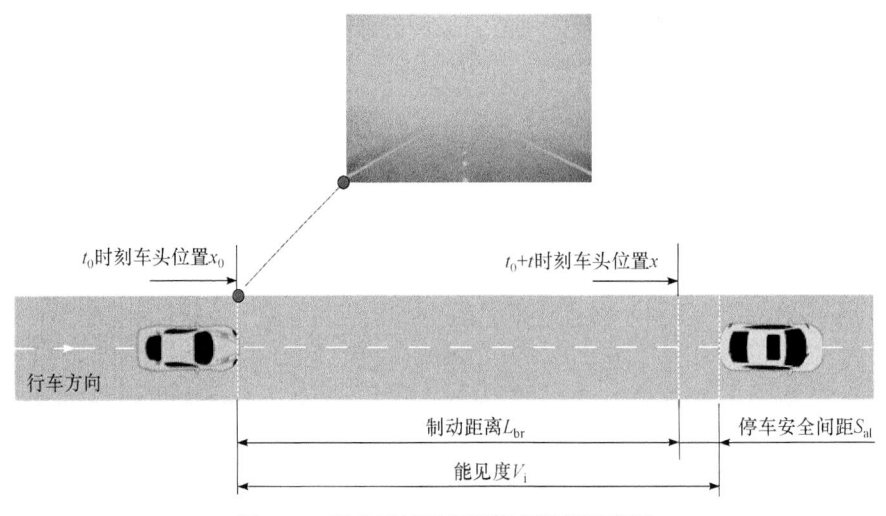

图 7.10 恶劣天气下车辆停车视距示意图

车辆减速到前车速度或者静止后与前车(或障碍物)保持的停车安全间距 S_{a1} 可根据实际需求确定，S_{a1} 的取值是否合理也影响风险防控的准确性，取值一般是 2～5m。为了提高风险防控的准确性，建议设定为 5m，则安全停车视距 R_a 应满足

$$L_{br} + S_{a1} \leqslant R_a \leqslant V_i \tag{7-31}$$

代入式(7-30)可得

$$V_a t + \frac{V^2}{2g(\mu + i')} + S_{a1} \leqslant R_a \leqslant V_i \tag{7-32}$$

由于 S_a 取定值，所以一般情况下，行车速度越高、轮胎与地面的附着系数越小，要求的停车视距越大。在单向车道上行驶的车辆，主要考虑停驶视距要求，临界条件为停车视距 R_a 等于能见度 V_i，即 $R_a = V_i$，根据停车视距模型反推，可以得到安全车速 V_a 为

$$V_a \leqslant \frac{-2gt(\mu + i') + \sqrt{4g^2 t^2 (\mu + i')^2 + 8g(\mu + i')(V_i - S_{a1})}}{2} \tag{7-33}$$

5) 最高限速建议值计算

为了便于驾驶人获取限速信息并快速反应，将满足约束的限速值向下取 10 的整数倍，设置为可变限速值 V_{SL}。

根据以上计算步骤，可得出不同能见度以及路面状态的安全车速值，并与道路安全法规定的限速值进行对比，不同能见度以及路面状态的安全车速值如表 7.5 所示。据此，可给出不同能见度以及路面状态的最高限速建议值如表 7.6 所示。

表 7.5　不同能见度以及路面状态的安全车速值

能见度/m	安全车速/(km/h)					道路安全法规定车速/(km/h)
	干燥	微湿	积水	积雪	结冰	
500	138	132	124	101	88	120
300	104	100	95	78	68	80
200	60	60	58	48	43	60
100	33	33	32	28	25	40
50	15	15	15	13	13	20

表 7.6　不同能见度以及路面状态的最高限速建议值

能见度/m	最高限速建议值/(km/h)								道路安全法规定车速/(km/h)
	干燥 0.8	微湿 0.7	潮湿 0.6	积水 0.5	松软积雪 0.35	压实积雪 0.25	粗糙冰面 0.15	光滑冰面 0.1	
>500	不限速				—	—	100	80	不限速
400									80
300						100	80	60	
200					100	80	60	50	60

续表

能见度/m	最高限速建议值/(km/h)								道路安全法规定车速/(km/h)
	干燥 0.8	微湿 0.7	潮湿 0.6	积水 0.5	松软积雪 0.35	压实积雪 0.25	粗糙冰面 0.15	光滑冰面 0.1	
150	100				80	60	50	40	—
100	70				60	50	40	30	40
50	40				30		20		
40	30				20				20
30	20								
20	—				封闭道路		—		封闭道路
<10									

6) 实施方案

恶劣天气区间限速控制实施方案示意图如图 7.11 所示，具体步骤为：①获取监测信息，如图 7.11(a)所示；②依照风险监测启动阈值和可使用限速设施范围，选取风险路段，如图 7.11(b)所示；③计算限速方案，执行限速管控，如图 7.11(c)所示。

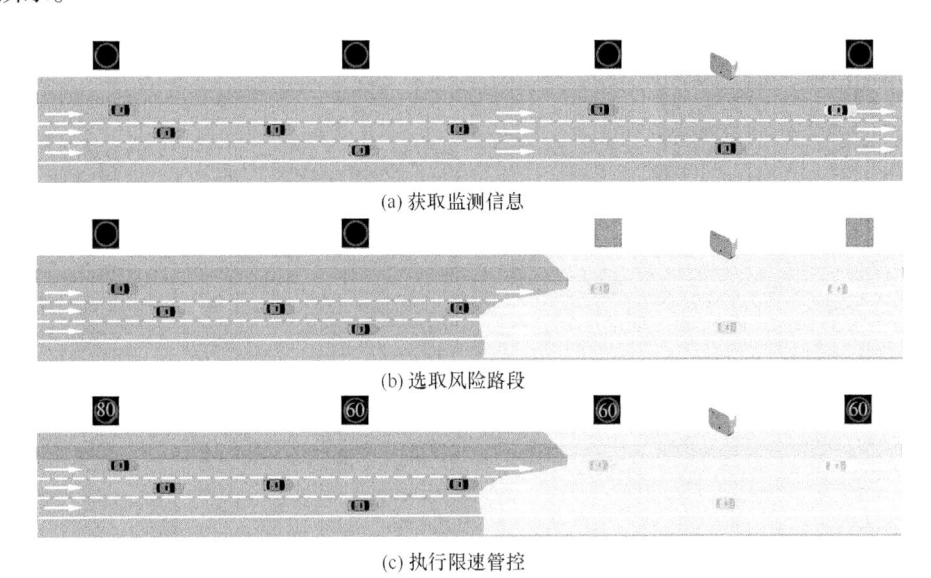

(a) 获取监测信息

(b) 选取风险路段

(c) 执行限速管控

图 7.11 恶劣天气区间限速控制实施方案示意图

3. 追尾风险防控限速

车辆追尾事故在高速公路上频繁发生，已成为交通事故的主要类型，未保持安全车距是引发此类事故的主要原因。车辆行驶速度与行车安全的关系体现在两个方面：一方面，速度越大，驾驶人对危险做出反应的有效时间越短；另一方面，速度越大，发生事故时撞击动能变化量越大，伤亡可能性及伤亡程度越大。前者表现为不同速度时的事故概率，后者表现为不同速度时的事故严重程度。因此，合理的车速控制是降低追尾事故概率及其严重程度的有效措施之一。

可变限速控制可以改变车辆的平均速度和平均车头时距，使车辆的车头时距在当前交通状态下满足安全行车要求。研究表明，实施可变限速控制并配合超速抓拍摄像头可以有效降低追尾碰撞发生的概率。追尾主要是由车辆行驶过程中没有保持安全车距造成的，而安全车距并非定值，与交通流状态、车辆行驶状态、道路条件等都有关系。因此，基于实时的交通流运行信息对车辆进行追尾风险判别至关重要，针对现存的高速公路速度控制系统以及研究应用的局限性，建立了面向追尾风险防控的高速公路可变限速控制方法，提出了科学化、实用化、稳定化的可变限速控制方案。

1) 控制流程

追尾事故成因及风险分析方法一般有两种：采用基于历史事故数据的多元回归统计分析方法和基于非事故数据的理论推导法。其中，基于历史事故数据的多元回归统计分析方法需要收集大量长期事故数据及天气、交通等关联数据，因此相对而言，基于非事故数据的理论推导法更适合我国高速公路追尾事故特征的研究现状。已有相关指标主要包含了临界减速度、临界制动距离、冲突碰撞时间以及以纵向跟车安全间距为基础的追尾碰撞风险指标。选择安全间距作为追尾碰撞风险指标，面向追尾风险防控的限速控制流程步骤如下：

步骤一 交通信息检测与处理。获取路段 i 在 T 周期内的实时交通数据和路段初始最高限速值 V_0。

步骤二 计算安全间距。由实时检测得到的同一车道前后跟随车辆的运动状态，计算两车之间的安全行车间距。

步骤三 计算追尾风险系数。根据实际车头间距 S_0、安全间距 S_n、制动停车后两车的安全间距 S_a，计算车辆追尾风险系数 $\varepsilon_{i,j}$ 和路段追尾风险系数 ε_i。

步骤四 判断限速控制启动条件。判断 $\varepsilon_{i,j}$ 和 ε_i 是否满足控制启动阈值。

步骤五 计算安全车速。根据车流密度与车头间距的关系，计算路段 i 行驶的车辆在当前交通状态下可以保持安全间距的安全车速 $V_a(i)$。

步骤六 优化最高限速值。根据安全车速计算最高限速值，输出路段 i=1 在第 $T=T+1$ 周期的最高限速值。

步骤七 发布限速信息。根据最高限速值，发布限速信息。

2) 交通信息检测与处理

根据道路线形条件的相关参数、路侧环境变化对高速公路进行控制路段划分，按照行车方向将路段编号为 i=1,2,3,…，分段间隔为 1～5km，每个路段均需要布设雷视一体机检测装置，路测设备布设示意图如图7.12所示。每个控制路段起点上游设置可变限速节点，按照行车方向编号为P_i，与路段编号保持一致，每个节点均需要布设可变限速信息显示屏。

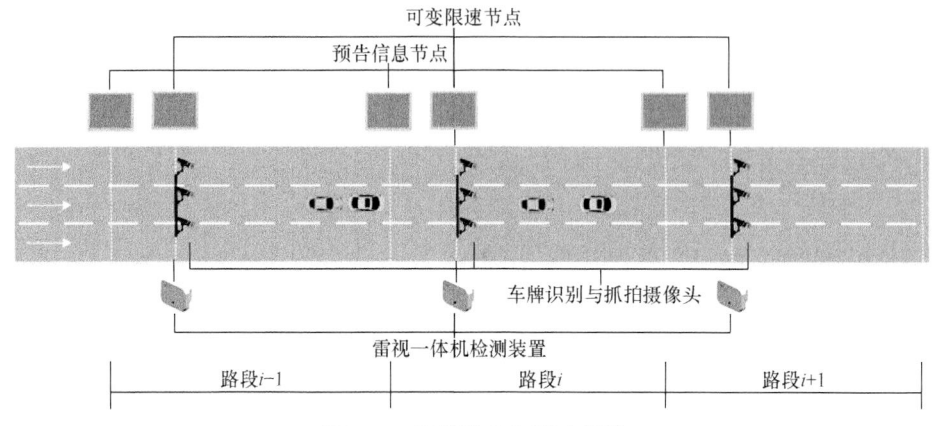

图 7.12　路侧设备布设示意图

控制周期序号为$T=1,2,3,\cdots$。考虑到控制周期过长，达到启动条件后无法及时调整限速，而是在较长时滞后才开始限速控制，不合时机的控制不仅无法降低事故风险，反而会增加事故风险；当控制周期过短时，限速值变化过于频繁，对交通流产生一定的干扰，并不是最优控制周期。因此，需要设置合理的控制周期，建议设置为5min、10min或15min。

获取路段初始最高限速值V_0，一般高速公路小型客车初始最高限速值为120km/h，第$T=1$周期，路段$i=1$的最高限速值为V_0。

3) 安全间距计算

行车间距和车速是影响追尾事故及其严重程度的主要因素，通过分析车辆驾驶人的制动反应特性，结合车辆的制动减速过程，建立用于优化安全车速的安全间距模型，具体过程如下：

(1) 考虑到在车辆密度低的情况下，个别车队的车辆之间车头间距过小对整个路段控制策略的影响，仅对路段车流处于跟车状态时进行控制。研究表明，当交通流量大于600辆/h，车速及其离散性开始对道路的实际通行能力产生影响。因此，追尾风险防控下可变限速控制策略的研究，在交通流量大于600辆/h标准的基础上进行。当高速公路路段i在T周期内单车道平均交通流量大于600辆/h时，执行步骤(2)；当高速公路路段i在T周期内单车道平均交通流量小于等于600辆/h时，保持路段初始最高限速值V_0。

(2) 计算车辆实际车头间距并判断车辆的运动状态，检测设备在t时刻检测到第n辆车和第$n+1$辆车的车头时距为h_t，t时刻第n辆车的速度为$v_n(t)$，t时刻

第 n 辆车的加速度为 $a_n(t)$，该车标记为前车 n；t 时刻第 $n+1$ 辆车的速度为 $v_{n+1}(t)$，t 时刻第 $n+1$ 辆车的加速度为 $a_{n+1}(t)$，该车标记为后车 $n+1$。

此时，前车 n 和后车 $n+1$ 的实际车头间距按式(7-34)计算：

$$S_0 = v_n(t) \cdot h_t \tag{7-34}$$

其中，S_0 为前车 n 和后车 $n+1$ 的实际车头间距，单位为 m；$v_n(t)$ 为 t 时刻第 n 辆车的速度，单位为 m/s；h_t 为 t 时刻检测到第 n 辆车和第 $n+1$ 辆车的车头时距，单位为 s。

当 $v_n(t) > v_{n+1}(t)$ 时，前车 n 的车速大于后车 $n+1$ 的车速，车辆实际车头间距满足安全间的距需要，无须进行记录。

当 $v_n(t) \leqslant v_{n+1}(t)$ 且 $a_n(t) \geqslant 0$ 时，前车 n 的车速小于等于后车 $n+1$ 的车速，且前车 n 处于匀速或加速状态，后车标记为风险车辆，记录两车速度及实际车头间距，两车的安全间距需要考虑两车速度差，按照后车 $n+1$ 的车速 $v_{n+1}(t)$ 减至前车 n 的车速 $v_n(t)$ 计算，在这种情况下，步骤(4)中 S_n 的计算公式中 v 取 $v_n(t)$。

当 $v_n(t) \leqslant v_{n+1}(t)$ 且 $a_n(t) < 0$ 时，前车 n 的车速小于等于后车 $n+1$ 的车速，且前车 n 处于减速状态，后车存在减速制动的可能性，后车标记为风险车辆，记录两车速度及实际车头间距，两车间安全距离不考虑两车速度差，按照后车 $n+1$ 和前车 n 均减速至 0 计算，在这种情况下，步骤(4)中 S_n 的计算公式中 v 取 0。

(3) 安全间距是指在同一条车道上，同向行驶前后车辆车头间的安全距离，即当前车遇到危险情况减速时，后车随之减速，保证后车不与之相撞的车头间距，如图 7.13 所示。车队行驶中的前后两辆车之间的安全间距要满足在前车紧急制动时，后车有充足的反应时间和制动时间。车辆按照安全间距行驶可以保证既不发生追尾事故，又不降低道路通行能力。

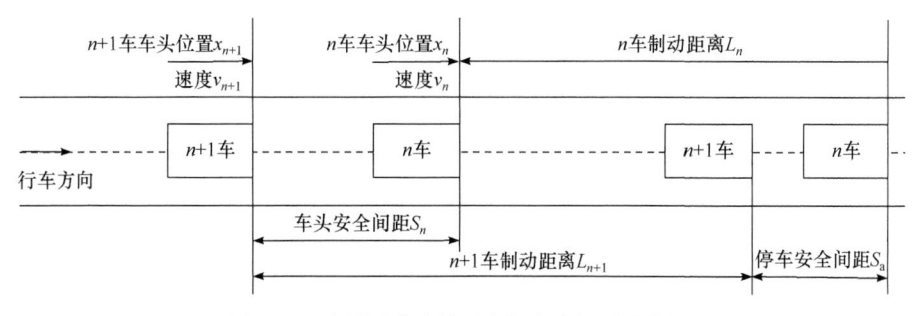

图 7.13　追尾风险防控下车辆安全间距示意图

t 时刻前车 n 的速度为 $v_n(t)$，t 时刻后车 $n+1$ 的速度为 $v_{n+1}(t)$，两车同向行驶在同一条车道上。假设 $v_n(t) \leqslant v_{n+1}(t)$，前车 n 遇见危险情况减速，由速度 $v_n(t)$

减至 v，后车 $n+1$ 为了确保不与之碰撞也需要减速，在与前车 n 相撞之前车速由 $v_{n+1}(t)$ 减至 v，则可以保证不发生追尾事故。此时，需要前后车之间的安全间距为 S_n，制动停车后两车的安全间距变为 S_a，出于安全考虑，S_a 一般取值为 8~10m。在此过程中，前车 n 的制动距离为 L_n，后车 $n+1$ 的制动距离为 L_{n+1}，S_n、S_a、L_n、L_{n+1} 的关系如下：

$$S_n + L_n - L_{n+1} = S_a \tag{7-35}$$

其中，S_n 为前后车之间的安全间距，单位为 m；L_n、L_{n+1} 分别为前车 n、后车 $n+1$ 的制动距离，单位为 m；S_a 为制动停车后两车的安全间距，单位为 m。

由前面可知

$$L_n = v_n(t)\left(t_d + t_{b1} + \frac{1}{2}t_{b2}\right) + \frac{v_n^2(t) - v^2}{2a_{\max,n}} \tag{7-36}$$

$$L_{n+1} = v_{n+1}(t)\left(t_d' + t_{b1}' + \frac{1}{2}t_{b2}'\right) + \frac{v_{n+1}^2(t) - v^2}{2a_{\max,n+1}} \tag{7-37}$$

其中，$v_n(t)$、$v_{n+1}(t)$ 分别为 t 时刻前车 n、后车 $n+1$ 的速度，单位为 m/s；t_d、t_d' 分别为前车 n、后车 $n+1$ 的驾驶人反应时间，单位为 s；t_{b1}、t_{b1}' 分别为前车 n、后车 $n+1$ 的制动力传递延迟时间，单位为 s；t_{b2}、t_{b2}' 分别为前车 n、后车 $n+1$ 的制动减速度增加时间，单位为 s；$a_{\max,n}$、$a_{\max,n+1}$ 分别为前车 n、后车 $n+1$ 的最大减速度，单位为 m/s^2；v 为两车刚好不发生碰撞的速度，单位为 m/s，根据车辆的运动状态取值为 $v_n(t)$ 或 0。

(4) 令 $t_{n+1} = t_d + t_{b1} + \frac{1}{2}t_{b2}$、$t_n = t_d' + t_{b1}' + \frac{1}{2}t_{b2}'$，车队行驶中的前后两辆车之间的安全间距 S_n 计算形式如下：

$$S_n = S_a + v_{n+1}(t) \cdot t_{n+1} - v_n(t) \cdot t_n + \frac{v_{n+1}^2(t) - v^2}{2a_{\max,n+1}} - \frac{v_n^2(t) - v^2}{2a_{\max,n}} \tag{7-38}$$

后车 $n+1$ 有两种制动情况：一是与前车 n 同时发现前方危险情况或限速标志，采取制动措施；二是意识到前车 n 正在减速而采取制动措施，通常以尾灯亮起作为标志。第二种情况对安全间距的要求更高，为保证行车安全，需要对安全间距模型进行修正。研究表明，反应迟滞时间 $\tau = 1.0$~2.2s，对于 50% 的驾驶人，τ 约为 1.5s，则安全间距计算模型如下：

$$S_n = S_a + v_{n+1}(t)(t_{n+1} + \tau) - v_n(t) \cdot t_n + \frac{v_{n+1}^2(t) - v^2}{2a_{\max,n+1}} - \frac{v_n^2(t) - v^2}{2a_{\max,n}} \tag{7-39}$$

其中，t_n、t_{n+1} 分别为前车 n 和后车 $n+1$ 的制动时间，单位为 s；τ 为后车的反应迟滞时间，单位为 s。

当 $v_n(t) \leq v_{n+1}(t)$ 且 $a_n(t) \geq 0$ 时，前车 n 的车速小于等于后车 $n+1$ 的车速，且前车 n 处于匀速状态或加速状态，v 取 $v_n(t)$，计算前后车之间的安全间距 S_n。当 $v_n(t) \leq v_{n+1}(t)$ 且 $a_n(t) < 0$ 时，前车 n 的车速小于等于后车 $n+1$ 的车速，且前车 n 处于减速状态，后车存在减速制动的可能性，v 取 0，计算前后车之间的安全间距 S_n。

4) 车辆追尾风险系数计算

根据实际车头间距 S_0、安全间距 S_n、制动停车后两车的安全间距 S_a，计算车辆追尾风险系数 $\varepsilon_{i,j}$，具体过程如下。

(1) 基于车辆安全行驶的需要，实际车头间距 S_0 要大于等于前后车之间的安全间距 S_n，即满足

$$S_0 \geq S_n \tag{7-40}$$

对于式(7-40)，当 $S_0 \geq S_n$ 时，前车紧急刹车，跟随车辆随之紧急刹车则不会发生碰撞；而当 $S_0 < S_n$ 时，车辆间距不能保证安全，紧急情况时可能会发生追尾碰撞事件。由于个体车辆是否保持安全间距无法反映路段追尾风险，引入追尾风险系数 ε，计算路段 i 上第 j 辆风险车辆的追尾风险系数 $\varepsilon_{i,j}$。

(2) 采用的追尾风险系数 ε 定义来自 Berkeley 模型，是对当前车辆行驶状态下车辆追尾风险程度的一个定量评估。追尾风险系数 ε 是判断车辆现阶段安全状况的主要依据，实时检测跟随车辆并计算其追尾风险系数 $\varepsilon_{i,j}$，如式(7-41)所示。紧急停车需要的制动距离 S_{br} 的计算如式(7-42)所示，跟随车辆的减速度取最大减速度 $a_{max,n+1}$，小型客车的最大减速度一般取值为 $7 \sim 8 \text{m/s}^2$。预警间距 S_w 的计算如式(7-43)所示，考虑到跟随车辆以最大减速度紧急制动的情况下，存在跟随车辆的后车反应不及时发生追尾碰撞的潜在风险，因此跟随车辆的减速度取舒适减速度 $a_{com,n+1}$，小型客车的舒适减速度一般取值为 $1.5 \sim 2.5 \text{m/s}^2$。

$$\varepsilon_{i,j} = \frac{S_0 - S_{br}}{S_w - S_{br}} \tag{7-41}$$

$$S_{br} = S_n = S_a + v_{n+1}(t)(t_{n+1} + \tau) - v_n(t) \cdot t_n + \frac{v_{n+1}^2(t) - v^2}{2a_{max,n+1}} - \frac{v_n^2(t) - v^2}{2a_{max,n}} \tag{7-42}$$

$$S_w = S_a + v_{n+1}(t)(t_{n+1} + \tau) - v_n(t) \cdot t_n + \frac{v_{n+1}^2(t) - v^2}{2a_{com,n+1}} - \frac{v_n^2(t) - v^2}{2a_{max,n}} \tag{7-43}$$

其中，S_{br} 为紧急停车需要的制动距离，即车队中相邻车辆的安全间距，单位为 m；

S_w 为预警间距,即跟随车辆以舒适减速度减速避撞的间距,单位为 m。

(3) 通常较小的 ε 值表示更严重的交通冲突,在危及车辆安全的情况下,需要及时降低路段最高限速值,提示驾驶人采取减速措施,避免汽车追尾碰撞的发生。

设定 $\varepsilon \geqslant 1$ 为安全区间,此区间下车辆状态处于安全状态。$0 < \varepsilon < 1$ 为潜在危险区间,此区间下汽车行驶状态处于有可能发生碰撞的状态,对处于此区间的车辆进行车辆预警,预警信息包括车牌号及保持车距的提示信息,如"吉 A00001,请保持车距"。$\varepsilon \leqslant 0$ 为危险区间,此区间下跟随车辆与前车的实际车头间距已经小于紧急制动车距,发生碰撞的概率非常大,对处于此区间的跟随车辆进行车辆预警,预警信息包括车牌号及减速行驶的提示信息,如"吉 A00002,请减速行驶"。

5) 路段追尾风险系数计算

根据风险车辆 j 与前车的实际车头间距、需要与前车保持的安全车头间距以及预警车头间距,计算得到风险车辆 j 的追尾风险系数 $\varepsilon_{i,j}$,加权平均计算得到路段追尾风险系数 ε_i,具体过程如下:

(1) 假设路段 i 的风险车辆总数为 Z_i,统计风险车辆的追尾风险系数 $\varepsilon_{i,j}$ 分别在三个区间内的车辆数及各个区间车辆数在风险车辆总数中所占比例,其中 $Z_i = Z_{i,1} + Z_{i,2} + Z_{i,3}$。当风险车辆的追尾风险系数 $\varepsilon_{i,j} \geqslant 1$ 时,系数区间为安全区间,车辆数为 $Z_{i,1}$,车辆数在风险车辆总数中所占比例为 $Z_{i,1} / Z_i$,该区间内风险车辆的追尾风险系数的平均值为 $\varepsilon_{i,1}$。当风险车辆的追尾风险系数 $0 < \varepsilon_{i,j} < 1$ 时,系数区间为潜在危险区间,车辆数为 $Z_{i,2}$,车辆数在风险车辆总数中所占比例为 $Z_{i,2} / Z_i$,该区间内风险车辆的追尾风险系数的平均值为 $\varepsilon_{i,2}$。当风险车辆的追尾风险系数 $\varepsilon_{i,j} \leqslant 0$ 时,系数区间为危险区间,车辆数为 $Z_{i,3}$,车辆数在风险车辆总数中所占比例为 $Z_{i,3} / Z_i$,该区间内风险车辆的追尾风险系数的平均值为 $\varepsilon_{i,3}$。

(2) 根据风险车辆的追尾风险系数 $\varepsilon_{i,j}$ 分布,路段追尾风险系数 ε_i 的计算公式为式(7-44),追尾风险系数的加权过程为如表 7.7 所示。

$$\varepsilon_i = \frac{\varepsilon_{i,1} Z_{i,1} + \varepsilon_{i,2} Z_{i,2} + \varepsilon_{i,3} Z_{i,3}}{Z_i} \tag{7-44}$$

其中,ε_i 为路段 i 的追尾风险系数;Z_i 为路段 i 的风险车辆总数;$\varepsilon_{i,1}$、$\varepsilon_{i,2}$、$\varepsilon_{i,3}$ 分别为风险车辆的追尾风险系数 $\varepsilon_{i,j}$ 在 $\varepsilon_{i,j} \geqslant 1$、$0 < \varepsilon_{i,j} < 1$、$\varepsilon_{i,j} \leqslant 0$ 区间内的平均值;$Z_{i,1}$、$Z_{i,2}$、$Z_{i,3}$ 分别为风险车辆的追尾风险系数 $\varepsilon_{i,j}$ 在 $\varepsilon_{i,j} \geqslant 1$、$0 < \varepsilon_{i,j} < 1$、$\varepsilon_{i,j} \leqslant 0$ 区间内的车辆数。

表 7.7 追尾风险系数的加权过程

车辆追尾风险系数	系数区间	车辆数	比例	平均值	加权均值
$\varepsilon \geqslant 1$	安全	$Z_{i,1}$	$Z_{i,1}/Z_i$	$\varepsilon_{i,1}$	$\varepsilon_i = \dfrac{\varepsilon_{i,1}Z_{i,1}+\varepsilon_{i,2}Z_{i,2}+\varepsilon_{i,3}Z_{i,3}}{Z_i}$
$0<\varepsilon<1$	潜在危险	$Z_{i,2}$	$Z_{i,2}/Z_i$	$\varepsilon_{i,2}$	
$\varepsilon \leqslant 0$	危险	$Z_{i,3}$	$Z_{i,3}/Z_i$	$\varepsilon_{i,3}$	

(3) 若限速控制启动阈值设置过高,则没有充足的时间和空间对驾驶人进行警告和限速控制;若启动阈值设置过低,则可变限速控制对路段交通流的变化过于敏感,较小的交通流波动会导致可变限速控制启动,导致交通流运行紊乱,反而增加事故风险。因此,将路段的追尾风险等级划分为 3 个等级,分别对应不同的控制策略。

当路段 i 的追尾风险系数 $\varepsilon_i \geqslant 1$ 时,追尾风险等级为Ⅰ级,路段追尾风险为低风险。车队中行驶的车辆基本保持安全间距行驶,处于低追尾风险路段,不需要进行可变限速控制。

当路段 i 的追尾风险系数 $0<\varepsilon_i<1$ 时,追尾风险等级为Ⅱ级,路段追尾风险为中风险。车队中行驶的车辆存在潜在的追尾碰撞风险,处于中等追尾风险路段,不需要进行可变限速控制,可变信息显示屏发布"车流增加,请保持车距"的路段预警信息。

当路段 i 的追尾风险系数 $\varepsilon_i \leqslant 0$ 时,追尾风险等级为Ⅲ级,路段追尾风险为高风险。当车队中有车辆紧急制动时,跟随车辆的反应时间和制动时间有限,处于高追尾风险路段,开启对路段的可变限速控制,更新路段最高限速值。

6) 安全车速计算

车辆运行安全条件为在一定的交通环境条件下,以一定速度运行的车流中前后相邻两车之间必须保证必要的车辆安全间距,安全车速计算的具体过程如下:

(1) 当路段 i 的后车车辆以速度 $V_{\text{following}}$ 行驶时,需要与前车保持的最小安全间距记为 $S_n(V_{\text{following}})$。

$$S_n(V_{\text{following}})=x_n(t)-x_{n+1}(t)=S_\text{a}+l_{n+1}+d_{n+1}-d_n \tag{7-45}$$

其中,$S_n(V_{\text{following}})$ 为后车以速度 $V_{\text{following}}$ 行驶时车辆间的最小安全间距,单位为 m;$x_n(t)$、$x_{n+1}(t)$ 分别为 t 时刻前车 n、后车 $n+1$ 的位置;S_a 为制动停车后两车的安全间距,单位为 m;l_{n+1} 为后车在反应迟滞时间 τ 内行驶的距离,单位为 m;d_n、d_{n+1} 分别为第 n、$n+1$ 辆车的制动距离,单位为 m。

高速公路车流为连续的稳定车流,在实施可变限速控制后,车流运行平稳,任意相邻车辆保持相似形状的时空轨迹，在前车速度发生变化时，后车在一定的延迟时间后改变速度，后车反应时间内速度不变，即 $l_{n+1}=V_{\text{following}}\tau$；两车的制动距离近似相等，即 $d_{n+1}=d_n$，则有

$$S_n(V_{\text{following}})=V_{\text{following}}\tau+S_a \qquad (7\text{-}46)$$

其中，$V_{\text{following}}$ 为后车的行驶速度，单位为 m/s；τ 为后车的反应迟滞时间，单位为 s，取值为 1.0~2.2s。

(2) 由车头间距与密度之间的确定性倒数关系，可得

$$S_n(V_{\text{following}})=\frac{1000}{k} \qquad (7\text{-}47)$$

$$S_a=\frac{1000}{k_j} \qquad (7\text{-}48)$$

其中，k 为路段 i 平均单车道交通密度，单位为辆/km；k_j 为单车道交通阻塞密度，单位为辆/km，根据 S_a 的取值确定，k_j 一般取值为 100~124 辆/km。

面向追尾风险防控的安全车速 $V_a(i)$ 和路段 i 平均单车道交通密度 k 的关系式为

$$V_a(i)=\frac{1000(k_j-k)}{\tau k k_j} \qquad (7\text{-}49)$$

(3) 将式(7-49)中的安全车速 $V_a(i)$ 的单位由 m/s 转换为 km/h，得到当高速公路路段 i 平均单车道交通密度为 k 时，车辆保持安全车头间距行驶的安全车速 $V_a(i)$ 为

$$V_a(i)=\frac{3600(k_j-k)}{\tau k k_j} \qquad (7\text{-}50)$$

其中，$V_a(i)$ 为车辆保持安全车头间距行驶的安全车速，单位为 km/h。

7) 最高限速值计算

计算当前道路条件下车辆可以保持安全行驶的最高速度 $V_b(i)$，取 $V_a(i)$ 与 $V_b(i)$ 的最小值为路段 i 的最高安全行车速度 $V_{\max}(i)$，并选取满足高速公路最高限速值取值范围的数值输出为路段 i 在第 $T+1$ 周期的最高限速值 $V_{\text{SL}}(i)$，具体过程如下：

(1) 当路段 i 的平曲线半径为 R_h 时，为了有效避免车辆的侧滑现象，车辆保持安全行驶的最高速度 $V_b(i)$ 需要满足

$$V_b^2(i)\leqslant 127R_h(\varphi_h+i_h) \qquad (7\text{-}51)$$

其中，$V_b(i)$ 为平曲线约束下车辆保持安全行驶的最高速度，单位为 km/h；R_h 为平曲线半径，单位为 m；i_h 为横向超高坡度；φ_h 为横向附着系数。

(2) 路段 i 的最高安全行车速度 $V_{max}(i)$ 取车辆保持安全车头间距行驶的安全车速 $V_a(i)$ 和道路条件下车辆保持安全行驶的最高速度 $V_b(i)$ 中的最小值,即

$$V_{max}(i) = \min\{V_a(i), V_b(i)\} \tag{7-52}$$

其中,$V_{max}(i)$ 为路段 i 的最高安全行车速度,单位为 km/h。

(3) 为了便于驾驶人读取和判断,以 10km/h 为一个梯度值确定限速值。同时,依据《中华人民共和国道路交通安全法实施条例》规定,驾驶人在高速公路上的运行车速应该不高于 120km/h,同时也不低于 60km/h。在实际应用中,高速公路最高限速值的取值范围为

$$V_{SL} = \{60, 70, 80, 90, 100, 110, 120\} \tag{7-53}$$

其中,V_{SL} 为高速公路最高限速值,单位为 km/h。

路段 i 的最高限速值 $V_{SL}(i)$ 选取小于并最接近最高安全行车速度 $V_{max}(i)$,且为 10 的整数倍的数值,即满足式(7-54)的数值。

$$\begin{cases} V_{SL}(i)/10 = p, \ p三殿旄旌 \\ 0 \leqslant V_{max}(i) - V_{SL}(i) \leqslant 10 \end{cases} \tag{7-54}$$

当最高安全行车速度 $V_{max}(i)$ 大于 120km/h 时,最高限速值 $V_{SL}(i)$ 取 120km/h;当最高安全行车速度 $V_{max}(i)$ 小于 60km/h 时,最高限速值 $V_{SL}(i)$ 取 60km/h。

8) 限速信息发布

依据高速公路控制路段的可使用限速设施范围,发布可变信息显示屏显示的最高限速值和路段预警信息。

9) 实施方案

追尾风险防控限速控制的实施方式主要包括车辆预警与路段限速两个部分。

(1) 车辆预警。

车辆预警实施方案旨在警示车辆调整车距以适应当前限速,根据车辆追尾风险系数显示预警提示信息,车辆预警实施方案示意图如图 7.14 所示。

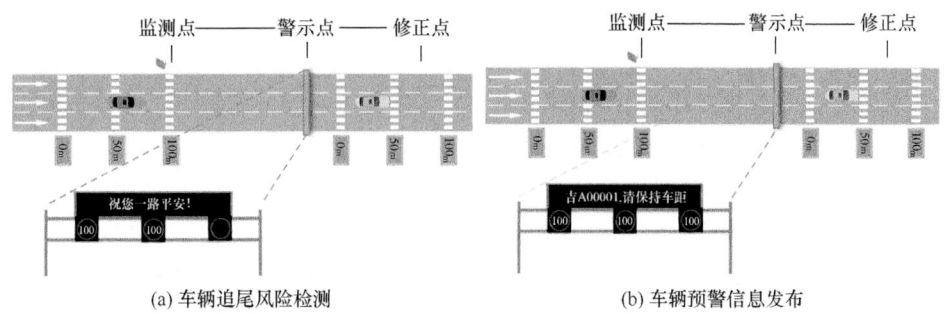

(a) 车辆追尾风险检测　　(b) 车辆预警信息发布

图 7.14 车辆预警实施方案示意图

(2) 路段限速。

路段限速实施方案旨在引导车辆调整限速以适应当前流量下的车距,根据路段追尾风险系数显示最高限速值以及路段预警提示信息,路段限速实施方案示意图如图 7.15 所示。

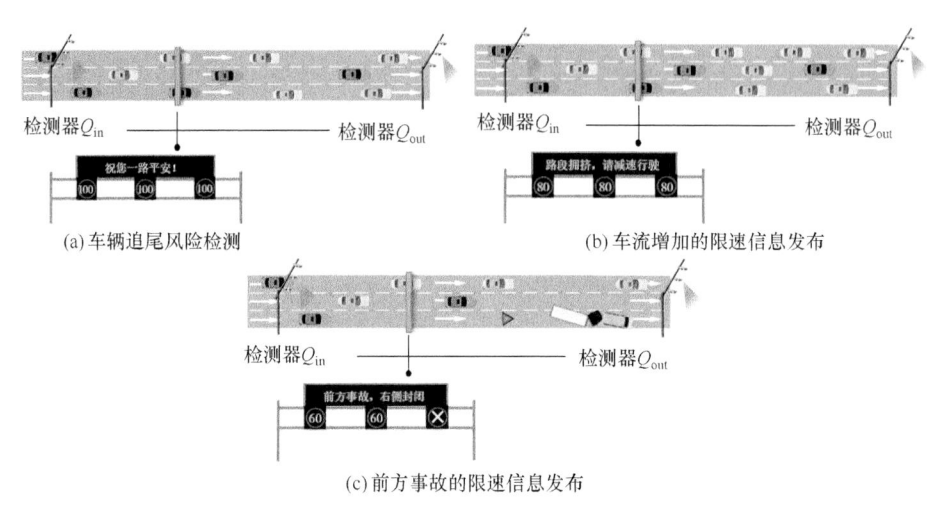

(a) 车辆追尾风险检测

(b) 车流增加的限速信息发布

(c) 前方事故的限速信息发布

图 7.15　路段限速实施方案示意图

4. 逐级限速

逐级限速控制的目的是减小行驶在高速公路上车辆的车速离散性,起到缓解交通拥堵和减少交通事故的作用。实施逐级限速控制策略,一方面降低了高速公路内高速行驶车辆的比例,减小了车辆速度分布的不均匀性;另一方面减小了相邻两路段车速分布的离散程度,交通流流速平滑过渡,降低了二次事故或拥堵发生的概率。

1) 控制流程

逐级限速控制流程步骤如下:

步骤一　获取目标限速值。获取控制路段的限速值 $V_{SL}(i)$ 以及限速区长度 d_1。

步骤二　计算相邻路段和相邻时段的限速差值。计算相邻路段同一时段的限速差值 $|V_{SL}(i)-V_{SL}(i-1)|$,计算同一路段相邻时段的限速差值 $|V_{SL,t}(i)-V_{SL,t-1}(i)|$。

步骤三　比较相邻路段限速路段的差值。判断相邻路段同一时段的限速差值是否大于 20km/h,若是,则开启逐级限速控制;若否,则继续进行下一判断。

步骤四　比较相邻时段限速路段的差值。判断同一路段相邻时段的限速差值是否大于 20km/h,若是,则开启逐级限速控制;若否,则继续进行下一判断。

步骤五　比较限速区长度。判断限速区长度 d_1 是否小于最短长度 d_{min},若是,则开启逐级限速控制；若否，则继续进行下一判断。

步骤六 判断突发事件情况。判断控制路段是否有突发事件产生的交通波向上游传播，若是，则开启逐级限速控制；若否，则恢复默认限速值。

步骤七 调整最高限速值。开启可变限速控制后，确定控制路段的安全限速值和上游路段每个限速标志的限速值。

步骤八 发布逐级限速信息。输出逐级限速控制的最高限速值。

2) 最高限速值调整

(1) 相邻路段同一时段目标限速值平滑约束。

为了有效降低高速公路的事故风险，相邻路段之间的限速差值不得大于20km/h，即

$$\left|V_{\text{SL}}(i) - V_{\text{SL}}(i-1)\right| \leqslant 20\text{km/h} \tag{7-55}$$

若差值大于20km/h，则可增加限速级数来满足约束。

(2) 同一路段目标限速值与当前限速值平滑约束。

为了降低速度变化对驾驶人操作和交通流稳定性的影响，同一路段相邻两时段的限速值变化幅度不宜过大，限速值的最大变化幅度取20km/h，即

$$\left|V_{\text{SL},t}(i) - V_{\text{SL},t-1}(i)\right| \leqslant 20\text{km/h} \tag{7-56}$$

若差值大于20km/h，则可增加过渡时段来满足约束。

3) 限速区最短长度计算

限速区长度的划分要结合道路的线形条件、不利环境的影响以及人的适应性与舒适性来考虑，不能仅出于安全考虑，将同一限速区不断扩大，这样无法体现逐级限速的优越性；或者仅追求通行效率，将同一限速区设置得过短，无法满足行车安全的需求。

(1) 在车辆正常行驶的过程中，驾驶人看见限速标志后，采取措施将速度降低至合理安全值。从行车动力学角度考虑，速度由某一固定值降低到另一固定值且这种变化是要求在某一距离范围内完成的，则减速度为

$$a_{\text{b}} = \frac{v_{\text{b}}^2 - v_{\text{b}}'^2}{2L_{\text{br}}} \tag{7-57}$$

其中，a_{b} 为车辆制动减速度，单位为 m/s^2；v_{b} 为车辆正常行驶时的车速，单位为 m/s；$v_{\text{b}}'^2$ 为车辆减速后的车速，单位为 m/s；L_{br} 为车辆的制动距离，单位为 m。

汽车紧急制动时，汽车的最大减速度一般为 7~8m/s^2，普通情况下，汽车的平均减速度应为 3~4m/s^2。实际使用制动时，除紧急情况外，通常不应使制动减速度大于 2.5m/s^2，否则会使轮胎剧烈磨损、乘客感到不舒服或发生危险、运输货物与车发生相对运动造成不安全。假设驾驶人看见限速标志后，采取正常的减速

操作，产生减速度，减速度控制在某一数值范围内，取驾驶人能够承受的临界减速度，参考停车视距的计算方法，暂时不考虑反应时间和安全距离，但是在安全的前提下增加舒适性考虑，即速度、减速度的变化率应该顺势缓和过渡。减速度的变化有四种典型变换类型，其紧急制动的车速 v 与减速度 a_b 变化曲线如图 7.16 所示。

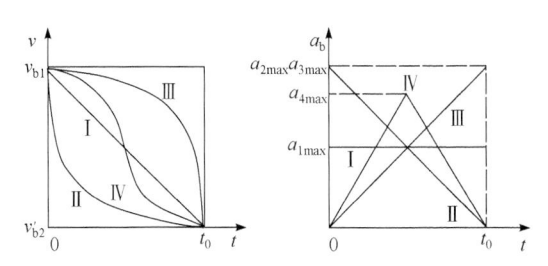

图 7.16 紧急制动的车速 v 与减速度 a_b 变化曲线

当实际减速行为实施时，采用Ⅳ型曲线方式改变速度可以在保证安全的前提下，大幅度提高驾乘舒适性。设 $t_0 = t_{b1} - t_d$，则可得到减速度为

$$a = \begin{cases} \dfrac{2a_{\max}t_d}{t_0}, & t_d \in \left[0, \dfrac{t_0}{2}\right] \\ -\dfrac{2a_{\max}t_d}{t_0} + 2a_{\max}, & t_d \in \left(\dfrac{t_0}{2}, t_0\right] \end{cases} \quad (7\text{-}58)$$

对其积分，代入常量，可得到速度为

$$v = \begin{cases} v_b - \dfrac{2a_{\max}t_d^2}{t_0}, & t \in \left[0, \dfrac{t_0}{2}\right] \\ \dfrac{2a_{\max}t_d^2}{t_0} - 2a_{\max}t_d + a_{\max}t_0 + v_b', & t \in \left(\dfrac{t_0}{2}, t_0\right] \end{cases} \quad (7\text{-}59)$$

在 $t = \dfrac{t_0}{2}$ 处，速度应该相等，由此得到减速时间为

$$t_0 = \dfrac{2(v_b - v_b')}{a_{\max}} \quad (7\text{-}60)$$

对速度进行积分，得到速度变化需要的长度 L_a，取 $a_{\max} = 2\text{m/s}^2$，减速制动距离建议值如表 7.8 所示。

$$L_a = \dfrac{(v_b + v_b')t_0}{2} + \dfrac{11a_{\max}t_0^2}{12} \quad (7\text{-}61)$$

表 7.8 减速制动距离建议值

优化限速 v_2/(km/h)	不同初始限速 v_1 下减速制动距离/m									
	120km/h	110km/h	100km/h	90km/h	80km/h	70km/h	60km/h	50km/h	40km/h	30km/h
110	103	—	—	—	—	—	—	—	—	—
100	226	95	—	—	—	—	—	—	—	—
90	370	211	87	—	—	—	—	—	—	—
80	535	347	195	80	—	—	—	—	—	—
70	720	504	324	180	72	—	—	—	—	—
60	926	682	473	301	165	64	—	—	—	—
50	1152	880	643	442	278	149	57	—	—	—
40	1399	1098	833	604	412	255	134	49	—	—
30	1667	1337	1044	787	566	381	231	118	41	—
20	1955	1597	1276	990	741	527	350	208	103	33

(2) 需要保持限速值行驶的车辆在到达前方的限速区附近时,由于车道关闭、转向、避让等操作所需要的最小安全稳定行驶距离为 L'_b。美国 AASHTO《公路与城市道路几何设计规范》中指出:驾驶人需要 6~10s 对周围环境的信息进行判断处理,需要 4~4.5s 实施相应的驾驶操作。根据以上资料,选用 14s 的行驶距离来量化车辆安全稳定行驶所需要的距离,如式(7-62)所示,安全稳定行驶距离建议值如表 7.9 所示。

$$L'_b = \frac{v'_b}{3.6} \times 14 \tag{7-62}$$

表 7.9 安全稳定行驶距离建议值

车辆行驶速度/(km/h)	20	30	40	50	60	70	80	90	100	110
稳定行驶距离/m	78	117	156	194	233	272	311	350	389	428

(3) 可变信息标志的设置应保证驾驶人有足够的选择判断时间,使驾驶人在看到限速标志后能够做出反应而以合理的速度通过目标限速区域。可变限速标志应设置在目标限速区域起始端之前,确保驾驶人清晰辨别限速标志的视距 L_c 满足式(7-63),视距建议值如表 7.10 所示。

$$L_c = v_b(t_a + t_b + t_c) + \frac{d_s}{\tan \theta_s} \tag{7-63}$$

其中，t_a 为读取时间，一般为 1~2s，取 1.5s；t_b 为决策时间，一般为 2~2.5s，取 2s；t_c 为操作反应时间，一般为 1.5~2.5s，取 1.5s；θ_s 为驾驶人在行车中垂直方向的有效视角，一般取 7°；d_s 为驾驶人视高到交通标志的竖直距离，一般取 7m。

表 7.10　视距建议值

车辆行驶速度/(km/h)	30	40	50	60	70	80	90	100	110	120
视距/m	99	113	127	141	155	168	182	196	210	224

限速区最短长度 L_{SL} 等于驾驶人以舒适减速度减速所需要的距离 L_a、平稳驾驶所需要的距离 L_b' 和可变限速标志的视距 L_c，即

$$L_{SL} = L_a + L_b' + L_c \tag{7-64}$$

根据《公路限速标志设计规范》(JTG/T 3381-02—2020)，在限速值为 80km/h 以上时，高速公路特殊限速路段的最小长度采用 2.0km。特殊限速路段一般包括事故易发路段，如受雾、雨、雪、风、沙尘、冰雹等特殊天气影响的路段等。综上所述，考虑驾乘的舒适性和安全性，限速区最短长度建议值如表 7.11 所示。当实际限速区控制长度小于一般最小长度时，在采取限速措施时，实施逐级限速控制策略，调整限速区长度或合并限速区。

表 7.11　限速区最短长度建议值

优化限速 v_2/(km/h)	不同初始限速 v_1 下限速区最短长度/m									
	120km/h	110km/h	100km/h	90km/h	80km/h	70km/h	60km/h	50km/h	40km/h	30km/h
110	2000	—	—	—	—	—	—	—	—	—
100	2000	2000	—	—	—	—	—	—	—	—
90	2000	2000	2000	—	—	—	—	—	—	—
80	1070	868	703	573	—	—	—	—	—	—
70	1216	986	792	634	512	—	—	—	—	—
60	1383	1125	902	716	566	452	—	—	—	—
50	1570	1284	1033	819	640	498	391	—	—	—
40	1779	1464	1186	943	736	565	430	332	—	—
30	2008	1665	1357	1086	851	652	489	362	271	—
20	2257	1885	1550	1251	987	760	568	413	294	210

4) 实施方案

由于高速公路发生交通事故(如突发交通事故或恶劣天气原因引起的泥石流塌方等)后，需采用紧急的交通管控方法对事故现场上游路段的行驶车辆进行暂时的交通组织，避免造成二次事故，并削减事故造成的延误时间，尽可能避免现场之外道路的损失。因此，提出面向交通事故黑点风险防控的逐级限速控制实施方案，具体实施步骤如下：

(1) 收集路段最近 3 年的交通事故记录，根据交通事故发生的频次和严重程度在交通事故黑点附近设置逐级限速控制区域，并划分影响区域，逐级限速控制区域如图 7.17 所示。高速公路交通事故的空间影响区域划定为保护区(包含事件现场区和过渡区)、控制区及组织区。

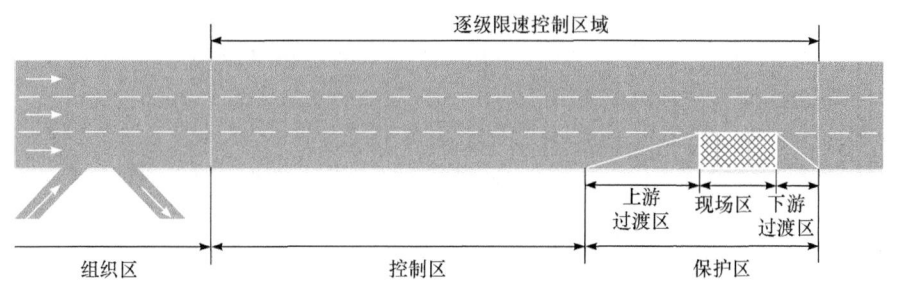

图 7.17 逐级限速控制区域

保护区指的是产生高速公路交通事故的现场区域，以及为了避免非救援人员及车辆突然进入在现场区域上游路段所划定的一定距离的过渡区域。现场区域的长度由事件的严重程度、所占用或封闭的车道数及长度确定。过渡区的长度主要由上游路段车辆的行驶速度决定。根据高速公路养护管理经验，在封闭一条车道时，过渡区长度可由式(7-65)确定。当封闭车道多于一条时，按照高速公路养护管理经验，过渡区长度计算如式(7-66)所示。

$$L_t = 0.625 W_b V \tag{7-65}$$

$$L_t = 0.625 W_b V + 5(n-1)\frac{V^2 W_b}{155} \tag{7-66}$$

其中，L_t 为过渡区长度，单位为 m；W_b 为占用车道宽度，单位为 m；V 为当前路段限速，单位为 km/h；n 为封闭车道数。

控制区指的是从现场位置所处的保护区起点到上游能够提供的交通分流点之间的路段。一般情况下，上游道路的可供分流点包含服务区、互通立交、中央分隔带开口处、停车区等所有能够分流事件拥堵处车流量的节点，该类分流点并不一定是高速公路上游距离现场区最近的分流点，而指的是事故发生后处置人员抵达时,仍没有呈现拥堵、排队且离保护区最近的可供分流的地点。根据高速公路应急管理的实际情况,控制区范围确定方法如下:若现场区上游最近的有效分流点与过渡区的距离大于2.5km,则该有效分流点到过渡区起点的范围即为控制区;若现场区上游最近的有效分流点与过渡区的距离小于2.5km,则应放弃最近的有效分流点,继续向上游寻找有效分流点,直到其与过渡区的距离大于2.5km,则这个有效分流点到过渡区的范围即为控制区。

组织区指的是控制区的上游路段,一般情况下,控制区长度为控制区起点与出入口之间的距离。组织区的辐射空间通常比较大,而且与事故点的间距很远,其中包括了上游的互通或交叉立交以及其他高速公路主线路段等交通流能够径直辐射到的区域,也包括了与路段平行的道路和事件位置上游有可供交通流进入的重要道路。

(2) 选取路段限速或实际运行车速差值较大的控制区,确定控制区内的限速控制级数,调整各级最高限速值,并合理设置各级限速控制区长度。

(3) 形成包括各级限速区的最高限速值和限速区长度等信息的逐级限速方案,更新控制区内每个限速标志的最高限速值信息,三级限速控制实施方案示意图如图7.18所示。

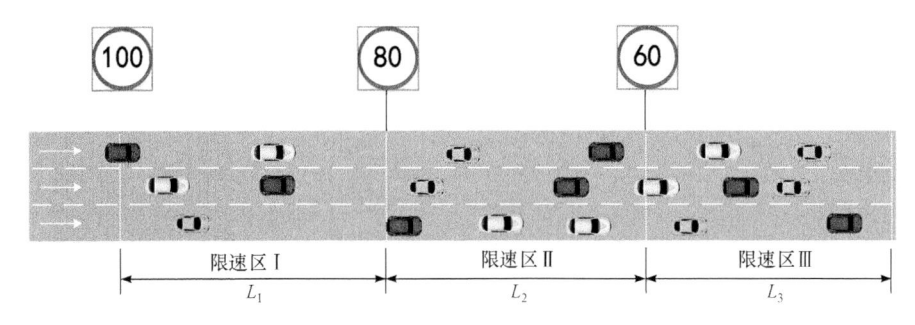

图 7.18 三级限速控制实施方案示意图

7.5 本章小结

本章通过路段-路网运行风险的协同防管控系统设计,以实现多源数据的资源管理与共享交换以及风险下公路路段与路网的综合协调与管控联动。在数据输入模块接收道路运行风险及交通状态评估结果后,协同管控模块以风险等级和备用容量作为路网风险管控策略协调的复合判断指标。针对风险的不同严重程度,设计了路段、路网多层级的风险管控方案。路段管控中设计了防止追尾风险的事故前限速控制以及路段逐级管控的事故后限速控制。路网管控中设计了多等级公路下、考虑不同绕行优先级的车流诱导内部管控以及平衡交通需求与道路供给能力的收费站的边缘管控。最终,制定的风险管控方案经由管控信息发布模块实现路侧端与车载端的联动预警。

参 考 文 献

安实, 冯德健, 王健, 等. 2019. 多车型多行程需求可拆分的应急疏散车辆调度[J]. 大连交通大学学报, 40(1): 1-6.

代存杰, 李引珍, 马昌喜, 等. 2018. 考虑风险分布特征的危险品运输路径优化[J]. 中国公路学报, 31(4): 330-342.

姜涛. 2019. 信控平交口可变车道设置方法研究[D]. 西安: 长安大学.

纪永鹏. 2017. 多车道高速公路客货分道行驶动态控制研究[D]. 西安: 长安大学.

金书鑫, 王建军, 徐嫚谷. 2017. 区域高速路网交通事故影响区划分及交通诱导[J]. 长安大学学报(自然科学版), 37(2): 89-98.

李长城. 2015. 不良天气下的高速公路交通流特性及引导控制研究[D]. 北京: 北京工业大学.

李维佳, 王建军, 白骅, 等. 2020. 路网环境下考虑大型车混入率的事故疏散诱导模型[J]. 中国公路学报, 33(11): 275-284.

刘双. 2018. 用于缓解拥堵的智能交通系统及其运行方法[P]. 中国: CN108806245A.

王晓飞, 李新伟, 刘立能, 等. 2016. 高速公路通道路网交通诱导决策模型[J]. 东南大学学报(自然科学版), 46(3): 641-645.

王新慧. 2014. 客货车干扰特性及客货分离道路实施条件研究[D]. 长春: 吉林大学.

王清洲, 王宏宇, 栾海敏, 等. 2021. 基于交通仿真的雾霾天气后高速路网消散[J]. 长安大学学报(自然科学版), 41(1): 69-77.

温惠英, 邓艳辉. 2021. 一种高速公路突发危险品运输事故的协同疏导控制方法[P]. 中国: CN109191834B.

徐腾飞. 2017. 一种多因素一体化高速公路动态车速管控系统[P]. 中国: CN109389845A.

许秀. 2016. 事故条件下高速公路网应急交通组织方法研究[D]. 南京: 东南大学.

张成博. 2020. 冰雪条件下高速公路交通态势预估及智能管控技术[D]. 长春: 吉林大学.

张晶晶, 庞明宝, 任沙沙. 2012. 基于元胞自动机模型的高速公路可变速度限制交通流特性分析[J]. 物理学报, 61(24): 244-250.

赵朋, 王建伟, 孙茂棚, 等. 2018. 高速公路突发事件救援车辆诱导[J]. 中国公路学报, 31(9): 175-181.

郑增威, 陈垣毅, 陈丹, 等. 2012. 一种基于 GPRS/CDMA 无线网络的高速公路智能辅助诱导系统及其控制方法[P]. 中国: CN102436762A.

Carlson R C, Manolis D, Papamichail L, et al. 2012. Integrated ramp metering and mainstream traffic flow control on freeways using variable speed limits[J]. IFAC Proceedings Volumes, 45(24): 110-115.

Carlson R C, Papamichail I, Papageorgiou M. 2014. Integrated feedback ramp metering and mainstream traffic flow control on motorways using variable speed limits[J]. Transportation Research Part C: Emerging Technologies, 46: 209-221.

Grumert E, Ma X, Tapani A. 2015. Analysis of a cooperative variable speed limit system using microscopic traffic simulation[J]. Transportation Research Part C: Emerging Technologies, 52:

173-186.

Lee C, Hellinga B, Saccomanno F. 2006. Evaluation of variable speed limits to improve traffic safety[J]. Transportation Research Part C: Emerging Technologies, 14(3): 213-228.

Li Z, Liu P, Wang W, et al. 2014. Development of control strategy of variable speed limits for improving traffic operations at freeway bottlenecks [J]. Journal of Central South University, 21: 2526-2538.

Lu X Y, Qiu T Z, Varaiya P, et al. 2010. Combining variable speed limits with ramp metering for freeway traffic control[C]. American Control Conference, Baltimore: 2266-2271.

Romere N, Nozick L K, Xu N X. 2016. Hazmat facility location and routing analysis with explicit consideration of equity using the Gini coefficient[J]. Transportation Research Part E: Logistics and Transportation, 89: 165-181.

Van der Gun J P T, Pel A J, Van Arem B. 2019. The link transmission model with variable fundamental diagrams and initial conditions[J]. Transportmetrica B: Transport Dynamics, 7(1): 834-864.

Zhang H, Li Z, Liu P, et al. 2013. Control strategy of variable speed limits for improving traffic efficiency at Merge Bottleneck on freeway[J]. Procedia-Social and Behavioral Sciences, 96: 2011-2023.

第8章 道路运行风险监测与防控一体化集成技术

8.1 概　　述

本章构建集硬件、软件与应用设置为一体的道路运行风险监测与防控系统。硬件系统以路侧感知模块、决策模块和执行模块为现场层，高风险行为数据库为数据层，路段-路网协同防控、防控中心可视化平台为应用层，以实现不同路段运行风险监测与自助矫正的协同工作。软件系统实现风险感知、评估、智能匹配与反馈矫正的一体化响应。最后，详述风险防控集成装备在桥梁、长隧道、长下坡、急弯等典型路段的应用设置。

8.1.1 交通监控与风险防控系统发展现状

1. 交通监控系统

1) 发展现状

传统的交通监控系统以视频监控为主，主要对道路事故黑点、繁忙路段交叉口、隧道口、主干道路及公共桥梁等位置进行监视，监控布设不均匀，且监测设施功能单一，技术标准不统一，难以整合，导致难以获取全路段的整体情况，限制了统一调度作用的发挥(郑苗等，2021)。这种监控方式通常对突发性较强的交通异常事件无法做到实时预测和及时干预，致使事故率难以降低，且事故后交通管制迟缓，极易诱发二次事故，如多车连环追尾等。

信息技术、计算机技术、大数据技术、人工智能等新兴科技的涌现，促进了交通监控系统的快速升级换代，使其逐步向智能化方向转变(吴建清等，2020；杜豫川等，2021)。其基本运行模式是通过路侧视频、雷达等将道路交通监控信息传输至大数据分析中心，由大数据分析中心按照人为设定的参数做出判断，并将生成的指令传输至执行端，通过及时调整信号配时或其他手段来调控交通流。

区别于传统交通监控系统，智慧交通监控系统采用机器视觉、人工智能等识别技术进行分析，将异常事件自动发送给交通监管人员，交通监管人员能够根据车辆排队、拥堵等交通状况及时调整信号控制等，改变交通流的时空分布，以缓解交通拥堵。此外，交通监管人员发现交通事件后，也可及时通知相关部门进行处理，如呼叫救护车抢救伤员、拖走损坏车辆、安排养护人员维修破损路面等，以降低交通事故造成的不利影响，使道路恢复畅通。总之，智慧交通监控系统能够在提高现有道路通行能力、减少交通拥堵、节约通行时间的同时，在一定程度上降低交通事故率。

目前，智慧交通监控系统体系逐步完善，并且依托智慧交通监控系统已经形成综合交通信息监控与管理中心平台，可对多源不同种类的数据进行接收、存储、分析和发布，初步实现不同用户、不同场景之间的信息共享，为不同车辆的安全通行提供便捷，为政府部门提供真实可靠的交通数据支持。此外，相关部门已经发布了一系列标准和规范，对智慧交通监控系统、信号传输规范、设备需求、性能要求、检验方法等做出明确规定，包括长隧道、特大桥等典型路段的交通监控体系。综合交通信息监控与管理中心平台如图8.1所示。

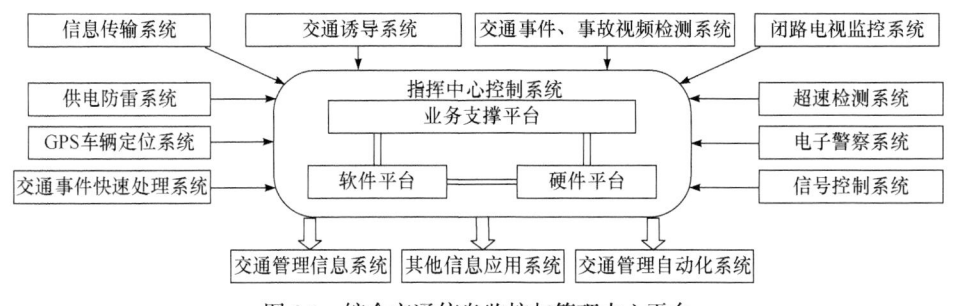

图8.1 综合交通信息监控与管理中心平台

2) 发展趋势

车联网技术、5G通信技术、车-路协同等新技术的推广应用，以及智慧公路的建设发展，使得新一代智慧交通监控系统逐步向多维度、多层次、全覆盖的广域多维感知方向发展(Guin et al.，2018；杜豫川等，2021)。

广域多维感知主要是通过视频、毫米波雷达、激光雷达、高精度定位系统等先进的分布式传感技术，实现对道路全天候、全覆盖、全要素的动态性能感知，包括面向动态目标进行车辆识别、跟踪以及速度检测等；面向静态目标实现高频率的性能扫描与监测，以及尺寸检测与状态判别等；面向环境信息采集天气、积水等外部信息，并将这些外部信息进行关联，实现驾驶环境的泛在感知。例如，可利用视频感知设备、埋入式/表贴式传感器、激光雷达、探地雷达等各类检测技术进行交通感知。交通运行状态的各类数据一方面可通过智能化的车载设备获取，包括摄像头、毫米波雷达、激光雷达、车载单元(on board unit，OBU)等，均可感知车辆运行状态信息和路况信息(董莹等，2019)。而通过控制器局域网总线获取的高维度车辆运行状态和控制信息，亦可作为可靠的数据来源。另一方面，安装在路侧或门架上的摄像头、毫米波雷达、激光雷达等设备采集的固定路段的交通运行参数，也可以用于构建感知网络。

此外，利用5G通信技术、专用短程通信(dedicated short range communication，

DSRC)、车联网(cellular vehicle to everything，C-V2X)等的通信媒介实现新一代智慧交通监控系统的数据链路，结合其低时延、高带宽、多切片的远程通信能力，将动态感知数据进行实时上传与超高速计算，并将分析结果发送至车基端进行信息融合与控制补偿(Alani et al.，2017；Carreras et al.，2019)。

2. 道路运行风险防控系统

现阶段尚没有形成系统、完善的道路运行风险防控体系，仅在道路安全防护设施建设、交通管理与控制、交通监控与预警等过程中，间接实现了一定程度上的道路运行风险防控。按照风险防控过程中干预手段的触发方式，可以分为被动式的道路交通安全设施和依托于智慧监控系统的主动式风险防控系统。

传统的道路交通安全设施种类较多，主要包括护栏、交通标志、交通标线、隔离栅、防眩设施等(边磊，2020)，在交通诱导、事前风险预警、事后损失减少等方面发挥着基础性作用，但由于缺乏主动性干涉手段，风险防控效果有限。

得益于车联网、车-路协同、全域感知等智慧交通相关技术的跨越式发展与深度应用，以及智慧交通监控设备功能的完善与拓展，面向具体风险行为或场景的主动防控措施得到了逐步形成、发展和局部示范应用，但仍未形成完善的防控体系。

通过集成应用传感网络技术、新一代信息技术、大数据研判、人工智能识别等先进技术手段，可以实现常规风险行为、交通事故的智能识别与精准预警，并通过相应手段进行有限干预，主要包括：

(1) 利用智能交通事件检测传感器，实现对交通事故、异常/非法停车、抛洒物、逆行、行人/非机动车闯入、超速、慢速、火灾、恶劣天气等风险因素的智能研判，并上传至中心控制平台进行主动预警，或者通过信号灯、可变信息板等进行有限程度的警示和干预。

(2) 利用智慧交通监控系统对路段车辆状态进行实时动态计算，尤其对于交通拥堵，通过边缘计算单元或者中心控制平台匹配预设方案，动态控制可变限速标志、可变车道标志或信号灯，以缓解交通拥堵。

3. 存在问题

在《交通强国建设纲要》《推进智慧交通发展行动计划》《关于加快推进新一代国家交通控制网和智慧公路试点的通知》等政策的推动下，以及在新一代信息技术、大数据、人工智能、5G 通信技术等先进科技的支持下，智慧交通必将成为下一阶段的发展方向，而集成广域多维感知、行为准确辨识、风险智能研判、主动干预和自助矫正的道路交通监测与主动防控体系也将成为其主要组成部分。

目前，交通监控系统已形成较为成熟、完善的体系，且感知设备种类多、功能强大，相关设备的技术规范和配置要求也较为全面，能够较好地支持风险因素的准确识别，而风险主动防控方面仍然没有形成系统体系，缺乏有效、完善的风险主动防控策略和手段，主要存在以下三个方面的问题：

(1) 交通监控与风险防控设备之间功能孤立，缺乏互动联通和协作，即较为成熟、完善的交通监控体系功能并没有得到充分利用和发挥，难以有效地支撑道路运行风险防控措施的实施。目前，许多相关工程主要面向单一场景或交通行为进行设计，风险主动防控的应用场景单一，难以满足多样化的风险防控场景需求，更没有发挥已有的先进感知与传输系统的实际效用。

(2) 交通监控与风险防控设备缺乏统一的数据规范与标准，整合难度大，同时导致较为成熟的智慧监控和风险防控技术应用的迁移性与复制性较差。由于风险主动防控仍处于探索阶段，在数据类型、数据格式、接口协议、通信手段等方面，不同品牌、不同类型、不同功能需求的产品仍存在较大的差异，难以实现硬件设备上的联通与集成。

(3) 目前，交通监控与风险防控设备主要针对单点位风险的监测与防控，无法对感兴趣目标进行连续监测和持续矫正；此外，难以集成并融合路网交通基础设施状态、交通流、车辆运行状态、道路气象环境、交通事故、交通管制与诱导等信息；难以应用交通信息互操作、云计算、交通安全风险评价、路网交通流干预控制、大范围联动联控等技术，实现路网交通风险研判预警、跨路网、跨部门的交通安全联网联控、路警协同指挥调度。

8.1.2 道路运行风险监测与防控一体化集成技术研究

针对目前道路交通监控与风险防控存在的技术问题，以及两者集成中的多源、异构、异步等工程问题，本章突破多样化监测与防控设备的组态化、标准化及一体化集成关键技术，重点解决风险监测与防控一体化集成架构设计，不同应用场景下感知模块、决策模块和矫正模块的标准化可扩展集成，不同模块的通信规范化和一致性，防控装备差异化模块的组态化集成，不同模块间数据的无缝实时共享等技术难题，进而研制道路运行风险监测与主动防控一体化集成装备，并开展集成装备在典型路段的应用设置研究。其主要内容包括如下方面：

首先，在道路运行风险监测与防控一体化集成硬件系统架构设计方面，需研究以下两个难题。

(1) 面向实时可靠防控的"混合式多点协同"装备架构设计。研究设计"目标识别+轨迹跟踪"路侧感知系统+云端高风险行为数据库+"风险行为预测+评估+矫正+管控"的路侧决策系统+"路段-路网协同防控"的执行系统+道路运输网防控中心可视化平台的混合式协同架构，同步融合边缘计算，集中解决单点式防控难以协同、集中式控制系统复杂、多点防控成本高、多维度风险因子矫正实时性差等难题。

(2) 防控装备差异化模块的组态化集成技术。研究虚拟化技术、数据组织规范、总线接口协议桥以及模块 ID 的自动识别方法，解决防控装备差异化模块多源异步数据的传输、同步共享及融合问题；设计矫正模块的驱动及自检程序，实现闭环动态连续协同矫正；设计远程云端接口及数据库访问接口，实现风险防控策略的最优化匹配及防控效果的可视化。

其次，在风险监测与防控一体化集成软件系统设计方面，需解决以下三个难题。

(1) 风险反馈策略智能匹配和一体化响应。研究历史风险数据、自主评估方法与矫正防控策略之间的映射关系，设计高风险行为直接触发、复杂情况智能分析、多风险点联动控制等差异性、分等级和网络级反馈方式，引入智能学习和自我更新机制，建立交通行为风险感知、评估与防控的智能云处理中心，完成风险防控策略的准确、高效、分级和智能匹配触发，实现风险感知、评估与反馈的一体化快速准确响应。

(2) 感知、评估、防管控装备联通互动。解析风险自主评估系统软件和外部防控装备的数据触发机理，构建评估系统与数据感知和防管控装备的联通机制，根据数据通信方式、规模、频率、网络分布等，设计软件系统与硬件装备互联接口矩阵，实现风险感知、自主评估、主动防管控装备的一体化联动。

(3) 高风险交通行为可视化防管控中心平台搭建。剖析驾驶人个体、管控中心、后台管理等不同用户主体的需求特征，开发以网络、车载、手机等不同终端为载体的用户交互系统，融入可移植、多通道和动态扩展机制，搭建高风险交通行为可视化防管控中心平台，实现交通风险信息展示、查询管理、数据挖掘、策略生成等功能。

最后，关于风险防控集成装备在典型路段的应用设置方面，需面向风险防控装备的准确性和有效性需求，剖析特大桥、长隧道、长下坡、急弯等典型路段的交通环境、风险特征、交通流及事故特点的复杂性和差异性，确定集成装备的设置依据、设备类型、部署间距和位置，避免路侧标志与装备相互干扰，实现设施设备的有效协同。

8.2 风险监测与防控一体化集成装备硬件系统

道路运行风险监测与防控一体化集成装备硬件系统架构设计研究，首先需要分析单点位风险防控集成装备的设备组成，再通过对单点位装备的级联式和并联式组合，构建四级防控集成装备，为实现混合式多点协同功能提供架构支撑；其次设计前端设备到中心端设备的通信链路,并针对设备集成过程中设备接口不匹配的问题,研究异种接口设备间的协议桥设计,并分析系统模块化集成的关键技术,以此为基础设计和实现道路运行风险防控系统;最后通过分析该集成装备的设备配置、功能要求和性能要求,形成道路运行风险实时监测与主动防控装备技术要求规范。

8.2.1 单点位风险监测与防控一体化集成装备结构设计

单点位道路运行风险监测与防控一体化集成装备是道路运行风险监测与防控集成装备的基本组成单元,主要任务是承担一个道路节点上的运行风险监测、研判和防控任务,在系统设计方面主要解决子系统组成、部件间的互联关系以及数据交互关系的问题。

根据单点位风险监测与防控一体化集成装备的任务,可确定其基本组成单元。单点位风险监测与防控一体化集成装备由感知前端、矫正前端、数据传输子系统、感知计算单元、决策计算单元、矫正计算单元、高风险交通行为数据子库、节点防控中心和辅助单元等组成。图 8.2 给出了单点位风险监测与防控一体化集成装备组成结构。

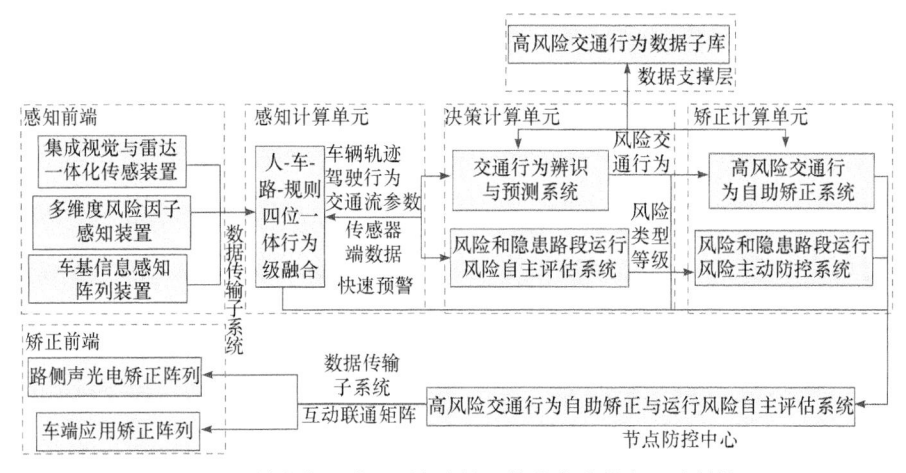

图 8.2 单点位风险监测与防控一体化集成装备组成结构

感知前端主要负责采集车辆运行状态和轨迹、道路构造物参数、气象参数、交通参数,主要由传感器组成,包括集成视觉与雷达一体化传感装置、多维度风险因子感知装置和车基信息感知阵列装置。其中,集成视觉与雷达一体化传感装置,包括雷视一体机、车检器、交通事件检测器等;多维度风险因子感知装置,包括火灾检测器、风速风向检测器、轴载检测器、轮毂温度检测器等;车基信息感知阵列装置,包括先进驾驶人辅助系统、CAN 总线、雷达、卫星定位系统、视觉测量系统、C-V2X 通信单元等。

矫正前端主要负责交通诱导和警示信息的发布，主要由信息发布单元组成，包括路侧声光电矫正阵列和车端应用矫正阵列。其中，路侧声光电矫正阵列，包括可变信息板、交通广播、声光报警器、可变限速标志、车道控制标志、智能道钉等；车端应用矫正阵列包括 ADAS、C-V2X、HMI。

感知计算单元主要实现将感知前端采集的信息，通过人-车-路-规则四位一体行为级融合系统进行综合分析与处理，输出传感器关键原始数据、车辆轨迹、驾驶行为、交通流参数，并输出针对超速、逆行等风险行为的快速预警策略。

决策计算单元由交通行为辨识与预测系统、风险和隐患路段运行风险自主评估系统组成，主要依据车辆状态和轨迹数据、气象数据、交通参数、道路构造物数据和交通事件，解决高风险驾驶行为、长隧道和桥梁等级风险、长下坡和急弯异常行为的在线识别、研判和预测等问题，并输出风险交通行为的类型和等级，用于智能匹配防控策略。

矫正计算单元由高风险交通行为自助矫正系统、风险和隐患路段运行风险主动防控系统组成，主要针对决策计算输出的风险类型和等级，对长隧道、特大桥、长下坡、急弯路段匹配差异化风险行为制定自主矫正和协同防控方案，将防控方案输出给高风险交通行为自主矫正与运行风险自主评估系统，进而实时控制矫正前端向驾驶人发布交通警告和诱导等信息。

高风险交通行为数据子库负责存储和管理与"近五年的交通事故特征"密切相关的高风险交通行为，支撑决策计算和矫正计算，且接受决策计算和矫正计算对其内容和特征的自主修订。

节点防控中心，即高风险交通行为自助矫正与运行风险自主评估系统，主要作用是通过综合感知计算、决策计算和防控计算的结果，基于风险的传导演化机理，进行道路运行风险态势的评估和展示，以及对运行风险防控策略与阵列化矫正前端设备进行快速智能匹配。

感知前端设备和矫正前端设备均属于现场设备，可部署于高速公路路侧端。感知计算单元、决策计算单元、矫正计算单元、高风险交通行为数据子库、节点防控中心均在边缘计算单元中实现，可部署于高速公路路侧端，也可部署于隧道管理所等区域控制中心。数据传输子系统负责现场设备与边缘计算单元之间的数据通信，主要解决接口及协议的匹配等任务。

8.2.2 面向四级协同的道路运行风险防控集成装备架构设计

考虑到集中式控制的可靠性和实时性难以保障，而分布式控制存在跨区域风险感知和防控盲区的问题，本节依次对四级协同集成装备架构设计、四级协同集成装备通信系统设计、集成装备多点协同相关技术、集成装备模块化设计相关技术进行剖析，以形成面向四级协同的道路运行风险防控集成装备架构。

1. 四级协同集成装备架构设计

通过任务级的级联将多个单点位道路运行风险防控系统进行有序组合，面向四级协同构建道路运行风险监测与防控集成装备架构。图 8.3 给出了四级协同道路运行风险监测与防控集成装备架构。其中，0 级为可视化防管控中心，部署于高速公路交警支队，具有信息发布和交通态势展示功能，属于路网协同级防控平台；1 级～3 级为高速公路防控计算中心，分别对应全点位、多点位、单点位防控平台；0 级和 1 级以效率诱导为主，2 级和 3 级以安全防控为主。节点防控中心是一种单点位现场级防控中心；上、下游防控分中心是一种局部路段级协同控制中心；高速公路防控计算中心是一种整体路段级协同控制中心；可视化防管控中心是一种网络级的协同控制中心。

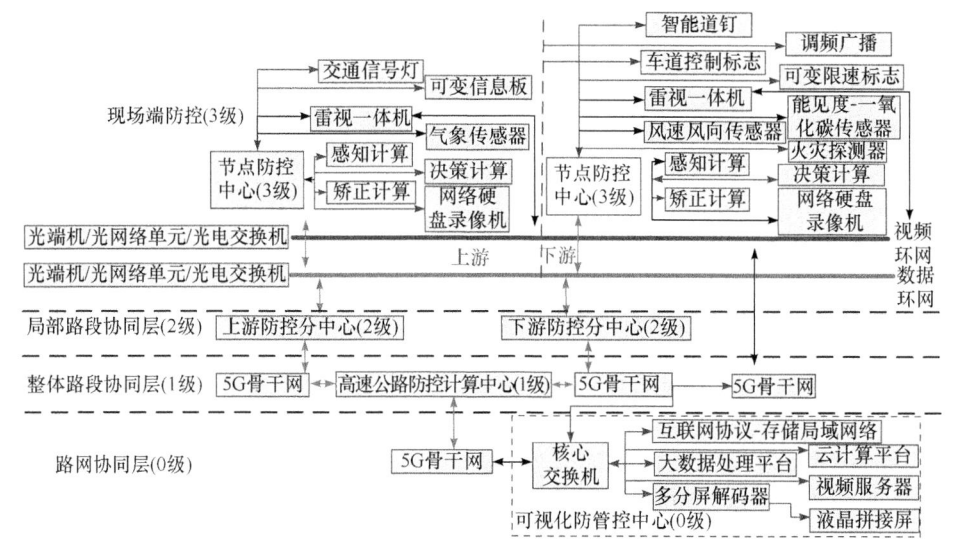

图 8.3 四级协同道路运行风险监测与防控集成装备架构

节点防控中心主要作用为数据存储管理和集中式任务调度管理。感知计算单元、决策计算单元和矫正计算单元相当于三个功能模块，完成相应的数据计算任务，其工作流程由节点防控中心进行调度和管理。节点防控中心由边缘计算设备实现。

雷视一体机的原始视频数据，通过光纤专网接入云视频服务器，从而实现在可视化防控中心对现场交通实况的切换显示和信息处理。雷视一体机、气象传感器、交通事件检测器等感知前端输出的车辆运动数据和环境检测数据，存储在节点防控中心。节点防控中心可获取所在区域上、下游防控分中心的道路运行风险态势数据。区域上、下游防控分中心可获取节点防控中心的交通流参数、交通事件参数及道路运行风险，生成道路运行风险态势评估和协同防控补偿策略。

2. 四级协同集成装备通信系统设计

四级协同集成装备通信系统具有以下特点：

(1) 除部分感知前端和矫正前端模块外，其余模块应通过以太网链路传输信息；不具备以太网接口的感知前端和矫正前端设备，应通过设置区域控制主机实现非以太网接口到以太网接口的转接和缓冲。

(2) 分别设置视频专网和数据专网，用于可视化防控中心的视频监控和结构化数据在四级防控中心间的实时传输。

(3) 图 8.4 给出了四级协同集成装备的数据传输链路。感知前端设备采集的数据经区域控制主机接入 2 光 4 电工业以太网交换机，通过该交换机组成的以太网环网结构，连接多个 3 级防控中心、区域控制主机和一个 6 光 8 电工业以太网交换机，该交换机直接连接 2 级防控中心，并通过该交换机组成的以太网环网连接一个汇聚交换机；汇聚交换机经光端机(optical line terminal, OLT)及光网络单元(optical network unit, ONU)接入运营商网络；在远程端通过光纤配线架(optical distribution frame, ODF)和汇聚(核心)以太网交换机，分别接入 1 级(0 级)防控中心。

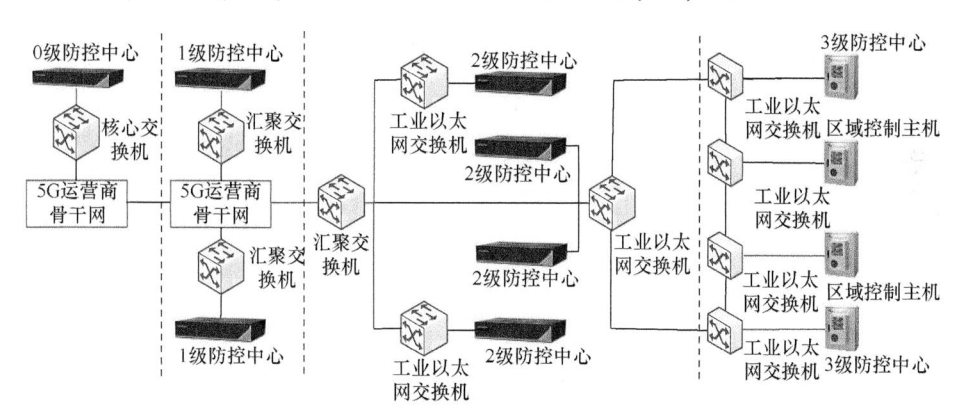

图 8.4 四级协同集成装备的数据传输链路

(4) 3 级和 2 级防控中心通过环网局域网(local area network, LAN)结构进行数据共享；2 级(1 级)防控中心通过运营商网络、汇聚/核心交换机与 1 级(0 级)防控中心通信。

道路运行风险监测与防控集成装备采用基于以太网的数据传输架构，为此需通过调研确定非以太网接口的风险感知和矫正前端设备。考虑到风险防控系统是对现有道路机电系统的功能升级，对承朝高速、龙丽云高速、330 国道前端设备的接口进行分析，发现大部分的感知和矫正前端设备具备以太网接口，但仍存在部分设备以工业电流信号、数字信号、I/O 信号为输入输出接口。表 8.1 给出了道路感知前端和矫正前端设备接口。另外，气象测量仪、能见度-一氧化碳(vision intensity-carbon monoxide，VI-CO) 检测器、火灾探测器、照度仪、隧道广播、可变限速标志、可变信息板等设备接口常采用 RS232/RS485 等非以太网接口。

表 8.1 道路感知前端和矫正前端设备接口

设备	输入输出接口
微波车辆检测器；雷达波事件检测器；雷达波分析仪	RS485/RS232；100MB/1000MB 以太网接口；无线传输(GPRS、CDMA)
可变信息板；信息发布屏	RJ45 接口；100MB 以太网；RS232/RS485
气象测量仪	100MB 以太网接口；RS232 接口
车辆抓拍摄像头；遥控摄像机接口	100MB/1000MB 自适应以太网电接口；RS485 半双工接口；BNC 接口视频输出
照度仪；VI-CO 检测器；风速仪	工业电流信号
VI-CO 自检和报警；风速仪自检和报警	数字信号
四可变交通信号灯；车道指示器；气通门控制器	I/O 信号

针对非以太网接口的感知前端和矫正前端设备，需进行设备的标准化接入设计，实现非以太网前端设备透明接入道路运行风险防控集成装备。图 8.5 给出了前端设备的接入结构图。标准化接入设计可按照以下原则进行：

(1) 具备以太网接口的前端设备按通信速度分为直接接入和通道缓冲接入两种方式；速度快的前端设备直接接入，速度慢的设备通过通道缓冲接入。

(2) 对于具备常规接口的前端设备，通过购置商用串口服务器和 CAN 服务器，进行传输接口的物理、电气和通信规范匹配。

(3) 对于非常规接口(既非 RS232/RS422/RS485，也非 CAN 总线的非以太网接口)的前端设备，基于存储转发原理，通过嵌入式系统开发以太网协议转化单元，进行传输接口的匹配。在图 8.5 中，区域控制主机就是以太网协议转化单元。

雷视一体机具备以太网接口，其数据直接经交换机接入 3 级防控中心；气象测量仪、VI-CO 检测器、火灾报警器、照度仪、隧道广播、可变信息板、可变限速标志等 RS485 设备，四可变交通信号灯、车道控制标志等直接 I/O 接口设备均通过区域控制机接入 2 光 4 电工业以太网交换机，再经工业以太网环网中的 6 光 8 电工业以太网交换机接入 3 级防控中心。

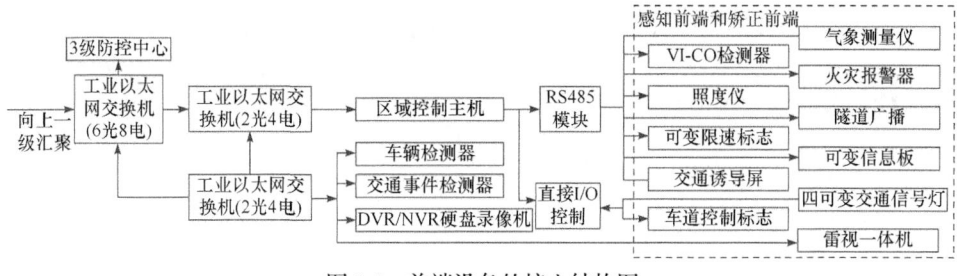

图 8.5　前端设备的接入结构图

3. 集成装备多点协同相关技术

为了实现集成装备的多点协同功能，需采用以下相关技术进行集成装备硬件系统的设计和实现，主要包括如下方面。

1) 通信节点虚拟化技术

将集成系统设计成"多点感知+多点连续矫正+多点决策"的混合式协同架构，该架构要求感知前端、矫正前端、感知计算单元、矫正计算单元、决策计算单元和节点防控中心分布式协同，需要各模块间信息均可接入同一高速网络，以统一的传输格式在网络上共享数据，每个模块在接入系统时均虚拟化为网络中的一个节点，每个节点分配一个 IP(internet protocol)地址作为其 ID，接入集成系统，通过对节点的读写实现对路侧设备的控制。

2) 系统故障重构技术

将节点划分为感知计算节点、矫正计算节点、决策计算节点、矫正前端节点、感知前端节点和节点防控中心节点；单个节点的故障或工作性能下降，其功能和性能可由附近相同属性的节点替代和补充，确保整体系统的完整性。

3) 多节点协同防控技术

突破单点位节点防控中心的感知计算、决策计算和矫正计算仅考虑自身感知前端和矫正前端的问题，设计感知前端、矫正前端、感知计算单元、决策计算单元、矫正计算单元的跨节点风险协同感知和防控机制，从而避免单节点故障而引发的整体节点失效的问题，同时可通过上游获取的运行目标先验信息，实现对移动目标的不间断轨迹跟踪、等级风险和异常行为的类型及等级的跨节点研判以及上下游协同补偿矫正。

4) 多节点混合式协同技术

多节点混合式协同技术可实现防控子系统与防控中心可视化平台间的协同，实现现场端分布式防控与中心端集中式防控的协同，弥补现场端防控存在的局部性缺陷，并解决集中式防控实时性不足的问题。现场端防控子系统将目标运动轨迹信息、目标风险类型及等级、防控指令封装给可视化防控中心，可视化防控中心利用云计算平台，将多个防控节点传递的信息进行关联，分析风险态势和防控效果，对防控能力不足的防控节点进行补偿，实现对风险的持续矫正。同时，从路段或路网的角度出发，分析风险态势并进行交通诱导，通过控制交通流抑制路段风险的升级。

4. 集成装备模块化设计相关技术

针对不同道路交通应用场景下的感知前端和矫正前端设备的标准化可扩展集成，各模块通信接口标准化和通信协议一致化等难题，通过规范数据组织结构和接口协议等技术，实现模块间的功能映射和组态化集成。道路运行风险防控集成装备模块化设计涉及的关键技术如下：

1) 数据组织技术

为保障网络上数据可被不同的节点正确接收，节点上所有的数据需遵守相同的数据组织规范，传输规范中包括信息头、节点 ID、时间信息、数据内容、校验值、结束标志。为了确保接入万维网(wide area network，WAN)信息的保密性，以节点 ID 为密钥进行数据内容加密，并在套接字中加入终端识别码。信息在终端被接收后，再以传输节点 ID 为密钥进行解码，若校验有误或终端识别码有误，则舍弃该信息；否则判定该信息为有效信息，并加以利用。

2) 总线接口协议桥技术

针对不同模块子设备接口连接方式、电气特性、通信速率、通信协议等的不同导致无法接入预留接口的难题，需通过微控制器设计总线接口协议桥。总线接口协议桥基于存储转发机制，实现异质设备的组态化接入。

3) 矫正模块的驱动及自检技术

从虚拟化角度来看，不同节点对上层是相同的，但在节点内部，不同的矫正设备由同一边缘计算单元控制，其驱动方式各异，故而需为不同的矫正设备设计不同的文件式控制接口。此外，为了确保防控执行效果与指令的一致性，需对设备进行自检，自动隔离故障的矫正设备，生成匹配剩余有效防控设备的补偿式矫正指令。

8.2.3 道路运行风险监测和防控集成装备技术要求

道路运行风险监测和防控集成装备技术要求适用于高速公路运行风险监测和防控装备部件的选型、采购，主要规定道路运行风险监测和防控集成装备的配置要求、功能要求和性能要求。

1. 配置要求

道路运行风险监测和防控集成装备应结合高速公路风险防控的实际需求，即对不同风险防控等级，配置不同的技术设备。高速公路的运行风险监测与防控等级划分为 2 个等级，从高到低依次为 A、B。

第8章 道路运行风险监测与防控一体化集成技术

道路运行风险监测和防控集成装备,通过前端监测设备感知道路运行风险原始信息,经通信设备传递给存储设备和信息处理设备;信息处理设备负责对道路运行风险进行实时研判,并生成主动防控措施;主动防控措施通过通信设备传递给交通控制和诱导设备进行发布。道路运行风险监测和防控集成装备技术要求见表8.2。

表 8.2 道路运行风险监测和防控集成装备技术要求

分类		技术设备名称	监测和防控等级 A	监测和防控等级 B
前端监测设备	视频监视设备	摄像机	必配置	必配置
		视频编码器和解码器	必配置	必配置
	环境监测设备	火灾检测器	必配置	选配置
		风速风向检测器	必配置	选配置
		气象测量仪	必配置	选配置
		VI-CO 检测器	必配置	选配置
		照度仪	必配置	选配置
	交通监测设备	车辆检测器	必配置	必配置
		交通事件检测器	必配置	必配置
		制动毂温度检测器	必配置	选配置
		轴载检测器	必配置	必配置
		超高车辆检测器	选配置	选配置
	报警设备	紧急电话	必配置	选配置
		手动报警按钮	必配置	选配置
通信设备	交换路由设备	工业以太网交换机	必配置	必配置
		汇聚交换机	必配置	选配置
		核心交换机	选配置	不配置
	光传输设备	光端机	必配置	选配置
		光网络单元	必配置	选配置
	公网接入设备	智能多网聚合路由器	必配置	必配置
	接口转换设备	区域控制主机	必配置	必配置
存储设备	存储器	IP-SAN	必配置	选配置
		NVR	必配置	必配置
		DVR	必配置	必配置
	存储软件	云存储软件	必配置	选配置

续表

分类		技术设备名称	监测和防控等级 A	监测和防控等级 B
存储设备	存储软件	高风险交通行为数据库(前端)	必配置	必配置
		高风险交通行为数据库(后端)	必配置	选配置
信息处理设备	前端处理设备	边缘计算单元	必配置	必配置
		多目标实时监测与智能感知系统	必配置	必配置
		交通行为辨识与预测系统	必配置	必配置
		高风险交通行为自助矫正系统	必配置	必配置
		风险和隐患路段运行风险主动防控系统	必配置	选配置
	后端处理设备	大数据和云计算服务器	必配置	选配置
		运行风险自主评估系统	必配置	选配置
		路段-路网运行风险协同防管控系统	必配置	选配置
交通控制和诱导设备	可变标志类设备	车道控制标志	必配置	必配置
		可变限速标志	必配置	必配置
		交通信号灯	必配置	必配置
	交通诱导类设备	智能道钉	必配置	选配置
		雾天诱导灯	必配置	选配置
		警示灯	必配置	必配置
	语音告警类设备	调频广播	必配置	选配置
		扩音器	必配置	选配置
	路侧屏幕类设备	可变信息板	必配置	必配置

2. 功能要求

1) 前端监测设备

(1) 视频监视设备。

摄像机，可监视视场内车辆、人员、障碍物、散落物等目标，并对移动目标轨迹进行连续跟踪；视频覆盖应无空缺；具备时间同步功能。

视频编码器和解码器，应支持 H.265、H.264 等主流标准的码流编解码功能。

(2) 环境监测设备。

环境监测设备，应能以设定频率检测环境参数信息；通信接口和传输协议应符合《信息技术-系统间远程通信和信息交换-使用 GB/T 3454 的 DTE/DCE 接口备用控制操作》(GB/T 15123—2008)规定；具备自动零点和自助校准功能。

火灾检测器，应能检测火灾事件并报警。

风速风向检测器，应能检测隧道内的风速和风向。

气象测量仪，应能检测风速、风向、能见度、气温、相对湿度、降雨量、路面潮湿度、路面温度、路面状态、积水深度、积雪厚度、结冰厚度、冰点温度、融雪剂浓度；可识别有无降雨、降雨类型、降雨强度、雾、大风等天气现象。

VI-CO 检测器，应具备隧道内 CO 浓度检测和 VI 检测功能。

照度仪，应能检测隧道照度。

(3) 交通监测设备。

交通监测设备应具备万兆位以太网接口。

车辆检测器可采用视频、微波或线圈的工作方式；应能输出目标车辆类型、车牌、颜色、位置和速度轨迹；应能统计输出监视区域的流量、密度、跟车间距、大车占比等参数。

交通事件检测器应能检测车辆违停、逆行、驶离、慢行、超速事件，行人事件，非法占用应急车道、大车占用小车道、抛撒物事件，交通拥堵事件，道路施工事件，驾驶人接听手机、未系安全带等违法事件，追尾、侧翻、隧道失火、碰隧道壁等交通事故事件，路面结冰、湿滑、积雪等交通信息事件；检测到事件时应立即输出报警信息，自动捕获并存储事件图像。

制动毂温度检测器，应能以非接触方式测量大货车制动毂的温度。

轴载检测器，可检测运动车辆单轴载荷和总重。

超高车辆检测器，应能依据图像识别超高车辆，统计超高车辆在视场内的占有率。

(4) 报警设备。

紧急电话，应支持专用救援通信，不受条件制约时刻处于"有效"状态；应能在呼叫者呼叫后，及时启动紧急救援预案，开启指令调度电话。

手动报警按钮，应具备手动按键报警的功能。

2) 通信设备

(1) 交换路由设备。

工业以太网交换机，属于接入层交换机；支持传输控制协议/因特网互联协议(transmission control protocol/internet protocol, TCP/IP)；支持交换式冗余环网结构。

汇聚交换机，应能汇聚多台接入层交换机；应能处理来自接入层设备的所有通信量，并提供到核心层的上行链路；支持硬件交换及端口优先设定；支持全局网管监控。

核心交换机，应具备分布式转发工作模式；应能高速转发通信，提供骨干传输；应具备路由转发能力；应支持多种路由协议。

(2) 光传输设备。

光端机，应具备光电转换和电光转换功能。

光网络单元，其网络侧应支持光接口，用户侧应支持电接口；应具备用户端数据缓存功能及收发功能。

(3) 公网接入设备。

应同时支持联通、移动、电信等运营商制式，能够支持 4G/5G，并能进行多网智能分发和聚合；应支持 TCP/IP 协议；应具备时间同步功能。

(4) 接口转换设备。

应具备通道缓冲功能；应具备数据加密和终端解码校验功能；应能对所有接入节点的数据进行相同的数据组织；应具备总线协议转换功能；应具备接入设备自检功能。

3) 存储设备

(1) 存储器。

互联网协议-存储局域网络(internet protocol-storage area network，IP-SAN)，应能基于 IP 网络构建存储网络；支持设备接入管理、数据存储和读写、视频/图片接入、存储空间管理。

网络视频录像机(network video recorder，NVR)，应能存储和管理数字视频码流；应支持录像、抓图和视频回放功能。

数字视频录像机(digital video recorder，DVR)，应具备音视频记录、监视、检索、时间同步的功能；具备音视频数字压缩功能。

(2) 存储软件。

云存储软件，应能提供存储资源分配、计划管理、索引管理、负载均衡调度；应能提供数据查询、回放、下载等功能；应能提供结构化和非结构化数据的统一存储。

高风险交通行为数据库(前端)，部署在路侧边缘计算单元中，具备对高风险交通行为数据的检索功能。

高风险交通行为数据库(后端)，部署在中心大数据与云计算服务器中，具备存储和检索风险行为类型、代码、特征、历史风险行为数据与事故数据的功能；具备高风险行为数据修订功能；具备高风险交通行为数据统计分析功能；具备分析高风险点位和路段的功能。

4) 信息处理设备

(1) 前端处理设备。

边缘计算单元，具备将云端计算负荷整合到边缘层，在边缘层计算节点完成实时计算的任务。

多目标实时监测与智能感知系统，应具备视频图像和微波信号的融合估计功能；应具备跨区域目标连续监视、轨迹融合跟踪功能。

交通行为辨识与预测系统，具备高风险交通行为快速辨识功能；具备异常交通行为预测功能；具备事故易发路段风险自主评估功能；具备自动跟踪与研判高风险交通行为、等级风险和异常行为，并报送其风险类别和等级的功能。

高风险交通行为自助矫正系统，能自动匹配高风险交通行为多模态差异化自助矫正预设策略；具备控制信息发布干预风险交通行为的功能；具备显示高风险交通行为、等级风险和异常行为的功能。

风险和隐患路段运行风险主动防控系统，具备长隧道、特大桥、长下坡和急弯路段的运行风险实时监测、主动防控功能；具备路段多点位混合式协同防控功能。

(2) 后端处理设备。

大数据与云计算服务器，应支持算法仓库、数据资源池和融合大数据分析处理功能，其中算法仓库支持规范化算法的接入和调用，数据资源池支持结构化数据和非结构化数据的存储与检索，融合大数据分析处理支持数据清洗、预处理、数据打标签等功能；具备计算路网风险运行态势的功能。

运行风险自主评估系统，应具备可视化监测子系统、交通控制和诱导子系统布局、状态和数据的功能，宜具备路网级运行风险态势分布分析和展示功能。

路段-路网运行风险协同防管控系统，应部署在大数据与云计算服务器上；具备路网风险分布分析和显示功能；具备多设备整体联动进行风险交通行为矫正的功能；具备级联矫正装备的联合协同防控功能，能依据防控效果自适应调整上游防控策略；具备路段实时诱导信息、路网交通管制和诱导信息的发布功能。

5) 交通控制和诱导设备

(1) 可变标志类设备。

车道控制标志，应能通过程序控制自动切换显示红色叉号和绿色垂直向下箭头。

可变限速标志，应能通过程序控制动态更新限速要求。

交通信号灯，应能通过程序控制动态控制道路车辆的行进或停止。

可变标志类设备，应具备环境照度检测能力，并据此调整光源的发光强度保障有效视距。

(2) 交通诱导类设备。

智能道钉，应具备在夜间或雨雾天气下，勾勒道路轮廓，指示道路前进方向的功能。

雾天诱导灯，应具备在雨、雾天照明道路的功能。

警示灯，应具备不同灯色交替爆闪或者黄色闪烁的视觉刺激功能。

交通诱导类设备，应能通过继电器控制诱导设备的工作状态。

(3) 语音告警类设备。

调频广播，应具备发布交通诱导信息的功能；当不同设备组播时，应具备时间同步功能。

扩音器，可通过程序控制以语音形式发布下游交通状况和交通事件信息的功能；具备短路、过载、信号输入过强等保护功能；相邻扩音器的声音应同步无串扰。

(4) 路侧屏幕类设备。

可变信息板，应具备图形、图像、文字显示功能，且显示大小和间距可调；支持静态显示、滚动显示和翻页显示；可通过RS485或以太网接口发布交通状况和交通事件信息。

3. 性能要求

1) 前端监测设备

(1) 视频监视设备。

摄像机，视频成像帧率≥25帧/s，视频幅面≥2688×1520。视频处理时间≤0.1s/帧；单目相机监视目标数≥200个，可识别像素占比≥4%的动静态目标。

视频编码器，应支持至少4路4K或16路1080P及以下分辨率视频的同时实时编码；支持至少1路RJ45网络输出。

(2) 环境监测设备。

火灾探测器，探测距离≥60m；对距离30m、面积$0.5m^2$的汽油着火响应时间≤10s。

风速风向检测器，其风向测量范围覆盖0°～360°，精度≤±3°；风速测量范围覆盖0～45m/s，精度≤±0.1m/s。

气象测量仪，温度测量范围为–50～100℃，精度≤0.5℃；湿度测量范围0%～100%，精度≤3%；风速测量范围为0～45m/s，相对精度≤0.3%；风向测量范围为0°～360°，精度≤0.3°；雨量测量范围≤4mm/min，精度≤0.2mm/min。

VI-CO检测器，探测距离范围为3～10m；CO测量范围为0～400ppm，精度≤1ppm；VI测量范围为0～35km，精度≤1km。

照度仪，测量范围为0～7000cd/m^2，精度≤0.1cd/m^2；监测频率≥1次/s。

(3) 交通监测设备。

车辆检测器，有效采样频率不低于20Hz；流量、密度等交通参数检测精度≥98%；纵向监测长度≥200m。

交通事件检测器，检测率≥96%；漏报率<2%；24h虚报次数≤1；纵向监测长

度≥200m。

制动毂温度检测器,温度检测精度≤2.5℃或满量程的2%;温度测量范围应覆盖0~550℃。

轴载检测器,最大量程≥60t;相对精度≤1%。

超高车辆检测器,长度测量范围覆盖1~33m,误差为-0.5~0m;长度测量范围覆盖1~4.5m,误差为-0.1~0m;长度测量范围为1~5.5m,误差为-0.05~0m;超高车辆识别准确率≥95%;可同时覆盖低速和高速车辆应用场景。

(4) 报警设备。

紧急电话,连续通话服务≥1h;支持≥2000h的电话录音,呼叫接通时间≤6s。

手动报警按钮,监视电流≤250μA,报警电流≤2mA;报警压力约为100N。

2) 通信设备

(1) 交换路由设备。

工业以太网交换机,交换容量≥20Gbit/s;包转发能力≥15Mbit/s。

汇聚交换机,交换容量≥2.56Tbit/s;包转发能力≥1080Mbit/s。

核心交换机,交换容量≥80Tbit/s;包转发能力≥9600Mbit/s;主控板槽位数≥2,交换网槽位数≥4,业务槽位数≥8。

(2) 光传输设备。

光端机,传输速度≥1Gbps;应支持自适应以太网接口。

光网络单元,支持自适应以太网接口;分光比≥1:32;传输距离≥2km;端口速度≥1000Mbit/s。

(3) 公网接入设备。

通信带宽≥100Mbit/s;支持VLAN数量≥4K;支持的MAC地址数量≥8K;各帧时延应不超过150μs;24h内丢包率不超过10^{-7};多网汇聚的传输性能大于单网性能。

(4) 接口转换设备。

存储转发的误码率≤10^{-4}。

3) 存储设备

(1) 存储器。

IP-SAN,高速缓存≥32GB;最大存储容量≥24×8TB;处理器至少含两个64位六核处理器。

NVR,视频接入带宽≥200Mbit/s;视频输入≥32路;至少支持1路高清多媒体接口(high definition multimedia interface,HDMI)输出;录像分辨率≥8MP;最大存储容量≥6×8TB。

DVR,支持至少16路BNC输入,2路BNC输出;至少支持1路HDMI输出,分辨率≥1080P;支持H.264压缩;最大存储容量≥4×4TB。

存储器均应支持冗余电源。

(2) 存储软件。

高风险交通行为数据库(前端/后端)，至少应覆盖近五年交通事故的主要特征。

4) 信息处理设备

(1) 前端处理设备。

边缘计算单元，其主板以太网接口数>2，PCI-E(peripheral component interconnect express)接口数>2；内存容量大于16GB；固态硬盘存储容量>250GB；中央处理器至少为四核八线程；显卡至少包含3584个Cuda核心，显存容量不小于11GB。

多目标实时监测与智能感知系统，对车辆定位精度≤0.5m，速度精度≤0.5m/s，方向精度≤5°；最大监视目标数≥200个，交通目标动态识别率≥95%。

交通行为辨识与预测系统，对高风险交通行为的辨识精度≥90%，提前3s预测精度≥60%；对等级风险及异常行为的辨识精度≥90%，提前3s预测精度≥60%。

高风险交通行为自助矫正系统，每年对高风险交通行为的自助矫正有效率≥90%。

风险和隐患路段运行风险主动防控系统，等级风险防控有效率≥90%，异常行为矫正有效率≥90%。

(2) 后端处理设备。

大数据和云计算服务器，不低于以下要求，即中央处理器：2颗，10核，2.2GHz；内存：16G×4 DDR4内存插槽12根；硬盘：3块3.5寸热插拔SAS(serial attached SCSI；串行连接SCSI)/SATA(serial advanced technology attachment，串口硬盘)；接口：2个千兆以太网接口，2个万兆以太网接口；电源：800W冗余电源。

运行风险自主评估系统应满足以下要求：对运行的风险检测具备不低于95%的召回率，其中召回率指检测到的真空运行风险事件占总的运行风险事件的比例。

路段-路网运行风险协同防管控系统，路段边缘计算单元与路网大数据与云计算服务器的协同率≥95%，风险发生路段、上游路段、下游路段矫正设备对同一风险的协同响应率≥80%。

5) 交通控制和诱导设备

(1) 可变标志类设备。

车道控制标志，可通过程序控制显示内容；视距≥200m。

可变限速标志，视认角≥30°；动态视认距离≥210m。

交通信号灯，视距≥250m。

(2) 交通诱导类设备。

智能道钉，道路轮廓可视距离≥300m；承压力≥15t。

雾天诱导灯，发光面积≥0.02m²；雾天可视距离≥200m。
警示灯，应能昼夜自动二级调光；白天动态视距≥250m，夜间动态视距≥500m。
(3) 语音告警类设备。
调频广播，有效作用范围≥1km。
扩音器，频响≥115dB；功率≥125W。
(4) 路侧屏幕类设备。
显示屏亮度≥6000cd/m²，静态视距≥250m，动态视距≥210m，可视角度≥30°。

8.3 风险监测与防控一体化集成装备软件系统

8.3.1 系统设计目标

1. 设计目标

高风险交通行为自助矫正与运行风险自主评估系统是针对高速公路特大桥、长下坡、长隧道等高风险路段，面向高速公路管理者和交通出行者，集合高速公路现有交通资源，增设智能设备，创新管控策略，建立互联互通、及时高效、协调合作的风险防控系统，最大限度地利用现有资源、技术和设备，做好风险检测、风险预警与风险防控，降低高风险路段的风险等级，提高道路安全水平，创造良好的社会效益和经济效益。

高风险交通行为自助矫正与运行风险自主评估系统基于行为触发，以"人因"为导向，实现点-线-面一体化防控和路侧-车载多模态防控落脚点，防控系统可准确、高效、智能化地实现高风险交通行为自动触发、复杂情况智能分析等功能。系统建设目标主要有如下几方面。

1) 风险反馈策略智能匹配和一体化响应

建立交通行为风险感知、评估与防控的智能云处理中心，完成行为风险防控策略的准确、高效、分级和智能匹配触发。通过对前端交通流参数以及道路风险事件进行统计分析，梳理高风险驾驶行为监测的感知数据，如微波交通流数据、视频车辆行为数据、车载驾驶行为数据、气象数据、道路基础设施数据，基于实时动态数据形成高风险交通行为和高风险交通事件数据库，充分发挥交通大数据的优势，搭建一个基于大数据分析技术的数据分析平台；完成智能云处理中心架构设计及功能设计，基于高风险交通行为和高风险交通事件数据库，在智能云处理环境下实现感知数据与高风险识别评估的动态智能匹配，基于系统模块所提供的模型、算法与判断决策条件，实现高风险交通行为和风险事件的辨识，完成高风险交通行为和风险事件等级预测及风险自主评估；基于智能云处理环境，利用风险防控策略实现高风险识别评估后的矫正防控，给出一体化响应的防控机制，实现利用行为/事件触发、"人因"导向模式的点-线-面一体化防控和路侧-车载多模式防控方法，完成行为/事件风险防控策略的准确、高效、分级和智能匹配触发。

2) 感知-评估-防管控装备联通互动

构建评估系统与数据感知和防管控装备的联通机制，设计软件系统与硬件装备的互联接口矩阵。梳理应用中基础数据感知的硬件接口，设计合理的传输通道，使现场的数据接口与云端的数据接口对接；协调制定满足通信时延和带宽需求的软硬件接口和设备选型，实现建设期软件系统与硬件装备互联。梳理数据感知、风险评估和防管控各阶段所有的硬件信息集和系统信息集，制定适合可视化管控平台的软硬件功能、接口、信息标准对接矩阵，实现感知-评估-防管控装备互联互通。

3) 高风险交通行为防管控可视化

开发以网络终端为主要载体的管理系统，搭建可视化防管控中心平台，实现交通风险信息展示、查询管理、数据挖掘、风险预警、策略生成、信息发布等功能。研究高风险交通行为及风险事件的表征指标和表达模式，实现高风险交通行为及风险事件的动态时空可视化，研究基于点、线、面、体，动态、静态、历史、实时，缓变、剧变，单因素、多因素等不同模式的可视化显示技术，实现面向高风险交通行为及风险事件的信息展示与交互。

高风险交通行为自助矫正与运行风险自主评估系统开发技术路线如图 8.6 所示。

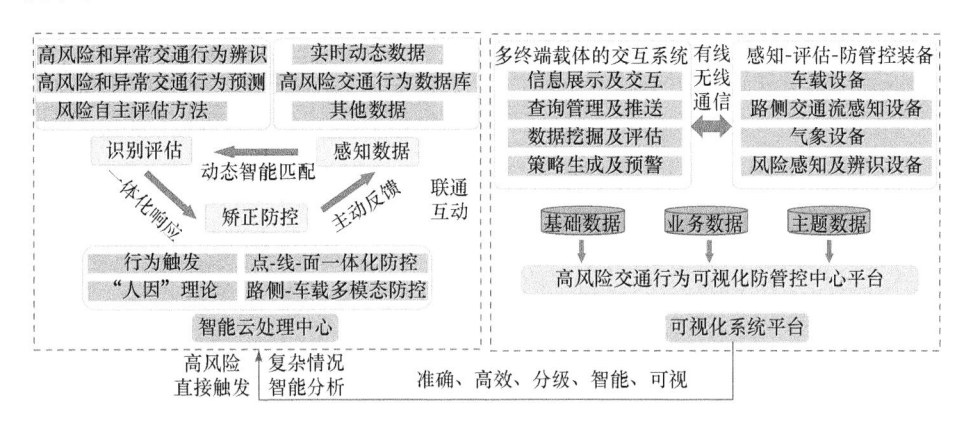

图 8.6 高风险交通行为自助矫正与运行风险自主评估系统开发技术路线

2. 设计需求

1) 信息采集与处理需求

实时、准确、多元、高效的交通信息采集是实现高速公路智能控制的关键和前提。只有采集到真实合理的交通信息才能反映真实的交通状况，以便采取正确的处置策略，促进道路交通问题得到合理解决。

一方面，高风险交通行为自助矫正与运行风险自主评估系统是针对高速公路高风险路段设计的具有较强针对性的风险防控系统，针对不同风险路段所具有的等级风险需要采取不同的风险防控策略，而风险防控策略的触发需要对道路交通状况、车辆状况、环境因素等进行判断，因此需要对道路交通数据、天气数据、车辆数据等信息进行采集。

另一方面，采集的交通信息需经过处理才可满足交通管理、车辆安全、风险预警、事故研判等各种交通安全研究的需求，故而数据处理结果也是改善道路交通安全状况的重要支撑。

2) 态势监控与预警需求

从系统设计的目的出发，系统应能满足防控路段运行状态监控需求、外场设备运行状态监控需求、风险等级监控需求，并能对风险事件进行预警提醒。

在系统日常使用过程中，系统管理人员可根据需要随时查看相关外场监控设备的实时监控信息，能够了解高风险路段实时运行状况。同时，还可以查看设备状态信息，了解外场设备工作状态以及工作内容。此外，根据系统所提供的预警信息，管理人员应能够详细了解预警内容、预警等级以及应当采取的恰当处置措施。

3) 辅助决策与分析需求

系统应能提供辅助决策支持，根据预设的风险路段防控措施及措施触发条件，在达到风险路段防控措施触发条件时，系统需要进行预警提醒，并给出合理的决策建议，同时保证决策的及时性，避免因为决策产生的时间延误导致事故的发生。

系统还支持风险各类基础交通数据及特征数据的宏观/微观分析，并能提供对应的可视化数据分析结果。主要包括两部分：基础数据分析、特征数据分析。其中，基础数据分析针对交通流量、速度、密度等交通基础数据，系统应能提供并导出基础数据表格、数据统计报表、统计图等内容。特征数据分析是针对特大桥、长隧道、长下坡等高风险路段等级风险防控需要采集的数据，如特大桥和长下坡所需的能见度数据、服务水平数据、车辆制动毂温度数据、天气数据等，系统应提供对应的数据报表及统计图。此外，系统还需提供针对各类风险事件发生的数量、变化趋势、事故多发位置分析所得的数据表格及统计图，为决策者提供可视化的数据分析结果。

4) 信息发布与处置需求

系统通过采集和监控得到的各类交通信息和态势信息，以及通过决策和分析得到的防控策略，应能有效通过多种途径发布给相关道路交通的参与者，才能最大化地发挥系统的风险防控功能。因此，系统应能满足风险防控信息发布需求，在需要进行风险预警与信息发布时，能够通过系统完成对外场布设的可变信息板、可变限速标志、定向高音喇叭等信息发布设备的控制，及时、准确地发送风险预警信息。

此外，系统还应满足对外场处置系统的控制需求，如特大桥雾天诱导灯、长下坡车辆轮毂温度预警系统、长隧道激光水幕系统等，能够对防控路段发生的风险事件进行处置，降低风险事件对道路交通安全的影响，提高交通安全等级和道路通行效率。

3. 系统设计原则

1) 实用性原则

在保证风险防控功能应用需求的前提下，系统力求做到简洁实用，并且充分考虑目前风险防控管理系统的相关实际业务处理情况和信息系统建设的实际情况，对系统进行可视化界面设计、功能架构设计和应用结构设计，并采用成熟稳定且符合主流趋势的研发技术、软件产品和硬件设备。利用已有的风险防控系统建设基础，集成现有的管理模式和经验，满足管理者的实际运行惯例，方便使用，降低使用者的工作强度。

2) 可管理性与易维护性原则

在系统设计中，充分考虑系统运行维护的便利性和管理的高效性，操作界面力求简洁、方便，业务流程清晰，符合常规业务处理习惯。系统设计应包含完整的业务操作和系统维护文档，保证业务处理和维护的快捷与便利。

3) 可扩展性与开放性原则

系统在研发过程中会不断接入各类新型设备并需要研发对应的应用功能，设计时应充分考虑未来系统的扩展升级需求，能够保证系统的开放性和可扩展性，能够适应发展中的业务和技术，并随着相关业务的发展和项目规模的扩大，迅速满足可能出现的更大任务负载的要求。

4) 可靠性原则

系统设计应遵循相关国家标准，保证系统运行的可靠性和稳定性。系统应具有良好的容错能力，不会因用户的误操作引起程序运行出错，保障系统 24h 不间断稳定可靠运行。同时系统应具备先进的自诊断报警功能，能定时反馈设备运行情况，及时反映故障信息，保证系统能够快速恢复运行。

8.3.2 系统界面可视化设计理念

可视化是利用计算机图形学和图像处理技术，将数据转换成图形或图像在屏幕上显示出来，并进行交互处理的理论、方法和技术。其涉及计算机图形学、图像处理、计算机视觉、计算机辅助设计等多个领域，成为研究数据表示、数据处理、决策分析等一系列问题的综合技术。系统的可视化设计能够帮助使用者更好地了解系统所包含的功能和展示的要点。

首先是系统的导航栏可视化设计，参考了层式导航设计和扁平式导航设计。系统主界面的导航模式选取了类似陈列式的导航结构，可以尽可能地展现主界面的全部内容，又能保证界面的精简。在点击进入系统界面时，采取了抽屉式的层级式导航结构，该结构可以将一些辅助信息隐藏在导航设计中，让使用者更加关注系统的主要功能和操作，也为页面节省了更多空间，可以展示更多的系统功能。

其次是数据的可视化设计，人们获取信息的最主要途径是视觉。在数据可视化领域中，视觉也是用户与界面进行交互的主要方式，是数据和用户联系的桥梁和媒介。通过可视化的人机界面，用户可以直观地感知到数据的信息内容，进而对形势做出感知和判断，以及对未来发展的预测(杨明欣，2021)。

目前，心理学家通过数百个实验测试可以引起视觉注意的视觉特征，如对比度、形状、尺寸、位置、上下文内容等都是比较典型的低层图像特征(Maeder et al., 1998；Findlay, 1980；Itti et al., 2001)。对比度能够方便人类视觉系统快速识别出明暗或色相等对比度突出的区域，而且高对比度的动态图像更容易被人眼识别；针对形状和尺寸，具有特殊形状的图形通常会更加吸引人类视觉系统的注意，尺寸相对较大的形状也会产生同样的效果；上下文内容可以用于解释部分不容易被人理解的内容，而且大脑更倾向于调控视觉注意到能反映上下文内容的区域。

最后是位置信息，由于人的视觉注意更多的是放在画面的中心25%区域，所以通常处于中心位置的图像更能吸引人类视觉系统的注意，这部分区域可用来放置主要内容。

依照上述可视化理论，可对系统界面进行合理设计，针对需要重点突出的部分，根据人的视觉对高对比度进行快速识别，分别采用与背景不同的颜色进行区分，并合理划分系统界面区域。系统界面以蓝色、白色、红色、绿色四种颜色为主，其中蓝色为系统背景颜色，颜色偏暗，视觉效果较为舒适；白色为字体主要颜色，能够与背景色形成强烈对比，可以清楚地展示出想表达的详细内容，并且文字可作为上下文内容，起到解释与吸引注意力的作用；红色和绿色因为其物理特征，前者能够在恶劣的视觉条件下有效地被人所察觉，所以在系统中作为预警色，可以保证预警效果；后者因在交通中通常用于表示安全、顺畅等，所以用其表示无交通风险和道路顺畅。

数据可视化设计主要采用一维和二维的交通数据可视化技术。根据所采集到的数据特点以及常用的数据表现形式，分别采用折线图、仪表图、雷达图等一维图表对交通量、车速、风险等级等内容进行可视化展示。

8.3.3 系统功能设计

风险监测与防控一体化集成装备软件系统设计从多样的系统设计目标和全面的设计需求出发，对系统的整体设计理念和功能进行定位。在此基础上，分析风险的防控结构，设计包含采集层、传输层、数据层、处理层、服务层的系统整体功能架构，并通过对综合检测、智能管控、信息发布和智能决策四大应用功能模块进行划分以及各个子功能之间的相互支撑，最终实现集信息采集、风险预警、风险防控、信息发布、数据统计分析、可视化展示等功能为一体的风险防控系统。

1. 风险防控结构设计

高风险交通行为自助矫正与运行风险自主评估系统整体防控结构分为三部分，即物理结构、数据流结构、功能结构。物理结构是指传统设施、智能交通系统(intelligent transportation system，ITS)设备、车载设备和处置系统四部分；数据流结构是指基础数据、其他数据、风险预警和策略匹配四部分；功能结构是指采集功能、传输功能、处理功能和发布功能四部分。

1) 物理结构

物理结构主要是指通过各种设备以及系统实现对风险的防控，根据风险等级分别启用相对应的防控设备，以达到防控的目的。其中，传统设施主要是指在道路运行过程中必须布设的标志类设施和标线类设施；ITS 设备是指安装在路侧或路面上能够实现信息采集与发布等功能的智能设备，主要是指雷视一体机、气象监测仪、轮毂测温仪等检测器，可变信息板、可变限速标志、声光诱导等发布设备；车载设备是指在车载端能够进行风险提醒的移动设备；处置系统是指针对雨、雪、雾、风、道路结冰等不良天气能够采取措施进行处置的系统，如雾天诱导系统、积雪消融系统等。

2) 数据流结构

数据流结构主要用于确定风险防控的等级、信息发布内容等方面，根据数据计算得到的风险等级确定具体的防控方案、诱导信息内容以及限速等信息。其中，基础数据是指流量、速度、密度等交通流基础运行数据；其他数据主要是指能见度、降雨量、风速等不良天气影响下的数据；风险预警是指通过数据融合、分析计算对风险等级进行修正，确定是否需要预警；策略匹配是指针对不同风险等级采取对应的信息发布内容、合理的限速值和不同的处置策略等。

3) 功能结构

功能结构是指系统针对风险防控所具有的功能，主要是指采集功能、传输功能、处理功能和发布功能。其中，采集功能是指通过检测器等对道路交通数据和天气数据等信息进行采集；传输功能是指通过有线和无线两种方式进行数据的传输；处理功能是指根据模型算法对数据进行处理，对高风险交通行为进行识别，最后确定风险等级和防控方案；发布功能是指通过可变信息板等路侧设备发布诱导和指示信息，提前通知驾驶人当前道路环境和需要注意的风险信息。

2. 系统功能架构设计

风险交通行为自助矫正与风险自主评估系统的主要功能包括采集、传输、决策和发布四项功能。系统整体防控结构可以划分为五层，分别为采集层、传输层、数据层、处理层与服务层。

1) 采集层

为满足交通信息采集的需求，系统应具备数据采集功能。针对特大桥、长下坡、长隧道、急弯四类路段预警系统的设计，需要根据路段布设的感知设备类型及数据需求，按照不同设备厂家提供的数据接口协议进行设备对接，实现数据采集。通过雷视一体机、能见度检测仪、轮毂温度检测仪等感知设备，系统可实时采集道路交通运行状态信息、道路交通环境信息及车辆行驶状态信息。

2) 传输层

系统数据传输功能采用有线、无线或两者结合的传输方式，充分利用光纤、串口、4G/5G 通信技术进行传输。数据的传输协议标准采用 TCP/IP 协议，TCP/IP 协议能够保证数据信息传输的安全准确性、传输过程的流畅性和及时性。

3) 数据层

数据层的主要功能是进行信息存储、信息融合与计算。数据层主要由基础数据库、算法模型库、行为识别库及远端数据库组成。基础数据库会将采集到的流量数据、车速数据、天气数据、视频数据等进行集中存储，并通过算法模型库及行为识别库对数据进行识别与计算。

4) 处理层

处理层主要执行数据处理功能与决策功能。基于处理层的数据库计算得到的结果，通过实时在线的数据融合模型和数据分析算法进行数据挖掘，进而得到对风险防控有价值的数据内容。处理层对通过数据层计算得到的数据结果进行阈值判断，对风险交通行为进行匹配，对天气状态以及设备状态进行判断，确定是否需要预警以及预警时的风险等级，最终应用到风险等级划分、风险事件识别、风险事件预警等方面，并给出对应的辅助决策手段。

5) 服务层

服务层的主要功能是信息服务，展示系统所能提供的各项功能，为交通管理者和出行者提供好理解、易操作的功能界面。服务层主要包含地理信息系统(geographic information system，GIS)地图、交通流量、平均车速、风险分类、风险预警、信息发布等功能。服务层可供管理者实时获取道路运行状态、预警信息和风险等级,并在决策判断后,针对不同的风险类型与风险等级进行策略匹配,最后通过风险防控设施进行防控信息发布及风险处置。

3. 系统应用结构设计

系统应用结构包含综合监测模块、智能管控模块、管控信息发布模块与智能决策模块四大模块,每个模块又分别对应多个子功能,通过各个子功能之间的相互支撑,最终实现集信息采集、风险预警、风险防控、信息发布、数据统计分析、可视化展示等功能于一体的风险防控系统。

1) 综合监测模块

综合监测模块包含两项功能。第一项功能是交通信息监测,包含事件监测、车辆监测、气象监测和流量监测。事件监测可以记录由感知设备采集到的风险事件内容,并且针对已被监测到的风险事件,系统可以提供更加详细的信息,包含预警事件的详细描述,系统还可提供事件发生时的天气信息以及流量信息,在监测设备具备事件识别和视频回放等功能时,还可提供风险事件发生时的视频回放,方便进行事故溯源以及责任划分;车辆监测及气象监测可以记录感知设备采集到的重点车辆信息以及气象信息;流量监测可以记录监测路段的断面流量、平均车速等信息,还可以通过折线图动态显示出流量变化情况以及同期流量对比。第二项功能是交通视频监测,视频监测能够实时采集道路交通信息,识别道路风险事件,为基于视频监测的预警系统触发创造了有利条件。交通视频监测功能可以以人机结合的方式,通过视频图像识别、事件检测以及人工识别的方式掌握高速公路风险防控路段的各类动态信息,包括高速公路交通运行状况、事故情况、风险事件状况以及其他道路视频信息,通过对风险防控路段进行动态监控所收集到的数据,按照合理有效的模式进行分析和研判,能够采取正确的决策手段,发布预警信息及处置措施。该功能可以调看系统所接入的所有视频设备,供管理人员获取实时道路环境信息和道路运行状态。

2) 智能管控模块

智能管控模块是风险防控系统的主要模块。智能管控模块包含四个子系统,分别是桥梁子系统、长下坡子系统、隧道子系统以及急弯子系统。以桥梁子系统为例,每个子系统包含三个主要功能,分别是状态监测、策略设置和策略发布。图8.7给出了桥梁运行风险防控子系统。

状态监测是对桥梁路段道路运行状态进行监测,包含GIS地图、流量监控、速度监控、视频监控、事件分类、事件列表、总体风险评估、风险等级详情。通过GIS地图可以对防控路段的设备布设状况及运行状态进行直观展示,管理者可以随时进行调看;流量监控、速度监控、视频监控这三项功能可以展示防控路

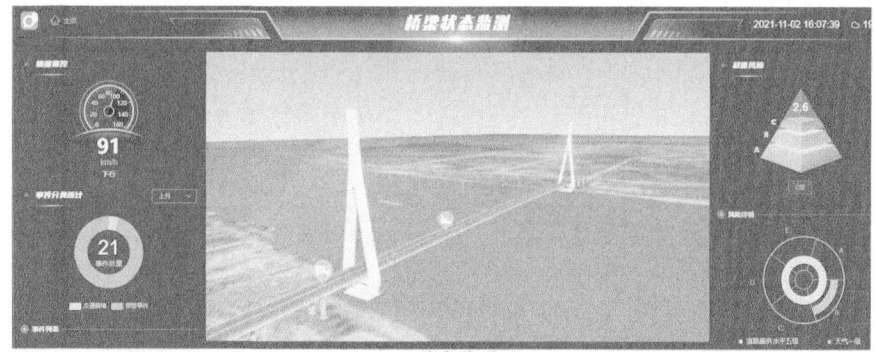

第 8 章　道路运行风险监测与防控一体化集成技术

(a) 状态监测

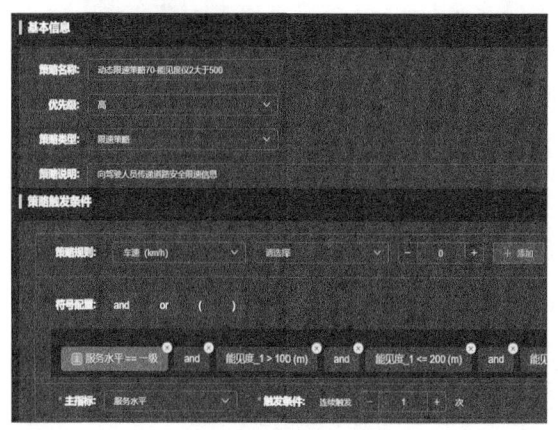

(b) 策略设置 　　　　　　　　　　　　　　(c) 策略发布

图 8.7　桥梁运行风险防控子系统

段的交通流运行状态，并通过不同类型的一维图表呈现其变化规律，其中视频监控还可用于风险事件自动监测与人工识别，在发生事故后还可用于事故原因分析；事件分类和事件列表可以将感知设备监测及人工识别所监测到的风险事件进行分类统计，并记录风险事件的发生时间、事件描述及处理状态；总体风险评估和风险等级详情可以根据风险计算方法对事件风险等级进行合理划分，显示不同道路条件、气象条件、车辆条件和其他交通条件共同作用下防控路段的总体风险等级以及该风险的致因，为风险预警信息的发布及防控策略的执行提供依据。

策略设置与策略发布功能可根据风险防控方案进行防控策略设置与策略执行，当系统检测到的道路运行状态及其他风险事件因素满足触发条件时，系统可进行自主预警，并提交对应防控策略给系统管理者审核确认，审核通过后可直接执行对应的防控策略，保证风险防控的准确性、实时性与高效性。策略设置功能可以根据各防控路段需要对防控策略进行配置，策略设置的基本信息包括策略的名称、策略的优先级、策略的具体触发条件、对应防控设备、预设预警信息内容以及处置系统工作模式。策略发布功能可对待发布的风险防控策略进行新建、编辑、执行以及结束，并可在策略发布之后，通过系统观察策略执行状况，确定设备工作状态。

3) 管控信息发布模块

管控信息发布模块如图 8.8 所示，是系统进行诱导信息发布的关键模块，诱导信息的发布是交通诱导中将诱导信息及时、准确地传播给交通参与者的重要环节。同时，诱导信息发布的手段呈现多元化，包含可变信息板、定向高音喇叭、手机通知等。利用可变信息板进行诱导信息发布是高速公路的常用手段，可变信息板作为动态交通标志的一种，通常布设在特大桥、长隧道、长下坡等路段上，通过文字或图案信息指示驾驶人前方交通状况、道路情况和偶发性事件等信息，尤其是出现极端天气或偶发性高风险事件时，可变信息板能够及时准确地提供给驾驶人最快捷、最安全有效的信息，如前方道路状况、应当采取的操作和动态限速等。

管控信息发布模块可通过监控中心计算机通过通信网络进行远程控制，不仅可以按照预设的风险触发策略显示对应内容，还可根据管理需要传送并显示各种图文信息，向交通参与者及时发布防控路段交通运行状况、警告信息以及各类交通信息，提醒交通参与者注意交通安全，降低公路非重现性事故的影响，提高行车安全。

图 8.8　管控信息发布模块

4) 智能决策模块

智能决策模块主要包括事件分布统计功能、交通安全分析功能、交通流量分析功能和信息发布分析功能，主要对系统所采集到的基础数据、风险事件等内容进行统计分析，并利用一维图表进行可视化展示，方便管理者进行决策分析。

图 8.9 给出了智能决策模块的事件分布统计功能。该功能可以根据事件发生的日期、事件类型和等级等信息查询系统所记录的风险事件，并在地图上的对应位置进行可视化显示。

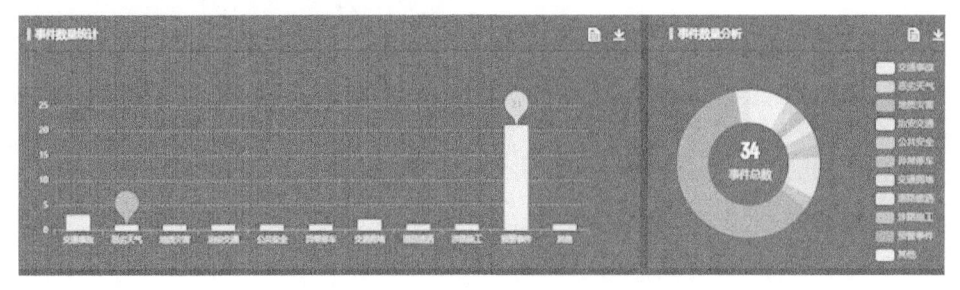

图 8.9　智能决策模块的事件分布统计功能

交通安全分析功能可对风险事件进行统计分析,并通过一维可视化图表将事件数量、变化趋势展示出来,且可根据风险事件发生的桩号、月份、时间、天气进行统计分析。

交通流量分析功能可以对防控路段的交通流量数据进行分析,通过折线图的形式展示年交通量、月交通量、日交通量的变化趋势,并可对不同方向的交通量进行统计,可用于分析防控路段交通量的月变系数、日变系数以及方向不均匀系数等指标。

信息发布分析功能可以对已发布的信息进行统计分析,记录信息发布的方式、信息发布的标题以及信息发布的数量等。

8.4　风险防控集成装备在典型路段的应用设置

特大桥、长隧道、长下坡、急弯等典型路段的复杂交通环境使其存在严重的运行风险和事故隐患,这些路段是交通事故频发地带。尽管这些典型路段布设有相当数量的风险防控设备,但是设备独立布设,相互之间功能孤立,没有协作配合,严重制约了风险防控效果的发挥。为此,本节面向典型路段研究分析风险防控装备设置流程、设置原则与条件、设置方法与要求、效果评估与优化等内容,为风险防控装备的实际应用提供技术参考和示范依据,同时建立一套统一可靠的典型路段风险防控装备设置指南,通过规范化手段降低典型路段的安全隐患。

8.4.1　典型路段风险防控装备设置流程

特大桥、长隧道、长下坡、急弯等典型路段在进行风险防控装备设置时,应按照实施前、实施中和实施后三个阶段,遵循相应的规范和要求,做到实施前充分调研论证、实施中严格质量把控和实施后效果评估优化,确保风险防控装备的功能得到充分有效发挥。典型路段风险防控装备设置流程包括以下四个步骤。

1. 典型路段环境和需求分析综合论证

在风险防控装备设置前,应针对典型路段制定详细、完善的调研方案,通过实地考察、问卷调查、座谈与咨询等方式,对典型路段的交通环境状况、已有交通安全设施、风险特征及类型、事故特点、使用需求、服务对象、交通安全经济效益等方面进行充分调研和系统论证,明确典型路段的风险防控需求。

2. 设置与施工方案制定

针对典型路段风险防控需求,制定一套统一的、可靠的、用于指导实际工程的装备设置方法及技术规范体系,以降低典型路段的安全隐患,并提高道路通行能力。

围绕不同典型路段进行装备设置与施工方案制定:

(1) 在考虑已有防控设施的基础上,符合该典型路段环境的风险防控装备架构,包括信息采集单元、信息发布单元、数据处理设备、传输网络等。

(2) 典型路段风险防控装备的设置原则与条件。

(3) 典型路段风险防控装备的设置要求,包括设置位置和密度,以及风险防控装备与路侧标志标牌的有效协同布设。

(4) 风险主动防控设备安装、施工及验收方案。

3. 方案实施

风险防控装备设置和施工方案应获得道路管理、交通管理等相关部门的批准。在实施过程中,应严格遵守相关国家标准、行业标准和技术规范,并能够根据施工验收标准顺利通过验收。

4. 测试与效果评估

风险防控装备在投入使用前,应通过通信测试和联调联试,确保装备功能得到正常发挥。风险防控装备投入使用后,应根据具体情况进行试运行,开展运行前后实施效果的对比分析,验证风险防控装备的性能。以数据驱动为导向,建立评估诊断-反馈优化机制,从风险主动辨识、异常行为预测、自助矫正方法、主动防控策略等环节甄别和诊断问题来源,提出完善和优化建议。

风险防控装备在后期的使用过程中,应安排专业团队进行定期维护和保养,确保风险防控装备能够时刻保持高效运转。

8.4.2 典型路段风险防控装备设置原则与条件

1. 设置原则

风险防控装备在设置时,一般应遵循以下原则:

(1) 应根据典型路段交通环境和道路环境特点，采取"总体规划、一次设计"的原则，进行风险防控装备的规划和设置。

(2) 应遵循科学、安全、精准和环保的原则，并满足国家强制性标准规范。

(3) 风险防控装备的设置不应对交通参与者造成干扰，确保行驶平顺性、安全性。

(4) 风险防控装备的机柜等所有设备应合理设置，能够保证自身的物理安全和信息安全。

(5) 风险防控装备应符合开放式通信协议并满足交通秩序管理联网及数据信息安全要求。

(6) 风险防控装备管理部门应具备数据共享与交换的能力及机制，用于共享与交换的数据应满足相关国家标准；涉及公共安全、执法、车辆私人信息等的数据，应按相关规定和标准执行。

(7) 风险防控装备中各类智能化交通管理设备应经过有关部门的检测认证，确保能够纳入交通管理及交通行政主管部门的系统管理。

(8) 风险防控装备宜充分利用交通标志支撑结构及立交桥、隧道、收费站等设施作为基础支撑；当上下游 200m 范围内有已建或待建支撑杆件时，宜考虑共用支撑杆件和综合负载，并确保安全和景观协调；应与附近已建或待建交通管理设施共用供电、通信设施，应综合确定负载，并预留后续新增或升级设备的接口；主动发光设备应采用电网供电，重要路段的设备宜在断电状态下能连续工作不少于 24h。

(9) 所有设备和装置在进行单独立柱安装时，须在立柱上设置反光标志；所有路侧设备的供电接口和控制接口应采取必要的防雷电和过电压保护措施。

(10) 所有设备应进行抗震、防尘、防潮、防虫、防水、防烟雾、防电磁干扰、防雷电等处理，防尘和防水等级应不低于《外壳防护等级》(GB 4208—2017)规定的 IP 65 级。

2. 设置条件

当特大桥、长隧道、长下坡和急弯等典型路段满足以下条件之一时，应考虑设置风险防控装备。

(1) 三年内发生两起(含)以上重特大交通事故。

(2) 对于特大桥路段，存在以下恶劣气象条件之一：年平均由低能见度导致被封闭次数达到 6 次(含)以上，或小于 200m 的雾天数达到 8 天(含)以上；年平均有 20 天(含)以上出现八级以上大风，或出现 1 次(含)以上桥面振幅 10cm 以上波动；年平均有 7 天(含)以上出现严重路面结冰。

(3) 监控等级为 A+和 A 的长隧道，监控等级符合《高速公路隧道监控系统模式》(GB/T 18567—2010)规定。

(4) 长度大于3km，坡度大于5.5%的连续下坡路段。

(5) 对于急弯路段，存在以下条件之一：平面曲线半径≤40m，坡度≥7%；会车视距≤50m；弯道处路面摩擦系数≤0.5。

当典型路段满足以下条件之一时，建议考虑设置风险防控装备：

(1) 交通事故多发，年均造成较大经济损失的路段。

(2) 交通流量大，通行车型复杂，事故易发路段。

(3) 湿、滑、浓雾、大风、雨、雪等恶劣气象条件频发路段。

8.4.3 典型路段风险防控装备设置方法与要求

1. 典型路段风险类型与装备需求

典型路段特殊的环境特点，造成典型路段除了存在普通路段的风险类型外，还存在一些特殊的风险类型。因此，在设置风险防控装备时，应根据典型路段的风险类型与严重程度，选择合适的风险信息采集单元和信息发布单元，然后根据路侧设备负载确定数据处理设备、存储设备、数据传输设施等的功能和性能需求，以确保风险防控装备的功能不缺失或性能不过载。

一般地，特大桥、长隧道、长下坡、急弯等典型路段存在的风险类型和需要的信息采集单元与信息发布单元如表8.3所示。

表8.3 典型路段存在的风险类型和需要的信息采集单元与信息发布单元

典型路段	风险类型	需要的信息采集单元	需要的信息发布单元
全部路段	交通事故、超速、跟车过近、压线、违章停车、逆行、疲劳驾驶、拥堵、抛洒物等交通事件	交通事件检测器、雷达、视频监测设备、卡口相机	可变限速标志、可变信息板
特大桥	横风	风速风向检测器	可变限速标志、可变信息板、爆闪警示灯、交通信号灯
特大桥	雨雪、结冰	雨雪、结冰检测器	可变信息板、融雪液喷淋装置、交通信号灯
特大桥	浓雾	浓雾检测器	可变信息板、可变限速标志、雾天诱导灯、交通信号灯
特大桥	超载	轴载检测装置	可变信息板、语音广播、交通信号灯、禁行栏杆
长隧道	火灾	火灾探测器	隧道前可变信息板、隧道口激光水幕、隧道内广播、应急救援电话、通风装置
长隧道	烟雾、有害气体	烟雾、有害气体浓度检测器	隧道前可变信息板、隧道口激光水幕、隧道内广播、应急救援电话、通风装置

续表

典型路段	风险类型	需要的信息采集单元	需要的信息发布单元
长隧道	距离侧边过近	交通事件检测器	路侧警示灯光带
长下坡	制动毂温度过高	路侧红外测温仪	可变信息板、可变交通灯、定向高音喇叭
急弯	侧翻/侧滑	雷达，交通检测摄像头	可变限速标志、可变信息板、诱导标志（可选）、爆闪警示灯
	弯道会车	雷达，交通检测摄像头	路侧可变信息板、爆闪警示灯

2. 风险防控装备安装与路侧标志标牌的有效协同

在风险防控装备设置时，应分析风险防控装备安装与典型路段路侧已有标志标牌的关系，在避免两者相互干扰的基础上，提出实现风险防控装备与路侧标志标牌相互协同工作的指导原则，实现交通管理设施的充分利用。

风险防控装备在安装时，须考虑路段已有标志标牌，并应遵循以下基本原则：

(1) 风险防控装备应避免与路侧标志标牌相互干扰。风险防控装备在安装时不能遮挡路侧标志标牌，需要与标志标牌保持一定距离。两者不宜间隔太小，否则可能造成驾驶人信息过载而忽略防控装备展示信息或标志标牌信息；也不宜间隔太小，会影响风险防控装备的整体布设，削弱风险防控效果。

(2) 风险防控装备应与路侧标志标牌相互协同工作。

一方面，风险防控装备可以作为路侧标志标牌信息的有效补充。路侧标志标牌信息简单明确，但展示信息有限，同时不能根据交通情况主动更新，需要风险防控装备对前方路况、交通信息、事故情况等进行动态补充。

另一方面，路侧标志标牌在一定程度上界定了风险防控装备的部分参数调控信息，如限速标志，决定了风险防控装备速度监控预警界限。此外，路侧标志标牌的存在能够在一定程度上对驾驶人进行提醒，规范驾驶人的行为，有助于发挥风险防控装备的性能和功能，间接提高风险主动防控的准确性和有效性。

3. 典型路段风险防控装备设置要求

1) 特大桥路段

特大桥路段风险防控装备设置场景如图 8.10 所示。特大桥路段应具备相对完善的交通管理和安全设施，包括交通标志标线、防护栏、突起路标、轮廓标等设施。

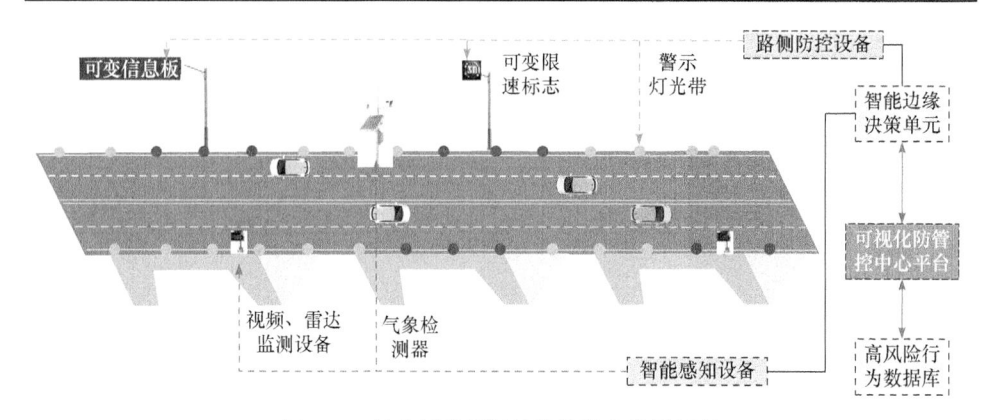

图 8.10 特大桥路段风险防控装备设置场景

(1) 信息采集单元设置。

视频、雷达监测设备在具备监测特大桥风险类型的基础上，还应具备监测车辆位置和速度、车型、车牌、交通事件等功能，获得的感知信息能够完备地支持特大桥路段风险的辨识、预警、自主评估以及智能矫正策略的匹配。雷达、视频监测设备宜进行连续布设，间隔不大于其工作范围，确保能够实现全程监控。

风速风向检测器应根据桥梁结构进行设置，宜布设 2～3 个，一般布设在桥塔顶部和底部，或增设在主跨中部；传感器中心点距路面的高度≥3.5m。

浓雾检测器宜根据特大桥长度进行均匀布设，布设间距≤1km；经常发生团雾的路段可以适当考虑增大布设密度。

特大桥入口处宜设置轴载检测装置，用于实时检测超载车辆，并将车辆载重信息实时上传至智能边缘决策单元或数据处理中心。

特大桥入口前方 150～200m 处宜设置雷达、视频监测设备，监测即将进入桥面车辆的速度、车型、车牌等信息，并实时上传至智能边缘决策单元或数据处理中心。

(2) 信息发布单元设置。

特大桥入口前 50m 应设置可变信息板，能够和信息采集单元形成联动，具备向桥梁上游车辆提示前方事故信息、气象信息、交通环境信息等的功能，优先级依次降低。同时入口前方宜设置可变限速标志，能在雾、雨、雪、冰雹等低能见度气象条件下，结合交通服务水平，自主选择限速阈值。交通服务水平分级和限速阈值建议选择矩阵分别如表 2.5 和表 2.6 所示。

特大桥入口处宜设置可控交通信号灯和禁行栏杆，能够依据信息采集单元获得的信息，通过智能边缘决策单元进行联通控制，具备事故、恶劣天气、超载等风险状态下的禁行功能。

特大桥应结合交通流环境、道路环境和气候环境，在路段中间适当布设可变信息板,能够和信息采集单元形成实时联动,具备实时提示前方事故预警信息、车辆风险行为信息、交通诱导信息等功能。

根据积雪或结冰情况选择布设融雪液喷淋装置,宜采用等间距布设,布设间距不大于融雪液喷淋装置的覆盖范围。融雪液喷淋装置应能够与气象检测器进行联动控制,实现根据检测结果自动进行融雪液喷淋的功能。

桥梁两侧应设置警示灯光带,等间距布设,间距为15~20m。警示灯光带应能够根据能见度动态控制开启/关闭状态和闪烁频率,警示灯光带状态设置如表8.4所示。

表8.4 警示灯光带状态设置

能见度/m	雾天诱导设备		
	雾天诱导灯模式	闪烁频率/Hz	雾天诱导灯亮度/(cd/m^2)
>500	无	无	无
(200,500]	道路轮廓强化	0.5	500
(100,200]	行车主动诱导	0.5	3500
(50,100]	高频高亮	1	7000
	防止追尾警示	红色警示带	

(3) 数据处理设备。

智能边缘决策单元应能根据节点中信息采集单元输出信息,实时控制信息发布单元,具备超车、车道偏离、跟车过近等风险的自主防控功能。

智能边缘决策单元应在充分考虑数据处理能力和扩展性的基础上进行布设,并应覆盖路段内所有信息采集和发布单元节点。

智能边缘决策单元的机箱应具备充分的防锈、承载、抗变形、耐潮、防霉、防腐、抗雷击等性能,同时应具备良好的密封性。

可视化防管控中心平台应充分考虑在已有或新建的交通监控中心进行增设或改造。

高风险行为数据库宜采用云服务技术进行数据存储和操作。

智能边缘决策单元、电源等宜优先考虑设置在桥洞、桥面夹层等可遮蔽雨雪的地方。

(4) 通信及电源设施。

通信及电源设施的安装和设置应符合国家相关标准和规范,以不影响正常交通、安全、可靠为依据。通信网线应沿桥梁下层走线架布设;信号电缆和电源电缆分开布设,相互之间保持一定的距离。电缆应捆扎、固定,槽内电缆应顺直,尽量不交叉,电缆不得溢出槽道。在电缆进出槽道部位和电缆转弯处应绑扎或用塑料卡捆扎固定。每根电缆两端及电缆捆扎处应贴上标签。为经济合理地利用电缆，应先布放后裁剪电缆，布放距离尽量短而整齐，排列有序。

风险防控装备使用互联网数据时应获得管理部门采信，数据传输应加密，并符合国家相关技术规范。

2) 长隧道路段

长隧道路段风险防控装备设置场景如图 8.11 所示。

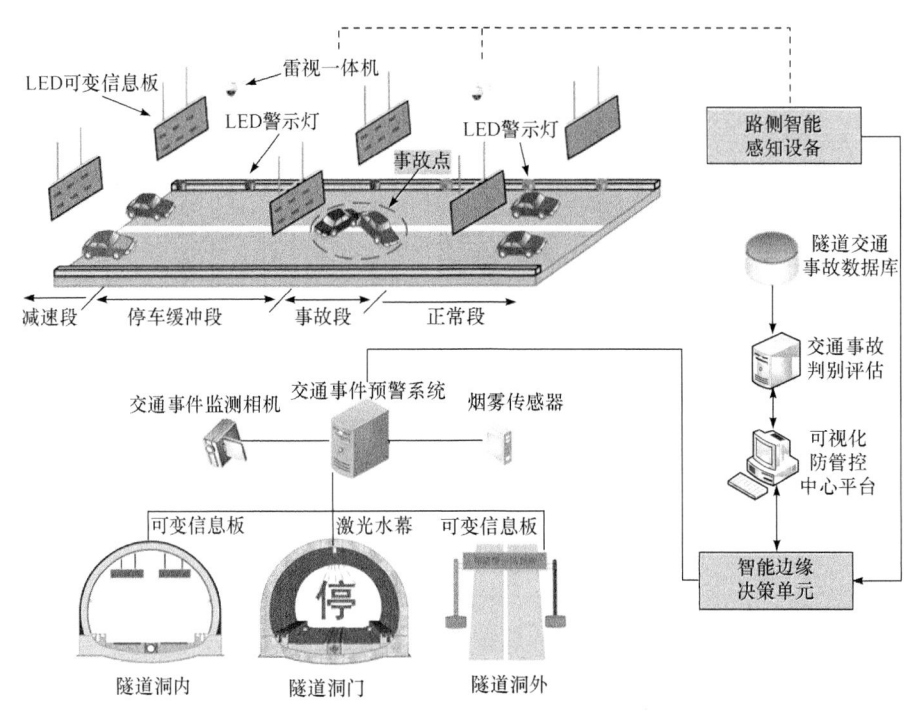

图 8.11 长隧道路段风险防控装备设置场景

(1) 信息采集单元设置。

视频雷达、监测设备在具备监测长隧道风险类型的基础上，还应具备监测车辆位置、速度、车型、车牌、交通事故等功能，获得的感知信息能够完备支持长隧道路段风险的预测预警、自主评估以及智能矫正策略的匹配。其他设置同特大桥路段。

对于交通流量较大的隧道，宜每月至少进行 1 次视频雷达、监测设备的镜头清洗作业，或者增设镜头自动清洗装置。

隧道内其他信息采集单元设置应符合《高速公路隧道监控系统模式》(GB/T 18567—2010)中监控等级为 A+和 A 的相关规定。

(2) 信息发布单元设置。

隧道入口前间隔 250～300m 应布设 2～3 个可变信息板，具备与隧道内感知设备联动控制的功能，实时动态显示隧道内交通事件类型、占用车道、事件发生位置、防控策略等简要信息。

宜在隧道检修道或人行横道外缘均匀布设频闪警示灯光带，间距为25m，距离地面0.2m，能够与信息采集单元联动控制，可根据行车轨迹偏离程度进行不同频率和颜色的随动频闪。

应急广播应能够与感知设备联动控制，可根据事故类型、位置和紧急程度进行疏散播报。

隧道内宜均匀布设可变信息板，间距为200m，能够与感知设备联动控制，实时展示具有异常行为的车辆的车牌号、行车速度、已超速等信息，以及事故后提醒驾驶人减速、改变行车道等信息。

隧道入口处宜设置激光水幕设备，能够与感知设备联动控制，必要时自动开启，禁止上游车辆驶入隧道内。

隧道内其他矫正设备设置应符合《高速公路隧道监控系统模式》(GB/T 18567—2010)中监控等级为A+和A的相关规定。

(3) 隧道内二次事故防控设置。

对于部分车道关闭，相邻车道仍然可以通行的隧道，隧道前方通过可变信息板进行事故信息、位置、变道、车辆缓行等信息预警；隧道内通过可变限速标志进行车辆限速预警，同时路侧警示灯光带频闪，并通过车道控制标志进行变道诱导；隧道洞口进行事故车道禁行指示。

对于全部车道关闭，隧道前方通过可变信息板进行事故信息、位置、隧道禁行等信息预警，同时进行减速和停车诱导；隧道洞口激光水幕开启，禁止车辆进入，同时给出绕道指示；隧道内路侧警示灯光带频闪，通过可变限速标志进行车辆减速预警，若隧道内发生火灾，同时开启应急广播和安全出口指示灯，引导人员疏散。

3) 长下坡路段

长下坡路段风险防控装备设置场景如图8.12所示。

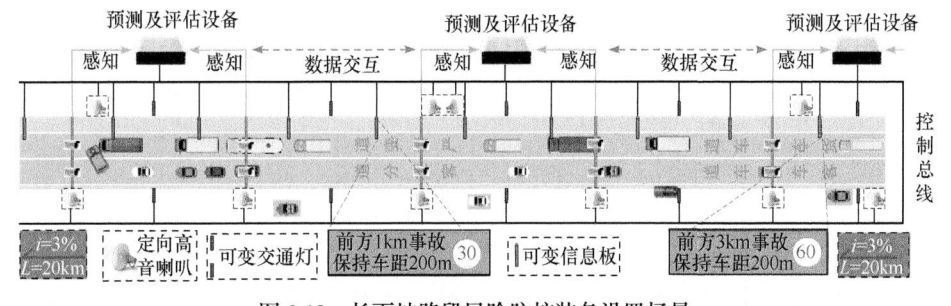

图8.12 长下坡路段风险防控装备设置场景

(1) 信息采集单元设置。

视频雷达、监测设备的设置同特大桥路段,应实现长下坡路段的全程监控。

红外测温仪宜在路段右侧起始点和 2/3～3/4 处布设,当坡道较长时,可在 1/2 处增设。

红外测温仪镜头应水平垂直行车方向,轴线离地高度 0.6～0.8m。当道路有护栏时,红外测温仪可紧挨护栏外侧进行安装,无护栏时,应距离右侧车道线不小于 2.5m(应急停车道宽度)处进行立柱安装。同时,参考红外测温仪产品安装说明,确保其功能得以有效发挥。

(2) 信息发布单元设置。

宜间隔 150～200m 设置可变信息板,能够与感知设备联动控制,实时动态显示前方事故情况、保持车距、禁行等警示信息。

红外测温仪后方 500m 处应布设可变信息板,具备与红外测温仪联动控制功能,能够结合车牌动态发布制动毂温度过高等信息,以及停车降温、前方应急避险车道入口距离等信息。

应在红外测温仪后方道路两侧布设可变交通灯,间距为 50m,布设长度为 500～1000m。可变交通灯应能够与感知设备实现联动控制,并能跟随车辆位置和速度依次开启车辆前方 4～5 个红灯闪烁警示。

宜在红外测温仪后方道路两侧布设定向高音喇叭阵列,每套阵列间距 100m,数量为 2～3 个。定向高音喇叭应能够与感知设备实现联动控制,并根据车辆位置依次开启和关闭距离车辆最近的定向高音喇叭。

(3) 其他设置。

可变交通灯应与智能边缘决策单元相连。当预测和评估认为存在异常交通行为的车辆时,通过驾驶室两侧可变交通灯灯光带的智能跟随闪烁,配合定向高音喇叭及可变信息板,对当前异常交通行为车辆进行预警。

4) 急弯路段

急弯路段风险防控装备设置场景如图 8.13 所示。

(1) 路侧设备设置。

视频雷达、监测设备设置同特大桥路段,应实现急弯路段的全程监控。

入口前方大于 200m 处应设置可变限速标志,具备根据车辆类型、载重估算、气象状况、昼夜变化、路面状况、能见度等因素动态改变限速阈值的功能。

入口前方大于 100m 处应设置可变信息板,能够与感知设备联动控制,实时动态发布弯道处事故情况、车道占用情况、禁止越线警示、超速警示、交通流导引等信息。

入口适当位置应设置可变信息板,能够与感知设备联动控制,实时动态发布对向来车类型、距离以及应采取的措施(减速、禁止越线或者停车让行)等信息。

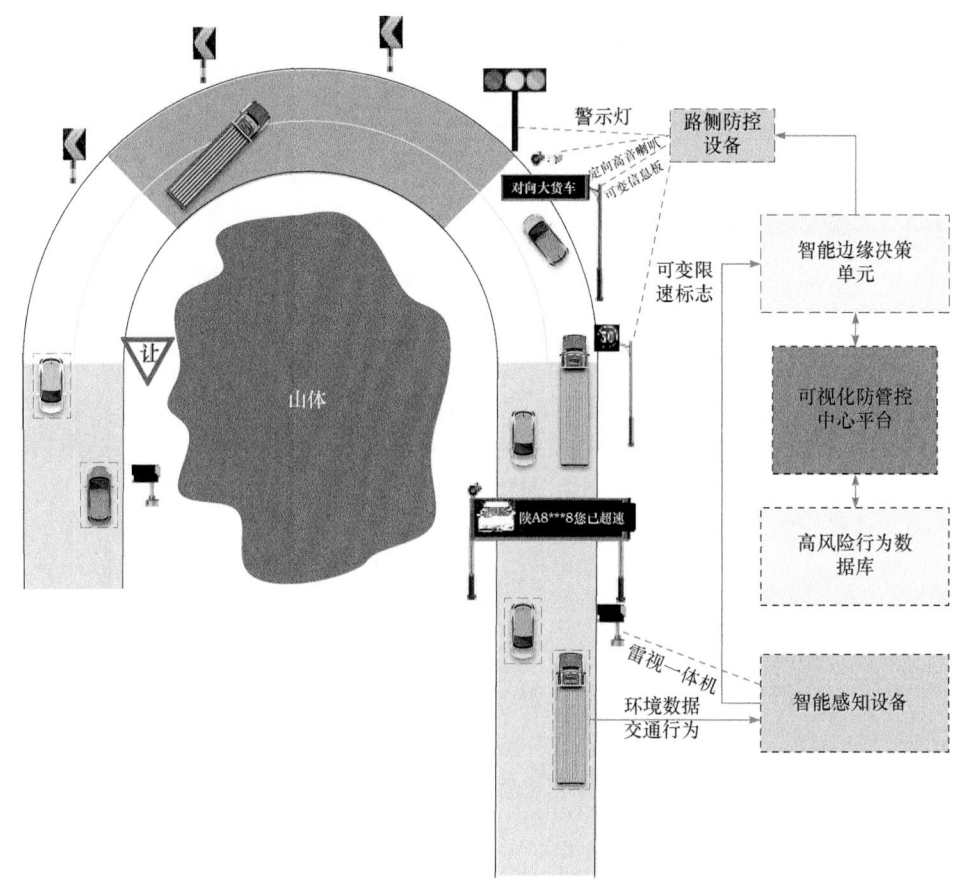

图 8.13　急弯路段风险防控装备设置场景

各路侧设备设置位置应分布合理，可参照《道路交通标志和标线》(GB 5768—2009)执行。

路侧宜设置被动发光导引标志或主动发光多功能雾天诱导灯，具备视线诱导功能。

(2) 其他设置。

急弯路段风险防控装备应能依据风险类型和等级评估结果，自动匹配预设矫正策略，智能化及合理利用声、光、电等信息警示模式，实现道路运行风险的主动防控。

侧滑侧翻预警：根据车型、气象、路面状况、昼夜时段、能见度等因素，动态估算车辆过弯时侧滑侧翻速度阈值，并通过可变限速标志进行动态显示，配合可变信息板、定向高音喇叭等进行针对性的智能预警。

二次事故预警：根据检测到的急弯路段交通事故或异常停车以及风险评估结

果，通过 VMS 对后方交通流发布事故信息和防控措施，引导交通流。

弯道会车预警：根据检测到的对向车辆车型，智能选择防控措施。如果是小型车，则通过可变信息板警示减速慢行、禁止越线；如果是大型车，则需要警示减速或停车让行。

8.4.4 典型路段风险防控效果评估与优化

风险防控装备在典型路段投入使用之后，应进行至少 6 个月的防控效果评估和优化过程。具体方法是：采集装备投入使用前后道路风险数据，建立包含事故率、风险行为矫正率、风险行为下降率等的防控效果评估指标体系，依据评估指标对使用前后的效果进行对比分析，以此来评估风险防控装备的准确性、安全性和有效性；以数据驱动为导向，建立评估诊断-反馈优化机制，从风险主动辨识、异常行为预测、自助矫正方法、主动防控策略等环节甄别和诊断问题来源，提出风险防控系统完善和优化的建议。

对防控效果评估结果的分析和改善建议的提出，需要交通安全领域的专家和高速公路执法人员、路政管理人员、高速公路技术人员的参与。因此，在完成数据采集和评估结果后，将组织有关人员召开研讨会议，通过广泛讨论和听取意见，取得权威性分析结论和改善建议并及时反馈，为下一步改进和优化防控措施奠定基础。

风险防控效果评估与优化流程包括以下工作：

(1) 根据风险防控装备设置依据和原则，确定需应用风险防控装备的路网和典型路段。

(2) 按照典型路段风险防控装备设置要求，在确定的路网或典型路段上安装风险防控装备的监控设备和防管控设备，包括路网级、路段级和车载级设备，形成完整网联防管控系统。

(3) 实现全天候、全时段、全行程的典型路段运行风险主动防管控应用，积累完整的监控和防控数据，为应用效果评估和形成改善建议奠定基础。

(4) 根据不少于 6 个月的示范应用运行数据，对比未实施示范应用前同路段的交通情况数据，根据防控效果评估指标体系，得到季节、时段、气候、平时与节假日、路网、路段等多个维度下的效果评估结果，作为进行优化改善决策的基础资料。

(5) 根据上述完整的原始资料，在机理上进行深度的缺陷分析，找出某些情况下防控效果不佳的主要原因，研究从理论上克服缺陷的解决方案。

(6) 组织交通安全领域的专家、交警、路政管理人员、公路技术人员，通过会议、问卷调查或调研测评等方式，对应用效果不佳的方法进行定性和定量调查，得到方法改进的对策。

(7) 融合上述机理分析和专家判断的结果，从风险主动辨识、异常行为预测、自助矫正方法、主动防控策略等环节甄别和诊断问题来源，形成优化防控措施的最终决策。

(8) 将改善措施加以实施，搜集实施前后的各类数据，验证等级风险或隐患同比下降情况，判别改善措施的正确性和有效性。

(9) 重复上述过程，建立评估诊断-反馈优化机制，直到防控效果得到明显改善。

8.5 本章小结

本章针对交通监控和风险防控系统现状以及存在的问题进行了深入分析，面向路段-路网协同防控设计了集路侧感知、决策、执行系统，云端高风险行为数据库，防控中心可视化平台为一体的"混合式多点协同"道路运行风险监测与防控集成系统硬件架构，并对集成装备的技术要求进行了详细说明；探索了历史风险数据、风险自主评估方法与矫正防控策略之间的映射关系，研究了风险感知、评估、智能匹配与反馈矫正的一体化响应技术，开发了风险监测与防控一体化集成装备软件系统；最后，详述了风险防控集成装备在特大桥、长隧道、长下坡、急弯等典型路段的应用设置指南。

参 考 文 献

边磊. 2020. 论道路交通安全设施对交通安全的影响[J]. 工程建设与设计, 21 : 244-245, 248.

董莹, 董鹏, 唐猛. 2019. 我国智慧交通的现状和发展对策研究[J]. 公路交通科技(应用技术版), 15(8): 264-266.

杜豫川, 刘成龙, 吴荻非, 等. 2021. 新一代智慧高速公路系统架构设计[EB/OL]. https: //kns.cnki.net/kcms/detail/61.1313.U.20210316.1415.004.html [2021-3-16].

交通运输部办公厅. 2018. 交通运输部加快推进新一代国家交通控制网和智慧公路试点[J]. 中国建设信息化, (5): 3.

焦蕴平. 2019. 向交通强国奋进[J]. 中国公路, (19): 16-19.

吴建清, 宋修广. 2020. 智慧公路关键技术发展综述[J]. 山东大学学报(工学版), 50(4): 52-69.

杨明欣. 2021. 数据可视化通用视觉语言分析研究[D]. 无锡: 江南大学.

袁晔. 2017. 交通运输部推进智慧交通发展[J]. 城市公共交通, (4): 5.

郑苗, 吕永艺. 2021. 城市道路中智能交通应用研究[J]. 智能建筑与智慧城市, 3(11): 130-131, 137.

Alani O Y, Al-Falahy N. 2017. Technologies for 5G networks: Challenges and opportunities[J]. IT Professional, 19(1): 12-20.

Carreras A, Daura X, Erhart J, et al. 2019. Novel approaches for analyzing and testing the effect of autonomous vehicles on the traffic flow [C]. The 26th ITS World Congress, Washington D. C. : 1-10.

Findlay J M. 1980. The visual stimulus for saccadic eye movements in human observers[J]. Perception, 9(1): 7-21.

Guin A, Roy S, Saroj A, et al. 2018. Smart city real-time data-driven transportation simulation [C]. Proceedings of the 2018 Winter Simulation Conference, New York: 857-868.

Itti L, Koch C. 2001. Computational modelling of visual attention[J]. Nature Reviews Neuroscience, 2(3): 194-203.

Maeder A J, Osberger W. 1998. Automatic identification of perceptually important regions in an image[C]. Proceedings of the 14th International Conference on Pattern Recognition, Washington D. C.: 701-704.